Diskurs und Verantwortung

Das Problem des Übergangs zur postkonventionellen Moral

对话与责任

向后传统道德过渡的问题

启真馆 出品

当代外国人文学术译丛

Diskurs und Verantwortung

Das Problem des Übergangs zur postkonventionellen Moral

对话与责任

向后传统道德过渡的问题

［德］ 卡尔－奥托·阿佩尔 著

钟汉川 安靖 译

ZHEJIANG UNIVERSITY PRESS
浙江大学出版社

总 序

改革开放以来，国内人文科学领域的研究人员与一些出版社通力合作，对当代外国人文学科的发展给予了较多关注，以单本或丛书或原版影印等多种形式，引进、译介了不少有影响的研究成果，内容涉及文学、历史、哲学、语言学、艺术学、宗教学、人类学等各个学科，对促进国内学界和大众解放思想、观念转变、学术繁荣起了不言而喻的巨大作用。以当代外国语言学为例，其理论发展迅速，新的理论和研究范式不断涌现，目前国内在引进原版著作方面做得较好，外语教学与研究出版社、上海外语教育出版社、北京大学出版社、世界图书出版公司等先后引进了一批重要的语言学著作。相对于原版引进，译介虽有些滞后，但也翻译出版了不少重要的语言学著作，其中包括一些有广泛影响的当代语言学著作。如，20 世纪 80 年代初，商务印书馆翻译出版了一批经典语言学著作，90 年代中国社会科学出版社翻译出版了"当代语言学理论丛书"；近年来，上海教育出版社出版的"西方最新语言学理论译介"丛书，复旦大学出版社的"西方语言学经典教材"丛书，商务印书馆的"语言规划经典译丛"，北京大学出版社的"博雅语言学译丛"，浙江大学出版社的"语言与认知译丛"，世界图书出版公司的"外国语言学名著译丛"、"应用语言学研究译丛"等，都是这方面的成果，总的来看，这些丛书的组织出版大多起步不久，所出书籍种类也相对较少，仍有大量重要的当译之作需要逐步译介。其他当代人文学科的引进、译介情况也大体如此；而有些学科或某一领域，国内学界翻译、研究的注意力和兴趣点，主要集中于该学科该领域的少数几位理论活动在 20 世纪中期以前的著名思想家、理论家，在极大推进对这些伟大思想家的译介、研究的同时，也有意无意地使当代一些开始产生广泛影响的思想家离开了关注的视野。事实上，20 世纪中后期特别是 60 年代、70 年代以来的几十年间，当代外国人文科学各学科领域的研究都极大地向前推进和深入了，产生了许多重要的新理论、新思想，出现了不少有国际影响的著名学者。对这些学者及其著作和思想，除了极少数人以外，我国人文科学界关注不多，翻译很少，研究几乎还是空白。选择若干位目前在国际上已经产生重要影响的当代人文学科各领域的思想家、理论家，翻译他们的代表著作，以期引起国内学界的重视，进一步拓宽国内人文学科的研究视野，对于推动我们对外国人文科学研究的进一步深入，促进跨文化研究的有效开展，提升年轻人文学者的翻译和研究水平，应该是有意义、有价值的。

在西方文化传统中，人文学科的概念和范围经历了长期的变化。早期古代希腊时期，人和自然是一个整体，科学也没有分化而是真正意义上的综合。亚里士多德区分了理论、实践和创制三种科学，提出三者之间的一些差异，但并没有明确将人文科学、社会科学和自然科学区分开来。后来所谓的"人文学"（Humanitas）概念，据说最早由古罗马的西塞罗在《论演讲家》中提出来的，作为培养雄辩家的教育内容，成为古典教育的基本纲领，并由圣奥古斯丁用在基督教教育课程中，于是，人文学科被作为中世纪学院或研究院设置的学科之一。中世纪后期，一些学者开始脱离神学传统，反对经院哲学，从古希腊、古罗马的古典文化遗产中研究、发掘出一种在他们看来是与传统神学相对立的非神学的世俗文化，并冠以 Humanitas（人文学）的称呼。大约到 16 世纪，"人文学"一词有了更广泛的含义，指的是一种针对上帝至上的宗教观念、主张人的存在与人的价值具有首要意义、重视人的自由本性和人对自然界具有优先地位的文化观念和文化现象，从事人文学研究的学者于是被称为人文主义者。直到 19 世纪，西方学者才用"人文主义"一词来概括这一文化观念和文化现象，形成了我们通常所谓的人文主义思潮。近代实验科学的发展也导致和促进了学科的分化与形成，此后，人文学科逐渐明确了自己特殊的研究对象，成为独立的知识领域，有了自己特殊的研究对象。但这样的研究对象，其分界也只是相对清晰和明确。美国国会关于为人文学科设立国家资助基金的法案规定："人文学科包括如下研究范畴：现代与古典语言、语言学、文学、历史学、哲学、考古学、法学、艺术史、艺术批评、艺术理论、艺术实践以及具有人文主义内容和运用人文主义方法的其他社会科学。"[1]欧盟一些主要研究资助机构对人文科学的范畴划分略有不同。欧洲科学基金会认为人文科学包括：人类学、考古学、艺术和艺术史、历史、科学哲学史、语言学、文学、东方与非洲研究、教育、传媒研究、音乐、哲学、心理学、宗教与神学；欧洲人文科学研究理事会则将艺术、历史、文学、语言学、哲学、宗教、人类学、当代史、传媒研究、心理学等归入人文科学范畴。按照我国现行高等教育的学科划分，人文科学主要包括文学、历史、哲学、语言学、艺术学、宗教学、人类学等，社会学则在哲学与法学间作两可选择。当代人文科学的研究与发展，已出现了各学科之间彼此交叉、相互渗透的趋势，意识与认知科学、文化学等便是这一趋势的产物。

　　按照上述对人文学科基本范畴的理解，考虑到目前国内对当代外国宗教学著作已有大量译介等原因，本译丛选译的著作，从所涉学科上说，主要是语言学（以英语、德语著作为主）、文学、哲学、史学和艺术学（含艺术史）等，同时收入一些属于人文科学又跨越具体人文学科的著作；从时间跨度上，主要限于第二次世界大战结束后出版的著作，个别在此前出版、后来修订并产生重要影响的著作，也在选译之列。原则上，一位作者选译一本著作，个别有特别影响的可以例外；选译的全部著作，就我们的初衷而言，都应是该学科领域具有代表性的理论著作，而非通常意义上的畅销书，当然，能兼顾学术性与通俗性，更是我们所希望的。

　　本译丛将开放式陆续出版。希望它的出版，对读者了解国外人文学科的发展现状与趋势、关注人文精神培育与养成、倡导学术阅读与

---

[1]《简明不列颠百科全书》第6卷，第760页，"人文学科"条目，中国大百科全书出版社，1986年。

开放意识、启发从多重视角审视古今与现实、激起追问理论与现实问题的激情,获得领悟真善美的享受,能有所助益。

由于我们的视野和知识所限,特别是对所选译的著作是否符合设计本译丛的初衷,总是心存忐忑,内容表达不甚准确、翻译措辞存在错讹也一定在所难免,因此,更希望它的出版,能得到学界专家同人和广大读者的批评指教,成为人文学科译介、研究园地中一棵有生命力的小树,在大家的关心与呵护下茁壮成长。

庞学铨

2011 年 6 月 于西子湖畔浙江大学

Contents

目　　录

前　言

自从《交往共同体的先天与伦理学的基础》[1] 出版以来，笔者在交往伦理学抑或对话伦理学（Diskursethik）问题上开展了两方面的工作。一方面是反思性的先验语用学的最终奠基（Begruendung）问题，抑或伦理学之奠基合理性问题。[2] 这里的任务，简单说来，就是要克服两种根深蒂固的先入之见，在笔者看来，即是两种用来制止所有伦理学理性奠基尝试的先入之见：第一种是遵循无可置疑的形式逻辑的想法，即哲学的奠基必然是从他物推导出被奠基之物，第二种是这样（与形式逻辑的奠基思想内在结合在一起）的想法，即伦理学的合理性必然能够回溯到其他基本要素，即单个行为者行动的手段—目的—合理性上去。

在我看来，显而易见的是，在前一种假定情况下完全不可能有一个免于循环或者免于复归的奠基，比如对于"为什么是理性的？"这个问题不能有任何理性的回答。但在第二种假设的情况下，对于"为什么是道德的？"这个问题也完全不会有理性的回答；因为，那样一来，道德性——比如无条件地尽责的合作意愿——可能就会源自单个行为者在目的理性上（工具性—策略上）所考虑的自身利益，如果对"为什么是道德的？"这个问题的回答是在自身利益（在柏拉图和亚里士多德意义上幸福的利益）的定义之下，而不是在纯粹工具理性（从路德和霍布斯一直到策略性的博弈理论）的现代假设之下得到设定的话。

在这点上，依笔者之见，最为关键的是要克服确然的奠基观念这种先人之见以及用共同原因将行动合理性与个体行为者的手段—目的—合理性加以等同这种先人之见。这只能在对（共识［konsensual］—交往的，在此也就是伦理—规范的）合理性进行先验语用学上的反思性思考来进行，此时我们在说理（argumentativ）对话的层面上必然已经给"为什么是理性的？"抑或"为什么是道德的？"这个重大问题设定了这种合理性。对这个没有述行上的（performative）自相矛盾则无法否定的东西进行反思性的回溯，就成了哲学最终的奠基，这种奠基同时证明了从他物推导出理性的奠基或者道德性的奠基是不可能和不必要的。

如此一来，先验语用学的最终奠基也同时为哲学的合理性理论——在一种合理性类型理论意义上理性抽象地自身区分的理论——提供了根据。理性的这种批判性地自身区分的活动，就其自身而言就使得对抽象的合理性类型——比如逻辑—数学的，技术—科学的，策略性的和系统—功能的合理性——进行绝对化的一种理性批判的修正成为可能：即对理性的一种不同的自身批判，这种理性就其自身而言反过来在所谓的"后现代主义"圈子里又几乎重新取代了自身扬弃的整全的理性批判。

9   这就导致了伦理学之奠基合理性的诸多问题。与此相关的研究笔者希望以后能够在一本题名为《合理性、伦理学与乌托邦》的文集之中与读者见面。

但是，手头的这本文集却是对最初与第二个问题联系在一起的研究工作的总结，这个问题从 1973 年开始就越来越清晰和迫切地摆在笔者面前。其结果就形成了在辩证的先天范围内奠基的、有关交往伦理学的最初来源。[3] 这意味着：由于在说理之中以理想交往共同体交互行为规范的方式对交往伦理学的应用条件进行了确证无疑的反事实的（kontrafaktisch）推定，因此在对交往伦理学进行先验语义学的最终奠基意义上形成了这个理想的基本原则。但是，在预设这种理想的先天的时候，也同样在交往先天的辩证起源之中预设了在历史形成的现实交往共同体之生活方式意义上的事实—先天（Faktizitaets-Apriori）；就此而言，这就预设了交往伦理学的应用条件，这些条件一方面已经通过我们生活世界的"实体德性"(黑格尔)将道德上的理性之人看作是真实的，但另一方面则在一种事实上永不可消除的、原则性的区分之中保留了交往伦理学的调节性观念——在理想的交往共同体之中进行对话的规范奠基之基本程序性规范——所要求的东西。

由于交往伦理学的先天之中的这个区分，在最初的来源之中就已形成这个（显然没有充分反思的）观点：在道德上根本无法指望将交往伦理学的应用条件——在此就是"理想交往共同体的现实化"——从现实交往共同体的多样化生活方式的生活世界之中确立起来。但对于这段时间——亦即在原则上永远无法超越的、关于交往伦理学之理想与现实的应用条件之间的差异期——之内被给予的、有关交往伦理学之责任的（亦即将后果和副作用加以考虑的）应用条件，仍缺乏应有的反思。到目前为止，这个问题就由笔者以不同的角度、越来越迫切地具体化为从责任伦理学出发的、有关交往伦理学之历史联系的应用问题。

这就表明——至少是笔者的一个主要论点——在这段时间之内，即在应用条件仍未实现的这段时间之内，对话伦理学在责任上的应用问题，仍不能与为人所熟知的以下问题相提并论：最终不是由规则而是通过"判断力"(抑或"实践智慧"[Phronoesis])将普遍的规范导引到具体处境上去的应用问题；毋宁说这涉及的是，道德上本身就可要求应用普遍主义交往伦理学的原则性历史关联问题。它之所以表现为道德在历史关联上的应用问题是因为：在要求对所有利益冲突的处理都能够彻底地认识的意义上，一个道德上合理的新开端在"实践对话"过程中是根本不可能的。

这里也充分显示了马克斯·韦伯在政治伦理学例子上提出心向伦理学（Gesinnungsethik）与责任伦理学之区分所产生的影响。因为，显而易见的是，无条件地服从交往伦理学的理想原则（Idealprinzip）"这样行动，仿佛你就是理想的交往社会的成员！"，这正如康德的"绝对命令"无条件地服从对心向伦理学准则的接受一样，它导致的是"责任听凭于上帝"。而且在这种情况下，即便将后果的责任承担包含在一个理想的交往共同体所遵循的程序性对话原则之下，也无法改变任何东西。因为，将对话原则的应用条件当作被给予的——比如当涉及

自持系统（Selstbehauptungssystem）之间的协商之时——这仍是不负
责的。

　　总之，笔者得出这样的结论：与众所周知的道德规范的应用问
题不同的是，交往伦理学在历史关联上的应用问题必须被看作是伦理
学的一个奠基部分 B 的问题。使这一认识得以显著深化的是，笔者
贯彻于讲课之中的这种尝试，亦即将皮亚杰（Piaget）抑或科尔伯格
（Kohlberg）所建立的、关于道德意识 [4] 之个体发生的发展逻辑应用到
人类文化革命的准种系发生层面上的尝试。众所周知，道德规范之应
用的问题与交往伦理学抑或对话伦理学在历史联系上的应用问题之间
的区分，由于在传统道德向后传统道德的（我们所要求的）过渡之中
是有条件的，因此现在它就能得到更加具体的理解。在传统道德——
要么是关于古代血缘联结秩序的忠诚道德（比如参见科尔伯格的第三
阶段），要么是由国家组织起来的社会所确立的有关"法律与秩序"抑
或"地位与角色"的道德（科尔伯格的第四阶段）——条件下道德规
范的应用实际上似乎就成了处境联系的实践智慧或判断力之事。这种
实践智慧或判断力即便面对习俗（Ueblichkeit）或习惯（Gepflogenheit）
（维特根斯坦）意义上的例外情况也懂得应对。（黑格尔在论及雅典人
"无偏见的、实质的道德性"时已经在希腊人通过苏格拉底所作的解释
及其不安面前尝试着指出了这一点 [5]）。

　　对应用困难所作的这种理解，对传统道德来说是可能而且充分的，
因为我们可以假设，有关道德的社会应用条件是同传统道德一起产生
12　的，并且甚至从生活方式上都已规定了传统道德规范本身的含义。在
我看来，这点恰恰会引发把维特根斯坦的这一做法——即将语言游戏
反向联系到生活方式，将规则反向联系到适用习惯的做法——重新当
作示例的想法 [6]；甚至重视实效的新亚里士多德主义者们，在我看来，
就会考虑"习俗"和"实践智慧"之间重要的规范关系，在此而言就
是在传统道德的历史条件意义上的道德规范问题。

　　但是这样一来，他们正如维特根斯坦主义者一样，令人忧虑地
错失了这个后传统道德在历史联系上的应用——亦即应用条件的现实
化——问题；因为尤其是从康德对道德进行普遍化原则的奠基以来，
这种道德必定要求严格地从规范合法性的抽象形式的标准出发判定道

德的社会使用条件，并且可能将其变革视为自身任务。现在这个问题首次在全球范围内具体地确立为人类普遍的宏观伦理学（Makroethik）问题。一方面，那些不同的社会文化和个体的生活方式——亦即关于实现幸福的普遍主义有限多元论——能够平等共处的规范性条件奠基于这种伦理学之中。此外（另一方面），为现代工业社会的集体行动（科学与技术）之结果负起共同责任的交往机制，其普遍有效的程序性规范也同样得到奠基。但是，就这两方面而言，仍不足以将交往伦理学抑或对话伦理学在先验语用学上对伦理学 A 部分的程序性奠基原则直接运用到具体处境之上——仿佛人类内部所有规范相关的利益冲突如今通过"实践的对话"都可能得到解决似的，通过这种对话，需要奠基的规范，在对其普遍的服从所能意料的后果与副作用的共识能力方面来进行合法性证明，对相关各方来说，可能是适当的。 13

　　毋宁说，从这个问题出发所导致的是，在历史事实的联系之中，在（对人类未来而言）具有不可逆转的诸多人类行为结果的展望之中，首先确立起将"实践对话"运用于各层面的重要的伦理学问题对策上的社会条件，更准确地说就是：在实现这些条件的过程中长期负责地合作。在这里，为对话伦理学进行最终奠基的理想原则——其本身就是后康德主义类型的形式—义务论（deontologisch）原则，它本身就要求人类的评价行为和目的设定广泛地开放——就变成了一种目的论的重要价值，所有人会都会受制于这种价值。但与此同时，因为这个长期有效的制约就同时导致这样的问题，在它之中共识—交往的（Konsensual-kommunikativ）合理性和策略性的合理性不再需要（就像在交往伦理学的理想对话原则之中所要求的一样）区分，反而自身必须为一种形式—义务论原则奠基。

　　笔者首次在后文的第四章提出了这一任务，这也许是责任伦理学最棘手最困难的任务；而且在接下来的研究中，笔者试图澄清的不仅是这个问题，而且也是关于人类责任抑或共同责任各个维度所提出的对策。本书的最后部分将澄清我们今天从准种族中心论视角和自传体视角出发所论述的、向后传统道德过渡的历史关联问题。采纳这一视角的准备或者迫切性是从参加一个以"道德意识的衰败——机会还是危害？国家主义之后的德国实践哲学"为主题的《巴特洪堡哲学论坛》 14

研讨会时所引发的。笔者希望，其研究能够在过去和现实关联上解答这里所提的问题，并给手头的论文集带来概念的统一性，这种统一性是现有的问题对策研究仍旧缺乏的。

以当前研究为基础所提的问题是在"先验语用学"（笔者从 20 世纪 80 年代初起就已与歌德大学哲学系的沃尔夫冈·库尔曼博士一起跟踪的）这个研究课题的框架之下，后来是在——特别是星期一的公共讨论课上——与（确切地说是）哈贝马斯的讨论中勾画出来的。如此产生的研究课题"对话伦理学在历史关联上的应用"（手头的研究将会对此加以说明）从 1987 年 7 月以来就得到德国科学研究会（DFG）对两位合作者的资助，对此笔者在这里表示感谢。对于多年的对话伙伴以及新认识的合作者，Dr.Matthias 先生和 Mag.Audreas Dorschel 先生，在此笔者非常感谢与他们所进行的批判性对话，尤其是对后者在文章校勘工作以及人名索引与内容索引的生成上提供的帮助。特别要感谢的还有 Cornelia Tutuhatunewa 女士在手稿打印上的帮助。

美茵河畔法兰克福，1988 年 6 月

卡尔—奥托·阿佩尔

第一章
我们时代的冲突与一种伦理
一政治的基本导向之需要

I. 问题的提出

先生们，女士们！

首先我要用几句话说一下我的演讲主题是如何形成的。在联邦德国的家中，我受到州政治教育中心的邀请，来谈一谈有关"我们时代的冲突与体制超越之趋势"的话题。此外，有鉴于德国的社会经济体制必须要加以超越，我也大致地对有关联邦德国的政党政治问题，比如社会民主党青年团（Jungsozialisten）的纲领所发表的看法进行了思考。

但是，我希望现在我（完全）作为一个公民所具有的政治观点不会与我作为哲学家的专业能力相混淆；比如我不会从我的哲学专业能力出发来判断，在德国我们现在是否应该对（比如）银行实行国有化，或者主要去控制经济上的投资。因此，我有必要改变并在某种程度上偏离这个主题，以便我能从哲学的立场出发论及有关这方面的一些问题。在此，我想到如下的问题：

面对人类生物圈或者生态圈由于人口过多，能量储备减少，环境污染等问题而产生的当代威胁，简而言之，面对生态危机以及"罗马俱乐部"[1]所提出的问题，在现代系统论的意义上就产生了人类的冲突与人类生物圈的破坏之间的关系问题；而事实上就是这样的问题：难道像系统变化这种的东西是在全球范围内必需的吗？并且在此关系之中可以提出伦理—政治的问题就是：我们应该做些什么？

如此一来，有鉴于人类全球系统的当代危机，我的哲学课题就是要质疑一种伦理—政治的基本导向之可能性。在哲学的意义上这样一种规范性的基本导向本身是否可能，这也完全不是显而易见的。因为，面对我们的时代冲突及其所属的对立意识形态,是否完全可能理性地对某些如共契责任伦理学这样的东西进行奠基,这在今天仍争论不休。

在我看来,这里自相矛盾的情况可以刻画为以下的两难困境:一方面,人类为其活动后果与冲突负起共契责任的一门主体间关联的伦理学,其必要性从未像今天这样变得如此迫切,进而通过科学技术的力量所有人类活动与冲突的风险就得到异常的扩大。另一方面,一门主体间有效的伦理学之理性奠基,显然还从未像今天这样变得如此困难,进而,由于现代科学在价值中立的意义上预先设置了理性的、主体间有效的理性奠基概念,因此从这个标准出发,所有并非价值中立的理论建构就表现为赤裸裸的意识形态。按照这种方式一门超越冲突的理性伦理学看起来就是不可能的,因为这种伦理学一开始就完全表现为可能的对立派系的意识形态。两难困境的这两个方面我们需要更确切地研究。

17

II. 在科技文明的生态危机下一门共契责任伦理学的需要

对于前面提到的第一方面而言,科学技术的力量导致的是,人类活动的范围以及由此引起的危机得到了前所未有的放大。康拉德·劳伦茨(Konrad Lorenz)曾通过比较石器时代以石斧为装备的人与广岛上空的原子弹轰炸机驾驶员来说明这一事实所引起的民俗学和伦理学问题:石斧使用者在发明其武器的同时,原则上显然就已使那些天生的、对同类(在其动物祖先那里就起作用)的杀害克制(Toetungshemmung)失效;虽然在他那里无疑仍有强烈的克制本能在起作用,因为他必须面对面地正视他的对手。比如,他显然已经将其所击败的对手的屈从和投降的姿态,体验为有效的非攻-顺从,而且从情感上强烈地体验到其攻击性与天生的克制本能之间的对立,对于罪恶意识构成的宗教—道德的良心起源必然有重要的意义。相反,对现代的原子弹轰炸机驾驶员来说,情况却是:不管是攻击还是攻击克制,对其行为而言都不具有本质的作用,因为现代武器技术的特性与规模,他完全避免了与其所谓的敌人在人性上的遭遇。他只是遵照命令按下按钮;而爆炸产生的后果是如此强大以至于他在感觉-情感上完全无法体验到。在这个例子上，现今要求的责任－伦理学的一个独特方面已经很清楚：与目前老百姓中占支配地位的邻里或者敌－友的道德相反，这种伦理学几乎不直接以本能残留的、在私人圈子中对生活起决定作用的情感为出发点。因此，一门伦理学之被要求建立在理性基础之上，显然也就已指示出了一种特殊的道德想象力之运用，　18
其中这种道德想象力必定能通过最遥远的爱（Fernstenliebe）将博爱（Naechstenliebe）加以普遍化。

正是在这个方向上，人类活动在技术上的提高所造成的其他后果表明：就如同原子弹首次使战争负载了全人类的危机一样，人类通过现代工业社会的民用技术的全面扩张也几乎在更高程度上产生这种危机。从生物－生态学的角度出发我们可以获得这样的印象，似乎对自然平衡的干扰（与这种干扰相联系的是"匠人"[homo faber]不断打破动物的本能界限）在今天仍是完全有效的，当人类技术对自然界无休止的侵犯使所有地球生物的生活空间面临着毁灭的风险之时。正是近年来，这个难题才逐渐进入人类科学的意识。我们一直都习惯于这样的想法：人类在科学技艺上对自然的控制最终确定无疑是会实现的，而且这种控制在"社会工程"上仅仅通过人对人的控制就能得到补充；但在这个时代我们逐渐明确的是，人与自然的关系，与我们为了实现人类主体的行为－目的而认识因果律（无机物）所产生的、仅仅技艺上的利用相比，完全是另一个问题。一种生物学导向的功能系统论观点表明，我们迄今为止广泛疏忽了的一点是，我们的主体的目的设定本身是在与类似－合目的的功能系统中得到规定的，而这种功能系统无须我们的协助就存在于自然之中并且带来人类种群的生生不息。（近代机械论思想的胜利以及对所有客观－目的论思想的诋毁在这一疏忽上并不是无过失的。）与没有看到人的目的设定是在与自然的功能系统的联系之中得到规定的这一疏忽相对应的是以下这一疏忽，即在经济学和法学视角下来谋求人类社会系统的生物－生态学的功能条件：如　19
此（比如）在近年来得到明确的是，地球生态圈（例如空气和水）只在狭小的范围内才是可任意使用的资本———一种属于全人类的有用之物，但这种有用之物却在很大程度上被工业作为无须证实的生产资本而加以浪费。无论是资本主义的还是社会主义的经济理论迄今为止都没有将生态圈当作生产资本来加以考察，即便马克思在《资本论》第一卷中已经注意到，资本主义正处在两种财产来源，即人类劳动和自然的破坏之中。但如此一来，我们现在就要说明生态学问题之范围，而且在这一范围内社会的冲突将会被涉及。

首先我们指的是人与自然关系中新的问题处境，更具体地说就是：意识到生态圈由于人口过多、环境污染和能源储备的消耗而面临着衰竭或毁灭，这必定有利于降低人与人之间的现实冲突的生命意义。我们都会想到，生态学上的共同命运必定使地球的居住者产生同坐一条船的共契感觉，并且他们使得所有分散的利益都服从于存活（Ueberleben）的共同利益。"罗马俱乐部"已将其宣传策略和醒世策略与这种休戚与共之结果的希望结合起来。但是毋宁说，目前对现状迄今所作的分析却走上了反面：首先这里再次得到思考的是，即便在科学家内部存在着任何一种对这个主题本身时髦的讨论，不过与生态圈所面临的威胁联结在一起的那些事实，却很少在其整体作用范围内得到认识并且被当作事实加以接受。如此，仍很少为人所知或者认可的是，在能够成功利用新能源（比如就像太阳能）的情况下生态圈为此所内含的热负载将很快达到一个关键的极限。不管怎样，在日常政治层面上已经得到表明的是，专家们所勾画的生态学危险目前仍未能具体可见地产生，以至于它还不能真正影响到界定政治家游戏空间的"压力团体"之冲突。（比如，尤其是完全不适当和误导性的报纸标题"世界末日的预言家已变得更为乐观"，在《法兰克福汇报》中梅萨罗维克［Mesarovic］和佩斯特尔［Pestel］以这个标题对罗马俱乐部的《处于转折点上的人类》做了第二份报道。）

但是，我们在这里有理由反对说，需要注意的是生态危机对社会矛盾的发展的影响，而不是对日常政治的意识层面的影响。这种影响在不久的将来很可能会通过这样的方式自行产生作用，即经济学的增长政策不可能再以旧的方式继续，而且第三世界由于人口众多所造成的饥荒（目前这已经开始）将会更大量地重复出现。然而，这样一种发展按照任何一种可能性都不会减少人类现存的矛盾，反而更容易重新激活旧的矛盾并且引发新的矛盾的产生。

在这种联系之中我只能考虑两种（在我看来不会相互还原的）基

本矛盾类型：第一种是社会的阶级矛盾，目前它出现在贫富矛盾（也作为南北矛盾）以及"主奴"（黑格尔）矛盾的区域性分歧方面；第二种是均衡双方，尤其是国家之间（黑格尔"对认同 [Anerkennung] 至死不渝的斗争"，这种斗争仍预设了阶级斗争并且甚至在一个没有贫穷的社会里后者仍存在着）的威信争执和权力矛盾。几乎无法否认的是，马克思在过去一百年所预言的阶级矛盾的革命性激化在西方工业国家主要通过以下方式得以避免，即不断地许诺持续的经济增长，从而有利于制度化的阶级妥协。劳资双方的矛盾，比如在美国和德国，根据未来学家卡恩（Kahn）的看法将会缓和，由此穷人变富将不会像富人变得更富那么快。[2] 同样，在最近几十年，北方的工业国家与第三世界的新兴国家之间所产生的贫富矛盾，在经济持续增长的条件下，也可能在现今所谓的"发展政策"意义上得到疏导。如果（就如同所期待的）经济增长出于生态学的原因不再需要持续或者甚至为了达到系统平衡必须停止，那么如此一来，穷人产生妥协意愿甚或次一级受惠的动机将消失。于是，阶级矛盾的再次爆发大概可考虑两种替代性的形式。

如果富裕国家试图在损害发展中国家的利益的基础上围绕每一种价格继续提高或者维持其生活标准，那么其中的一种形式就会出现：在此情况下——排除掉干扰性的规定条件——南北矛盾的灾难性的爆发必然可以预料到，不过阶级矛盾在工业国家内部可能暂时仍能缓和。如果——就如不仅仅是可能的——富裕的工业国家为了发展中国家所要求的财富再分配能够真正同意对自身的经济增长甚至尽可能对其居民的生活水平进行缩减，那么另一个形式就会出现。在这种情况下，工业国家内部很快就会再度爆发旧有的阶级矛盾——除非这种矛盾的根源能够通过系统化的变革来加以消除，并且肯定不受欢迎的再分配政策能够在世界范围内被理解并接受为对一般生存问题的必然回答。

南北矛盾意义上的贫富矛盾与外交政策的权力斗争和声望较量意义上的国际矛盾广泛地相互交织，这种状况直接表明，这方面的人类矛盾同样在生态学危机之中非但无法缓和，反而更容易激化。像中国这样的潜在世界大国目前在南北矛盾中的责任心就尤其引人注目地表明，甚至连计谋意义上的传统外交（"国际的"）冲突也将尖锐化——

21

22

除非富裕的工业国家能够与发展中国家就发展水平的均衡或者更确切地说是就公共的开支（首先是对人口增长地区）有效地达成一致意见。这种一致意见究竟有多难达成，上次在布加勒斯特的世界人口大会上已经再一次说明。但是，即便抛开了南北矛盾问题，生态危机也似乎并没有要求达成国际间的谅解意愿。倒不如说，看起来每个国家似乎都仍喜欢运用优先权在（地球）11 点 50 分的位置榨取生物圈。（比如）这也使我们联想到为了扩展国家的大陆架对古典国际法意义上的"海洋自由"不断增加的限制，联想到在拯救鲸鱼的所有努力上的落空，联想到巴西拒绝放弃那个在生态上具有烧毁亚马逊地区热带雨林的极端危险的项目。

　　然而，在我们这个论题的语境中，指示出有关生态危机的旧有矛盾的可能爆发，在我们这个渗透着科学技术影响的时代仅仅说明了一种伦理－政治的基本导向的实践必然性。但是在哲学伦理学上看，这种基本导向的可能性何在呢？

23

III. 为一门主体间有效的共契责任伦理学
进行理性奠基之表面上的不可能性

　　（我们）所要求的基本导向不能简单地建立在关于不同文化的传统宗教－伦理学的规范体系基础之上，这已从以下状况中得到说明：这个体系主要是在更小的团体内与婚姻关系、家庭关系以及邻里关系联系在一起，并且至多是通过这些个体间规范的心向伦理学概括获得（大约就在世界宗教和哲学人本主义之中的）世界性的意义。时至今日，"国际"权力斗争（所谓的"国家利益至上原则"）领域以及社会的阶级斗争领域在很大程度上已经不在伦理学反思之列——但没有去谈及人类利益本身的宏观领域，在生态危机之中人类利益已经面临危险。最终，伦理学在欧洲很大程度上是这样一种个人的心向（Gesinnung），在这种心向之中按照康德的说法就是，起决定作用的只是善良意志（"心向的准则"），而不是我们在世界之中（比如在政治世界中）行动的效果。然而，我们的行动效果，或换言之，（在全球范围内）我们的工业技术活动的作用和反作用所产生的风险，在今天必须要由我们负起责任。因此,需要的不是"心向伦理学",而是"责任伦理学",马克斯·韦伯后来说。不过,这个口号本身并不明确或者并不充分;因为(韦伯所认为的)孤立的政治决定,其与处境相关的责任伦理学,即处境伦理学(后来在存在主义中这种伦理学被萨特勾画为关于实存的特殊处境的伦理学),实际上并不与时间的要求相符合——尽管它是绝不会被超越的,因为一定存在着作出孤独决定的特殊处境(如马克斯·韦伯所言,每个人都必须在处境中选择他的上帝,或如萨特所称,每个人都必须在处境中选择自身以及其中的人性)。但是,科学技术文明在全球范围内产生的当代危机所要求的东西远比一门(或许是按照最终非理性的选择来加以规定的)关于实存的特殊处境的伦理学要宽泛得多。那么,显而易见,需要一门就如在交往的利益调和与处境协商意义上的、关于人类之普遍共契责任的伦理学。但是,对这样一门伦理学进行主体间有效的理性奠基的可能性如何呢?

我在前面已经提到过,在试图对这个问题进行回答的时候似乎就产生了一个矛盾情况:科学,亦即通过其技艺上的效果来说明共契责任伦理学之实践必然性的主要原因的这门科学,在价值无涉的客观性意义上通过其所铸就的合理性概念(Rationalitaet)似乎变成了主体间有效的伦理学不可能进行理性奠基的根源或原因。如此一来,一旦我们考察一下西方所谓的"分析"哲学的思想方式,问题就会显现出来。那也就是说,必须大致先说明任何伦理学规范奠基的以下公理条件。

1. 理性的奠基在句法学–语义学的公理化语句系统中,意即从语句到语句的形式逻辑的推论。

2. 语句的主体间有效性意即在价值无涉的事实确定或形式逻辑的推断意义上的客观有效性。

3. 从事实确定性出发通过逻辑推论不能产生任何价值判断或者规范性陈述。(休谟格言)

我们可以很容易看出,在这些前提假设之下伦理学规范的奠基在逻辑上是不可能的。

严格地说,第一个条件就已足以证实这点,因为就像波普主义者(比如 H. 阿尔伯特 [Albert] [3])已经强调过的,任何从语句出发对语句作形式逻辑的最终奠基之尝试都将导致逻辑的三重体:即或者(1)产生一种无穷后退，因为公理本身又必须重新在一个公理化的语句系统中推导出来，以至无穷；或者（2）产生一种逻辑循环，当我们在推论之中将本来就需要最终奠基的语句当作基础的话；或者（3）奠基过程必会由于某些条件的教条主义特征而中断。但是，我将抛开在我们的问题语境中最终奠基不可能的这个证明。因为它不仅表明伦理学规范奠基的不可能，而且还表明每一种（最终）奠基，甚至（比如）这种奠基本身也是不可能的，这在通常的意义上却只是建立在奠基与从语句到语句的形式逻辑推论——在分析哲学的第一个条件意义上（参见前文）——相等同的基础上。因此，这些条件立即将任何一种伦理学和理论科学的奠基判定为失败。

在我看来，第二和第三个条件的结合更加重要而且更刻画了西方哲学思维的特征：也就是说从这个结合出发导致的是，规范语句的主体间有效性恰恰是无法奠基的。一方面这个语句原则上并不能从事实确定中推导出来，这就如第三个条件所表明的；但另一方面，就如第二个条件所要求的，这个语句为了成为主体间有效的，必须依赖于从客观有效的事实出发所作的形式逻辑的推导。因此这样一来就无法给出一种对主体间有效的伦理规范进行理性的奠基，而且在西方分析哲学之内这一般被理解为，规范或评价最终必须回溯到单纯的主体感受或（任性）选择之上。（虽然我们可以在所谓的"道义逻辑"[deontische Logik]——对法学来说这是重要的——那里从规范出发推断出规范或者从义务出发推断出义务，如此建立牢固的规范体系，但是在这里我们并不能从公理上建立具有最终基础的规范。所以，我们似乎只是从元伦理学上将这些规范当作"道德话语"或者"道德语言"的事实来加以分析，而且这样一种分析似乎恰好产生这样的后果，即道德判断被理解为主体感受的特征或者[任性]选择的命令式表达。）

在此，"分析哲学"的（元）伦理学结论与我们已经提及的存在主义的伦理学结论之间显然具有一个非常令人感兴趣的联系：西方哲学的这两个代表性路线常常取得一致的地方在于，伦理学是有关主体的、私人的并且最终非理性的选择之事。那么，在这个实践关联点上的情况肯定不是如我们西方人所认为的，存在主义和分析哲学（比如"逻辑实证主义"）表现出互不相容的对立。毋宁说，所表明的是，它们彼此处在一种互补，亦即相互排斥但又补充的关系之中：分析哲学作为科学的逻辑与价值无涉的科学合理性的公共有效领域相关，另一方面存在主义则与主体的良心选择的私人领域相关。而且不难在西方思想的这种互补性系统之中发现，这是（一方面）基督教教义学要求与（另一方面）自然科学导向的合理性之间一百年之久的争论产生的一以贯之的结果。其实，由自由主义所实施的政教分离已经从根本上涵盖了整个互补性系统；因为这种分离已经在私人的道德良知意义上强迫宗教－伦理学规范的世俗化和私有化，由此甚至为公共有效的合理性开辟道路，显然这种合理性与自然科学意义上价值无涉的客观性范式一样都不能建立在其他基础之上。　　　27

但是，将这种发展趋向——比如作为法律领域的去道德化（Entmoralisierung）——向前推进的这种战斗性的自由主义，本身却预设了某些类似于有关个人良知自由的主体间关联的道德；而且西方哲学中激烈的奠基批判的最近阶段已经表明，在科学的合理性概念（参见已说明的第三个条件）的预设之下具有主体间效用要求的任何规范合理性辩护都是根本不可能的——甚至也不可能为个人的（良知）自由以及（比如）利益代言人之间的自由协定的主体间有效的原则辩护，而这个原则却构成了自由民主的基础。

很重要的一点是，必须澄清西方的互补性系统在其所有重要的实践蕴意之中的最终后果。这就（比如）包含以下并不乐意反思的情形：虽然利益代言人之间的自由协定构成民主制度，尤其是积极权利的道德必然性条件，但是绝不能成为（比如说）道德义务的基础。如果伦理规范的主体间有效性之基础在事实上是不可能的，那么就绝对不存在赞同或遵从自由协定的义务。于是，这两方面——以及自由民主的所有伦理——都回溯到关于利益的目的合理性之机巧活动（Klugheitsveranstaltung）上去。就如同它们甚至在匪徒团体之中原则上也是可以思考到的；而且严格地说，协定以及在协定之上所建立的规范法则的义务或规范效用就由于持续存在的利益状况而被回溯到协定的实际效应上去了。就是说，每个人就此都会"有义务"去赞同或者遵从协定，如果或者只要他预见到这方面的好处抑或在另外一种行为情况下如果或只要他需要为坏事担心。直至今天，包括传统伦　　　28

理学在内的"国际关系"领域之中也完全处于这种状况（而且西方自由主义最激进的政治思想家托马斯·霍布斯，也不曾动摇过，要在最宽泛意义上将国家内部的权利关系的规范性义务回溯到单个利益的目的合理性策略的效应上去）。

但是，我们在前面已经指出过，恰恰在一门缺乏人类共契的伦理学的情况之下，甚至在国际领域之内也可以看到人类种群由于人类活动的全球作用范围而出现了发展亏空。除此之外，我还认为，自由进行良心选择的激情（这种激情是在马克斯·韦伯那里间接促成的，而且通过特殊处境下实存的自我选择概念而得到了最后的提升）将失去其实质的内容，如果这种选择不能奠基于主体间有效的规范之中，而是一开始就作为所有规范性义务之基础的话。甚至连所谓的自由选择的自主性都不能得到保证，如果这种选择只是从自身出发纯粹私人地得到奠基的；因为这种纯粹私人性不仅是非理性的，而且也是在单纯因果决定意义上的他律。在精神病患者那里，个体同一性的崩溃以极端的方式表明了这种情况，精神病患者再也不能够通过主体间关联的交往规范来获得其自身规定（"白痴"字面上看意即"私人性"）。在我看来，由 D. 里斯曼（Riesman）所发现的、通过一个外在引导的行为的分离以不那么极端、但却与社会学相关联的方式表明，将私人选择等同于实存的自由选择，其所依据的是一种错觉，而这种同一性则肇始于西方互补性系统思想。因此，这种思想显然在实践上是站不住脚的。

有些社会学家或者社会心理学家只是满足于进行这种揭示，在某29种程度上可以说也就是牺牲西方互补性系统的自由—实存方面以利于客观—科学方面的绝对化。比如，美国行动主义者斯金纳（B. Skinner）在其著作《超越自由与尊严》中就直言不讳地这样做的：面对恐怖的世界灾难，他对科学家总体行为的责任限定进行科学的要求，在某种程度上取代一个自律主体之共同体的共契责任要求。但是，这个十足的"科学主义"[4]随即就表明了其内在的自相矛盾；因为斯金纳显然无法回答这个问题，究竟是谁对限定者——亦即科学家——进行（或者应进行）（责任上的）限定？

（以不那么坚决但最终却相似的方式，有些社会学的"系统论者"

陷入了科学主义困境之中，这种科学主义不再思考其自身的可能性条件。令人不满的是这样一种见解：人类的行为目的，甚至是认识能力，作为可理解的意义构成服从于功能性的系统构成的条件，如果它们是有生命力的话——就如前所述，这里令人不满的是合法确定的、精神生活不可或缺的条件［conditio sine qua non］，他们认为，这些条件必须将社会的系统构成或者持续功能理解为说明所有人的意义—意向［包括认识的真理要求在内的］的充分条件。那么显而易见，在这些先决条件之下，行为的伦理责任要求就已经失去所有意义而且社会制度或者整个体系的伦理学合法性要求更是剔除了所有意义：与要求自身的责任主体一道，这种要求作为公民主体及其关于自律与责任之梦想的混杂幻想，必定已被认为不重要或者理解为过时的。[5] 但是就在这种情况下——原则上与在斯金纳那里无异——很清楚的是，科学家的知识和真理要求就与人类行为之意义的科学主义还原不相容。也就是说，通过生活实践上关于系统构成和系统维持的必然性知识，亦即通过对这些知识的公开化，系统论者本身就超越了单纯作功能解释的领域：他不可避免地对自身及其听众提出有关担负责任的系统构成问题，因此也就是关于该系统的解释和合法性的问题。此外，通过他的真理要求——这种真理要求若不能通过自律的认识主体而达成原则上无限证实的可能性，就将是无意义的——他本身就论证了，将这种主体从社会学上还原到一种公民幻想上去是荒谬的。）

由此一来，从西方互补性系统的当代思想困境出发就培养出了一种美德，并且消除掉了这个系统的腐化方面即主体自由和责任方面，以有利于另一方面价值无涉的科学客观性，这并不是一件容易的事情。当我们这样探讨的时候，就显现了西方的互补性系统无法舍弃的真理内容：客观的科学与科学主体的主观自由和责任互为前提。它们共同存亡。由此，问题并不是要根本否定作为行为主体的人类自由和责任（或者将它解释为多余或过时的），问题毋宁说是，自由和责任并不在非理性的私人性意义上来理解，甚至在实践之中也不会在易受影响的私人性昏厥中堕落，反而是作为潜在的共契责任而起作用的。作为纯粹私人的抉择之任性，自由不仅无力承担伦理责任；它甚至在政治上——在更高标准上首先已经作为康德"心向伦理学"的纯粹内在

31 自由——也是无能的。如果我们考虑西方互补性系统在这方面的危机，那么在我看来我们就有机会理解 20 世纪 60 年代末世界范围内的学生运动（在历史的内在重构意义上）合理而且卓越的动机：这方面的运动并不能通过巧妙的社会心理学理论外在地（因果地）加以说明。

在这里现在就很有必要最简短地将马克思主义作为所勾画的（共契责任伦理学在实践上的必然性与表面上的不可能性之间的）矛盾处境的可能回答来加以探讨。显然，学生运动的新马克思主义至少在一开始就在第一条路线要求之中受到鼓舞，即要求通过真正的自由来取代政治上无能的私人内在性的虚假自由（Scheinfreiheit）——按照马克思的看法，人类种群完成了她的史前史并首先在共契合作和责任之中形成其历史。无法否认，这个要求完全排除了人类现实的问题，并且恰恰为当代科技文明的危险处境提供了一个哲学上的重要回答。但是，在我看来我们必须在考虑生态危机和新马克思主义运动这两方面的发展的时候，进行这样的一种区分：首先（在生态危机和新马克思主义运动的内在符合之中）主要的问题是"生活质量"的维持与发展，与此相关联就是这种不再需要从理性上加以确证的、关于独裁强制的解放，如此一来在目前阶段毋宁说就已经涉及一个引发更多争论的问题，即在议会民主政体的条件下必然要实施这样的措施，不去维持生活质量反而是去拯救人类生物圈，这究竟是否可能的问题。在《利与弊》中对梅多斯（Meadows）的《增长的极限》作过表态的 25 位西方科学家几乎都提出了这个无法回避的问题。与之部分相符的是，新马克思

32 主义运动的一个转变，即从反独裁的立场回归到由干部精英必然代表广大民众真正利益的观念以及党纪所组成的列宁主义。因此，现在我将把正统的马克思列宁主义对共契责任伦理学问题的回答作为解答西方互补性系统的替代性选择来加以考察。

当然在当前的语境中，把正统的列宁主义所构想的客观科学和伦理学上重要的党派立场之间的关系与西方互补性系统的前提联系起来，这只能以概括的形式来进行。以这种方式得到表明的是，作为辩证哲学的马克思主义除了第一个条件以外主要是对第三个条件产生了怀疑：对他来说不但不能将哲学基础还原到形式逻辑的推论上，而且他也不承认休谟（以及康德）关于存在与应然，事实与规范的二元论：通过

假定一种关于存在的历史辩证运动，他在某种程度上超越了这种二元论，在这种运动之中对持存的某种否定在如实可见地对存在进行必然的深入发展的意义上，取代了伦理学上的应然要求（Sollensforderung）。（如此，取代存在与应然之二元论的是黑格尔立足于未来而外推出的命题，即真理就是大全，而且在此观点之下理性就是原本的现实，原本的现实同时就是理性的 [Vernuenftige]。）从这种构想之中我们可以看出历史辩证法是对近代以前将存在与善等同起来的亚里士多德—托马斯主义的一种革新，但是形而上学—神学理论的历史辩证法转向包含着一个关键的区分。因此存在或者现实就不再因为一直作为上帝所创造的存在而是善和理性的，就被看作是善和理性的，反倒是通过人类实践而处在自然发展的理智延续之中。但是，谁具有这种理智呢？对正统的马克思—列宁主义来说，实践上因此也就是伦理学上的这个重要问题就是，存在与应然之间在实践上不可否认地存在着鸿沟——鸿沟的不确定性就表现在"我们应该做什么？"这个问题上——这条鸿沟必须通过理智，即具备必然历史进程之辩证法知识的人所拥有的理智来加以克服。

现在就产生了如下的理论后果：正统的马克思—列宁主义对西方互补性系统的替代性选择或许并不在于，价值无涉的客观科学通过对主体间有效的伦理学的理性奠基就得到了充实；毋宁说这种充实显然是多余的，因为一种辩证的超科学（Ueberwissenschaft）就将被假定，并在存在与应然之间的历史处境中确立起理智而必然的中介。但这种理论的系统要求所产生的实践后果是，伦理学上有关应然的基本问题其实完全不再被提出而且完全以如下方式来加以回答，即对所有公民的共契责任历久弥新的回答将会得以完成。毋宁说，它基本上是柏拉图和教皇英诺森三世的如下观念所导致的结果：知识精英替民众承担原来的责任并且迫使个人的道德责任去政治化（Entpolitisierung）和私人化——与西方道德的自由主义私人化相比，这种情况可能进一步远离了共契责任伦理学。

（通过以下一种双重互补性系统的模式，我们可能就会在大致地比较东西方思想的意义上说明思想的全球状况：在西方系统中私人和公共领域之间以如下方式存在着一个互补性，即价值中立的科学主义规定着公共有效的合理性而主观主义的存在主义则表达了私人领域；与此相反，在东方系统之内私人领域与公共领域、理论与实践以及科学与伦理的统一明显得到了设定，以至于这个一体化系统完全支持处在互补性联系之中的西方系统。）

IV. 后果

从概述的情况出发将会对解答我们所提出的、关于一种伦理—政治的基本导向之可能性问题产生什么后果呢？——我已经提到过，几乎所有被邀请去对罗马俱乐部的第一个报告发表意见的知名科学家都提出了需要变革我们的政治制度的问题。面对共契责任伦理学的可能奠基问题，我对思想的两难困境之分析所作的探讨，可能会唤起这样的印象：即在这个口号的思想和政治制度意义上有关第三条道路之必然性的印象。我并不是要否定这个第三条道路，我甚至并不愿留下这样的印象：似乎我必须提供政治对策来为自由和被迫的共契之间的进退两难寻找（在我看来）必要的出路——这种自由不带有伦理内涵和共契责任，却刻画了西方资本主义体系的特征，而这种被迫的共契则不再能够通过市民的自由责任来加以促成。与此相反，我将勾画这样一种伦理学的哲学开端，在我看来这种伦理学能够消除任何不可能对主体间有效的规范进行理性奠基的借口，并且将为所寻求的政治的新导向提供重要标准。[6]

为了证明伦理学的理性奠基是可能的，显然需要对前面（参见第24页）提到过的有关西方思想互补性系统的三个条件至少部分地加以质疑。这种质疑经常发生，因为人们试图将这三个条件（依据这三个条件，规范从根本上就不是从事实出发合乎逻辑地推导出来的）证明为无效的。所以，比如我们就试图从社会的需求情况出发推导出规范，与此同时却不用对规范进行设定；但最近 J. R. 塞尔（Searle）甚至试图用语言分析哲学的方法反驳，特别从这种哲学倾向出发对所谓"自然主义谬误"而实施的批判，如此他从语言行为——比如许诺——所具有的"直接事实"出发，在语言行为理论之中逻辑地推导出规范。[7]我不认为这条路是行得通的，而是将其他两个条件加以质疑，亦即这两个条件：将哲学奠基等同于从语句出发到语句的逻辑推导，以及将主体间有效性等同于价值无涉的推论或事实确定的客观有效性。

我认为第一个条件能够表明的是，哲学的最终奠基不能与形式逻辑的推论相提并论，反倒是与对有关主体间有效的论证，以及对有关语言所促成的思想本身的主体—主体间的可能性条件的反思相提并论。[8] 而第二个条件我认为能够表明的是，主体间有效的伦理学之基本规范从属于所有论证的主体—主体间的可能性条件。

对于那些不了解哲学的人而言，首先不太可能理解的是，对奠基可能性条件的反思竟会与人类整体共契的伦理学之可能性问题相关。但是，以下的思考仍将是有益的：我在前面已经试图表明过，在有关规范的理性最终奠基之不可能性方面所列举的三个条件的预设之下，西方互补性系统的思想发展实际上已导致我们的实践理性在实践上受到严重的削弱，也就是说导向了我们潜在的共契责任。对于这一点，任何人，只要他不是对以下思考不加理睬，都会很清楚地看出：如果能够表明，逻辑论证（如此就是科学）将主体间有效的伦理假定为有其可能性含义，那么就有能力以无法反驳的合理方式取消科学对伦理学合法性的阻碍，并说明一条对所有论证意愿来说都无可辩驳的伦理学原理。按照这样的考虑，我们试图以最简洁的方式勾画出对伦理学进行哲学奠基的西方思想步调：

属于有效说理（如此也就是客观科学）之可能性条件的，不仅是每个人自身必备的操作——即逻辑—语言学上的——能力，此外还有原则上无法限定的理想的交往共同体之假设，在这种共同体之中真理诉求的意义理解和共识构成在原则上必定是可能的。没有这个——明确或不明确的——假定，图谋任何严肃的对话都会失去其意义。但是，对理想的交往共同体——它在原则上是可实现的，甚至在某种程度上必定已经实现，如果能够进行说理的话——先天必然的假设，必定已经假定了关于理想的交往共同体之规范伦理学的主体间有效性。此外，这说明：任何人，若不是他已在交往对象相互承认的前提下从原则上认可了坦诚交往的所有规范，则不可能从思想上真正了解自身。但如此一来，西方互补性体系的第二个条件就被证明为错误的了：主体间有效性的概念在科学主义的意义上就无法在价值无涉的科学见解之效用意义上还原到客观性上，因为价值无涉的客观性本身就预设了伦理规范的主体间效用。

37　　也许我们可能会认为，如此一来这种伦理学就没什么可取的，因为在说理者的交往共同体之中一门坦诚说理的伦理学仅只是在抽象掉说理者的所有个体需求之后而得到预设的。但在我看来，这种看法建立在抽象的谬误之上。它没有看到的是，可能的说理内容的范围——"对话—总体"——并不会通过已承认的说理原则而得到限定，原则上这就如同任意地划定有能力的交往对象之共同体一样不可能。但是，如此导致的是，交往对象的所有要求原则上就必定要彼此承认，而且通过说理能够证明为与交往共同体的所有其他成员的要求相容。不过在此意义上所有个体的利益或者需求都能作为可正当说理的诉求而起作用，并与其他所有人的利益或需求相协调一致。照此一来，理想的交往共同体的伦理学含义所产生的是，要求从内容上将人类利益协调为对普遍无压迫的现存协商制度的可能诉求。本来就已包含在交往先天之内的这种制度同时也就被看作历史上偶然形成的社会制度的元制度（Meta-Institution），亦即被看作所有实际制度的证明机关。

　　我认为值得注意的是，这里所勾画的实践对话的伦理学大大地超越了康德意义上有关"绝对命令"的形式伦理学。这种伦理学不仅要求在（以普遍立法的形式）全部诉求的可能中介意义上规定其心向准则从而依赖于单个主体，此外还需要确立自由协商——亦即政治自由而不仅仅是内在自由——的局面，在此局面下交往共同体所有成员的具体诉求都能达成一致意见。

38　　但是至迟在这里必须想到的是，所有迄今提到的要求都是为伦理学的最终理想原则或标准问题提供答案。谁没有习惯先验哲学的思维，谁就很容易误解这种标准的作用；他就会突然地将所提及的要求与正常理智在人类的欠缺性，客体之束缚及其类似之物上所可能具有的认识相对照——似乎如此一来伦理标准的规范效应就必须与对其可实现性的经验估算相提并论似的。

　　但是，理想的伦理标准其功能及其与实在的对抗恰恰在于，首先要认识伦理—政治实践本身的困难和界限并且获得长期有效的现实化策略的基础。如此，这就能在两个伦理—政治假设上得到表明，这些

假设本身恰好从交往—伦理学之理想与政治—共同体之实在之间的对
立推导出来：

1. 在此首先必须考虑到的是如下基本事实，即每个说理者一方面
必然预设了理想的言谈处境和理想的交往共同体，另一方面——从正
常理智出发——完全可以知道，他本人及其对话伙伴无论从能力还是
从心向出发都不能满足必然的诉求。由于洞察到现实的交往共同体与
必需反事实地推定的理想交往共同体的特性之间的基本矛盾，首先就
产生这样的假设，即矛盾需要历史地扬弃；换言之，正是从这种基本
的矛盾出发才产生一个伦理—政治解放的长期策略目的。(我将"解放"
定义为自由协商的理想交往共同体在现实的交往共同体中的实现。)

2. 但是，理想的交往共同体必定在现实的交往共同体之中，亦
即在历史形成的社会之中被实现出来，这种认识却立即产生这个伦理
学假设，即现实的交往共同体的存继必须确保。如此，对理想的交往
共同体进行现实化的解放策略所具有的一个必然的约束性条件就得到
了说明。从中可以得出，在具体的历史处境之中需要总是维持理想交
往共同体的现实化要求与现实交往共同体的存续要求之间的协调。在
我看来，这在科学理论上就导致了批判—解放的社会科学原则与准生
物学的系统论命令之间的协调。比如，在科技文明的当代生态危机的
条件下，一个社会正义的社会制度，亦即与理想交往共同体的条件相
符的社会制度，其现实化活动在国际范围内必须与系统论的先决条
件——即必须实现人类生态圈的拯救——相协调。因为存续在人类历
史上首次成了一个全面涉及人类种群并且必须由它共同解决的问题。

但在我们的时代，从政治上解答第一条任务并不是理想地协商和
构成共识的目标，因为，为此就需要首先实现所预设的理想交往共同
体。如此，在我看来，在人类种群的当代处境下一门政治伦理学的独
特效果与走向就得到了标明：必须满足人类共契责任的要求，尽管其
满足的可能性条件仍未确立。

根据这种分析，至少就对伦理—政治的基本导向产生了一种处境
说明，它比康德（从善良意志的可能效果抽象出来的）纯粹心向伦理
学更加切近伦理上负责的政治家真正面临的问题，而且又比马克斯·韦
伯非理性主义的处境伦理学和责任伦理学更能提供规范导向。因为它说

明的是，我们假设的、依我们的原则具有坦诚的责任意识和伦理学基本导向的政治家，就处在这样的境地之中：一方面他必须用长期策略意义上（比如一个政党的远期规划草案）的政治手段，努力谋求解放的命令与准生物学的命令在历史处境前提下的最优协调。实际上，这就会（比如说）在我们的地区内导致一种受控的系统—转化（通过尽量广泛地考虑全球范围内人类系统的受控转化的相互协调问题）策略。但另一方面，对于我们所假想的政治家——就如对我们中的任何人一样——来说，交往伦理学和协商伦理学的规范已具有约束力，对这些规范的现实条件他必须努力实现。因为他在选择政治手段之时会受到制约。在我看来，这在西方的民主前提下实际上意味着，一方面需要系统变更的改革政策，但另一方面这种政策却遵守调节性的原则，而不违背或者甚至完全排除民主这种游戏规则，这些规则可以看作是对理想交往共同体的局部制度化的实现。

匆匆用这些不明确的意见来结束我的报告，不仅有时间的原因，也是我的哲学能力之所限。这显然并不意味着，在涉及具体抉择的准备工作之时无须也无法作进一步的说明。相反，今天的政治家和具有政治责任的公民，除了伦理—政治的基本导向之外还需要更丰富的、有关政治行为之特殊条件的信息。而他最终取消那些不完全根据他的知识而做出的决定，在我看来并不是说，他就在西方互补性系统的意义上规定了道德无涉的效用技术与纯粹的主体—非理性的良心选择的结合。我试图表明，伦理学基本导向的理性标准会作为标准伴随他直至具体的抉择。他最终必然据此来测定其行为的成败。

41

第二章
作为伦理问题的人类处境

I. 人类的当代危机处境以及人本身的处境

先生们，女士们！

我演讲的题目已经包含了这样的一个论点：人的处境是一个对人而言的伦理问题。但"人的处境"在这里指的是什么呢？我们可能会想到人类的当代处境，比如想到道德理性的挑战，这种挑战已蕴含在核歼灭战的危险或者可能会毁灭人类生态圈和生物圈的更大危险之中。事实上，由此已经得到确认的是，关于人的处境的这些说法完全是正确的；因为人类总体不仅会遭受核战的危险而且也会遭受生态的危机：在迄今为止的世界历史中无疑是首次面临这样的处境，在其中人类面对共同的危险需要共同承担道德责任。因此，无论如何我们都要——在哲学的分析以及辨明道德与责任概念之前——说明人类当代处境的新问题：这些新问题来自于一门宏观伦理学（Makroethik）之必然性。其中所涉及的是，在超然于面向他人的个体道德责任之外，甚至超然于通常的"国家利益至上"意义上的政治家责任之外，确立起在全球范围内人类集体行动之后果（以及副作用）的责任。

就这点而言，我就已为这个论点，即人的处境在今天是一个对人而言的伦理学问题，取得了一个暂时性的根据。但是，人的处境在过去不是一直都是对人而言的伦理学问题吗？

圣经表明，这种处境其实已经由人类最初的原罪而形成：从那时 起人类就知道了善与恶的区别。康德在其有关"人类历史的可能开端"的论文中已经从进化论角度将这个具有神话意味的事件解释为："从一个单纯野蛮生物的未开化状态到人的转化，从本能束缚到理性引导的转化，用一句话说就是，从对天性的保护到自由状态的转化。"[1]

按照雅各布·范·于克斯屈尔（Jakob von Uexkuell）和现代民俗学的看法，我们就可能对这个进化论解释作如下补充和扩展：通过工具和武器的发明，人类消除了其感官经验的"记号世界"与其可能的行动后果的"效用世界"之间的机体条件上的对应。从那以后，其行动的可能效用通过特殊感官—情感的行为诱因就从根本上超出了可能的行为控制。这对于触发本能残留的杀害克制来说尤其有效。就此而言，石斧已经具有技术和道德革命的意义；因为它完全可能致使该隐首先杀弟，并如此对其行为后果产生惊恐，这就如同激发出一种宗教—伦理的罪恶意识一样。在图腾信仰之中类似的罪恶意识可以为猎手与被其杀害的猎物之间的关系，后来甚至为农民与所取得的土地收成之间的关系提供证明。因为即便是土地，为了重新获得收成也必须用相关的礼俗来加以养息。

概言之，匠人（homo faber）对先前的、以机体为条件的本能范围的滥用，在自然世界中其用工具所施加的侵犯，尤其是其对动物和邻人致命的武器攻击，所有这些在神话时代看来就已经在赎罪、报复
以及谅解的必然性意义上导致了道德良知的产生。那么，在此背景下道德规范的这种神话意识在"轴心时代"（卡尔·雅斯贝斯）就实现了欧亚的高级文化向世界宗教和哲学意义上的"伦理学"的转向。

在接下来的科学技术时代，人的"效用世界"与其机体条件上的、感官—情感的"记号世界"之间的裂缝就有了一个新的特性。由于时空的作用范围，尤其是人类——不仅是战争行动而且是工业—技术活动——的集体行动的作用范围，现在几乎不可能直接将人类与其行动结果在感官—情感上关联起来。显然，在一定程度上本能—残留的罪恶意识在这里必须由理性的责任所取代。智人（homo sapiens）现在意识到，匠人在其所已达成和仍可能达成的东西方面远胜于他，而且（或许在最后时刻）会赋予他这样的任务，敉平（消除）现有的鸿沟，这就意味着：必须借助"实践理性"来应对这样一个处境，即他根本上借助技术理性自身确立的处境。

在我看来，通过这种单方面的扩展性说明首先就能给大家这样的印象，即我演讲的论题不仅涉及人类今天的处境，而且还同时涉及人

44

类本身在种族历史条件上的处境：即从自然中解脱出来的自由之人的处境，这种自由之人表面上作为"匠人"实际上却作为潜在的"智人"从自然规律的限定领域凸现出来。如此恰恰符合伦理学的规范原则，即符合理性的原则，这些原则可以通过他，也就是通过他对这些规范原则的一贯遵从来证实其是与牢不可破自然规律相类似的。[2]

接下来我认为非常重要的是，在人类本身的伦理学处境方面刚才提到的、关于人类今天的危机处境的现行问题的代表性。而要概述出从人类形成直到生态危机以及核战略危机的环境关系和人际关系的演化，在某种程度上就应该划定所有对本论题点的进一步说明所能容纳的框架。

II. 在伦理意图下重构人类处境之可能性的方法论条件

在演说修辞所要求的（许多人视之为理所当然的）引论之后，现在无疑是时候变换风格并且让当今学院哲学的思想方式甚至学究式的思考发挥作用了。这里首先提出以下问题：究竟在何种程度上我们能够从人的处境——从现实处境或者从种族历史条件上达到顶峰的处境出发——推导出类似伦理责任之必然性这样的东西？这似乎就导致了从实然到应然的推论，以及与此相关的一种"自然主义谬误"。

这种看法我会完全同意，假若不存在任何基本的伦理规范，并且从这种规范出发能够作以下说明的话：它必须是不依赖于任何经验—偶然的处境，不依赖于任何哲学思考者而被公认为有效。但是，如果存在这样一种基本规范，那么对它的阐释，就可能是一种对人类处境的历史性重构，而且对我们的伦理责任的进一步规定来说就绝不是无关紧要的。相反：只有这样一种重构（这种重构必须是诠释性和批判·性的），才能——通过相关各方的共识构成——成为具体的、与处境关联的规范。（同时在这里要注意到的是，不同的历史和社会文化的行动条件之多样性恰恰无法为伦理学的相对主义提供任何论证。相反，这种多样性却论证了，处境关联的个别规范的多样性原则上必须很好地与伦理学基本规范的前提设定相协调——完全被忽略的是，诸多的个别规范竟可以通过基本规范来评判。）

46

在此我简短地说明一下这个论点：任何进行哲学思考的人，亦即认真地进行说理的人，都必然已经——至少含蓄地——承认了一种伦理学的基本规范。[3] 如果他乐意反思其说理方式所内涵的意义，那么他必然会认识到，他也就已经一同假设了言说意义的可能性和真理性，人类的所有的意义诉求以及真理诉求在原则上都必须通过说理——并且也只有通过说理——才能在一个无限的交往共同体之中实现。[4] 但

47 如此一来，他甚至就已经肯定，他作为说理者为作为合法对话伙伴的全人类预设了一个理想的交往共同体，在其中所有的观点差异性——甚至涉及实践规范这样的观点差异性——在原则上都应通过具有共识能力的说理来解决。因此，所有说理者亦即所有认真的思考者，其必然承认的伦理学基本规范对于处境关联的规范就具有从说理上构成共识的元规范（Metanorm）的约束力。

（如此，我们就不仅简单地承认一门说理对话的特殊伦理学，而且认为，可能的相关各方的说理对话对任何可质疑的规范来说都是理想的创立机关和证明机关，这就是说，我们在说理对话与其他一切的交往形式和生活方式的关系之中已经承认了这种不对称性：只有在对话的游戏规则之内并且依据该游戏规则才能在非对话的生活方式方面为有效的判断、理论、规范等确立基础，而不是相反。[5]）

那么，刚才所勾画的伦理学之基本规范与人的处境处在何种关系之中呢？它怎么能够应用到这个处境的重构上去？

在某种意义上，任何说理者都必然地肯定了前述的基本规范，

48 这个事实本身就是人的处境。依照海德格尔的用语我们可以说：这个事实非常明显同样是在人类的"在世存在"的"前结构"意义上的"实际性"。但是，我要马上补充的是，这里所涉及的不仅是一个有关在世存在（In-der-Welt-Sein）的、历史条件上的实际性之偶然要素，而且还涉及这样一个要素，即我们对"逻辑偶然"与"逻辑必然"做主体间有效区分的可能性条件所从属的要素。因为后一个区分已经假设了，存在着主体间可分的（可言说的）意义和主体间可分的真理。

因此后一种必然性，我们可以称之为先验逻辑的必然性，从方法论上就先行于我们在世界中存在的偶然性条件这个有意义的说法。而且就是在这种意义中甚至在先给出了有关在世存在的先验的逻辑一

假定（包括伦理学的基本规范之假定，亦即任何可能从方法论上确定我们在世存在的存在历史性条件）的反思可靠性。谁要是严肃地表态认为，"意义"和"真理"的抽象意义在最终裁决上也受制于"事件"或"命运"[6]，如此我们对话的意义诉求和真理诉求，其逻辑在原则上就附属于时间，附属于这种如此就消除了其对话之意义诉求和真理诉求的时间；那么，他就表明了，他已将传统哲学所谓的存在遗忘换成了逻各斯遗忘。

这就出现了如此多针对存在历史的优先权而产生的、对先验哲学的方法论优先权的重构——以及对先验哲学所作的所有类似于结构主义、功能主义和进化论的陈旧说明。——但如此一来，我们绝不是要否认，能够可靠地加以反思的有关说理活动的先验规范性条件从属于人在世存在（在"前结构"意义上）的"实际性"。我们所指的（比如）是康德称之为"理性事实"的东西。但是，我们可以在一种"先天完善"的意义上将这个唯一的事实——再次与海德格尔一起反对他所思考的——解读为说理活动必然已经承认的规范性条件。因为可以看出，如果我们从这个事实中得出规范性的结论，就绝不会导致自然主义的谬误[7]。这个结论我们绝不是从偶然的人类学事实中推导出来，而是来源于以下这个无可置否的真实情况：我们作为明智的说理者，必然已经确认了说理活动之可能性的规范条件。所以，这在我看来就是康德所谓的"理性事实"，在此我通过理论理性与实践理性的规范统一性来解释这个事实。[8]

但是，人类存在着，并且其中的成年的理性存在者能够反思性地确定说理活动的规范条件，这种情况却同样是人类历史以及进化的一个偶然事实。但这种情况对于回答我们的问题，即在诠释性和批判性地重构（从人类形成到现代的）人类处境的起源之时所涉及的有关伦理学基本规范的可能作用的问题，却更为重要。因为从这种情况出发所导致的是，历史的偶然事实必须与说理活动的先天相符，以作为任何科学的历史重构之方法论的先天；这就是说，任何适当的历史重构至少都会顾及其自身所设定的（比如哈贝马斯所谓的、人类语言的四个有效性诉求：可理解性、真实性 [Wahrhaftigkeit]、真理性 [Wahrheit] 和道德上的正当性[9]）历史发展可能性。

49

50

    这在我看来就是那些被重构的科学的自身整合理论（Selbstein-holungspostulat），而且考虑到科学理论之奠基关系的"建筑术"——在这点上我和哈贝马斯稍微有点争议[10]——我仍要做以下补充：这个自身整合的理论，在我看来恰如人们进行谈话所必需的四个有效性诉求以及其说理之可能展开所附属的规范性条件，并不是属于所重构的那些科学的可能经验成果，反而是属于其可能性之条件。（即便我们在有关这种可能性条件的哲学探询方面来论及"重构"，我们所指的也不是在这个自身整合原则所已设定的理论方面的、有关经验—历史的重构，而是通过对这些条件——即如果有关理论及其说理的辩护或驳斥的谈话要具有意义，我们必定理解且已承认的条件——的严格的反思而产生的先验语义学重构。[11]）

    当然，通过承认这个自身整合原则，所有人类学、心理学或者社会历史学的科学构想马上就被看作不充分的而加以排除，这些科学构想就会以某种方式将人们谈话的规范有效性诉求之事实从决定论上回溯到其他东西上去。

    （在此我们必定不会立刻考虑到这样一个巨大的悖谬，通过这个悖谬，比如在斯金纳那里就发展出了一种绝对化的条件限制理论。对本文来说，更感兴趣的是关于人类学还原主义的其他更难以看透的做法：比如，在所谓"唯物主义解释学"意义上对意识形态批判起源的夸大化，这种解释学不再能够区分从基础出发来理解和讨论的东西与单纯从外部来说明的东西；或者社会学的功能主义，这种功能主义甚至一开始就将可在对话上实现的人类交往的有效性诉求仅仅理解为一个有限的自持系统中的功能；或者文化人类学的相对主义，它一方面代表了从其自身条件出发来理解陌生文化的有效性诉求，另一方面同时也说明，所有的意义理解在其有效性之中都相对于偶然的社会文化生活形式及其理解世界的不可通约的范式，或者最终相对于现在可能最重要的相对主义哲学类型：即批判主义［亦即这样的理解，按照这种批判主义只可能在可错的理论框架之中找到根据，这些理论本身不可能是奠基性的，但却仍会批判性地相互对峙而发挥作用］。在这种情况之下，我认为，就连将这种绝对化的可错论原则和这种绝对化的多元论原则从原则上加以应用，也必然会自相矛盾。[12] 如此一来，诸如"理

论"、"理论比较"、"批判"、"考察"等概念之得到理解的所有独立的
规范标准就会丧失，比如在保罗·费耶阿本德的无政府主义结论中这
就能够得到详细的显露。

我们认为，在还原主义意义上人类在现代社会科学之中的有效性
诉求，其心理的、历史—社会的或者语言的中介条件方面的全部发现
都被夸大并且被绝对化了。在某种程度上可以说，这已是科学史之中
的人类文学效应方面的经验条件；并且在当代我们很容易产生这样的
印象，即指明自相矛盾，甚至指明语义学上明显的自身不一致就会使
还原主义或者相对主义立场的代言人完全清醒过来；但与此相反，他
们觉得更值得重视的是，通过还原或揭示的方法将所有以往的观点证
明为陈旧的，如此历史性地加以超越；而如果朝向他们的这种超越——
"说理"本身消除了，他们此时就会很不安。正是在这里我们可能会谈
到一种隐秘的"历史主义"——甚至在已经看出有关进步的历史必然
性的历史主义信念是历史的陈旧之物的地方。[13])

就像已经暗示过的，尽管经常不太会记起还原主义理论辩护人的
这种自身整合理论，但接下来我希望我的研究能建立在对人类重要伦
理学问题（方面）的总体概略的基础上。那么，对于将自身理解为在
这种历史重建中自身整合的说理共同体之成员的研究者而言，这样一
种重构本身的处境起点是如何显现出来的？

1. 一方面，研究者只要进行说理，就必定不仅在伦理学基本规
范意义上假定了一种理想的交往共同体的可能性，而且甚至反事实地
（kontrafaktisch）推定了这种共同体的实存，以便他们进行说理。（那
么对于这种必然性人们就必定会深信不疑，如果说理者极力使公众确
信，对理想的对话条件的反事实推定在坏的意义上是空想。）在我们的
问题语境内，反事实地推定的、构成共识的理想条件之必然性基于如
下原因就尤为重要：通过这种推定，在规范上得到奠基的目的预先确
定了所需重构的程序，并且这个目的绝不等同于这个重构者当下社会
状态的现实性，而是与每个可能的说理共同体所追求达到的状态相一
致。因此，这种自身整合理论绝不意味着，人类处境的批判性重构必
定会导致对某种（比如西方工业社会意义上）现代视角的采纳。毋宁
说，反事实地推定理想交往共同体在道德进步的调节性观念意义上参

53

照的是未来，这种观念在任何以社会文化为条件的处境下都能被所有说理之人承认为是有约束力的。确实，这个推定其实恰是对一种不依照欧洲中心论来理解人类文化统一性和差异性（多样性）的观点进行谅解和宽容的可能性条件，相对主义者却错失了这个条件。

2. 但是在此却只是勾画了一个方面，即在目的论上与未来相关的、重构历史处境之出发点方面。对于该出发点，同时需要注意的另一方面则由研究者生活于其中的现实交往共同体的当前处境预先给出。其观点必然由视角而确定，因此，即便是对历史处境的重构也必须重新探讨而绝不能（比如）通过一种（先天的）历史形而上学一劳永逸地加以"扬弃"。

但是，在这里需要注意的是，前面所提及的生态危机和核战略危机这些事实，首先对于重要的伦理学之历史建构来说至少有利于（比如）提供一个经验条件上的人性视角。在这种视角看来，人类的形成最初可能就由于打破本能限定，如此也打破动物平衡系统的限定，而表现为匠人的出现；从人类形成直至今天，作为人类伦理处境的关键问题来表现的是，有关"智人"与匠人的关系问题，也就是这个问题：人类是否能够通过其伦理理性弥补其基本的本能缺陷，并且对这个造成其本身成为"匠人"的处境肇端进行回应。

那么，通过旧的哲学人类学和人种学范畴来阐释这个今天流行的启发式的重构视角，在某些条件下却多少是片面的。接下来，我将通过更一般、更抽象的方式提出理性补偿问题，在此语境中就是"匠人"和"智人"的关系问题：比如，（从人类形成迄今）人类行为合理性[14]的（可能）形式或类型之间的联系问题。在此语境中，我将指出，人类"合理化进程"中的进化延续，有关其得与失，可以在批判的观点中得到重构，而这种观点则根据自身整合理论而具有：简而言之，使得这种重构得以可能的、有关共识交往的批判性对话合理性，必须同时为评价可能重构人类合理化进程的趋势提供规范性标准，更确切地说是，为评价在各种人类行为合理性的相互规定关系中的不同情况提供规范性标准。

Ⅲ. 伦理的合理性问题

那么，在此我们首先要谈到的是有关"合理性"或者"合理性类型"以及"合理化程序"这个概念的使用情况。尽管我相信，通过先验语义学的反思可以系统地为各种形式的人类行为合理性的类型学奠定基础，这在原则上是可能的。但是，接下来我更愿意随之提出这样一门系统学说，并且试图从对传统的批判性阐释出发示范性地作各种类型的解释。为此我将从下面的评论开始。

一般而言，当代对于"合理性"或者"合理化"概念我们能够想到的不是不同的合理化形式，而毋宁说是某些统一并且明确的东西，这些东西能够用来反驳非理性之物（Irrationalen）——或者在另一方面就是不合理性之物（Arationalen）。我本身并不是要反对合理性连续统这个想法；合理性连续统在某种程度上需要在对话合理性的自身反思之中"扬弃"，在此特别是共识交往的伦理合理性结构就必须是显而易见的。但是恰恰在这一点上，我们现今论及"合理性"的时候却思考得最少。毋宁说，这个概念是在一种为了任何目的可以随时将逻辑推演或数学演算工具化的、价值中立的能力意义上来理解的——如此就像在托马斯·霍布斯那里，这种能力是作为理论和实践理性之基础而得到假定的。

但是，德语中的理性（Vernunft）概念从康德和黑格尔以来就与这个合理性概念有某种矛盾。不要忘记，马丁·路德论及这个总是为利己的自身利益服务的"妓女理性"（Hure Vernunft），毋宁说是与霍布斯是意见一致的——当然是在这个预设之下，即对"上帝领域"非理性或者不合理性的信仰补充了世俗理性的那种精打细算的自身利益，这种利益在霍布斯看来就已足以成为伦理学和正义的基础。从路德以来经过克尔凯郭尔有一条直接的路线通向现代存在主义，即便经过了宗教信仰立场的世俗化，在这里仍存留着价值中立的工具理性（作为一方面）与有关最终价值或规范的非理性的良心抉择（作为另一方面）之间的二元论。康德或黑格尔的理性概念都几乎一致地被作为过时之物抛弃。在我看来，这也尤其适用于存在主义通过海德格尔后期的存在历史和存在命运设想所做的自我超越。

56

　　在此语境下更有意义的是，"西方合理化进程"这个说法的提出者、重构该进程纲领的创始人马克斯·韦伯恰恰是价值中立的合理性与最终价值准则的非理性选择的二元性或互补性的代表。如此一来，马克斯·韦伯就成了——恰如存在主义者为一方和实证主义者或科学主义者为另一方的——西方思想的互补性系统的共同创立者，这个系统在今天仍经常用来反驳有关"辩证唯物主义"的教条主义—极权主义的整体系统[15]：根据这种互补性系统，在公共的生活领域，即在政治、法律和科学领域之内的实践是专门由价值中立的科学技术合理性所调节的，为此，目标和价值的预先规定也就可以溯源于民主的多数决议意义上的一致性。与此相对，道德就如同宗教一样也就只是私人的事情。

　　那么，当代多数受过科学教育的自由派人士可能会或多或少一致地支持的这个方案，乍一看来就显得非常可信，尤其当我们将它与东方的国家意识形态诉求相比较的时候，这种国家意识形态想在公共和私人的生活领域不经过民主的多数决议这个中间连接而仅仅根据对历史必然进程的科学认识就从道德上对人们的行动加以引导。但是，若进一步考察我们就会注意到，西方的互补性系统需要为其价值中立的合理性概念付出的代价是非常令人担忧，而且这个系统的基础最终是矛盾的。

　　这个代价就在于，为人的集体行动之后果负起道德责任的机制——就如一开始我就将它强调为当代伦理学的任务一样——在互补性系统的假说下是不可能的。因为在这个假说之下不仅像康德那里一样存在着合法性与道德性之间的区分——亦即，能够进行制度化的规范奠基或实施（为一方）与伦理—哲学的对话（为另一方）之间的区分。毋宁说，这使得伦理—哲学的对话能够产生主体间有效结果的可能性被否定了；而且在（康德）"明辨的公众"（räsonierende Öffentlichkeit）意义上对制度化的规范奠基程序、颁布程序以及实施方法的证明或判断，其要求看起来若不是对民主自由的威胁，就是无用的。[16] 根据这种互补性系统，离开了能够制度化的程序就没有任何合理性证明的问题。按照这种互补性系统，这个程序已经是民主的基础，而不是某种仅只是近似的尝试，这种尝试本身只是在将共识—交往的对话合理性持续不断地加以现实化的调节性观念之下所形成的。所以，毫不奇怪，若考虑到责任伦理学的问题，从互补性系统的界定条件出发将得出如下结论。（我将联系到《法兰克福汇报》上对汉斯·约纳斯的著作《责任原则》的一个评论。）

据这个评论所说，个体"脱离了道德约束和监督"是不可能为现代工业社会的政治、技术和经济活动的那些不可预见的后果承担责任的。在阿诺德·盖伦意义上责任必须限定在特定制度和特定角色的领域内，在此"每个人都完全知晓其行为的后果，每个人都认识到：政治家要政绩，工厂主受制于市场，官员要受到上级的批判，工人要受业绩的考察"。[17]

我们无须认为，通过顽强的对抗或者持续的对话就可以取代传统责任领域中无言的尽职。尽管我们可以注意到，在所援引的劝勉话语里完全阻断了集体行动（以今天不可或缺的危机意识的方式）的道德责任之可能性。但在我们的问题语境之中，令人感兴趣的首先是有关公共责任的伦理学在这里一开始就看作是乌托邦的（更深刻的）原因。在此，个体在已经确立的传统规则系统框架内孤立地遵从规则所承担的、一种有合理性基础的责任，就被看作是可能的。但在个体参与到为制度由此也就间接地为集体行动的后果负起共契责任的公共（共识—交往）机制进程的意义上，责任在合理性上的可奠基性和可调节性，却被看作是不可能的。所以，这看起来就如此令人信服地表现了个体无能的理由，甚至可能还说明了令人失望的抗议行动的阴暗面。

这种思想的互补性系统之代价是非常大的。但该系统之前提的自相矛盾却表明，在缺乏一个共识—交往的合理性概念的情况下，这个系统的辩护人没有能力认识到私人的良知道德（Gewissensmoral）与一种不是价值中立地为集体行为奠定基础的合理性之间的必然联系。在此，合理性概念的缺乏首先表现在对有序化的协定的理解上，事实上在民主的条件下公共实践的目标以及价值的预先确定也必须溯源于这种协定。在已概述的这种互补性系统的假定下，一种民主的有序化协定，比方说多数人的结论，就形成了不再进一步奠基的、有关个体或其代理人的意愿抉择之间的策略性妥协。这种妥协已经为程序规则的结论奠定了基础，它作为协定也就成了公共有效的规范——因此首先是积极的权利——唯一的基础。因此，公共有效的规范就不是一个协定的单纯事实,其唯一基础看来就存在于主体的纯粹意愿抉择之中,而这些意愿抉择最终是在外在于所有主体间有效的规则的私人领域内实现的。

在我看来,根据这些协定来进行理解的思想逻辑错误示范性地表现在这种情况下:存在着协定之可能性的规范条件,这些条件自身并不能根据协定而确立——如此(比如说)需要遵循协定的伦理与法律的规范。显而易见,这个规范就与实践冲突的情况下要达成协定的根本规范一起,奠基于共识交往的伦理学之基本规范之中,这种规范我在前面已经作了介绍。在此,个体的良知道德与公共有效的道德之间的理性协调显然也是必须加以探讨的;因为如果在一个理性的交往社会之中不具有共识能力的主观条件,那么在交往伦理学意义上个体的良知抉择对他自身就不会负有道德的责任。[18]

60

在我看来,对"西方互补性系统"的思想假设进行批判性对话所产生的最重要结果就是对共识交往的与策略性的行动合理性作了区分。两种合理性形式都是作为行为主体的人之间进行相互作用——当我们想如此使用这个词的时候——和交往的形式。但只有共识—交往的合理性才是以规则或规范为前提的,这些规则或规范超脱了个体所精打细算的自身利益而先天地具有;相反,策略性的合理性却完全源自于人际交往之中工具—技术的行动合理性之应用的相互关系。而且就此而言,它就可能(完全)没有任何充足的伦理学基础。

如果充当任何权利之根据的自由协定,其基础仅只是在个体的任性自由和策略上精打细算的自身利益之内来考察的话,那么就无法认识到,任何人都会在不犯法的条件下来订立契约的原因。应该注意到的是,霍布斯已经承认,为法治国家奠定基础的社会契约是由个体利益而产生。但是,甚至在其精打细算的利益之中——假若其他人也遵守契约——也会在适当的时候放弃自身,以便享受附属的盈余—利益。

61

注意到共识交往的伦理学合理性与策略—工具的合理性之间的区分,这并不是那么容易的。因此(比如说),我在前面谈到的伦理学规范需要在冲突的情况下达成协定,这本身仍是模棱两可的。就如已知的,这种规范可能会诱导出如下的伦理规范奠基模式[19]:这就是说,在冲突的情况下缔约者最有可能快速有效地(亦即在排除了意识形态的或者神秘暗示的情况下）将下一级争论不一的目标统一成那个与其共同利益相符的高一级目标。于是，就像已谈到过的，关于共同的高一级目标方面的规范奠基问题就能够被看作是一个技术的——工具的合理性问题。

对一个伦理问题进行表面上的简单化处理，看来其原因只在于，关于高一级目标的协定在这里被理解成了一个策略性合作的问题。通过这个模式，这种合作甚至可与对毒品交易感兴趣的黑手党徒达成，或者以一个有关军事目的的国家同盟来表现，按照奥古斯丁的名言[20]来说这些国家与强盗无异。尽管我们必定会承认，成功的政治或者经济谈判通常或多或少都会遵循已指出的这个模式。但是，如果对相关各方（而不仅仅是对冲突的参与者）而言的共识能力之标准被看成是达成协定的规范条件，那么这个模式就成了协定的重要伦理模式。只有在这种情况下，即一开始就通过普遍化的相互性原则将有损于第三方的调解行为排除出去的情况下，我们才能将共识——交往的合理性意义上的协定作为伦理学的合理性来加以谈论。

但是这里出现的问题是，应用这样一种合理性原则是否并非坏意义上的乌托邦的。我们每个人作为生物体都必须从道德上为自持系统（Selbsbehauptungssysteme）负起责任：为自身，为其家庭，为一个社会的利益集团，最后（尤其是作为政治家）为一个国家的自持系统。在这种责任视角下，人们常常根本不能，也不许假设，其他同样必须为自持系统负起责任的人，会遵从绝对的命令或者普遍化的相互性原则。简而言之：他在这种情形下不但能够共识——交往地行动，而且至少必定要策略性地行动。

在我看来这就是马基雅维利以及马克斯·韦伯用哲学伦理学来对抗"心向伦理学"和（政治的）"责任伦理学"时迄今仍几乎未解决的问题。[21]如果我们将当代哲学伦理学回溯到亚里士多德及其"实践"（Praxis）或附属的"实践智慧"概念，并大致地视之为对康德的哲学伦理学的一种适当的补充，那么我认为这个问题就被遮蔽而不是被澄清了。因为在亚里士多德的"实践"概念之中尽管通过"制作"（Poiesis）已包含了伦理——政治的实践与生产劳动的创作之间的区分，但并没有涵盖策略上的行动与共识——交往的行动之间的区分。毋宁说，在某种程度上这种区分是在将"实践"与"实践智慧"联系起来的合理性概念之中获得的，但事先却没有作为区分来加以反思。这方面的清晰例证就是在城邦的自持系统方面亚里士多德政治伦理学——与安提西尼（Antisthene）及其后的斯多亚学派的世界主义伦理学相区别——的明显导向。但从此以后，通过共识的普遍主义与对自持系统的策略性关涉之间常常隐蔽的张力就产生了政治伦理学的问题。这尤其适用于有关生态危机和核战略危机的当前局势。比如，要是鉴于全球的人口膨胀为了恢复人类生态圈的平衡我们就要让那些本身无法自助的第三世界居民饿死，那么根据诺贝尔经济学奖获得者的建议，所有公开诉诸政治责任的模棱两可性都一下子就完全得到了阐明。[22]（这在一定程度上是对教皇阻止第三世界天主教徒实施节育的不智之举所作的、仅仅策略上的理性回应。）

IV. 作为人类进化延续之需的道德目标策略问题

在此我们试图从已勾画的当代问题之现实性出发来明确差距，如此尝试着将这个问题理解为有生民以来人类一般处境的典型代表。在这种远离人类学探讨的地方，以进化论和民俗学（比如在所谓的"社会生物学"）的新近结合的成果为起点是有益的。因为，现在看来实际上（首次）获得成功的是，达尔文进化法则，由于它——在经济行为的数学博弈论方面——被理解为"平稳进化策略"的规范，亦即最优的基因复制策略的规范[23]，就更明确地被运用到了所有动物行为上。当然这里涉及的不是有关动物的主观行动合理性的策略准则这个假定，而是对行为解释的一种启发式的仿佛—虚构（Als-ob-Fiktion）。这种虚构的冒险辩解仅仅在于，自然选择从策略上看只是与基因相关，而且从趋势上消除了不遵从最优基因复制策略的行为。但是，这个程序，即似乎在策略合理性的规范意义上从人出发来"理解"动物行为的程序，不仅已证实了一种极具启发意义的成就，而且在我看来，在人类进化的责任延续之处境条件变得更加明确的意义上，它使得人类学伦理学与民俗学的联系成为可能。

康拉德·劳伦茨（Konrad Lorenz）早就认为，可以将个体的动物行为阶段解释为"道德类似的"并且能够在人的本能残留行为中，比如庇护行为或者习俗冲突行为之中，重新获得它。在晚近的民俗学看来，动物的"道德类似"（比如无私的）行为就被解释为对一种策略行为的可能约束要素，这种行为几乎完全必须从"基因的自私动机"出发来获得其目的（Telos）。在这方面，对劳伦茨所假定的动物和人的行为可理解性的类比来说，现在就存在着一种相对主义化。但是，与此同时在策略行为的概念之中却至少探索性地假定了有关动物与人的行为可理解性的更加抽象的类比。而且在我看来，以这种类比方式，有关人类处境的伦理学问题通过与 K. 劳伦茨的联系就能够更加清楚地加以说明。

也就是说，如果我们在比较人与动物的时候假设了一种策略行为合理性意义上的类似性，那么很快就清楚的是，在人那里，策略行为概念必须在关键方面得到明确说明或限定：对（真正能够策略性地作为个体来思考的）他来说，策略行为的目的和约束性游戏规则不再通过单纯最优基因复制意义上的自然选择而得到确定。他可以而且必须确定或者越来越意识到目的和游戏规则本身，为了存活他甚至可以通过非常不同的方式这样做：

比如，他在当代实际上（就像旧的民俗学已对动物所作的假定一样）将种族的存活提升为集体行动策略的目的。[24] 但他可能也坚持自身和族类基因的复制目的，比如以种族主义政治的方式；最终他将所提到的两个目的以及自身的存活统一为一体。当代（在此）最危险的可能就是这种态度：为了自身存活与富裕生活拿下一代的种族存活作赌注，或者在前述经济学家的意义上，至少是拿大部分的人类存活作赌注。

现在，我已用流行的哲学术语论及了人类考虑到策略行为的目的和游戏规则所能确定的东西。但是，这种谈论方式掩盖了一个重要的问题：人们究竟通过何种行为并依据何种行动合理性去确定彼此的策略行动（尤其是集体行动）的目的和游戏规则。这可以重新根据策略行动而实现吗？或者非策略的行动方式和合理性方式，亦即共识 – 交往的行动方式在此必须（甚至出于纯粹人类学和行动理论的原因）为

65

策略行动作补充吗?

人们可能会认为（而且今天许多理论家也是这么认为的）[25]，即便是交往活动，即在其中对策略行为的目标和游戏规则（比如对政治目的和权利规范）达成一致的交往活动，本身仍可以回溯到公开和隐蔽形式的策略行为上，就如同它们能够通过经济行为的博弈论得到分析一样。通过这种方式甚至语言 – 习惯的形成也应当能够得到说明。[26]

但是，我要从根本上否定这种可能性。尽管我不怀疑，实在的人类相互关系，甚至语言的交往活动确实始终并且必然具有策略特性；并且我会补充说，合作行为的确是以策略行为的博弈论为基础才能从发生学上得到说明的。但由此我们却无法说明在语言之中共享主体间有效的意义和真理的可能性，确切地说是有效性诉求和说理对话的对象能够成为这种有效性诉求之履行的可能性。因为无法设想，我们在一个对话的说理共同体之中，比如此时此处，根据策略性的相互作用就能对这个命题（所有相互作用都是策略性的）的真或谬达成一致。毋宁说（就如前所述）这里必定一开始就假设了有关共识 – 交往行为的一个伦理学的超主体性 – 原则——这样一来，激烈的争论方面所贯彻的所谓说理策略从一开始就必然服务于意义和真理的共识构成[27]——如此甚至就能服务于伦理规范（比如策略行为的游戏规则）的共识构成。

不过，假若这种说法恰当的话，那么有效的是，所有人类交往活动，甚至依赖于交往活动的人类思想必然早就享有了这个非策略的超主体性原则。其结果是，重构人类在历史中的进化延续（这种重构可能与工具性的策略合理性相适应）就与最初表达的、重构科学的自身整合原则相矛盾。如此导致目前的这个结果：从进化论—人类学上超越政治伦理学中流行的伦理理性和策略理性之对立的问题。

但从这个问题来看，却可依据概略考虑勾画一种达成解决方案的可能性。从动物行为的进化来看，情况似乎是，准策略性的相互作用之目的和游戏规则从一开始就通过（所谓"自私自利"或"自私的基因"的）基因复制策略得到了确定。[28]与此相反，从处于生态危机和核战略危机挑战中的当代人类文化变革来看，似乎已经并且原则上可能放弃形成哲学伦理学的基本立场。在这点上，策略性思考（它与不同政治—社会制度的自持，最终与个人的自持相关）在具体处境中总是应当与共识道德的长远的目的策略相协调。这个目的策略产生于共识道德的基本规范（参见上文第 46 页以下）以及人类条件的这个偶然状况：我们作为政治自持系统的代表，并不生活在一个我们可以完全预见共识道德的基本规范会被奉行的世界之中。因此，适当的目的策略的意思是，我们本该随时尝试着致力于实现这些必定为基本规范所要求，并通过说理对话反事实地推定的情况。

　　这是坏的乌托邦假设吗？最后，只对此作如下评论：无数的会谈和协商都涉及人类今天的问题，比如人口增长、资源和能量储备及其合作利用、环境负荷和可能的军备限制这些问题，这些会谈在某种意义上完全不是理想的（说理的）对话，它们却颇有意思地在公众的约束之下伪装，各种自持—明智的策略性考量也都在此通过要求所有相关利益方的共识协调而得以促成。所以在我看来，这必定不仅仅是嘲笑现实政治的理由。

第三章
康德、黑格尔与当前
有关道德与权利的规范基础问题

I. 主题的确立

为本次会议而提出的具有挑衅性的口号原本是："康德还是黑格尔？"当然，执拗的人很快就会在此提出异议："难道必定走康德或黑格尔的路吗？现在我们不需要另外的第三条道路吗？"

在一种学究式意义上我必须主张我本身视为"先验哲学转化"的第三种可能性——尤其是考虑到这次讨论会的特殊主题："关于规范奠基的问题"。但我认为，"康德还是黑格尔"这个抉择有利于触发一种批判性重构的思考，这种思考对当代任何一种奠基尝试都是不可避免的。当然，这尤其适用于先验哲学转化的尝试，这种尝试"毕竟"受康德所约束。

首先我将透过历史的前反思勾画出，对康德与黑格尔作对比阐释之必然性的主要方面。同时我将表述与此相关的主要论题，这些论题将会部分地得到如下说明：

论题1：黑格尔的康德批判的所有本质方面都必须以自身转化的方式在时下流行的先验哲学转化中得到考虑。（这尤其适用于黑格尔对康德的理论与实践哲学的形而上学二元论所作的批判。）

论题2：黑格尔向康德重新复归的动机仍是（waren）合理的。（这里我尤其考虑到向康德伦理学的回归，这种回归必理解为对黑格尔和马克思那里的、将"应当"化约成辩证地加以把握的历史必然性——从新康德主义一直到波普尔以及柯拉柯夫斯基 [Leszek Kolakowski] ——这种做法的反应。）

论题3：最后，黑格尔在历史—诠释学的征兆下的重新活跃也是合理的。（但是，从诠释学上将规范还原为偶然的传统权威就消减了奠

70

基问题。时下流行的这种消减本身就要求再次回归到康德——比如以先验诠释学的方式。)

接下来，我将至少会在考虑到规范奠基问题的范围内对这些论题加以说明，与此同时也会在对先验哲学作转化的意义上首先对黑格尔的康德批判及其可能的运用加以评论。

II. 黑格尔的康德批判与关于
先验哲学的意义批判转化的问题

首先在我看来，对于康德在人的观念与相应于"物自体"[1]之自在的存在之间所作的原则性区分，黑格尔的批评在现代语言批判或意义批判方面是很有道理的。我们不可能有完全令人满意的方式来理解自一在（An-sich-Sein），从原则上看这种存在是不可达到，如此也就是不可理解的——同样也不可能理解原则上不由对这种存在的认识而产生的概念——即便有独角兽和飞马的概念，即便在个别场合不了解，"塔勒"*这个概念与可能或现实的塔勒是否相关。要是对概念进行抽象的主题化在形式逻辑中有意义的话，那么形式逻辑的"抽象"概念根据其原则上的可能性必定不仅能够与康德本身的认识对象联系在一起，而且也以黑格尔意义上的"实存概念"为基础。

但是，如此并不能得出黑格尔意义上的必然性抑或"实存概念"的思辨逻辑可能性，通过这种逻辑"自在一自为一存在"（An-und-fuer-sich-Seins）的真理会适当地在实存概念上先天确定地显现出来。毋宁说，得出的是在意义批判上有关先验认识批判转化的必然性——比如在这个假设之下：关于概念之真理的可能性假定，甚至其反事实的（kontrafaktisch）推定，就从属于认识可能性的必要条件；因为自一在（绝对之物）就会被我们不恰当地看作是不但独立于实际认识而且也独立于可能认识。就如康德所言，只要是我们的概念关涉到了可能经验，那么它们原则上就必定关涉到存在显现自身。康德本身对可无穷认识之物与任何时候能被我们实际地认识之物 [2] 所作的认识批判上

---

* Taler，直到 18 世纪德国还流通的银币。——译注

的区分就重新得到激活。就此而言，人类的概念尽管从原则上不能由于自一在而得到区分，但在认识内容方面却一直依赖于经验性体验的"不可穷究性"（Unabschliessbarkeit）。当然，这种依赖性在我看来甚至就妨碍了康德意义[3]上可穷究的"先验哲学"系统的可能性。先验哲学起源的效果再也不应在于，根据单纯现象世界的形式条件就必定能规定全部基本原理和先天综合判断的整个系统。毋宁说，其效果应在于，根据每一种可设想的经验性的实在体验——如果它是主体间有效的话——就必定能指示出其可能性的必然前提。

72

照此说来，先天综合判断之可能性就不是产生于对我们而言不可认识的自在之物与其（单纯的）显像（Erscheinung）之间的区分，而是源自于这一点，即这些判断从方法论基础出发必定能够先天地指出主体间有效的认识之可能性的必然规范条件。这不仅对与实践的世界责任（认识兴趣）联系在一起的、有关认识的意义构成（比如这个课题）的条件有效，而且也对检验认识有效性的相应条件有效。

那么，由此直接导致的是，经验性体验与自身的先天洞识之间的先验区分就必定是不可消除的，如果——就如必须承认的——依据不可穷究的经验，后者的先天主义是相对的（relativeirebar）。当然，甚至还要承认的是，先天之物（Apriorisch）的相对化本身就促使每一种可设想的主体间有效认识逐渐呈现无法相对化的可能性条件。

就此而言，黑格尔关于真理可能性的假定（此外还有反事实地推定的本质认识 [Wissen][4] 与对此认识的认识）就不可能要求扬弃一种从意义批判上加以转化的先验哲学洞识。

73

对于黑格尔的康德批判，其方法论的基本方面我们已了解甚多。在我看来，从意义批判上评估黑格尔对康德系统方法的批判，在这里并非要重新激发思辨的形而上学，反倒是要消除这种坏的二元论形而上学，康德在其为（认识 -）批判的先验哲学奠基过程中必然要设定这种形而上学。[5]

但是，这里提到从意义批判上有效地利用黑格尔的康德批判，对于伦理学来说会有怎么样的后果呢？更确切地说，同样可以在此看出黑格尔的思想路径完全走向转化的先验哲学吗？

74

Ⅲ. 黑格尔的康德批判的伦理学后果：
对德性现实性的把握与未来行动导向的困境

在某种意义上，从意义批判上拒绝概念或真理认识与不可认识的自一在的形而上学二元论，就已经使得康德关于理论理性与实践理性或存在与应然抑或外在与内在的二元论成为问题：假如人的应然要求有意义的话，那么就不能假定，这些应然要求在原则上是不可能实现或者从未实现，由此所有现存之物在道德上都是价值中立的。更确切地说：必定能够说明"好"与"坏"的语言意义，在此就是一个应然要求在实例中所奉行的意义；因为，"好"与"坏"的含义必定是可认识的。若这真是可能的话，那就不能说，人可能从未道德地行动，而只是表面上合乎义务地行动；那么甚至也不能硬说，原则上能够认识到的，不是一个人是否道德地行动，反倒可能是，在特殊场合下绝不能够确保形成这个行动。

很显然，从意义批判上说不通的前述两个说法可以看作是典型的康德设定。比如说，在第一个设定的意义上其晚期著作《论永久和平》这样写道："关于国家之建立的问题，即便听起来是那么的艰难，但就连对一个魔鬼民族（只要它具有理智）而言就是可以解决的，其内容就是：'一群理性的存在者，为了自身保存全部都要求普遍的规范，但每一个人暗中都倾向于使自己成为以下做法的例外，必须要如此安排并定制他们的宪法，以使得他们虽然在其私人心向方面相互对立，但却相互制约，以至于在公开行为中其结果恰恰像是他们不具有恶的心向似的。"[6]

对这段引文的两种流俗解释，在我看来容易低估其意义，因此在现代语境中必须加以驳斥：

第一种解释是，"道德性"与"合法性"区分足以将这段引文的意义解释清楚：在（我们认为的）权利层面上，我们不能也不会要求人人都"出于义务"，亦即在康德意义上按照"绝对命令"所指示的心向准则来行动；毋宁说，我们必定会对人人都表面上"合乎义务地"行动感到满足。这不容置疑，但绝不能由此推导出，我们会投身到这样一个正常运转的法治国家去，在这个国家里人们在通常情况下是

"合乎义务地"，但同时却（像"道德魔鬼"）绝不会"出于义务"或至少出于道德心向，反而总是从自利的动机出发来行动——比如，出于对惩罚的恐惧或者出于对其好名声的担忧。

如果有可能在没有任何"道德性"假定的"合法性"可能的意义上来进行思考的话，那么也必定可以想象到，在一个正常运转的法治国家，无须任何道德合法性，原则上就会承认并奉行积极权利意义上的合法义务，这样一来，对这些义务的奉行终归会出于自私的动机。在我看来这两种说法都是站不住脚的。

非常令人感兴趣的是，康德似乎只是对上述的最后一个说法不满意。对他来说，法治国家绝对需要一个道德合法性。这个合法性就在于这个通过个体任性的相互制约、将社会契约最终从绝对命令中推导出来的规范观念。[7] 对于社会契约概念，康德与霍布斯之间尽管有表面上的相似性，但这里却存在着本质的区别。因为在后者那里，就连通过社会契约将任性加以相互约束的权利依据也仅只在于人类赤裸裸的狼性所精打细算的自身利益。

但从这个法治国家的实现与运转的经验阐释问题上看，康德与霍布斯之间显然没有任何本质的区别：因为康德在解答这个问题的时候相信，必须与单纯的自然主义者的前提相合——以至于作为其伦理学领受者的人与经验人类学意义上的人之间竟仿佛没有任何相同性。康德明确地说，只以"自然机械论"为条件"建立国家的任务"必定是行不通的。[8] 甚至与这段引文中所设定的"为自我保存全都要求普遍规范的理性存在者"概念相符合的，是霍布斯的工具理性概念，而不是康德在伦理学中所设定的理性存在者概念，这种存在者作为道德法则的自律立法者构成了"目的王国"。因此，总体上看，康德有别于霍布斯，只是由于其如下鲜明的二元论，即一方面对法治国家进行伦理学上的确证，另一方面却对这个法治国家的实现与运转进行经验上的阐释。但是，这种二元论本身是如何得到确证的？对这个问题的回答就是受到忽视的第二种康德解释。比如我们说，康德恰好与霍布斯一起共享有一种悲观主义的人类形象。与这个回答联系在一起的可能就是这个断言：霍布斯和康德的这种悲观主义的人类形象甚至切合实际。

现在，如果悲观主义的人类形象切合实际这个说法是恰当的，那

76

么在此意义上霍布斯和康德甚至就成了实在论者。但这样一种悲观主义—实在论在逻辑上就完全与这里所讨论的康德的系统设定无关。因为，将一个法治国家的实现或正常运转本身看作是在这个条件——即公民基本上是以保留犯罪的方式来缔结所有契约——之下才是可能的，这恰恰是既非实在论也非悲观论的。相反，（比如）这个假设却是实在论—悲观论的，即如果人们不因法治国家而受鼓励并得到嘉奖，而是让这个始终有效的动机受打击的话，人们就绝不会有足够的道德动力去追求一种可共同担当的生活。

　　在我看来，对所引述的这段康德文本——以及许多类似的文本——令人满意的解释必定要考虑到二元论形而上学，康德的理论与实践哲学没有顾及《纯粹理性批判》的形而上学批判意向就确定了这种二元论形而上学。为此，在当代语境下我不仅要理解"显象世界"与不可认识的"物自体"之间的二元论，而且尤其要了解为伦理学奠定基础的、在"经验自我"和"理智自我"之间的二元论，它在康德看来使人成了"两个世界的公民"。

　　甚至于，具有重要意义的实践二元论可能就是理论二元论更为深刻的基础。因为物自体与显象世界的区分对康德而言是解决自由问题，亦即关于"先验辩证法"的第三个二律背反的必要条件。因为，与大多数他同时代处在牛顿物理学影响之下的人一样，康德非常相信从科学上可认识的自然因果决定论，所以他只能将由道德法则的应然诉求所设定的意志自由仅仅当作"理智自我"的思维能力，而根本不作为经验世界领域内的认识诱因来看待。

　　如此一来，作为康德系统方法的后果就产生了已提到的这个假定，即在经验世界的领域内，比如在经验人类学以及历史科学中像道德现象——要么在肯定，要么在否定的意义上——这样的一类事情是完全不可能认识的。那么，由此得出这样的推论：从可能性上看人类行为绝不能在德性法则意义上正面地激发道德的动机。但是，就如开头部分所提到的，这两个假定却不与应然要求的意义相协调一致，只要这个（比如说在康德伦理学中的）应然要求将人们作为两个世界的同一个公民来加以接受。

　　就此而言，毫不令人奇怪的是，康德在其试图思考理性与现实历史关系的《短篇作品》*中并非一直坚持以二元论的系统方法来论述。在此他——可能每一位哲学家都一样——显然会比其学说系统更谨慎。但是，我们可能会认为，如果他（比如说）将所有可经验的历史行动都理解为受因果支配的自然事件，那他就一定是前后一以贯之的。[9]（在我看来，如此一来将会很清楚的一点就是，所有在 19 世纪以"历史—社会的现实性"而成为诠释的精神科学（狄尔泰）或诠释社会学（马克斯·韦伯）之对象的东西，就都被康德从可经验和可科学认识的世界中排除出去了：就像这样的一个行动世界，这个行动本身不是在观察附属活动的过程中，而只是在对这个意向的诠释中才能间接地认识和区分的。[10]康德提到过，关于这样一种对象的构成不仅需要"调节性的"而且需要"构成性的"目的论作用来充当范畴。

在我看来，只有我们尝试性地（作为比照背景）考察当代科学理论意义上得到转化的三种先验哲学观点，我们才能对康德二元论形而上学的实际效果作出真正的估价和批判性的评判：

1. 第一种替代性观点是在如下的后补（komplementaritaet）—理论意义上对康德自由学说的形而上学二元论所作的意义批判的转化：关于一个事件的效果或状态改变的因果必然性思想，完全只是在这个前提下思考的，即人们，比方说一个实验物理学家，是出于自由决断才能参与外部世界并引发一个有行动导入才出现的事件。若没有意向—行动概念这个先验语用学的前提，因果—必然性概念就恰好被消解，比如就像在大卫·休谟那里，他在这方面首先采取纯理论观察的立场。但在经验世界中每一种可操控的状态变换若没有因果—必然性概念，那介入行动这个概念就完全不能够适当地被当作事件之出现的可能性条件来加以思考。其结果必然是，自然事件的因果必然性与行动自由作为概念本身并不是彼此对立的——就像康德与所有决定论者都相信的——反而是互为条件的。[11]

2. 如此，就这个自由问题是不可靠的而言，第二个观点就有理由对不可认识的物自体——比如"出于自由的因果性"——与单纯的显象进行区分。（甚至这种形而上学二元论就证明与行动自由和因果必然

79

---

* 康德：《短篇作品》（kleine Schriften），出版于 1793 年的八卷本。——译注

性之间的关系互不相容。因为，在实验物理学的意义上假定的是，在条件相同的情况下如果介入行动 H 没有发生，事件 E 就不会出现，而且 H 将来不发生，E 将来也不出现。与此相反，两者之间的这种关系在关于两个世界的康德二元论意义上就根本上不能断定为自由设定的行动决定与可经验到的世界中的一个事件的关系，因为所有的因果链条就必定要被设想为在客体化的经验世界中是无限地被规定的。）在更宽泛的意义批判的设定下，即在实在概念充其量只能独立于有关实在的事实的、而不是可能的认识这个设定下，（无穷的）可认识之物与有时候才能认识之物间的区分就取代了康德在不可认识的物自体与显象之间所作的区分。

3. 最终，对康德自由学说的形而上学二元论的转化就消解了康德科学理论的自然主义：对可经验的世界仅仅通过实验科学的范畴和直观形式来加以思考，这在互补性学说的意义上就既不必要也是不允许的。毋宁说，即便是那些从德性上所激发的行动（狄尔泰所谓的、有关"历史的社会现实性"的所有现象都被看作是其联系）也必须被认为是可经验和可认识的。虽然，我们必定在自然科学的语境中将它们看作仅仅反思性上可经验的，并且是后补于可客体化的经验世界的。但是在与他人的交往关系之中我们甚至不得不将它们作为精神意向本身在准对象性上的表达现象来客观地认识，更确切地说就是以这种方式，即我们对他人在德性上所激发的行动之理解似乎重新发现了自身。当然，甚至在创造中（这种创造是劳动之中与自然交换的产物）人们重新认识到的不仅是康德意义上被物化的自然，此外还有对自由的物化过程中这种创造本身的自我丧失（Selbstentaeusserung）。

在这里，黑格尔系统方法的积极方面就在克服康德二元论的意义上最好地发挥了作用。因为黑格尔首次成功地用其"客观精神"概念将自然与（内在的）道德之间独有的那个现象领域显露并刻画出来，于是这个领域才能不断地被主题化为精神科学亦即诠释社会学的对象领域。

但在黑格尔所发现的"客观精神"——可以说这种精神构成其客观唯心论的核心部分——看来，康德在"道德性"与"合法性"之间所做的区分很快就证明是不充分的。因为在康德"内在"和"外在"

的二元论意义上，这种区分蕴含的是，"道德性"至少不会作为公开的现象来加以认识，相反它至多只能作为"合法性"意义上合乎义务的外在行动来认识。（即便是对康德这个区分作认识论的解释也存在着困难，因为严格地说，外在的合法行动并不能依据自然科学的范畴来加以认识——就像在康德看来这本来必定是可以的那样。就此而言，就连康德的权利哲学——与其政治或历史哲学一样——也与"纯粹理性批判"的系统方法几乎无法协调——除非我们将这段文字所蕴含的认识要求理解为这样一种要求，它仍须用自然科学［比如行为主义］的语言翻译成严格意义上的认识—要求。为此，就产生了对科学主义还原论的"纯粹理性批判"。）

　　黑格尔对道德现象学的认知把握，其系统方法的优势首先就在其对"权利"、"道德"与"德性"[12]这三个领域所作的区分之中得到证实。关于前两个领域他与康德联系起来，同时他又用第三个概念最广泛地去把握和刻画在康德那里受到否认的、关于一种内容上具体化而且可经验上加以现实化的道德之现象：按照黑格尔辩证法的划分这里又重新涉及三种经验领域的现象，这些现象全部表示着在亚里士多德伦理学意义上的一种人类一般的已存伦理。[13]

　　1. 在准自然的直接性，即在关于爱与信任的感受和情感层面上，德性表现为"家庭"的实际统一。在此，黑格尔在"婚姻"中对感官和精神的整合以及在儿童教育——尤其是通过母亲——之中对德性情感的整合其独特性尤其体现了其方法的认识—现象学的优越性。

　　2. 在独立个体的需求与利益层面及其依经济和法律来调节的相互约束层面上，德性内涵的准自然统一性就在个体及其对财产的相互承认所产生的自身意识之自由的意义上出现了分裂。在黑格尔看来，这就是康德意义上的"公民社会"与单纯"需要的和理智的国家"的领域。在此，黑格尔成功地将建立在任何自由、财产个人主义、交换和契约之上的公民—自由的社会观念和国家观念进行了主题化，同时它第一次有可能在世界史上超越德性观念的这种现实化活动。

　　3. 最后，在黑格尔看来，在第三个也就是最高的层面上，主体的自由和不再是自然而是保留在自身意识之内的德性内涵之间就产生了协调与整合。黑格尔认为，这就是国家的领域，在这个领域内德性观念完全得到了显现。

　　在我看来，就是在对实体德性——亚里士多德意义上的伦理——现象领域的这种辩证的三分之中，黑格尔才有效地形成了一种本质的洞识：它就康德那里起支配作用的、自由的"需要的和理智的国家"设想在相关的伦理学方面指明了"公民社会"与"国家"之间的区分。作这种评价，我的理由如下：

　　在以经济和法律来调节的"公民社会"（在这个社会里个体的策略—理性行为在一定程度上得到了释放，同时也受规则所控制）领域的概念之下，其实缺乏一种德性的维度，其不可或缺性可以在个体道德发展的层面上得到指明 [14]：在共契（Solidaritaet）意义上个人与共同体的道德认同的可能性。

　　但是在这个视角下，黑格尔所断言的、个体权利的无限自由和普遍性最终与国家之中德性实体统一性的协调，同时就遭到了形式与内容上（如此在某种程度上就是实体上的）质疑。那么，在道德和权利的规范奠基的问题语境中，这个必须加以说明的质疑就将我们引回到康德。

IV. 在把握德性现实性中对实践理性进行
思辨—理论之"扬弃"的失败与有关理论和
实践之伦理学协调的后黑格尔问题

　　就如黑格尔自己认识并强调的，斯多亚自然权利意义上的人类权利之普遍性与基督教意义上可以直接信仰上帝的个体之无限自由，必定在现代国家的德性之中被"扬弃"[15]——德性意识的这两种成就只有在古希腊的城邦的实体德性瓦解以后才是可能的。那么，个体在与一种现存的偶然和有限的（就如国家所描绘的）自持系统的相认同的意义上，其无限的自由和德性诉求的普遍性这些维度如何能够得到保留呢？

　　值得注意的是，这里并没有涉及，或者没有直接涉及那个黑格尔所声称的、对他那时代的普鲁士国家之认同的著名误解。这里首先涉及的全然是国家观念的问题。但是，照黑格尔看来，这个观念必定要从其与历史现实性的统一出发，如此最终是在个体总是无可逃避地相关的具体国家的意义上，作为"具体的一般"来加以把握。因此，这里的苛刻之处在于，在积极权利范围内超越所有策略性自持的人格性，其无限自由的共契和认同，要与一个"实体的"主管机关相关，而后者恰恰通过相对于其他自持系统的策略性自持来证实其独立性。因为黑格尔毫不怀疑的是：个体在其与实体德性相共契的意义上对自我利益的超越，恰好在战争（即独立国家的战争）之中有其验证的机会，这种战争，作为权利之间的冲突，除了世界历史外不会对自身有任何权利审查。[16]

　　能不能设想，以这种形式就可以"扬弃"自然权利的普遍主义伦理学（这种伦理学为国际法，如此最终通过康德也为"永久和平"在 85 "国际联盟"之中实现这个假设奠定基础[17]）呢？从天国或神权国家的基督教认同机关方面看，就可以提出类似的问题，而康德仍在"目的王国"和"不可见的教会"的意义上使这个机关继续发挥作用。[18]

　　黑格尔回答了第一个问题，据此他将康德关于国际联盟的设想看作是不可实现的而加以驳斥[19]，并将国际法理解为——在契约能够实现的行为意义上——单纯应然之事[20]；而且这个回答必定要在黑格尔批判"抽象—应然"的意义上才可看出来，这就是说，通过从原则上将历史地诠释国家的"理性的现实性"置于国际法的应然责任之上来理解。实际上，在这方面直到今天黑格尔说的仍是事实——即便在这样一种一般的意义上，即如果一个共同体（无论是国家、教会还是政党）能够作为一个相对于敌对系统的具体自持系统而产生出来，那么人与这个共同体的认同与共契就容易达成。

　　不过在这个论断之中我们不要忽略的是，至少是从近代启蒙运动以来——但实际上从世界宗教出现之日就已开始——人们都倾向于只以普遍主义的宗教—伦理合法性名义就将自身完全等同于自持系 86 统。但这就导致了宗教战争，以及最终由意识形态所引发的"世界大战"[21]。我们哀叹这种演变，并几乎从黑格尔学派的权利视角出发将在专制主义中现实化的、对国家至上的优先性之认识批判为进行道德说教的启蒙之倒退。[22] 但在我看来，意识形态激发的可悲的战争狂热最终甚至都不可避免地走向了以下情形的反面，即人们在后传统德

性 [23] 的意识层面如果没有普遍化的伦理学的动机就不再可能认同偶然的自持系统以至自我牺牲精神。

上面所作的评价可能本身就会被看作是黑格尔式的，如果我们考虑到，黑格尔哲学以双重方式指向权利哲学和国家哲学：一方面以"世界历史"哲学的方式，这种历史被理解为"自由意识中的进步"；另一方面以艺术、宗教和哲学中"绝对精神"的哲学方式。我们可能会说，正是在这两个相互印证的维度内黑格尔才有理由确信（权利哲学的前言 [24]），整体上看，"理性的"就是"现实的"，而"现实的"也是"理性的"，就此而言自由与理性的普遍原则必定会在偶然的国家制度中得到贯彻。

87   但是，黑格尔学说构想的这种思辨诉求，在一定程度上就是对存在与应然（在自在存在和自为存在中或从所有对返回自身并与自我和解的观念的抛弃与异化出发）的整体协调的反事实推定，显然它在黑格尔的"现实性的把握"之中是无法实现的。当然，恰如黑格尔本身所认识的，这种把握在其具体化之中总是未能形成对历史在场观点的一种诠释学的"事后"（ex post factum）—理解 [25]。但就此来说，对黑格尔现实性的这种具体把握却还关涉到未来。

因此，这里要提的问题是，黑格尔对"实体德性"之"现实性"的把握对于那些在非同寻常的选择处境中提出"我该做什么？"的人来说，能够提供怎样的行动导向呢？在此选择处境下我这样来理解此问题，通过这个问题并不是实体德性的制度规范和习惯早已预先给出了这个引导框架，毋宁说这里所涉及的是，针对自相冲突的规范体系或者在所依附的共同体的政治责任伦理学的意义上去确定未来道路的问题。

黑格尔的著名命题，即哲学，当它要教会这个世界应该如何存在的时候，就像密涅瓦的猫头鹰总是来得晚 [26]，这条出路却几乎不会让那种认真寻求行动导向的人感到满意；对他来说这条出路毋宁表现了对其问题的不求甚解。因为以应然—问题的方式寻求行动导向的人就不能同时处在对现实性作理论把握的立场上——完全不以对存在和应然的整体协调的绝对立场作思辨推定的方式。不过他至多只能用一种伦理学的理性原则来促成处境中的这种具体的（诠释学的）"事后"—

88

理解——如此,他对迄今为止历史之中理性之物的理解就获得了一种规范导向,同时其规范的理性原则就通过对历史处境的诠释学重构而充满了具体内涵。

据我看来,在此表明的是,黑格尔客观观念论的成就(这些成就集中在对"客观精神"的实体德性进行认识—理论的掌握上),有其基本困难上的不利方面。如果我们——黑格尔本身的说明如下[27]——不是将实体德性的"现实性"混淆为偶然的缺陷"存在",而是试图从已完成的世界历史的绝对视角出发把它当作是理性的加以把握的话,那么这就是显而易见的。因为,被尝试性地作为伦理学来加以理解的黑格尔哲学,其困难恰恰在于其理论—思辨的"事后"视角,亦即在于黑格尔对"具体把握"思辨地所作的外推视角,与有限意识的诠释学理解不同,这个视角除了自身似乎不再与未来相关,因此表面上甚至不会带来这种诠释与单纯形式的规范原则之协调的问题。从这样一种视角出发与未来相关的应然问题就根本无法得到理解:这个问题不再原则性地与所有将世界当作历史的反思性看法相区别而得到思考。因此,黑格尔的困难就在于用一种理论哲学的历史哲学类型来"扬弃"实践哲学问题,这个尝试从原则上说是毫无出路的。

青年黑格尔主义者,首先是克尔凯郭尔和青年马克思,非常清楚地认识到黑格尔的这个困难,从那以后,在世界哲学中就有了(迄今仍未解决的)理论与实践在哲学上的协调问题。[28]事实上,存在主义、马克思主义——此外甚至是美国实用主义——都可以理解为有关一种理论与实践的未来联系之协调的后黑格尔哲学的不同类型。[29]但这三种哲学,就如我只能在此宣称的,并没有走向一种令人满意的伦理学。其原因就在于,这三种哲学无力以一种能够为普遍联系的规范原则奠基的方式来解决理论与实践的协调问题,同时也无力为历史处境的理论重建提供引导并在其中将其具体化。

(就马克思主义来说,其晚期以一种历史论的客观主义对实践理性动机的"扬弃"导致了一种黑格尔困难的未来变种:也就是说导致了这种棘手要求,即可以通过对世界历史必然进程的预判性认识来回到伦理学的应然问题。[30])

就存在主义来说,宗教—伦理的良心选择在主体上的本真性与所有可能的（"科学的"）客体性诉求或普遍性诉求之间（从克尔凯郭尔那就开始的）尖锐的对立，证明了个体德性自律的思想是荒谬的——就比如在早期萨特以"自身抉择"的方式所强调的、实存选择的非理性主义那里。[31] 最终，在海德格尔那里"存在主义"的自我克服就不再去取消"逻各斯—遗忘"（Logos-Vergessenheit）而是使包括主体的自律诉求在内的普遍联系的真理诉求服从于"存在的命运"，也就是时间。

90

最后就实用主义来说，其在（欧洲）大陆的变种（尼采、索雷尔 [Sorel]、帕莱托 [Pareto]）就开始强调反启蒙，亦即为了关于生命及其机体系统的准生物学的自持而使所有的理性（意义、真理、真实性、伦理正当性）有效性诉求工具化。另一方面，其在美洲的变种（在这种变种看来，仍没有充分利用好皮尔士那卓越的来源）要么为了适应主体性的存在主义（这就如 W. 詹姆士）要么为了最终迎合自然论的科学主义（比如行为主义）越来越丧失了其起源的先验—规范（意义批判的、真理论的以及共识—规范的）维度。

因此，最终走向的是，20 世纪实用主义（作为对科学主义－实证主义在实践关联上的补充）与存在主义一起就想构成有关西方标准—意识形态的那种"互补性系统"[32]，在这种系统之中，道德也就如同宗教一样成了私人之事；而且公共的生活领域（如此甚至是实际的权利）就被托付给了价值中立的、工具化的（包括策略性的）理性。这个过程的最后阶段目前似乎就表现为美国实用主义与（有关不可公度的生活方式和海德格尔晚期的存在历史或存在命运的哲学的）后维特根斯坦的"范式—相对主义"的相互接近上。[33]

91

对于所提到的 19 世纪以及 20 世纪的后黑格尔问题处境，我认为显而易见的是，应然问题，即规范约束的行动导向问题，甚至于制度和权利的"积极"规范方面的规范约束之合法性问题，不断地回溯到康德那里。这恰恰是通过将黑格尔伦理学具体化的德性看法回归到形式—抽象的规范原则问题而形成的，这个原则以普遍的约束力同时保证了责任应用的灵活性和可能想到的处境的多样性。当然如此一来就预示着，向康德的回归，由于其必须应对形式—抽象的应然—原则与历史现实性的理性把握之间协调的问题，就通过后黑格尔的处境而得到了规定。

这个具体把握历史现实性的问题，对其与康德伦理学原则的重新协调来说，早在19世纪晚期，时机就已基本成熟。因为在此期间，"历史学派"（兰克 [Ranke]、德罗伊森 [Droysen]、萨维尼 [Savigny]、格林 [Grimm]）[34] 结合"诠释学"的新论证（施莱尔马赫，伯克 [Boeckh]）[35] 通过整体地协调存在与应然，使历史现实性的具体把握摆脱了黑格尔思辨地先行把握到的、将世界把握为历史的看法。简要地说，自此，黑格尔"把握"世界历史之现实性的问题就完全变成了，（基本上经验导向的）"从诠释学上""事后"—理解流传的文化实在性准客观地在文献中给出的"表述"问题。

但如此一来，从诠释学上还原的黑格尔主义（非常清楚地表现在狄尔泰将哲学由"绝对精神"降格为"客观精神"上，这种哲学本身不再包含绝对的真理诉求，而只包含对经验的精神科学价值中立的客观性—诉求）非常糟糕地陷入了历史主义—相对主义的困境之中。对于伦理学以及（包括法律在内的）社会制度（最终是伦理学上的）的合法性问题来说，这种陷入在实践中意味着什么，在我看来这在20世纪已经清楚不过了：其中，德国关于规范意识的人道主义教育瘫痪了，以至于它们已变成了新神话（就如尼采、索雷尔 [Sorel] 和帕莱托 [Pareto] 在此期间已经阐明过的，人需要这个神话来存活）和不能再进一步合法化的礼俗秩序（A. 盖伦 [Gehlen]）制度。

在我看来，我们并不能认为，由海德格尔及其弟子对诠释学所作的（首先是实存—本体论的，最后是存在历史的）极端化做法使这种诠释学陷入历史主义—相对主义的困境之中，毋宁说倒是由于谈到了一种"意义的发生"或"真理的发生"（这个发生甚至使"我们首先"规定"逻各斯"——即人类谈话能够说理地实施的有效性诉求——的意义）才在批判意识的发展趋势上看不见这些困境。与极端化的存在历史诠释学这个无理要求相反，我认为，通过对历史的"事后"理解与康德意义上有普遍约束力的伦理学原则之间做一种先在协调的要求，有关黑格尔主义的诠释学还原的重大伦理学问题处境就更容易得到凸显。

92

93

V. 依据一门转化的先验哲学为伦理学
重新奠基的必然性和可能性

　　因此，批判性地重构后黑格尔的问题处境，其现实后果在我看来就是对先验哲学进行重新奠基的必然性——在此语境下尤其是对伦理学和权利的伦理合法性进行重新奠基的必然性。但是，就像开头已提到的，这样一种重新奠基必定从根本上已包含了对康德先验哲学基础的、二元论的隐秘形而上学的一种意义批判的克服。在此语境下它与黑格尔将历史揭示为德性现实性的做法联系起来，更确切地说：与黑格尔把握这种现实性的一种诠释学还原联系起来，这种现实性是对未来实践之规范导向的必然性的认识，如此也是对批判性地重构历史的必然性的认识。就此而言，它就必定与黑格尔"扬弃"实践理性失败后直接开启的、关于理论与实践之间的协调问题联系起来。

　　在这个报告的框架内我只能提纲挈领地表明，在前所勾画的问题处境意义上，一种先验哲学（而且尤其是伦理学）的重新奠基在我看来是在多大程度上是可能的。为此，在术语词条使用方面我必定会与手头尝试进行的前述课题纲要结合起来。[36]

94　　首先我认为必不可少的是，从意义批判上深化康德先验哲学的奠基—起源，由此使之不依赖于康德所假定的二元论形而上学。这看起来之所以可能就在于，我们——从方法论上运用可怀疑（可错）的理论知识之前——在"严格的反思"[37]中意识到我们可操控的思维（说理活动）的必要条件。它意味着：我们并不提出任何理论，而是反思有效性诉求，这个有效性诉求——可以在对话之中直接指明——必须假设为理解说理—行为之意义的条件，而且就此而言，说理者或其对手若没有在语用学上的自相矛盾就不能否认它。

　　（很快就会表明，这样一种假设若没有逻辑的周圆就不可能有形式逻辑上的根据，亦即得不到证明；而且显而易见，其实存从经验上甚至被证实是不依赖于严格的先验反思的。[38] 但对传统"奠基"—哲学的这两个要求在此由于以下的考虑却从意义批判上得到了消解，即在所有的逻辑证明，以及在有效性诉求的经验实施之中——对波普主义95 者来说就是对证明和经验有效性诉求的所有意义批判之中——都必定已经预设了对说理行为内在有效性诉求的一种完全明确的理解。换句话说：说理双方在任何一个肯定或者批判甚或怀疑的理由被有效使用之前，必定会对那些要断言、要对话、要质问、要怀疑等等的东西作相互了解。而在怀疑的情况下，也就是当产生这样的怀疑，即怀疑所假设的不是说理条件的"严格反思"结果，而是某些有关"自我"、"思维"、"言语行为"和"说理性对话"等等的"强理论"的时候，我们从方法论上就会回溯到这样一个有效性诉求上去，这个诉求若没有语用学的自身矛盾，就是极端批判或怀疑的对话伙伴也不能否认。）

同样，随着方法论第一部分对必然承认的说理条件的"严格反思"，我们将会在一门转化的先验哲学意义上发展哲学理论，以便尽可能完整和连贯地掌握这些说理条件。但是，这种理论并不是作为勾画"严格反思"的可公理化前提而起作用，反而是以这种程序及其结果为基础。而对于这种程序不可置疑的可靠性，这种理论必定也会将那些必要的阐明性修正作为自身—校正（Selbst-Korrekturen）来加以实行。[39] 通过这个反思性的自身奠基，这种从先验哲学上加以阐述的理论就与所有经验的和形而上学的理论区分开来，后一种理论完全没有对说理行为作严格反思，反而将这个可以说是由外在世界立场出发的行为客观化为内在世界的行为。

但是，需要以这种方式阐释而转化的先验哲学，自然就要在考虑到现代哲学的"语言学"（更确切地说是"言语分析的"）转向的情况下来把握其自身的反思性奠基程序，就此而言就是考虑到其与康德的传统先验哲学之区别。比如，它会解释清楚，对说理行为及其言语行为——更确切地说是：所有言语行为、可明确表达的语句和话语及其必然前提在述行—命题上的双重结构——所内涵的有效性诉求做严格反思的方法。[40]

（那么在述行—命题的语句图式，比如"对此我断言，P……"上就可以阐明，在不出现语义学矛盾——当然这些矛盾定会假定命题语句的自指示——的情况下，话语的真理诉求在多大程度上能同时被支持者们所支持并当作有效性诉求来加以反思。如此一来，同样清楚的是，表面看多余的语句谓项"……是真的"——比如在语句"天在下雨，这是真的"中——其可能性和"元语言"的意义源于以下事实，人人可能都有而且——只要是能够负起责任的信息——必须具有"真理诉求"，在说理对话中它可能被作为问题来加以讨论。)

96　　　　通过以上论述可以知道，得到转化的先验哲学将会具有先验符号学的地位，这种符号学作为言语行为理论的基础包含了一种先验语用学，作为诠释的"精神科学"之基础涵盖了一种先验诠释学。从这里

97　要讨论的、伦理学规范的奠基问题来看，我认为在传统的康德先验哲学与这种从符号学或语用学上转化的先验哲学之间的如下区分就是十分重要的：

　　　　如果不是去探求客观有效的认识的意义条件，而是首先探询说理对话的主体间有效性的条件，那么哲学的奠基问题就完全可以更根本也更适当地得到表述。因为，对于想借助说理来讨论任何一个问题的那些人来说，说理对话是绝对不可欺的；而且这时只有说理之人才能提出其他理论，而不是相反，所以从说理者的角度出发，说理对话才能被假设为对所有以有效方式来思考或认识的（在这里尤其是所谓理性存在者的）人来说不可欺的上级法院。

　　　　就此而言，说理对话的主体间有效性条件的问题，从方法论上就先行于这个认识功能的"先验还原"尝试，它将"统觉的先验综合"假设为不可欺的事实和最高参照点；因为这种综合作为前语言的和先于交往的认识论预设，仍不能充分地为以语言为条件的主体间（甚至是有关认识的）有效性奠定基础；当然就像任何认识论设想一样，这种综合本身仍需要通过履现说理对话的有效性诉求来奠定基础。

　　　　现在，语用学上转化的先验哲学，与其更彻底的方法论起源相符的是，对话的主体间有效性的可能性条件必须被明确地理解为规范条件，比如理解为在对话之中履现有效性诉求的普遍—语用学规则。[41]

98　相对于此，（尽管康德保证，在此只涉及确证认识有效性诉求的权利问题 [quaestio iuris]）康德先验逻辑的认识条件就至少会被当作形而上学或人类学—心理学的条件来理解。（因此，完全可以理解，在以经验—理论为导向的现代研究者——比如 K. 劳伦茨和 N. 乔姆斯基，在改良形式上甚至是 J. 皮亚杰——那里，康德关于综合认识的"最高原理"——即经验的可能性条件同时就是经验对象的可能性条件——就作为认识或语言进化论的探讨性基本假说，也就是说通过从天赋上将

心理或心理—物理的认识—"装置"程序化，来加以使用。据此，他们自然再也不会去回答其自身认识要求的有效性条件问题。如此表明的是，在这里——甚至在波普尔的认识自发性理论那里也一样——问题的关键是不包含"先验哲学"的康德主义。）

那么，说理的有效性条件是规范的条件，这表明的是，先验语用学，不同于先验意识反思，其反思起源直接导向理论理性和实践理性的统一。它与传统（从笛卡儿和洛克经康德直至胡塞尔）的意识反思的区分首先就在于对方法论的唯我主义的根本克服，即这个假定：（无论是像在 J. 洛克那里一样经验地了解到，或者还是如同在同一"意识本身"的所有经验认识主体之中先验地认识到的）一个意识主体原则上不一定非得与他人共享语言的前提，就能够得到有效思考或认识。与康德对对象意识与自身意识之统一的明见必然性，亦即对主体—客体—关系的先验统一作认识论反思不同的是，先验语用学反思直接导向语言交往的主体—共同主体—关系的先验统一。

我认为，如此就为伦理规范的先验哲学奠基赢得了决定性的前提条件，康德本身（与费希特不同，他根本没有从先验哲学上引入"他我"）从一定程度上说是不得不突然地——通过将道德法则断定为明见给予的"理性事实"来——确定这个前提条件的。[42] 在把交往可能性的规范条件作为有效说理的可能性条件来加以思考的时候，先验的反思起源此时就会表明，"理性事实"在何种程度上根本不是经验（比如人类学的）事实，而是必然被承认的伦理学基本原则。因为，先验语用学的反思方法必定将黑格尔基于承认他人认同（Anerkennung der anderen）[43]（在主体和客体的第二格的意义上！）而确立的自身意识的协调性直接看作是这种思想之可能性的规范条件。那么，在康德那里必须作为不能进一步奠基的伦理学基础来使用的、被给予的"理性事实"，就可以揭示为每个说理之人必须已承认的、所有有效诉求普遍对等的基本规范。但在此之中，在考虑到具体规范奠基或合法性的问题之时，就存在着在理想交往共同体的对话条件下早就以确定或协调相关各方的利益方式而得到承认的、关于规范之共识构成的元规范。[44]

那么，我们可以说，在一种得到转化的先验哲学层面上已经完全

99

100　可能克服黑格尔所指责的、个人良知自律与社会现实性之间的二元论。甚至在黑格尔哲学的绝对观点下早已包含的、对理性的现实性的思辨推定，通过这种转化的先验哲学就可以并且必须确认为对理想交往共同体之对话条件反事实的推定——当然当下与未来切实地将理性现实化的整体风险和所有不确定性仍保留着。

　　但是，从先验哲学上对形而上学二元论所作的这种克服并没有实现黑格尔假设的、关于德性的具体实体性（Substantialitaet）。实际上，为一门普遍对等的伦理学之形式抽象的原则奠基，根本无意将现有德性与制度规范轻易地合法化。只有基本规范所要求的、关于规范的共识构成程序才充当了调节性的观念，它协调了先验层面和黑格尔趋向的、以客观精神的实体德性方式将具体的制度规范绝对化的层面。

　　所以，现在就有可能将论证私有财产之正当性或对私有财产作限定的问题，指责为相关各方或其代理人在规范上对话的共识构成问题。在交往伦理学中将对话的共识构成置入一种二阶（zweistufig）规范奠基程序就取代了从一种原则出发进行规范的理论演绎的思想，康德从绝对命令推导出义务就表明了这种原则。这就使得制度规范的有效性奠基成为可能，这种制度规范，就像黑格尔一再指出的，不能从绝对命令和普遍法则的不矛盾性标准出发推导出来。[45] 如此，制度规范的

101　质朴性（Naturwuechsigkeit），就像黑格尔自身所"要求"的，通过其自由的肯定就能得到真正的扬弃。

　　但是，前所提及的一门共识构成伦理学的基本规范（＝元规范）本身就具有"调节性观念"的特征，在康德看来没有任何经验之物能够与这种观念相符，也就是说，后者在原则上绝不能等同于在黑格尔意义上对实体德性的具体把握；因为，我们不是在一个存在与应然的完全协调——在黑格尔的意义上就是观念与自身的和解——是事实的世界中生活。但是刚才所概述的伦理学的先验语用学条件仍可能在两个方面超出了康德"绝对应然"的伦理学并且与黑格尔联系在一起。

　　关于第一方面，我们必须承认，在我们对共识构成的理想条件以及理想的交往共同体的现实性进行与反事实推定（哈贝马斯）的范围内，共识构成的伦理学之基本规范可以作为说理（如此就是严肃的思想）之可能性的规范条件而起作用。与康德意义上认识可能性的先

验逻辑条件不同，说理对话的规范条件所澄清的是，人要存在，自身必定预先存在。在我看来，这个先验的，因此不可或缺的乌托邦内核此时在好的意义上就显而易见了。[46] 如此，与初看起来相比，我们可能就更加接近黑格尔·因为黑格尔（至少在晚期）激烈的反乌托邦主义（Antiutopismus）其实都是由于，他对其"理性现实"的乌托邦式推定的反事实性——他在解释自然存在所缺乏的观念的"偶然存在" 102 时常常承认这一点——就像青年黑格尔主义者那样，不愿公开证实并且不愿使之成为"未来哲学"的话题。[47]

　　与此相反，伦理学的先验语用学奠基却证实了，"理性的现实性"的反事实推定是必需的，如此对人类现有的"矛盾"的不断扬弃是不必要的。在此，就存在着康德与黑格尔之间面对未来的伦理学协调。

　　但另一方面，在涉及过去，或者更准确地说，在涉及当前继续有效的历史之时，伦理学也要求康德与黑格尔之间的协调。在此，有关规范之共识构成的基本规范指出了从诠释学上理解现有传统和制度的史前史之必要性，因此也指明了我们前面提到的、黑格尔"把握"历史现实性的诠释学还原之物。只有通过这种方式才能为规范奠基与合法性的实践对话赢得内容明确的初始处境。但是，协调康德与黑格尔的这个特殊问题在此就存在于未来相关的规范（它同时为批判性地重构过去提供标准）与准黑格尔式诠释学要求（以便在"应用性的理解"之中历史现实性的理性不至于降格）之间的张力之中。[48] 一如往常，这个问题将逐步得到解决：这里涉及的肯定不是从相对主义上将规范回溯到某些传统权威上去，而是批判性地协调先验伦理学和历史的诠释学。这种协调最终取代了形式主义上的康德主义与思辨—历史主义上的黑格尔主义之间的对立。

第四章
后康德主义的道德立场
能通过实体德性再得到扬弃吗?
——乌托邦与复归之间的对话伦理学在历史联系上的应用问题

I. 主题的说明

将我的文章与黑格尔的要求联系在一起的这个题目说明，我想将一种普遍对话的伦理学之应用的系统问题作为一个历史关联的问题来加以考虑。很久以来，一直尝试着将皮亚杰或者科尔伯格意义上种系范围内的道德意识发展逻辑之类的东西证明为文化史可能的进展结构，这构成了我提出问题的背景。[1] 这样一种尝试当然会有利于清楚说明黑格尔所要求的、从历史哲学上对"道德性"观点的"扬弃"。在此期间，维托里奥·赫斯勒（Vittorio Hoesle）最近出版的著作《真理与历史：从巴门尼德到柏拉图的发展范式分析下的哲学史结构研究》[2]对我的课题之形成产生了真正的推动作用。在我自身尝试性地对希腊伦理学基础进行发展逻辑上的重构之时我还分析了这本风格突出的著作，并视之为对话伦理学的有益挑战。在什么程度上这么说呢？

据我所知，赫斯勒是第一个了解（由哈贝马斯和我所代表的）对话伦理学之效果，尤其是先验语用学的最终奠基之效果的德国哲学家，其次也是第一个不是将这个效果看作是太过苛求，而是相反地，视之为还不够讲究的德国哲学家。在此，我乐意承认，阅读赫斯勒的著作首先使得我——在情感反应的层面上——对实事哲学中的后罗蒂悲观主义产生了一种提振。作为思辨的新黑格尔主义者，赫斯勒想"扬弃"先验语用学的立场。这就是说（如果我理解正确的话），他认为原则上必需而且可能的是，使希腊的启蒙运动以来不断出现的、关于哲学立场的辩证循环甚至在今天仍要再次从批判的（准苏格拉底或准康德的）阶段深入推进到一个通过洞察主体性与客体性的统一而来的综合的思辨（准柏拉图或准黑格尔的）阶段。看来这对伦理学来说就意味

着，对话伦理学意义上关于道德性的后康德立场仍必须通过实体德性
(substantielle Sittlichkeit) 的概念而得到"扬弃"——这就如同最初柏
拉图鉴于苏格拉底批判的逻辑—原则而在《理想国》中所做的，以及
后来黑格尔鉴于康德形式批判的道德原则而在《权利哲学》中所做的。

实际上，我文章题目的问题正好就与这个要求联系在一起。因此，
我把赫斯勒所坚持的这个要求看成是有益的挑战，因为它——即便按
照其自身理解——标志着与今天德国流行的新亚里士多德主义的如下
要求相对位：人们仍能且应该抛弃所有普遍主义的道德原则而复归到
"无偏见的实体德性"——"习俗"的应当如此（ὡς δε）——的常识
(Common Sense) 一立场上去。因此，赫斯勒冒险的思辨观点使得先
验语用学的对话伦理学有机会取代其首鼠两端的观点——这就是说坚
持一种避免进退两难的策略——如此使之可能得到清楚的阐明。这个
目的恰恰也是我文章的副标题"乌托邦与复归之间的对话伦理学在历
史联系上的应用问题"所暗示的。

可能令赫斯勒感到意外的是，以道德在实体德性之中得到"扬弃"
的方式而对主体性与客体性进行思辨综合的程序，在这里是完全通过
乌托邦这个词来加以标示的。但以一种宽泛而且可能是新的方式得到
理解的这种标示，在我看来，唯当人们将这个思辨程序理解为，由于
"原则的隐退"而替代复归的唯一可能的进步选择，并与历史联系起
来，才是合适的。对此，我的大致看法如下：

我认为，柏拉图的"理想国"可以看作是，在希腊"启蒙运动"
的智者和苏格拉底阶段之后，将希腊人已经丧失的实体德性重新作为
国家所保证的个人幸福、品德和社会正义的统一（谐调）来加以设
计的尝试；我认为柏拉图的这种尝试可以而且必须被理解为西方的社
会乌托邦或国家乌托邦的范例。如果考虑到传统德性向后传统德性的
过渡的话，也就是说，如果哲学上所思考的这种过渡不仅通过形式的
普遍性预先推定为整体，而且通过具体的普遍性构想为（或者在黑格
尔意义上把握为）整体的话，这里所涉及的可能是一种"实验理性"
(experimenum rationis)，它用某种发展逻辑的必然性（在事后—可诠
释性的意义上）来校正自身。因为，我认为在乌托邦理性的批判范围
内能够充分表明，以国家乌托邦的形式来重构"实体德性"的柏拉图

范例，已经（在肯定以及否定之中）不仅预先规定了近代从托马斯·莫尔（Thomas Morus）和坎帕内拉（Campanella）以来相对无害的、虚构的空间乌托邦或者乐园乌托邦（Inselutopie）的视野，而且也在最宽泛的思辨历史哲学中预先规定了不再虚构地"扬弃"空间乌托邦和时间乌托邦的视野。此外，这也说明，甚至黑格尔从反乌托邦上所说的、对现实与理性之统一的（事后）把握，以及马克思或恩格斯根据历史必 106 然进程的科学而对乌托邦的"扬弃"，也与一种乌托邦的—"过分热情的"哲学要求的存疑方法（Aporetik）密切相关，这种方法一开始就在柏拉图的行动中得到表明。[3]

从黑格尔与柏拉图的关系来看，过分热情的乌托邦式要求（将实体德性作为整体的一种重构！）在伦理学上可疑的地方仍可得到更严格的指明：在这两位思想家那里它就表现在与国家伦理观念的紧密关联上。更确切地说，尽管黑格尔能够（与卡尔·波普尔一样恰当地）指出，个体的自由与平等——尤其是苏格拉底所坚持的良心自由——在柏拉图的"理想国"中并没有得到应有的重视，而且他正确地认识到，现代国家的优势在于，以更高的标准尊重个体的自由权和平等权并且使其获得一种法律上得到界定的活动空间。[4]但是，对（重构实体德性的）思辨的具体—普遍的先行把握甚至就诱使，良心道德和原则道德的形式－普遍的有效性诉求与国家层面上具体生活秩序的要求之间全面的、某种意义上说"整体的"谐调被看作是可能的。

在爆发冲突，比如在战争的情况下，黑格尔明确地使实体德性的 107 最高审查机关服从于个体的普遍主义良心诉求。[5] 面对具体自持系统的"国家"理性（Ratio），道德良心之可能得到保留，在此仍可以在所有与大众精神的对抗中通过历史而将世界精神的普遍有效性诉求作为末日审判来加以实现的思辨确定性上看出来。但是，与柏拉图的"理想国"相比，在对历史进步的这种先行把握中，就免除了要求这个理念之最终实现的国家乌托邦。不过，黑格尔不允许个体对可能的末日审判有任何自主的良心之先行把握，这种末日审判对大众精神的实体德性来说是最终决定性的——尽管他不仅将个人理解为国家公民，而且还将个体看作是基督教伦理学意义上超国家的宗教团体之成员。

如此一来，已经很明确的是，恰如柏拉图的"理想国"，黑格尔在实践之中对国家伦理学层面的实体德性之重构，必定导致了从后传统上对传统的、关于"法律与秩序"（科尔伯格的第四阶段）的内向道德（Binnenmoral）的证明。[6] 而且有很好的理由来支持这种看法，即对实体德性进行乌托邦式重构的任何一种尝试——这种尝试不是针对彼岸的上帝领域，而是旨在一种现世可能的生活秩序——至少必定以返归内向道德的方式倒退到后传统原则道德的普遍有效性诉求后面。

108 与此相关地，这就意味着，似乎对于我们有限的人类来说，要是没有自持所带的（功能性的）系统合理性就无法设想一种具体的生活方式（奥古斯丁关于"上帝之城"的基督教的准乌托邦本身就——部分是在其自身方面，部分是在其所建立的"中世纪"天主教教会的教义学框架内——变成了一种新的内向道德的宣言；因为人们可以也应该用"圣战"——十字军东征——来反对的异端和不信神者，很快就取代了从所有普遍论道德的应用领域排除出去的恶人）。

但是，与此同时，通过传统内向道德的复归（Regression）这个词，就能够以讽刺的方式刻画我前面所假设的、与乌托邦式地重构实体德性相对立的立场：一种在（无论是诡辩的还是哲学的）启蒙之前返归"无偏见的实体德性"这个习俗（在我们这里现在仍有意义的）的新亚里士多德主义影响。因为，与这种影响相关的，（比如）在德国最初是一种对任何有关全球责任的宏观伦理学之企图的明确反感。尤其明显的一个事件就是 G. 马施克（Guenther Maschke）在《法兰克福汇报》[7]中对汉斯·约纳斯（Hans Jonas）的名著《责任原则》的评论：在此，全球责任的要求首先就误解了，个体，并不参与共契责任的组织，而仅应承担现代工业社会的政治、技术和经济活动不可预见的后果。针对责任的宏观伦理学这幅讽刺画，阿诺尔德·盖伦（Arnold Gehlen）于是就得出了关于传统的制度—道德的如下结论：

"责任这个词有明确的意义，仅在一个人公开算过其行为后果并且清楚这一点的地方；如此，政治家对其政绩负责，工厂主对市场负责，公务员对其上级的批评负责，工人对效率的考查负责，等等"（《道德与超道德》，法兰克福1973年，第151页）。

109 这里所引证的情况（盖伦与约纳斯相对）在我看来尤其有利于说明，在当前的语境中以"新亚里士多德主义"这个词本身所意指的问题，即道德意识的可能发展逻辑的复归问题。

接下来首先要强调说明：对"法律和秩序"的传统道德进行公开的挖苦——甚至耶路撒冷的艾希曼（Eichmann）也引证了这一点[8]——甚至就远远超越了这种基本上弱的、语用学—诠释学上的新亚里士多德主义做法。这个做法对传统的内向道德与后传统的普遍主义道德之间现存的区分，不是公开进行讨论，而毋宁是加以掩盖。但其次，盖伦与约纳斯的对立状况也表明，迄今用顿呼法所称的新亚里士多德主义绝不能与古典或现代的亚里士多德主义相提并论。因为，作为后传统的全球责任伦理学之代表——与恩斯特·布洛赫的新马克思主义乌托邦相对，甚至与康德也相对——的汉斯·约纳斯以某种方式恰恰可追溯到一种亚里士多德类型的本体论—形而上学的存在伦理学。[9] 但这就开启了一种完全不同的对话。实际上，它与这个困难的问题相关，即是否康德类型的原则伦理学（Prinzipienethik）或者超越于此的责任伦理学代表了道德意识的最高阶段。

在《实践哲学与伦理学的广播讲座》的框架内我已尝试着对这个问题提出一个解决方案，但对此我不是很满意。[10] 甚至尤根·哈贝马斯迄今为止对这个问题所作的解答在我看来仍是不够充分的。因此，接下来我要明确地对这个问题加以讨论。我认为，实际上需要澄清，对话伦理学甚至可以被理解为责任伦理学，但作为后康德道德的原则伦理学却与一种——比如思辨—形而上学的——实体德性的伦理学区别开来。需要指出的是，这项任务在此尤其与对话伦理学在历史联系上的应用问题相关。如此我就不再解释这个题目，转而讨论副标题所预示的主要问题，即乌托邦与复归之间的对话伦理学在历史联系上的应用问题。

110

II. 对话伦理学在历史联系上的应用问题作为一门责任伦理学的问题

首先我认为，将对话伦理学的应用问题和奠基问题的关系重新加以思考，这是必要的。但与此同时，我在这里却不必彻底地探讨，对话伦理学的奠基能不能是一种先验语用学的最终奠基这个问题。[11] 后

文将表明，我必然早就设定了这种可能性。因此，至少我想将与此相
关的主要命题简述如下：

1. 对话伦理学在先验语用学上的最终奠基的回溯探究

哲学本身（在其框架内甚至是伦理学）在先验语用学上的最终奠
基，其可能性对于依据说理的思维来说，来自于我洞见到的、说理对
话的不可欺性，如此也就是其可能性的规范—伦理条件的不可欺性。
它表现在如下这种联系之中：如果我们严格地提出一个哲学问题，比
如是否存在一个无条件地有效的伦理学原则的问题（当然在哲学层面

111　上——比如从经验上看，具有有效性诉求的孤独思想的公开对话——
我们早就必须而且能够假定这个原则！），那么我们再也不能像世界之
中的其他存在物，包括我们的个体实存一样，将说理及其必然前提视
为外在的偶然事实。比如，我们如此就无法设想，我们可以随便地开
始或者中止这种说理活动或者完全——同波普尔一样——决定支持或
者反对这个说理的理性；抑或：我们可以将自身看成是我们人类—偶
然的理性的其他选项，甚至是一种完全不同的理性，依据这种理性我
们可以或者必须将我们的理性相对化；抑或：我们可以或者必须从经
验上——比如借助尽可能多地询问内行人士的准语言学方法——核查
*说理—前提（从它竟未设定主管机关的立场出发！）的实存与有效
性。*[12]

相对于这样一种经验—人类学的实存，亦即我们的偶然实存来说，
112　*思想实验却有权不与这种先验语用学认识相符，即说理能力是前述思
想实验之可能性和有效性的条件，同样也不与对我思故我在（cogito
ergo sum）或者先验意识的不可欺性的古老认识相符。*我认为，先验
语用学起源的差别，较之于古老的、有关意识的先验哲学来说，并不
在于通过先验问题的彻底性（这就意味着：从方法论上进行怀疑或者
把一切都作为偶然设想之物来加括号）某物被排除了——可能有利于

113　近乎经验的、在此就是薄弱的先验论证。毋宁说，这个差别根本在于，
我们能够看出，在最彻底地对我们实存的所有偶然设定进行反思疏离
和质疑（亦即在孤独思想中）之时，我们自身不仅必须返回到这个先
验意识，而且依据主体间先天的、关于思维的意义有效性诉求和真理
诉求，已规定了语言和（原则上无限的）交往共同体的前提。但依据

这个主体—主体间的前提,以决定性的方式对思维的普遍必然条件作先验反思的出发点就改变了。

但是,人们首先会承认的是,这种改变必然会导致对先验起源的重大削弱。因为语言的先天甚至使我们注意到传统的主体间有效性条件现实化为某些语言的偶然条件;并且交往共同体的先天也使我们注意到从属于历史性的语言共同体、文化共同体和传统共同体的偶然条件;而这两个条件就蕴含着海德格尔所说的在世存在的事实性的实存先天:即建立在"生活世界"的偶然"背景"之上实际存在的世界——先行理解和必然的、与他人共同理解的前提,生活世界的物理与历史的构成,我们自身根本无法规定。[13] 被当代哲学的"诠释学—语用学转向"所强调的、世界—先行理解的前提,可能确实包含了从人类学—进化论上将康德假定的认识本身的先验条件具体化和相对化的原因。但在我们的问题语境中,另一个被"诠释学—语用学转向"完全忽视的情况就更为重要:

在世存在理解到的偶然前提仍只是思考在世存在之"前结构"的一个部分。因为,只要一个人能够——在(H. 普列斯纳)人的"外在态度"意义上,同时也在(哈贝马斯)"行动缓减的说理对话"意义上——对事实性的实存先天进行反思,那就此而言他就注意到了非偶然的前设,这些前设在先验—诠释学和先验—语用学意义上对偶然设定的思维(甚至对有关对话的、所谓"物质性"权利设定和利益设定的思维)是不可欺的可能性条件。我认为,理性遗忘现象就是对这些非偶然的前设的忽视或完全否定。目前,它表现在这种状况中:"诠释学—语用学转向"的重要代表(就如 R. 罗蒂或德里达)若不陷入语用学的自相矛盾,即陷入他们在述行上表明的有效性诉求与命题上否认所有普遍有效性诉求之间的矛盾,就几乎无法著述。

现在,如果人们将述行上需要避免的说理自相矛盾的原则,提敬为不可欺的,此即最终奠基的标准 [14],那么对语言和交往共同体不可欺的先天之认识,第一次能够与理论哲学的先验奠基一道同时赢得对话伦理学原则的形式中的实践哲学奠基。简而言之,这个先验奠基之初始处境的区别源自于如下状况:关于有效性条件之先验演绎的"至高点"对理论对话而言显然不是(像对孤独思想那样)通过(康德)统

114

115

觉的先验综合，而是通过语言符合解释的先验综合预先给出。这个至
高点作为原则上可能共识地履行意义诉求和真理诉求的先决条件，在
理论对话中并非可以无矛盾地加以否认的，亦即它就像说理对话本身
一样是不可欺的。[15] 但是，对规范—伦理学上的"游戏规则"之遵从
（根据可避免述行—语用学的自相矛盾之标准，对其解释可能本身重又
是不可反驳的）却能够证明是在一个说理共同体中可能实现有关意义
与真理的观念共识的必要条件。如此，在形而上学设定（就如一个根
据"目的王国"只能假设的、有关理智上的理性存在物和自由存在物
的王国）上或在明见给予的"理性事实"上对康德实践哲学来说不可
或缺的奠基依赖就可能避免，抑或有可能通过这个没有语用学上的自
相矛盾就不能否定的、关于说理对话之可能性的规范条件来破解这个
116　康德假设。与说理活动的规则相关的一个理想说理共同体的规范，尽
管早已不是生活世界中处境关联的道德或权利规范的道德合法性所要
求的质料规范；但恰是在此意义上，这些规范对于论证质料规范的形
式—程序原则的奠基来说是有约束力的，在这个原则之中说理对话以
其早已认可的方式成了可能世界所有制度的元制度。这就是说：我们
不仅与严格思维一道同时认可了一个理想的说理活动共同体的规范，
而且这些规范还包含着在生活世界中可能履行或否定一切有争议的规
范有效性诉求的重要伦理学程序原则。[16]

　　其中在我看来甚至有这样的认识，即这个说理对话之可能性的
规范条件，不仅在一种"言谈处境"的意义上包含了原则上所有交往
对象平等的基本规范，而且如此出发也包括为了从说理上（而且以此
方式，所有可能的说理对象原则上是能够达成共识的）解决生活世界
中出现的重大道德问题而负起共同责任的义务。对这个义务的内在认
同，在我看来就表现在对伦理学原则的严格追问中。简而言之，对话
伦理学从一开始就不是任何一门为了说理对话的特殊伦理学，而是一
门为了生活世界所有可对话的问题而可以进行说理的共契责任伦理学。
我认为，任何严格地——亦即以主体间有效地回答一个严格问题的方
式——思考的人，都必然承认一门对话的责任伦理学的生活世界义务；
117　而且也可以通过对说理—前提的规范内容进行后传统的先验语用学反
思而证实这个生活世界的义务（但此义务的普遍意义有效性在生活世

界的传统道德层面上一直都是不清楚和成问题的),这意味着:他——通过先验语用学的最终奠基——能将这个义务解释为一个若没有述行的自相矛盾就无法否认的原则。

(例如,如此一来,要是没有述行的自相矛盾就不能断言,随便拒绝或中止对话根本不受制于对话中认可的规范,由此取消其生活世界的义务并视之为不具约束力的游戏。这种看法建立在这个顽固的、方法唯我论的想法上,即人们通过将此对话反思为某种偶然之物,就能够避免其在说理对话中对合法性——或至少对其选择动机——的思考或评判。那么,这个表面上形成的最终奠基的亏缺,就可能会通过实践上对生活世界的交往和互动层面的道德有效性诉求的必然承认而得到补偿 [17] ——如此,好像不需要严肃地进行哲学"启蒙"似的,这种启蒙已对道德规范的有效性进行质疑,或确言之:以至于似乎在前启蒙的"无偏见的实体德性"[黑格尔]中,道德理性与策略理性或者普遍必然的规范与教条主义和意识形态所断言的规范已经充分地区分开来。)

现在,在刚提及的基本直觉意义上我认为,在避免所有形式逻辑的复归 – 问题或循环 – 问题的情况下,亦即按照避免述行上的自相矛盾这个选择标准而仅根据我们对反思明见性的阐释,就能够推导出对话伦理学形式的基本原则。可如此推导出的这个对话伦理学原则,没有任何内容规范的代际原则,而是这个——实在的,或者在必要时需要个体在思想实验中内在化的——实践对话的程序原则,在此对话中内容规范必须从处境关联上加以论证,要么作为制度上生效的法律规范,要么作为普遍有效的,在此就是在行动道德性意义上规范约束的行动准则。因此,对话伦理学的基本原则在一定程度上把处境关联的内容规范的奠基委派给了这个原则所要求的实践对话。据此,对相关人士的具体利益——在此甚至是价值观——以及对总可修正的行动处境(在遵从行动规范的预期结果和副作用的关联之内)的评判,就能够最大限度地达成一致。

就此而言,对话伦理学不是任何直接规范奠基(比如康德的伦理学,他就想从绝对命令出发推导出"完全的"亦即无例外地有效的义务,和"不完全的"义务)的一阶伦理学,而是一种对内容规范的共

119

120

识－交往奠基作最终形式－程序奠基的二阶伦理学。[18] 在对话原则的反思性最终奠基阶段，它只将奠基的主体间共识能力假定为先天确定的；相反，在第二阶段它——在皮尔士所论证的真理共识理论[19]的意义上——为历史变换的处境评判（甚至人类需求之估计）的可错论和不同人类生活方式意义上的价值多元论提供了所能想到的最广阔的游戏空间；更确切地说：这个游戏空间作为间接的限制性条件是与程序性的对话原则相一致的。

由此，对话伦理学确认了康德伦理学的普遍主义－原则，但它——在现实地贯彻实践对话的情况下——就排除了个体对普遍遵从规范可能具有的相关利益和处境效果之预期，亦即排除了他那些经常过于苛求的考虑，它们会决定人们是否要将一个准则当作普遍有效的法则。排除个体幻想以促进对话所需的共识构成，这同时就防止了个体在运用普遍化原则的时候——比如康德本身在以"寄存物"[20]为例，假设私有财产的制度规范的情况下——将现存习俗意义上的规范普遍适宜性假定为不言而喻。如此，黑格尔所说的"实体德性"（黑格尔认为它必然早已被绝对命令的应用所设定）之本质部分，就其按照共识地具体化的普遍化原则从后传统上所作核查和重构方面来说，显然是可以达到的。所以，一开始就完全毫无可能的就是一个（同样由黑格尔所诱发的）对康德普遍化原则的解释，它在此想看到的不过是，在准则需要作普遍化选择的地方，要求形式逻辑的一致性，比如在黑尔（Hare）有关坚定的种族主义信仰者例子的意义上，这个种族主义信仰者甚至愿意将消灭所有犹太人的法令在必要之时运用到自身之上。[21] 毋宁说，这个普遍化原则先天证实了一个旨在从共识－交往上实行的普遍对等原则，就此而言它并不能内容空乏地或随意地加以应用，而是参照了普遍谅解的可能结果。

现在，人们就能够在我所提到的康德－转化路线上将对话伦理学的形式的程序原则表述为普遍化原理。它只是规定了实践对话中对需要核查的规范进行判断的观念标准，比如以哈贝马斯提出的这个原则（缩写为U）的公式：

"（U）每个有效的规范都必然满足这个条件，每个个体普遍奉行其利益的满足所导致的后果或者副作用，能够被相关各方确定无疑地接受。"[22]

我认为,这个公式实际上是对这个形式标准的一个充分阐释,对于这个标准,我们必定早就在免于行动 (handlungsentlastete) 的对话层面上内在地承认为理想交往共同体的基本规范,因此作为可能构成共识的调节性观念对实际的实践对话有决定性的作用,处境相关的规范需要通过这种对话来奠基或者批判性地评论。不过我想抛出这个问题:通过这样的一个公式就阐释了先前所设定的、人类行动责任伦理学的充足原则了吗?哈贝马斯显然认为,这个公式由于考虑了"普遍遵从规范的后果和副作用"就已符合这个责任原则。不过,可惜,在我看来并不是这么回事。为此,我将过渡到把后传统伦理学历史相关地作为后传统伦理学来应用的特殊问题。

2. 后传统的对话伦理学之应用的特殊问题作为责任伦理学的原则问题　　123

首先,我们必须表明,规范合法性原则 (U) 是如何能够在一种取代了"绝对命令"的行动原则之中作为标准起作用的。或许它可以表述为:

(U^h) 只能按照这样一种准则来行动,你用这个准则(根据与相关方或其代理人实际达成的一致,抑或替代性地,根据相关的思想实验)能够假定,普遍地遵从任何个体相关方的利益满足大致产生的后果和副作用,在实际对话中能够随便被相关各方接受。

现在,如果我们试着设想这个原则的可能应用,那么我们就会获得一个值得注意的结果:

如果真正要普遍尊重相关各方的利益,而绝不仅仅为了某个利益群体的认可,那么这种应用通过个体相关方所支持的利益代理,也就是通过替代性的思想实验,就是可能和适当的:比如在宏观伦理学的私人行动领域中的应用,今天这门伦理学有时会被认为脱离了对话伦理学的应用领域。如此就不难设想,(比方说)作为唯一的亲戚,人们对一个不能说话、年老多病的舅舅,根据这个行动原则 (U^h) 的标准(在正常情况下)会负有怎样的责任。相对于此,行动原则 (U^h) 之应用的原则性困难却产生于此,即实际涉及,公开有效的行动之道德规范(比如重要的经济行动甚或政治行动的道德规范)必须根据参与

实际对话或者通过想象这种对话的预期结果来进行奠基并视之为有约
束力的地方。也就是说，在这里，即在公共道德的范围内，相当激烈地
产生了后传统的对话伦理学之应用的适当性本身的原则性道德问题，
或者更确切地说，这种适当性在黑格尔所谓的集体的"实体德性"方
面的相对性问题。[23]

　　例如，很快就清楚的是，这种适当性与法律状态本身的现状相关，
此外还与将哈贝马斯的原则（U）在社会上现实化为法律规范的奠基
或证明原则的阶段相关。在这方面，那些普遍由自然权利，尤其由人
权所创设的民主法治国家，无疑取得了显著的成就。而除了在合法性
层面上的这种被现实化之物以外，在这些法治国家之中依然存在着法
律上所确立并受到保护的"明辨的公众"（康德）领域。这里，被制度
化的规范奠基之对话——就像议会的讨论一样，更多的是法律和政治
的对话——经过非正式的对话，就能够在对法律与政治的规范奠基的
程序和结果进行道德的合法性批判的意义上得到补充。就此而言，在
现代民主法治国家的权力范围内就已为一门后传统对话伦理学的原则
（U^h）应用的适当性创造了某种制度化的"外在支持"（盖伦）。这些成
就本身就已是——自古代高度文明的"轴心时代"[24]以来——由世界宗
教和哲学的后传统伦理学所激发的启蒙进程之结果。自此以后，（比如）
西方的传统习俗和制度本身早就以对话性反思批判的制度化方式，在
不断更新的后传统启蒙道德浪潮之中被改变了。

　　尽管如此，不要忽略的是，今天甚至在集体的实体德性层面上仍
绝不是要将原则（U^h）运用的适当性条件当作相关方在理想的对话之
中所朝向的行动原则来加以实现。要看出这一点，人们无须对——就
如在法西斯主义，种族主义，宗教狂热和民族主义之中的——道德退
化所危及的世界（比如在黎巴嫩、北爱尔兰或者南非的）区域形势作
思考。人们可以想一想西方工业社会大都会的下层年轻失业者，想一
想第三世界大城市中的贫民窟住民，或者——以完全不同的视角——
转而想一想激烈竞争的经济管理者或动荡国家的政治家；当然首先会
想到的是政治家，只要他们在一种几乎不受法律保护的"自然状态"
条件下在外交领域进行利益维护和冲突调控[25]。那是否所有这些人都能
够指望这个原则（U^h）的应用？

我希望，通过这个问题及其前面出现的、当然还不充分的一些建议，在某种程度上会澄清这个问题处境，一个与我提出的（乌托邦和复归之间的历史关联之应用的）对话伦理学的可能应用问题联系在一起的问题处境。因为在我看来显而易见的是，我在前头（参见上面第218页*）区分为进退两难的倾向——一方面是柏拉图的《理想国》预先描绘的社会乌托邦（Gesellschaftsutopie）和国家乌托邦的设想，另一方面是一再表露出完全放弃贯彻后传统理性道德的、听天由命地复归甚或玩世不恭地复归的暗示——恰恰与前面提到的、对话伦理学的历史关联之应用的处境联系在一起。

柏拉图、后来的列宁以及布莱希特（在《四川好人》中）曾获得 126
这样的思想后果，即在给定"实体德性"的条件下——智者学派启蒙之后的雅典或者资本主义时代的人性——道德完全是不可求的，因此就需要在国家制度层面对实体德性进行哲学激发和控制的整体重建。这就是乌托邦理性对（自古代高度文明的"轴心时代"以来连续不断的）传统主义—习俗之道德危机的回答。这个回答——对后传统的思辨理性进行的最冒险和最全面的回答——仍是非常易懂和有启发性的。但是，就如黑格尔早认识到的，这个回答不但在柏拉图的情况下不能让自由权利发挥作用；毋宁说，它通过哲学王或社会工程师对一种明确—稳定地起作用的整体秩序进行准技术化的生产和控制一开始就必然取代了人类政治互动的交往基础。[26] 就此而言，这个回答必然有这样的倾向，即通过教育专制以及对公众意见的控制起码会将国民道德还原为传统的"法律与秩序"阶段的一种功能化的角色道德。

（这个实际倾向的正统—乌托邦式选择就是对这样一种情况的幻想，在此情况下道德以及法治国家都是多余的，因为在完全和谐的秩序下就不再可能产生利益冲突。照此说来，道德在现有的社会关系下仍不可求，而在被实现的乌托邦那里也不再需要，因此它完全不可能具有任何作用。这在我看来就一个富有教益的悖论，一个能够阐明道德的现实作用的悖论。）

---

* 原文所指的页码有误，此处应指本章第一节的开头部分内容。——译注

但是，一再出现的乌托邦理性（或者要尽义务之物）的逆倾向
(Gegentendenz)，通过抑制普遍主义道德——在生态危机和核战略危
机的时代今天就是一门人类交往的宏观伦理学——的后传统要求，同
样容易使国民相信传统道德的优越性：即在尽可能不质疑人们所属社
会或国家的"习俗"(Ueblichkeit) 这个框架内的一种实用有效的机智
道德的优越性。至少，这就是德国语用学—怀疑论的新亚里士多德主
义者的告示，他们努力要做的是，针对柏拉图理念论乌托邦主义所鼓
吹的非形而上学 (metaphysikfrei) 实践智慧学说，将亚里士多德形而
上学那里早已证实的克制倾向合乎时宜地发挥作用。[27]

　　那么，在这种进退两难的处境中我认为，需要对对话伦理学历史
关联的应用问题进行一种尽可能客观的、仍与（后传统道德意义上可
能并放弃进步的）范导观念联系在一起的分析。我们要再次提出这个
原则（U）或行动关联的表达式（U^h）的应用问题：要求这个原则的
直接应用（U^h）其困难在哪儿？

　　哈贝马斯所提出的公式根据其注意到的"普遍遵从规范的后果
和副作用"能够被视为责任伦理学的理想原则，实际上是在说理对话
（它——作为人的"外在态度之体现——以特定的方式消除了人的历
史一不可逆的行动）的层面上，而不是在这个原则之历史关联的应用
层面上。在此，情形无涉的应用概念毋宁说变成了马克斯·韦伯意
上一门纯粹"心向伦理学"的典型苛求。在何种程度上这么说？

　　这个原则（U^h）能够顺利地用作一门责任伦理学的原则，唯当我
们（已经）生活在一个能够作这样预期的世界中，即（1）所有实际奉
行的规范能够按照给定的程序原则来奠基，并且（2）所有人（至少）
乐意遵从在（U）的意义上得到奠基的规范一般；简言之：所提出的公
式（U）之能够被接受为解决所有规范奠基或规范合法性问题的充分的
程序原则，唯当我们（已经）生活在通过说理对话反事实地推定的理
想交往共同体的前提之下；抑或唯当对话伦理学的应用问题完全不是
任何历史关联的问题，而是历史无条件地从零点开始的问题；抑或唯
当诸如历史内的理性新开端之类的东西是可能的——就如目前众多论
及生态危机和核战略危机的著作之中默默地假定的开端。

　　只是：这里所作的任何假定都不是切合实际的，它们完全不与后

黑格尔所洞见的行动条件的历史性本质和后韦伯洞见到的"责任伦理学"的具体问题相协调一致。毋宁说，如下的处境必然首先被承认为是公开有效地应用各种形式的后传统原则道德的人类条件：

通过某种形式为一个自持系统（自身人格，家庭，社会团体，国家）承担责任的每一个人，都必然意料到，暂时的利益冲突不但必须通过实践对话（或更确切地说：这种对话的近似实现），而且也必须通过策略性的相互作用形式（最好通过公开的协商，这些协商用合作提议和不利警示替代了公开的对抗）来调和。（其根本理由并不源于，人们必须假定缔约者缺乏将对话原则加以应用的决心，毋宁说在于，人们必须在另一方面，比如在裁军协商中甚或在劳资协商中假定，协商也有其奠立在猜疑以及策略性的利益支持之上的合理基础。比如，裁军协商的矛盾就在于，两个缔约者本身，他们在原则上本来都准备以对话伦理学为基础达成一个理性的新尝试，却无法确信能认识并可以设定另一方的情况。）以后传统原则的方式进行一种理性的新尝试的决定——这完全是值得追求的——至多可能会为人类的内在道德心向重新建立基础。但即便在这种情况下，责任风险的道德原则也要求，通过对已有的、有限历史处境作具体行动选择，并据此有所保留地评价这个唯一具体的行动所能预料的不可逆后果和副作用，来显露出这些为自持系统而存在的行动主体。换言之，按照这个考虑到普遍遵从行动规范的可能后果和副作用的原则（U^h）来行事在这里是不够的。毋宁说关键的是要考虑在历史处境上所涉及的该原则（U^h）之应用的可能后果和副作用。这首先表明了一门责任伦理学的原则性要求。

但我认为，当代对一门原则伦理学本身之可应用性的可疑批判也有其最深层的出发点。实际上，在此以"习俗"为框架回归到一种机智道德的诱惑是非常大的；更确切地说是诱发这样的想法，即这样一种语用学认识表现出了将整个社会现实的新结构当作乌托邦革命设想的唯一选择。面对这个选择，有第三条道路吗？比如，在一种遵照对话原则的责任伦理学之形式原则之中，有可能同时顾及对话伦理学在历史关联上的应用问题吗？

在进一步的考察之前，我必须明确说明我对哈贝马斯所提的这个原则（U）的责任伦理学意义的批评。我想，哈贝马斯完全正确地看到了，他所表述的这个原则（U），作为理想的标准，即作为批判性地评价规范以及历史的制度化规范奠基程序，甚至评价生活形式的合理性的理想标准，是不可或缺的。在此意义上，我早在评估其历史关联的应用问题之困难时就已经设定了这一点。

（在此就可以对理想概念的方法论功能进行如下指明：在原则[U] 之中蕴含的是普遍主义共识理论的调节性理念，这种理论是相关各方能够以如下方式共识的规范之真理性或理想效用的理论：通过他们反事实的推定，不仅能够断然解决所有未显现的相关需求之确定的问题，而且还能解决专家所作的有关后果与副作用的估算问题——这个调节性理念实现其功能恰在于，通过这个理念，才能批判性地看出，在实现实践对话的所有近似阶段上事实的共识和伪—共识都是有其缺陷和困难的。这个调节性理念指出，实现原则[U] 是无比困难的，却很少被意识到，它本身已经将这个原则当作一个实在性估算的调节性理念来使用了。

在此产生的是，在康德意义上调节性理念的批判式和启发式—预期的功能常常被混淆为，在一种能够将实在设定为事实的意义上的柏拉图主义—形而上学的理念假设，或者一种完全通过虚构的乌托邦而想象到的、理想的经验世界。据我看来，不可否认，在康德那里的实践哲学文本中，许多本身就是前康德的形而上学的理念假设，比如关于"目的王国"的设定，并没有坚定地转换成"调节性理念"。但是
131 另一方面，康德在"先验辩证论"中对理念假设的批判，却提供了能够彻底批判一切将理想实际实现于时空之中的乌托邦"假说"的思想方法。）

作为调节性理念，即一种要求所有相关者都对规范有效性达成共识的调节性理念，原则（U）在我看来必定是在反对任何试图回溯到某种依赖于文化并受语境制约的规范（就此而言就是在反对这种不再可能运用先验理想原则的"诠释学—语用学转向"）的过程中而得到辩护的。因为，能够在先验语用学上得到最终奠基的这个理想原则一旦消失（亦即依其可能功用不再能理解或者想起来），那么从趋势上看，自古希腊高度文明的"轴心时代"以来一直进行的、对一种普遍主义的后传统道德进行奠基的尝试就会被抛弃。如此，任何批判性的评判

标准都不再可能对这个本来就占优势的生活世界的实体德性产生作用，这种德性在我看来，总是以在社会自持系统的内向道德意义上的伦理理性和策略理性之间的妥协为基础的。这样一种妥协在某种程度上说是人类社会文化的第二本性之沉淀[28]，它尽管是必需且不可或缺的，但却肯定一直受到质疑和超越，因为它（恰恰在今天）仍要求一种众多相异的生活方式能够共存的道德。

　　因此，尽管在我看来，不可能将伦理学回归到理想的评判标准上去，这个标准是在对话伦理学的原则（U）之中形成的。但是我却仍认为，必须坚持以下这点：责任伦理学的后传统问题已经不可能在规范的理想评判标准的表达框架内，亦即通过考虑在原则（U）之内遵从规范的后果和副作用，而得到解决。因为，就如前所述，这里所涉及的是要原则上考虑行动原则（U^h）形态下该原则（U）在历史联系上的应用之后果和副作用。在这里应该预防一种容易想到的异议。人们可能会认为，应用关联上的后果反思的整个问题完全不必在对话伦理学的行动一原则的表述层面上加以讨论，毋宁说它本来就是一个借助判断力将处境关联上的规范应用添加到规范奠基上去的问题。在我看来，与此建议相符的不仅是（坚持实践智慧习俗的）新亚里士多德主义者而且甚至是正统的康德主义者的主导策略。他们甚至想证成康德强调的、在规定准则的选择原则之时以及由此出发推导出义务之时反思行动后果所形成的概念，因为他们在应用这些行动准则的地方指出了（康德已预先看出的）判断力机能。（实际上，在当时处境下所选择的行动甚至都不能描述为行动，要是没有对预期结果，如此也对通常可接受的副作用，至少加以考虑的话。因此，在这里看起来现代意向主义理论可能就触及到了伦理原则之应用的责任问题。如此涉及的似乎完全只是，必须通过正确地判断当时可供选择的行动，来使与此原则相符的行动准则得到应用，即通过这样的判断：与此原则相符的那些准则可以从这个原则中先天地演绎出来；行动之应用由于这个判断力必定在经验上得到协调。）

　　不过这里显示出了现代分析的（同时也是支撑亚里士多德主义的）行动理论在如下情况下的界限，即在他们不顾规范构成与规范应用之间关系的历史性之时。确切地说就是：人们认识不到在（黑格尔意义

上的"无偏见的实体德性"的）传统道德走向原则性受引导的后传统
道德的历史转变过程中出现的行动理论的总问题之分化，反而去讨论
伦理原则（规范奠基及其应用）在后传统上的应用问题，以及传统规
范之机巧的应用问题。这里典型的是后期维特根斯坦所指出的、这种
（无法本身实行的）规则应用对诸种"习惯"（Gepflogenheiten）的依赖
性。其实，这些习惯表明了传统规范及其应用的层面上可能具有的问
题之分化的状况，因此它们并不是偶然在现代文化人类学中作为一种
相对主义方法论的范式而确立的。

　　与此相对，在后传统的原则伦理学中，确切地说是在二阶的对话
伦理学中，首先要做的是，将已经得到应用的规范作为已顾及该规范
的普遍应用之可能结果的、历史处境关联的规范来加以奠基。在后康
德的对话伦理学层面上，这意味着，通常存在于传统规范背后的旨趣，
即从文化上得到解释的人类需要，明确地升格成了实践对话的对象，
并且在应用普遍化原则的时候通过选择共识规范的方式发挥作用。哈
贝马斯恰当地考虑到了这一点，因为他没有（像康德那样）将遵从规
范的可能效用这个问题在规范应用之时完全托付给了判断力，而是将
它作为已经在规范奠基的普遍化原则（U）层面上规范的普遍遵从问题
来加以考虑。

　　（尤其令人信服的是顾及权利规范 [Rechtsnormen] 之基础的这种
预先防护；因为，在此人们最恰当的不是将遵从法律的社会和政治后
果与副作用这种思考推脱给法官和公民，尽管在应用或遵从法律的地
方他们一直都是判断力或实践智慧所需的。但是，在现实或思想实验
中所预期的有关规范奠基之对话手段的意义上，道德的行动规范也完
全能够在已经判断出其可能效用之时受制于其普遍遵从的可能效应之
标准。那么，人们当然就 [不同于康德] 完全不能从原则伦理学出发
演绎出"绝对必然的"，亦即毫无例外地有效的规范。）

　　只是，即便哈贝马斯预先看出，要考虑对话伦理学的普遍化原则
层面上规范的普遍遵从之可能结果，但在我看来这仍没有表明后传统
的责任伦理学的充分原则；因为，它仍没有考虑到对话伦理学原则本
身在历史联系上的应用的可能后果这个后传统问题；换句话说，就是
没有考虑到将对话伦理学之应用的历史－社会意义在一个自持系统基

本上策略性地行动的世界之中加以实现的问题。因此，我很久以来都主张在这方面要区分伦理学的 A 部分与 B 部分。[29]

　　这个区分，即这个恰当地考虑到以往所有原则伦理学之困难的区分，其结果可以进行如下的界定：在伦理学的 A 部分——按照先验语用学的最终奠基之目的——原则伦理学必须在这个由说理者无可置疑地假定并且反事实地推定的理想交往共同体的理想之中得到确立，同时在 B 部分的任务则是，将必然推定这个理想的反事实特性专门作为历史联系的责任伦理学之问题来加以考虑。因此，这在一定程度上就表明了从现存境况转化为对话伦理学的应用条件之实现的一门过渡伦理学的必然性。在道德演变意义上，这同时就涉及，社会自持系统中内向道德的传统规范合乎程序的应用转变成在人类相互关联的所有层面上调节冲突的对话原则之应用条件的制度化实现。

135

　　其实，这个问题从实行说理对话以来早就作为人类的所有制度的元制度而被提出来，那么在西欧就是从希腊的启蒙，并再度从近代的启蒙开始。但是，这个问题尤其是在当代，在生态学危机和核战略危机的时代，作为一门全球的宏观伦理学之实践的迫切任务而提出来的。在发展逻辑的视角之内，人们可能会将走向后传统道德的历史转变问题称为人性的青春期危机。为此，这个危机特性尤其通过如下情况得到说明，约近百年来，悲观主义的哲学思潮毋宁说本身就阻碍了对这个问题进行一种负责任的反思：首先在反启蒙运动之中翻涌起一股历史主义－相对主义，此后是一股将理性限制在价值中立的科学－技术的合理性之上的唯科学主义，最后所谓的后现代主义试图将尼采所唤起的虚无主义解释为我们的命运。[30]

　　现在，我刚才所描述的、历史性地向道德的后传统原则之后传统应用转变的问题，在我们的问题语境中就能作为道德与（实体）德性之间的中介问题而加以理解。但是，在此仍需再进行一种区分，以便这个相关于我的历史关联问题不会将对话伦理学在已有的应用条件下的应用与可说是普通的问题相混淆。

　　哈贝马斯已指出过，在传统德性以康德方式向后传统道德转变的过程中，对个人来说就产生了这个意义上的一个应用问题，即必须对义务论的（deontologisch）正义问题从善的生活意义上的自身发展问题中

136

分离出来进行一种补偿。[31] 现在，道德法则问题就不再（像传统德性层面上那样）等同于个体在社会生活形式的框架内通过规范应用实现一种美德、正义且幸福的生活这个问题；毋宁说，对个人来说自身发展的问题在此是作为一个附加问题而出现的，但它必须在道德原则的普遍有效要求这个限制性条件下——这总是意味着，在与道德法则相符的准则运用的意义上——才能得到解决。这个要求本身这时已经是一种新型的、恰是后传统的道德应用问题，它迫使个体面对以前还不了解的、更大的困难，比如去区分并获得原则上所提供的规范 - 遵从这个要求与个体上重要的生活状况这个评价之间的必然性。

　　历史地看，这里所预示的问题在"轴心时代"之后很晚才被后传统伦理学所凸现出来。与世界性宗教一样，古希腊罗马的古典作家也完全是从统一解决道义论（deontisch）的正义问题和善的生活问题这个可能性出发的。此后，康德更极端地把形式主义的、普遍主义的以及道义论的道德性原则优先于幸福问题而产生效用；但甚至他也几乎没有将善的生活这个问题的抽象化代价与个体产生的补偿问题看成是问题。阻碍他认识到这一点的主要是，对他来说，只有自然世界才能在严格意义上清楚地加以认识，德性得以存在的社会世界至少在康德批判的系统思想层面上是完全无法主题化的。[32] 黑格尔第一个将"实体德性"得以存在的社会世界，在一种哲学系统的框架内理解为"绝对精神"，只有他才看出前述的抽象化和补偿的问题是现代的"分裂性"问题；不过他也要求，不仅要通过辩证地理解"理性现实"来从整体上获得道德与德性，而且还得在后者之中将前者加以"扬弃"。这点我仍将提到。在我看来，哈贝马斯正确地拒绝了这个可能性以及从新亚里士多德主义返回到康德主义的道德原则的可能性。他将前述的抽象化和补偿问题理解为道德与德性之间的后康德主义中介问题，就此而言在某种程度上也就是借助判断力将道德的形式原则加以机智应用的一般问题。在这个意义上，哈贝马斯甚至相信能够拒绝吉里甘（C. Gilligan）和墨菲（J.M. Murphy）最近所说明的这个论点，即人们必须通过依赖于语境的责任伦理学意义上的另一个阶段来充实科尔伯格关于道德判断能力之个体发生的六阶段演化逻辑图式。[33] 但是，这个理由在我看来充其量只是部分合理。因此，我要谈到已经预告的、在道德与德性间的中介问题内进一步分化的问题。

在我看来，哈贝马斯完全有理由强调，像"普遍福利原则（弗兰克纳的宽厚原则）或对他人（关心和责任）不享有特权的关心或责任原则"这样的要求，通过对话伦理学的规范奠基原则"早已被注意到了"。[34] 在此起作用的，恰是实践对话的需要，以及在其框架内的原则 U 或者 U^h。就此而言，吉里甘和墨菲所强调的、取决于语境并且负责地应用规范的必然性，就不需要任何新的奠基原则，在此也就是不需要任何新的、最高阶段的道德判断能力——但完全不是在雌性判断力的独特发展路径的意义上 [35] ——而仅仅需要在处境关联的规范应用之中始终不可缺少的判断力和机巧。

但是可以说，哈贝马斯却只是依据对问题的这个评判来谈及对话伦理学在个体发生阶段上的规范应用问题，也就是说默默设定了实践对话原则在社会世界中的理想运用条件。因此，他又再次脱离了将后传统的对话伦理学的应用条件现实化的社会历史问题。当然，这样一种理想型的抽象活动，在对道德判断能力（包括附属的应用问题）的个体发生阶段之间进行结构联系比较的意义上，完全是合法的。[36] 但是却产生一个完全不同的观点，如果我们取消了这个个体发生上引导出的阶段重构所特有的抽象活动——但考虑到这一情况，即在道德的社会文化发展的种系发生层面上（受制于这种发展的，不仅是个体社会化进程，而且是道德规范的应用－条件），向后传统状况的过渡确实并没有得到广泛地实现。

现在，鉴于吉里甘和墨菲所提到的、原则伦理学"负责任的、取决于语境的"应用，——而且在（我认为是）错误地低估了马克斯·韦伯所作的心向伦理学与责任伦理学之区分的意义上——问题处境也就产生了变化。因为，在一个社会世界里面，在其中完全不会意料到，对话伦理学规范的应用－条件已经得到历史的实现，也就是说不会意料到（比如）所有人都准备去应用对话伦理学（我们在此可能会想到在道德判断能力最高阶段上黎巴嫩或北爱尔兰的家族母亲，甚至也会想到在相应处境下的一个正直的男性政治家），在这样的处境下坚持对话原则的严格应用，可能在责任伦理学上是完全不适当的，就此而言它只是一个仍未完全成熟的道德判断能力的标志。

138

139

在我看来，这里存在着一个更深刻的（可能只是被吉里甘和墨菲含蓄地提出过的）问题，它是有关"在原则反思上"最高阶段的道德判断能力的问题[37]，在一定程度上这种能力主管着道德性的最高理性原则与完全非理性的社会实在性之间的协调。此外，这种协调绝不只是在引起轰动（比如冲突或内战）的特殊处境下实行，而且在责任伦理学上也通过共识－伦理的行动和策略性行动之间的妥协来实行，这些行动在日常工作中，甚至在秩序井然的法治国家，总是不可避免的。简而言之，这种协调涉及的是独立于历史行动条件的人类"实在的两难困境"，它可能需要区分于在理想型的阶段理论中得到主题化的、有关道德抉择的"假言的两难困境"。

但我在前面已经预示过，甚至在这里所提的道德与现有德性的协调问题，作为一个历史关联的责任伦理学之应用问题，绝不会导致绝望的"与原则作别"[38]——比如以怀疑－务实的新亚里士多德主义的方式。毋宁说，它能够（通过伦理学奠基的 B 部分）主题化为从原则上考虑到推定对话理想的反事实特性的问题，更确切地说，主题化为实现社会的，尤其是制度化的对话伦理学之应用条件的突出历史问题。那么，关键的问题自然就是，为了在此所需的道德与德性之间的协调本身，能否在道德层面上指出一个形式的规范性原则？或者我们必须追随黑格尔，将规范理想与社会实在性之间的协调在某种程度上托付给"世界精神的狡计"（哲学家至多是从推定的事后－立场出发将它预先理解为必然，并肯定早就"现实的"）？为此，可以说就已开启了后康德的原则伦理学与有关实体德性的黑格尔伦理学之间相互解释的最后一个圆圈。为了形式的规范性原则，如何能够对纯粹的对话伦理学原则进行责任伦理学的增补？

III. 朝向对话伦理学的历史联系之应用的责任伦理学增补原则

首先请允许我亲自回顾一下：在我有关交往伦理学的最初起源中[39]——根据对说理活动的可能性条件的先验语用学反思——我是从交往条件的先天之中的辩证法局面为出发点的，在此局面中三个

要素得到了突出:

第一个要素是理想交往共同体的假设,我们通过严肃的说理必定会反事实地推定它。

第二个要素是实在交往共同体的假设,在其中我们被社会化,并且为了能够进行事实的说理对话,我们必定已达成了充分的认同;那些此外

第三个要素是理想交往共同体和实在交往共同体之间原则上的区分意识。

当时我已试图依据所说的最后一个要素推导出责任伦理学的双重调节性原则。这个双重的原则是:

"第一,所有人的所作所为的目的在于,将人类的存活作为实在的交往共同体来加以确保;第二则在于,在实在交往共同体之中将理想交往共同体实现出来。第一个目的是第二个目的的必然条件;而第二个目的赋予第一个目的其意义,即以任何一种说理就已推定的意义。"[40]

即便在今天,我认为,当时在历史关联上推导出的责任伦理学原则基本上仍是适当的。我尤其作这样的判断,当我将它与汉斯·约纳斯在形而上学上推导出的责任伦理学原则加以比较的时候。因为,简言之,它表现如下:当约纳斯将责任原则理解为保护原则（Bewahrungsprinzip）,并在其对恩斯特·布洛赫（Ernst Bloch）的解释之中使之与解放的原则（Emanzipationsprinzip）相对立的时候,在我看来这两个原则一开始就处在其相互制约性之中。但是,这只发生在一种语言之中,就如现在已表现出的,这种语言并不足够清晰地消除对布洛赫想象的实质乌托邦纲领意义上的解放原则的误解。因此,我接下来要以新的形式再次阐释从责任伦理学上增补对话伦理学原则这个问题的解答。此外,我在这里也会首先依据哈贝马斯的最近的文章（和最近的术语）:

现在我想把主要论点表述如次:通过反思性地回溯到我们在严肃说理中必然承认之物上去,不仅能够推导出纯然对话伦理学的普遍化原则 (U) 或 (Uʰ),而且由此出发推导出为责任伦理学奠基的道德－策略性增补原则 (E)。那么,这在某种程度上可能而且应当(基于这

个增补原则）主导了从历史联系上向对话伦理学应用的过渡，亦即伦理学 B 部分。但是，我们在何种程度必然早就承认了以说理的规范条件的框架的、增补原则（E）意义上的一种职责呢？

首先是这一个预先的思考：如前已强调过的，在严肃的说理中我们不仅早就含蓄地承认了普遍化原则（U），而且还承认这一点，即这个在免于行动的对话中有效的原则本该在消除生活世界（其中交往活动并不是免于行动的）利益冲突的时候就得到了使用。

这很快就以说理的方式否定了，人们在免于行动的对话之中（而这意味着是在一门只对他们有效的具体伦理学的前提下）完全可能会获得这个结果：在生活世界中的冲突，原则上只有在估算清自身利益的意义上才能是策略性的。[41] 但是这个理由在我看来却可以证明是错误的：它要么假设了，说理对话的主体与实在的生活世界的交往主体是完全不同的；要么就假设，说理对话是一个没有生活功能的自足游戏。但这两个假设都与严肃说理者自身反思的结果相矛盾。因为，我们本身就（在必然对述行的自身矛盾作处罚的意义上）知道：

1. 在说理对话之中，尽管反思性地解除了对生活世界的行动强迫，我们与生活世界相互作用的主体仍是相同的，此外

2. 对实践（伦理）问题严肃的说理对话（"实践对话"）恰好具有这样的作用，在生活世界利益冲突之时引出对有争议的效用诉求的可能抉择。因为，这显然既不能通过控制也不能通过策略性的交往活动（比如谈判）来实现；而这种认识恰好表现在各种严肃的哲学问题中（作为实存的前提！）。

在此期间，经过这种预先思考将会证实，对话原则——在其框架内就是普遍化原则（U）——在化解生活世界之中的利益冲突的时候会得到运用。此时假定的是，这些应用条件使它即便在从属的责任伦理学意义上看起来也是能胜任的，这就是说，即便（比如）对自持系统有安全风险的意义上也显得是负责任的。但是，这个假定恰由于对这个原则区分（D）的反思，而受到质疑，它是免于行动的对话之中人类的相互作用和生活世界的利益冲突下人类的相互作用之间的区分。这时，如果生活世界中对话的职责意义仍被承认为是有约束力的，那么就存在如下问题：怎么能够在道德原则中考虑到这个区分（D），更确

切地说就是，后传统的原则伦理学的应用问题，被作为一门历史关联的责任伦理学之应用问题来加以考虑？

首要的、但解释贫乏的答案直接来自于对如下事实的反思，即在我们通过说理对话假设并且反事实地推定的交往条件，与我们在应用对话伦理学的历史联系层面上能够或者可以估计到的交往条件之间，存在着一个原则区分（D）。这个区分就在责任伦理学层面上把接受普遍化原则（U^h）的困难描述成有关准则选择的唯一有约束力的原则。(比如，这就适用于所有广义政治上重要的行动选择) 但是，将这个区分（D）作为在应用联系上接受该原则（U）的困难来加以反思，恰好直接导引出这个洞察：同样从属于我们的道德义务的是，需要在近似地消除这个反思性区分问题上进行合作，换句话说就是，在下面这点上需要进行合作，即"反事实地"（kontrafaktisch）这个词在表明总是必然地推定出原则（U）中所设定的理想交往活动之条件的时候，可能就在越来越广阔的生活领域内失去了其伦理－实践的重要性。

借助这一洞察，责任伦理学对对话伦理学的形式原则的增补已经得到了形式的显示。显然，在增补原则（E）那里涉及的是，近乎排除了（U^h）之应用困难的这个调节性观念。但是我们想知道，增补原则（E）作为规范原则更详尽地包含的是什么。比如，它本身就有准则选择的可普遍化规则之特性吗？或者它最终仍只是判断力或实践智慧的呼吁（在此处境下，判断力或实践智慧恰好取代了这种规则应用欠缺的规则）？[42] 实际上，伦理学 B 部分的困难在此就开始存在，我认为这部分的内容比最终奠基于伦理学 A 部分的内容还重要。

乍一看，似乎我们在对原则（U）作责任伦理学增补的层面上必然又要放弃交往行动理论和对话伦理学的重要成就，即不再清楚地区分策略性的目的合理性和共识－交往的合理性 [43]，如果仍需几近排除目的合理性（但却服务于对话伦理学的历史关联应用）的长期策略区分（D）的话。更明确地说，一个人（假若在伦理意图中）必须解释直接运用原则（U^h）的困难，他在直接运用原则（U^h）的过程中可能仍没有放弃策略性地针对其邻人而行动，比如，影响他们的想法或者诱发他们在行为方式上空话连篇，或者可能直接欺骗他们。因此，他可能从原则上没有放弃这些态度，因为他（比如作为负责任的政治家）可能没

145

146

有估计到其对手们会放弃策略性态度——之所以这样，不是因为他们总是恶的，而是因为他们就其自身方面而言也可能没有估计到，他会放弃策略性的态度。

在此我们可能会重新获得这样的印象，即古老的亚里士多德的概念，比如"实践"和"实践智慧"（它们假设的是生产技术的合理性和政治行动合理性之间的区分，而不是策略性的目的合理性和共识－交往的合理性之间的区分），在实践之中对伦理学来说甚至仍是适用的概念。这个印象通过另外的一个争论得到了强化，这个争论表面上看起来不是说明了新亚里士多德主义的做法就是支持柏拉图的乌托邦主义做法：在我看来，不可否认，在我提的（责任伦理学）增补原则（E）层面上也就不再能够保持目的论伦理学与义务论伦理学之间（在后康德主义的元伦理学意义上的）区别了。要尽可能少地排除出于增补原则（E）的策略性行动合理性，那就会尽可能少地放弃目的论的行动导向，以便有利于纯粹形式－规范的导向。如此早先以善作为"意志所向"（Worumwill）的柏拉图式观点在此似乎又重新成为了最终的标准。如此，难道这没有涉及对实体德性的乌托邦式的整体重建吗？

不过在此可作如下思考：尽管在责任伦理学层面上不再可能坚持
策略性目的合理性与共识－交往的合理性，或者目的论伦理学与义务论伦理学的区分，但却更需要这两种理想型导向的协调。可是，这并不意味着，必须返回到前面刚提到的理想类型的区分，比如为了亚里士多德古老的未加区分的抽象性。毋宁说，哲学的协调正好假设了预先发生的区分，这些区分不必进行任何分化；由此产生更强的协调能力。这将得到证实，如果我们通过对话伦理学的增补原则（E）更为确切地思考目的合理性和共识－交往的合理性相互协调的意义内涵的话。对此，这里只对增补原则（E）的局部方面作两点提示：

1. 我假设的道德的长期策略不能与所有古代思想家介绍的、在可能实现善的生活（das gute Leben）意义上的（无论是个体幸福的，还是个人幸福与柏拉图国家乌托邦意义上的正义相统一的）目的论策略相混淆。我提出的增补原则（E）尽管在目的论上是有导向的，但不是遵循善的生活的实体目的（Telos），而是以排除困难为目的，这些困难妨碍了纯粹对话原则的应用。在个人甚或集体的生活形式的整体性层面上实现这种善的生活，在此仍是听凭于个体或具体的人类共同体。这种实现（这仍是乌托邦理性的后康德批判的后果）不能通过任何普遍有效的伦理学原则而得到推定或者直接作为目标。相反，增补原则（E）却旨在实现这样的交往条件，这些条件使得以后传统的形式，亦即通过实践对话为诸种规范的奠基，成为可能，这些规范确定了对所有人都有约束力的、将善的生活作为幸福生活来实现的诸约束条件。

因此，此外还表明的是，在后传统的对话伦理学的历史联系的应用问题上决不涉及直接通过说理对话（可能通过对话原则的哲学最终奠基的对话）来替代一切制度和习俗[44]；毋宁说它涉及的是通过这样的对话逐渐替代传统的（"质朴的"）制度和习俗，这些对话考虑到说理对话的元制度的普遍化原则（U）。当然，这个进程在西方几百年以来已经成功地开启，比如在法律演变层面上尊重像人权这样的普遍主义原则，或者在政治层面上尊重民主的共同决定原则，比如就像议会民主。

当然，如此一来议会辩论的交往类型就与实践对话的理想类型完全被等同起来，或者要求这样一种等同的可能性。但是，虽然据称，议会辩论，至少是通过表决预先发生于政治决定之前的议会辩论，包含了对话的成分，这个成分在纯粹对话的原则（U）中有其调节性原则。但正是这个对话的成分，甚至已使得如下这点成为可能，党派之争，它在整个古典时期，并且今天仍在发展中国家被视为不和谐与无秩序的象征，却被提升为对话的见解形成乃至政治的系统稳固的必然过程。

2. 但是，如果对话伦理学相应于责任伦理学的增补原则（E）实际上是作为个体选择准则的道德原则而有效的话，那么仍必须回答一个问题，它是与所有目的论的道德策略相结合的最棘手问题：在道德策略的框架——它要求将直接应用对话伦理学原则（U）的困难加以排除——内，我们可以将哪些措施和哪些方法看作是道德上允许的？在此，我们是立即又要参照"实践智慧"或"判断力"（抑或在马克斯·韦伯看来就是参照"目测力"）呢，还是仍可以在增补原则（E）的层面上指示出一个形式上普遍的标准？

我认为，后者是可能的，而且在此我将援引我最初萌芽的基本直觉，我对它已作过勾画：我们可以而且必须在最宽泛的意义上就将所有道德－政治的解放策略归入限制性的保存原则之中，而且据此顾及汉斯·约纳斯的基本动机，即保存原则，（比如）作为生态伦理学的基本原则，不仅以人类种群——更确切地说就是总体的类而不只是在生存竞争中能够最好地适应的部分——的持存为导向，而且还以人类文化传统的这种习俗和制度的持存为指导，这些习俗和制度与对话伦理学的理想标准（U）相比，需要首先被视为不可取代的成就。

　　这当然是一个缺乏解释的简单法则，但它却仍做了许多澄清：涉及的绝不是，要将仍未通过原则（U）明确地确认为合法的、以往文化传统的所有成果都看成是有害并且应该加以清除的。毋宁说，涉及的是，无须将"理性现实"（黑格尔），亦即已经在客观精神的现实性中存留的理性，加以降格。但这也必然要作如下说明（而在我看来这就包含了一条反对理由，与约纳斯提出的这个趋势上独有的保存原则相对抗）：即便在当代的危机处境下，我们可能会完全无法保存人类的生存与尊严，若不同时准备着通力合作，以保证可能实现所有人具有人类尊严地生存的交往条件——更确切地说，不仅在社会政治层面，而且也在外交政策层面。但如此一来，在伦理学的 B 部分之中，持存原则与变化原则组合成对话伦理学原则（D）在责任伦理学上的增补原则（E）。而原则（E）与道德判断能力最高阶段上的原则（U^h）结合成唯一涉及对话的责任伦理学原则。它是对话伦理学的原则，这不仅是由于它先天地关系到调节实践对话中的所有规范性问题这个理想，而且也由于它，包括增补原则（E），能够先天地对哲学家们[45]说理反思的最终基础的对话达成共识。（这个命题——我们当然可以否认它——本身可能又重新借助于述行上避免自身矛盾的否定性最终奠基标准而被证实是不可否认的。）

　　最后，我再次概括性地澄清，为何在责任伦理学意义上所补充的对话伦理学竟然仍是与实体德性伦理学的所有变种相区分的后康德原则伦理学？这个区分，较之于语用学－诠释学的新亚里士多德主义（亦即，必须将康德普遍主义"道德"原则溯源于外加实践智慧的习俗[Ueblichkeit]之上这种看法）变种，可能会得到充分的澄清。当然，与任何思辨类型或乌托邦类型的实体德性伦理学相区分的必然性，也许仍需要最终的阐释。

依据对赫斯勒的著作《真理与历史》的阅读，我可以设想，他在听了我迄今所说明的理由以后仍旧认为对我观点思辨的"扬弃"是可能的。他也许会为此争辩说，我所认定的实在性与理想原则（在对话伦理学的历史关联之应用意义上）之间的协调，即便从存在的视角或者从带有精神的绝对本体的视角出发，也许必须被视为目的论的过程，以至于可能的哲学立场的循环将会以观念现实化条件的主体－主体间　　151
与客体的思辨同一的方式被终结。我觉得，我也许狭义地迎合了这样一种准黑格尔式的论证：

我要再次承认，甚至强调，黑格尔已大大超出康德指出过，除了道德的和（另一方面的）客观可认识的自然的应然设定还存在着"客观精神"之类的东西，亦即可认识的实体德性的现实性。这种现实性在我看来必定能够被设想并借助社会科学或精神科学加以重构，以至于"理性事实"（亦即说理主体在先验语用学上可洞察的有效性诉求以及附属的可履现设定）作为客观精神史的结果才是可理解的。我已称之为重构科学 [46] 的自身整合原则，而且我认为，只有在这个原则的前提下人类历史才能在其伦理学所要求的实践延续意义上得到重构，同时从这个原则出发，所有单纯还原主义揭示的相对主义历史理论都能够证实是语用学上自相矛盾的。

尽管存在所有这些表面相似性，但这里所假定的重构"客观精神"史的可能性绝不等同于黑格尔要求的、通过客观整合具体普遍中实现化理想而对理性现实的思辨把握。我认为，关键的区分是：我所认为的重构必定一开始就从方法上承认了作为原则上可客观化的事实总体的过去与作为尚未确定的行动自由空间维度的未来之间（由我们的时间－内时间的实存而定的）的转折。因此，这个重构从原则上可以不通过这种方式，比如将"客观精神"的"实体德性"进行事后一重构的过去维度这个方式，将应然问题未来所涉维度主题化，所有可　　152
设想的道德原则都涉及这一维度。[47] 因此，它根本不能作为可履现的知识诉求来设定思辨的前提，在此前提下黑格尔将"理性"与"现实"等同起来是有意义的。

如此导致的是，甚至从原则上也不能履现如下思辨的对等要求：

与历史相关的实践理性立场决不能在黑格尔所持的思辨把握的理性立场上"扬弃";对或多或少成功的生活方式的事后 – 理解(那用赫尔德的话说是,所有人"自有其幸福的中心"),决不会与伦理学上所提供的、在普遍主义道德原则以及由其出发所要求的进步原则之下的处境判断同时发生;因此,这个具体的 – 普遍不会也绝不许直接成为伦理学的标准,这就如在柏拉图的国家乌托邦之中,以及重又在黑格尔最终以国家"实体德性"来"扬弃道德"之中所考虑到的。但是,如果没有黑格尔的具体 – 抽象概念(这就意味着,没有在具体生活方式的实体德性之中对普遍有效的道德的"扬弃"这个假定,这种生活方式就始终是一个社会自持系统的生活方式),那么赫斯勒所要求的、对先验语用学的对话伦理学之思辨的超越,在我看来就是没法设想的。(在此仍需想到的是,甚至新亚里士多德主义在现有生活方式之"习俗"上的复归也导致了具体 – 抽象意义上对普遍主义道德的"扬弃",因此看起来有时候黑格尔与新亚里士多德主义是接近的。)我认为,这些考虑导致,今天的哲学伦理学必然放弃了后康德的"道德"立场与黑格尔意义上的"实体德性"的整体协调。简而言之,今天的哲学会认识到,黑格尔所设定的、精神回归自身的危机必然从根本上还是本身悬而未决的。

第五章
后康德普遍主义在伦理学中
对其现有误解的澄清

引　言

手头的文本形成于"西方文化的伦理学基础"系列讲课的文集[1]。在此语境中它的任务就是，将康德所创造的普遍主义原则伦理学之意义在我们当代文化处境中加以澄清。我原本就该重构康德的"绝对律令"伦理学，并据此介绍这门伦理学在哈贝马斯和我所主张的"交往伦理学"或"对话伦理学"之中批判性的进一步发展和转变。当然，我虽已经多次尝试着这样做了，比如在《实践哲学／伦理学系列讲座》[2]中，但在一个报告范围内这并不能以适当的形式来实现。因此，我选择了另一种方法，以便胜任我的论题并澄清现代文化中所有后康德伦理学的意义，它亦即是（并非完全无争议地）对当代普遍主义伦理学的攻击性质疑加以阐明的方法。在此，我的报告题目就是，应通过阐明普遍主义伦理学的现有误解来表明这种伦理学类型的现实条件。

对这个研究的触动我首先受惠于与当代哲学的所谓"后现代主义"的相遇——特别是在 1986 年 2 月巴黎的所谓"法德"对话语境下。

当然，在遭遇个人主义—无政府主义对任何一种规范性的普遍主义的反感方面，对我来说，即便是德国的类似倾向也更易于理解——其中甚至是显露出与后现代主义完全不同思想政治来源的那些倾向，比如新亚里士多德主义对习俗的辩护。

对普遍道德原则要求的这种（偶尔非常具有挑衅性并非常情绪化的）反抗，究竟是围绕什么来进行的？

我要即刻提出一个设想作为论点：尽管这些对康德或者对伦理学中所有规范性普遍主义的挑衅性辱骂大部分是异乎寻常并且建立在误

解之上的，但是在反抗规范性的普遍主义背后仍隐藏着严肃的事情，也就是一个在伦理学中迄今未解决的问题。但是，所涉及的并非有关普遍约束之应然义务的义务论伦理学问题，这个问题的解决自康德以来对一切伦理学努力都至关重要；毋宁说，所涉及的是康德如下洞察的世界史后果问题，即普遍有效的义务论伦理学原则只是作为一种通过具体生活形式与所有的个人幸福旨趣相分割的抽象而确立起来。[3] 所以，我的论点就是，这个后果问题是古老的亚里士多德问题的再现，即幸福的问题或善的生活的问题。但是在康德之后，这个问题就再现为个人补偿的问题，以便康德深刻地将个人至福问题抽象化。那么，这意味着：亚里士多德的问题再现为个体或群体在规范（正义）伦理学的可普遍化义务论原则的有限条件下必须解决的问题。

156   如此要论及这个论题的阐述以及我的解决对策。接下来我将首先尝试着描述时下发生甚或至少流行的、对普遍道德原则之要求的反抗。然后，在报告的第二部分我试图将这个反抗背后需要认真对待的问题，作为康德伦理学奠基的后果，亦即作为道德意识演化范围内不言而喻的发展逻辑问题来加以重构。

最后，我在报告的第三部分将尝试着表明，所指问题的可能解决方案如何能够设想为对话伦理学方面的形式－义务论普遍主义的一个补偿－问题的。

I. 对普遍道德原则之要求的反抗作为西方的时代现象

在谈到对普遍道德原则之要求的反抗之时，我首先想到法国哲学家，比如福柯（Michel Foucault）和纲领性著作《后现代状况》的作者利奥塔（Jean-François Lyotard），最近发表的一系列相关看法。看起来，这些看法一方面在 1968 年法国无政府主义和个人主义扬弃马克思主义的背景下变得易于理解[4]，另一方面通过对启蒙的理性概念，甚至对整个西方哲学的逻各斯（logos）- 概念的后现代主义式整体批判则显得不言而喻。[5] 这里，作为这种反抗的幕后引导者，尼采和海德格尔首先得到关注；而且对抗普遍规范（要么是伦理学规范，要么是理性或说理对话本身的规范）的要求，通过特有的方式与这种替换相结合，

即用审美范畴替换理论和实践的范畴——恰好也是伦理－政治对话的
范畴。但在此，我只专注于一些反对伦理学普遍主义，或者反对说理
对话的普遍主义共识原则的惊人评判上。

福柯早在其第一部重要著作《疯癫史》（1961 年）之中就将"现
代理性的未来朝向"理解为是对所有这些东西，即所有在普遍认同的
理性规范方面必须被视为"外在"的东西之"否定、放逐以及还原"。
与此相应地，福柯在其最后一部著作，即多卷本的《性史》之中，已
在个人以美好的生活方式作自身发展的意义上主张了一门"自身关怀"
的伦理学，并把具有普遍有效性诉求的规范性原则伦理学作为古希腊
文化意义上伦理学最邪恶的敌人来加以尖锐地批判。类似于先前的尼
采，他在晚期罗马的斯多葛主义（从塞涅卡到马可·奥勒留），尤其是
在基督教那里，看到了普遍主义伦理学（"所有理性的人都作为相同方
法来接受的普遍法则"）（*Les Nouvelles littéraires*, 29. Mai 1984）意义
上个人"自身关怀"的古典道德灾难性转变的开始。在福柯看来，康
德只是通过其伦理学在这个传统中开启了更宽广的道路而已：因此人
与自身的关系不再是关心个人自身发展的关系，而是以"主体性"为
内容。这在福柯的康德解释意义上意味着，个人性在理性主体的同一
性意义上屈从于法则的普遍性（参见 *Entretien avec Dreifus et Rabinow*,
Gallimard 1984, 第 345 页）。对这样一种要求的强烈拒斥，福柯在其最
后公开发表的评论之中已作了如下总结："在所有人应服从的意义上被
世界所接受的一种道德形式的研究，在我看来是灾难性的。"我仍要再
提到这个说法。

尽管在利奥塔的著作《后现代状况》（Paris：Les Editions de
Minuit1979）那里反对普遍之物的情绪，较之于在福柯那里表现得更
加片面、更加矛盾，但是此时的情绪，与其对黑格尔的整体论，甚至
（就如利奥塔所认为的）对哈贝马斯对话伦理学的整体论的反对相比，
并没有极力针对康德。利奥塔断言了现代"宏大元叙事"的消解，也
就是历史哲学－整体上的科学进步和政治进步之"叙述－框架"的"宏
大元叙事"的消解，而且随即通过科学、道德和法律中所要求的、对
全部普遍有效性诉求的消解来假定这种消解。剩余的就是，起作用的
社会系统的权利要求以及个人对其进行抵抗的"语言游戏"和"生活

形式"(这些术语借用于晚期维特根斯坦)。

在这个语境之中,利奥塔激烈地反对哈贝马斯有关真理和规范奠基的共识－理论,在他看来这种理论就只能理解为极权主义权力运行的危险形式:

"合法性能够像哈贝马斯所设想的那样,在一个通过对话而实现的共识之中产生吗?这样的一种共识歪曲了语言游戏的异质性。而创造总是产生于不一致。后现代知识根本不是权威的工具,它完善我们对差异的敏感性,增强我们对不可通约之物的容忍能力。其原则并非专家们的相同结论,而是创造者们的错误推论。"(《后现代状况》,明尼苏达大学出版社,1984 年,第 XXV 页)

在此,我并不想开始进行对话,而只是促使那些人,即那些(在我看来)完全不是为了说理上解决问题,更不是为了避免自相矛盾,而是有意制造悖论进行美学－修辞之激发的人,注意到这种典型的后现代主义风格。那么,使利奥塔注意到,他似乎仍想依据说理来说服自己,也就说想引起共识,或者说使他注意到,创造性的不一致在不受压制的共识构成的对话框架中自然仍是一个预先被规定的协调契机,这可能就没有多大意义。因为利奥塔正好反过来说明了这一点:

"……就如我在科学语用学的分析中已指出的,共识只是一种特殊(个别)的对话状态,而不是对话的目的。相反,其目的是错误推论(Paralogie)"。(同上,第 66 页)

与费耶阿本德(Paul Feyerabend)类似,这种文体的修辞—审美的效果就是,任何持反对意见的学究式对话伙伴都容易招致缺乏敏锐心甚或缺乏幽默感的指责。但这丝毫不能改变一点,即与普遍有效的道德规范原则之要求的对抗,即便在政治方面也是完全严肃地去对待的,他在年轻一代那里碰巧产生了某种情感上的支持意愿,比如,通过审美—无政府主义地引证想象力或"理性的他者",以作为对抗(比如说)全部理性压制功能的解放—颠覆机关。

那么,以前左派出身的无政府主义的后现代主义与政治上毋宁说是新保守主义的有关诠释学—语用学的新亚里士多德主义态度之间,在德国现在就产生了一种独特的,重又近乎荒谬的一致性。[6] 因为,甚至后者一方面也相信,康德应然—伦理学及其当代重构在普遍主义的对话伦理学意义上必须作为多余，甚至冒险的要求来加以超越。另一方面他想在为真理或为能共识的规范之主体间有效性进行对话的地方，用一种既"无限"又不受约束的审美—诠释学对话，亦即（类似于利奥塔）一种不一致比共识应该更容易达到的对话，来取代这种严肃对待的哲学和实践—政治学对话。所以，奥多·马库尔德（Odo Marquard）在其文章"超越—我们：对话伦理学评论"中用另两种对话类型，来反对（对他来说不可胜任的）这种能共识到规范合法性的对话，他称之为"绝对的对话"。

　　一类是（政治意图之中的）"议会对话"。按照马库尔德的看法——就如吕伯（H.Luebbe）的看法一样——在这种对话之中规范合法性问题，依据新一霍布斯主义的格言"权威而不是真理制定法律"会得到解决。这种政治上意义重大的对话，在马库尔德看来应该用"文学化的"诠释学对话来加以补充，后者应该接受了这个格言："创造力，而不是真理才使事物得到解释"（Originalitas, non veritas facit interpretationem）。[7] 在此，显然在意图上缺乏这种严肃但仍未授权立法的、康德称之为"明辨的公众"（尤其是哲学）的说理对话，在这种对话之中，关于制度（包括实证法）的合法性问题从启蒙运动以来就提了出来。通过消除这种冒险的对话，普遍主义对话伦理学的要求（按照马库尔德的理解，它宣布"德性的存在"是禁止的）是显而易见的，并且"直到对话上得到准许"。[8] 就在马库尔德这个口号意义上，即"迄今哲学家只是改变了世界，但重要的是不去打扰它"[9]，受到了拒绝。

　　但是，这个清楚的表述却表明，联邦德国的新亚里士多德主义较之于法国后现代主义强调的重点稍微有所不同：它在拒绝普遍主义要求的时候，大概不同于福柯，首先不是回溯到"自身关怀"，即个人对其"真正的自身发展"的关怀，毋宁说是回溯到传统和制度之中早已得到实现的"实体德性"的"习俗"上去，个体恰好能够借助"实践智慧"合乎处境地适用实体德性。不言而喻，在此不仅亚里士多德的习俗——已存伦理的应当如此（ώς δει）——而且黑格尔所依据的"实体德性"都应该在一种从语用学－诠释学上还原到总是实际起作用的传统的意义上而得到理解。这就意味着，西欧形而上学语境中同时包

160

161

含的（早在亚里士多德那里已产生并完成于黑格尔的）普遍主义伦理学诉求，自然也就得到了摆脱，这一方面是为了求助于有约束力的（制度化程序和传统的）实证性，另一方面是为了不受约束的审美－诠释学的理解。

那么就在这里，在宣布与普遍主义道德原则的要求相对抗的当代多样性之中，就产生了更广泛的（表面上令人吃惊的）一致性。但是，为了考察这里所意指的一致性，我们必须（同样如新亚里士多德主义者所做的）撇开这一点，即传统道德的"习俗"甚至可能会以纳粹"健康的大众感受"方式或者以一种复辟宗教的基础主义方式得到理解；确言之：自然法传播以来普遍主义道德对话对"习俗"以及法律制度的有效变革的所有历史反思都必须放弃：更简单地说，我们必须在黑格尔形而上学的语用学－历史转化的意义上假设，特定时代或特定文化的习俗代表了"理性的现实"。如果我们同意对处境评价的这种简化，那么我们也能在一种渐进的实用主义意义上告别所有普遍的有效性诉求、原则和标准，以便有利于"习俗"及其在各自生活联系中最有效的运用。这是罗蒂（Richad Rorty）根据自杜威（John Dewey）以来的美国实用主义传统所介绍的路线；而且值得注意的是，他认为这条路线既能与法国的后现代主义也能与遵循海德格尔的后形而上学诠释主义相遇。[10] 或许他是对这种戏剧化描述，即德国和法国的思想家用于促进"对形而上学的克服"（海德格尔）或"宏大叙事"与人类进步告别（利奥塔）的这种戏剧化描述，是感到奇怪的 [11]；并且他坚持在政治－道德的紧要关头求助于美国制度以及所属"生活方式"令人信服的影响力 [12]，但是这一切都不是在说理的有效诉求意义上，而是在一种与其说依据笛卡儿不如说依据普鲁斯特（Marçel Proust）的修辞－文学的对话意义上说的。（这里要是能将罗蒂的"劝服"－对话与普鲁斯特的对话并进而与利奥塔所宣传的"差异"－对话之间的关系进行研究，那是令人感兴趣的。）

当代对普遍原则（尤其是对普遍道德原则）之要求的反抗，竟频繁至此。那对此需作何说明？若此种反抗后面隐藏着需要严肃对待的问题，那它是在什么条件下的，什么样的问题？

II. 实体德性真正的自身实行和共同实现作为伦理学标准之普遍主义奠基的补充性后果问题

　　我要重申这个论断，即已提到的、对普遍的规范性道德原则之要求的异议完全获得了年轻一代的好感——尤其是在德法 1968 年事件以前的左派那里，该事件的颠覆意义现在已退回到私人领域。他们之中许多好感完全只是由言语的内涵所诱发，这些内涵与义务论的应然－概念和规范－概念抑或普遍有效性诉求的说法联系在一起。但我认为，普遍主义的应然伦理学第一个关键的误解就在此产生。完全类似于福柯在其"自身关怀"的构想之中所做的，我们从前康德的幸福伦理学问题出发并假定，普遍的道德原则，比如康德的"绝对命令"，为这些问题，即美德伦理学首先想作为成功的生活艺术之指南来回答的问题，提供了解答。那么，在此预设下"绝对律令"的回答，在将具体的自行实行的感性－德性的自发活动与经验加以排除或压制的意义上要么被理解为空洞的，要么是严苛的。

　　实际上在我看来，我们必然都会承认，康德那里的问题并没有充分地澄清。尽管其先天主义的理性伦理学不是（如马库尔德所宣称的 [13]）对这个问题，即对没有生活经验的伦理学是怎么可能的这个问题的回答，毋宁说它是对这个问题的回答：对于总是不同的人类生活经验，其伦理学评判的普遍有效的标准是怎么可能的？并且只有以亚里士多德和英国的"道德感"理论家的方式对道德上重要的生活经验进行的方法论抽象，才使康德有可能首次在哲学史中推进一种后传统的普遍主义原则，这个原则在人类作为自身目的生物而相互承认的问题上，肯定超出传统"内向道德"的界限以及所有种族、宗教和社会等级的区分。

　　（这就是新亚里士多德主义者通过其具体导向"当地习俗"而故意忽略的问题；年轻人，即被福柯推介的一门"自身关怀"或真正自身实现的伦理学所吸引的年轻人，恰如福柯本人一样，经常近乎无视于如下问题，即个人和不同的文化生活形式所有这一切，将其真正自身实现的相同权利以共同生活与合作的形式实现出来，这怎么会可能的。就如人们容易看到的，所涉及的是权利和权利史的关键性哲学问题，在这个历史之中权利总是旨在通过确定公认的正义规范而恰当地顾及不同幸福旨趣的多元论。对这个问题，福柯几乎会典型地暗自感到意外，要是他被迫面对人权问题；在这个情况下他当然已将其前面反对普遍有效的道德原则的判决当作耳边风，并作为文明和进步的欧洲人而支持人权。[14] 我不怀疑，马库尔德与罗蒂也同样是这样做的；但是在反对普遍原则的论战之后他们可能仍是不受影响地持续着。)

165   但同样可能的是：在康德普遍主义义务论的原则伦理学解释中，事实上并没有充分地回答如下问题：即在普遍有效的道德原则（或具体说，尝试性地将历史上先行给予的规范和准则加以普遍化的一个原则）的约束条件下，集体和个人实现善的生活这个古老的问题如何能够解决。尽管康德想为一门美德－伦理学奠基，但他并不是拒绝个人幸福的问题，而是将它释放出来，因为他通过"道德法则"使普遍主义规定对它不起作用。而且个人幸福之实现的这种释放必然会意味着，解答这个问题就必须将其传统的优先权转让给公平原则的义务论问题。尽管如此，康德仍给人这样的印象：即便是对（要求完全具体的自身实现的）义务和美德问题的回答也必然能够最终从普遍有效的道德原则之中推导出来。这意即：康德还没有认识到由他首次表达的形式－普遍的道德标准与所有与生活整体的具体－普遍相关的个人或集体"德性"问题之间的互补关系。我认为，康德普遍主义伦理学奠基仍未解决的后果问题之结构在这种互补关系之中存在着。

因此，康德可能确实没有适当地理解这个（由黑格尔典型表达的）实体德性问题，因为他依据其认识论的系统方法尚未将这个可认识的"客观精神"的现实性领域，即这个早在具体－普遍中得到实现并仍必须实现的德性领域，从认识理论上加以主题化。由黑格尔所第一次主题化的"客观精神"领域，似乎就要落入康德的先验构成的自然法则性与形式设定的德性—法则之间的系统－概念范围之中。[15] 但与此同

166   时，社会认识的维度在认识论上也仍是缺乏阐述的，即被自然科学认识竟然当作感性（作为感受与同情的敏感性）来区分的交往理解的那个问题，道德经验就通过它而得到形成。（我们知道，认识维度在黑格尔时代是被作为理解精神科学的对象领域而主题化的。）

此外，康德确实是（仍然）无法对被宣称为"理性事实"的、普

遍有效的道德法则进行先验哲学上的奠基。他其实只是从形而上学上说明了自律的立法理性之"实在性"[16]，也就是依据作为"两个世界的公民"的人的学说：这两个世界即是有关自律的理性存在者的理智现实性与有关自然科学上可认识的因果律乃至人类的行为动机的经验现实性。出身于柏拉图主义、奥古斯丁－路德主义的这种形而上学二元论，最终必然也规定了康德的道德心理学，尤其是规定了其在传记所证实的老年康德的自身理解中的运用：就如众所周知的，以单方面强调义务与禀好的争斗中的自身约束的方式。

因此，道德的普遍化原则之出现在某种程度上是老年康德通过自身约束而取得的，对这个自身约束，现代精神分析所形成的看法甚至可能不难看出这种从理性上无法证成、就此而言又不必要的对内在本性的压制。但是，如此一来就驳斥了道德的普遍化原则的有效性和不可或缺性了吗？如此就证实了，这样一种原则自身本来只能具有一种抑制人类本性自发性的约束和形式划一的功能（即一种外在的强迫功能，它仅仅通过理性形式的自恋变形而被掩饰为真正的自律）吗？

谁一开始就认为能够针对康德，与尼采和福柯一道采取"理性的他者"的立场（通常这个他者是为了在这样的"理性批判"下所设定的批判理性才会可能的），那他可能就不得不接受一个如最近哈特穆特（Hartmut Boehme）和杰诺特（Gernot Boehme）兄弟在其后现代主义的康德书中的结果。[17]但是，问题处境就会完全不同，如果我们严肃地自问，在当代是否能够在不同时接受普遍主义－义务论原则的时候解决康德没有解决的、有关普遍主义道德奠基的后果问题，亦即古老的幸福伦理学问题。我如此就进入报告的第三部分。

167

III. 义务论的普遍主义与对话伦理学方面
有关善的生活的具体德性

如果我们如前所述，将康德所表达的"德性法则"理解为是普遍有效的、后传统的理性伦理学原则的首次出现，那么，如下大约三种原则上不同的伦理学立场随后就能够作为对康德的反应来加以澄清：

1. 黑格尔和马克思的辩证法－整体论立场。（它们重又通过要么溯往要么朝前的时间联系和实践联系而得到区分；但是它们两者都想再次通过实体德性"扬弃"伦理学的普遍主义。）

2. 语用学 – 诠释学和存在主义的立场。（它们恰如黑格尔和马克思一样拒绝了形式 – 普遍的应然 – 原则，但将普遍主义上得到奠基的黑格尔整体论还原到依赖于语境和个别性的习俗或求助于私人的价值抉择。）

3. 现代对康德普遍主义的重建，比如罗尔斯的《正义论》，科尔伯格的《道德的演化逻辑》，最后就是这门《对话伦理学》。

对这三种立场我们试图从当前的视角出发描述：

关于"1"，辩证法 – 整体论的立场最深刻地看出了，康德伦理学的形式 – 义务论的普遍主义在历史上是不可避免同时也是不充分的，也就是说它们看出了，在启蒙运动之后社群的实体德性在后传统的理性诉求的条件下，仍支撑着人的具体生活持续下去的必然性。但它们没有看出，伦理学普遍主义的形式原则与涉及具体（无论是个人的，还是社群的）生活总体的、善的生活本身的实现是互补的，它们尽管相互间是彼此需要，但同时却不能彼此还原。这个后来甚至在今天仍旧困难的认识之时机，在我看来首次出现在 20 世纪。它是由于共同经历了俄罗斯革命及其在极权主义法西斯中玩世不恭的对照而出现的。现在我们首先能够清楚地认识到，辩证法的整体论由于其要求通过革新（大众意识的或作为人类阶级的工人阶级的）实体德性来"扬弃"道德的形式普遍主义，而导致乌托邦传统的延续。我如此所指的就是，事实上由柏拉图的"理想国"所导入的、将正义、美德以及个人和集体幸福的统一与和谐在社群乌托邦或国家乌托邦中从总体和后传统上加以重 – 构的纲要。但是，社群乌托邦或国家乌托邦的这个纲要显然被黑格尔和马克思在一门非乌托邦的历史哲学中"扬弃"，也就是在一种准千年至福的构想之中"扬弃"，这种构想要么从历史的世界精神开始，要么从社会主义革命开始，期望在世界时间之中实现这个理想。

关于"2"，由于在我们时代出现的、对所有整体论的辩证理性（甚至是最宏大、最善意的）方案的极度失望（就如法国所说的"伟大思想家"的"宏大叙事"），现在就出现了整体论动机向个体论的存在主义、语用主义和诠释主义路线的还原。在此，所有对整体论的这三种还原在共同拒绝义务论原则伦理学的形式普遍主义之中是意见一致的。（就如仍需指出的，人们甚至并不少见地把对乌托邦的整体论的反感与对形式的普遍主义的反感混杂在一起。）因此，事实上现在就完成了前面所刻画的、对普遍理性原则的反抗情况的说明。（典型的是后现代主义者针对新—法兰克福学派的态度，在此之后中我们依然看出"伟大思想家"［黑格尔和马克思］的乌托邦—辩证整体论的一种延续。）对此需作何说明？

在否定之中比肯定中更统一的第二种立场，其根本的困难，在我看来就在于如下的抉择：要么（一方面）在存在主义的决断论（Dezisionismus）意义上，亦即在一种处境依赖的私人道德之中，形成对一切有约束力的道德的消解；非理性的最终价值抉择立场从马克斯·韦伯以来常常成了价值中立的唯科学主义立场的补充。[18] 要么（另一方面）人们针对存在主义以边界处境为导向，通过语用学—诠释学的剔除提出以日常生活的习俗为导向。那就产生了一种复归（被承认或不被承认的）立场，即复归到科尔伯格在个别社群秩序（关于"法律与秩序"的）制度的意义上定义为传统道德的东西。[19] 为此，令人感兴趣的是看到，温和的新—亚里士多德主义的诠释论在眼下，在他相对弱化黑格尔的遗产的地方，是如何在实践上与相对强硬的、以阿诺尔德·盖伦的制度–哲学方式反启蒙的"法律与制度"一观点相接近的。在这方面我已多次引用的一个例子就是马施克（Guenther Maschke）在 1980 年 10 月 7 日的《法兰克福汇报》中对约纳斯 [20] 的名著《责任原则》的典型评论。这个评论的特征是，完全认识不清约纳斯所表明的、为人类的集体科技活动负起共契责任的一门新的后传统（亦即在全球范围内来质疑地区习俗的）伦理学之必然性。一方面，约纳斯著作的观点，即共契责任的人际甚至国际的机制这个全新问题的阐发，被误解成了私人道德上的乌托邦式要求，而另一方面这个要求却与盖伦—引证相冲突，因为这意味着，每个人只在制度调节的职责范围内承担责任。马库尔德可能会补充：此外还在"习俗"范围内承担责任。但这样一来就意味着，今天人类为其集体活动确立必然的集体责任的任何尝试，不仅毫无希望，而且在伦理学的证成层面也会

170

171

是无意义的。（约纳斯这本本身就接近亚里士多德形而上学的著作，在我看来其实适宜于提升对今天仍受欢迎的新亚里士多德习俗伦理学的时代错误的认识。）

我之所以举这个例子就在于，我认为它有利于将对话伦理学作为普遍主义原则伦理学的现代重构在康德精神之中加以体会。

关于"3"，这里首先是如下几点，用于反驳从新亚里士多德的习俗—理论家方面流传开来的、与口号协会相关的一些假设：

1. 谁阅读了这些重要文本，谁就能很快了解到，对话伦理学的辩护者们无须任何这样的劝导：人们，若能溯及一种后传统的道德判断能力，也就仍然依赖于传统，亦即仍依赖于习俗、习惯与制度，以便在日常生活中"免除"最终奠基的诸种传统态度并使之可以相互指望。[21] 尽管如此，在后传统道德奠基的时代，也就说从古代高度文明的轴心时代以来，尤其是从晚近的欧洲启蒙运动以来，一种新的、与所有传统和制度的反思—对话关系已经越来越得到实现：这种关系通过说理的合法性对话的元制度而成为可能，并导致诸种制度，比如法律制度和政治制度，此外自然也包括最广义的"明辨的公众"的制度，本身越来越接受反思—对话的规范奠基程序和合法性程序。

对话伦理学仅需以这种目前早就导致在交往媒介和协商的层面上持续反思的制度化阐释为起点，以便使其解决共识交往（尤其是冲突调节）问题的原则产生效果；而且其中我认为无疑存在着一个绝无仅有的机会，为集体活动的后果仍然负起共契与合作的责任，这个责任是个体无法承担的。

2. 通过指明制度与对话之间这种真实而且在伦理学上早应形成的关系，我立即要抵制另外一种毒恶的讽刺漫画式假设：即这样的看法，对话伦理学想或者不得不将"德性的现存"（das sittlich Vorhandene）解释为是被禁止的，"直到它在对话上被许可"（马库尔德），抑或就如福尔拉特（Ernst Vollrath）曾说的，"直到它得到最终奠基"。（为落实这个抵制，那么）在对话伦理学本身之中得到最终奠基的不是任何质料的、历史处境相关的诸种规范，当然，这些规范依据这门伦理学在实践的对话之中应能得到相关各方或其代表的批判或合法证明，抑或在需要之时获得新的基础，而这（在理想上）就应与一种最终在普遍有效的对话伦理学原则之中有其合法性的对话程序相一致。

根据刚才所粗略勾画的对话伦理学的二阶图式 [22]，"德性的现存"之合法性或变化就在需具体设立的实践对话阶段上产生；而且在这种总是会犯错、由此需要修正的情况下，实际变化所必需的举证责任肯定始终就归属于那些不顾以下情况而为此变化进行说理的人，这情况就是，现存的制度和规范对后传统的道德意识来说在原则上却是缺乏合法性的。[23]

不过，具体设立的实践对话，比如权利奠基这样的实践对话，却肯定胜过本身需要先验语用学之最终奠基的程序原则。此奠基必然性一方面产生于在方法论上重要的如下情况：这个易犯错、因此需要修正的规范奠基或合法性的程序恰恰失去其意义，若非所有相关各方都能共识到的解决问题的这个程序原则在所有可能想象的修正状态下都能得到设定；另一方面这种必然性则源自这个对后传统的现代道德意识来说个人不再能够拒绝的问题："我究竟为何应当是道德的，比如为何应当在与其他所有人的共契关联中承担责任？"

依我所见，解答这个问题的可能性就在于通过对话伦理学对康德先验课题的转化与彻底化。因为，作为这个课题的开创者，康德其实只能将它与理论理性（有效认识的可能性条件）联系起来。相对于此，他却要将实践理性的"实在性"，亦即自律的自由与法则的服从的统一性，断言为明见的（理性）"事实"。但恰是这种理性的明见最近在分析哲学中一再受到质疑。比如，A. 麦金泰尔（Alasdair MacIntyre）与伊丽莎白·安斯康姆（Elizabeth Anscombe）（以及尼采）一致地断言，唯有人们——至少秘密地——假设了上帝立法者的存在，意志对普遍有效的道德法则之服从才有意义。[24]

我认为，这在先验的最终奠基意义上对这个异议不会有任何答案，如果我们将康德宣称的"理性事实"回溯到"无法企及的自由的本原行动"。[25] 因为，这又重新导致一种形而上学的阐释，此外它就无法令这些人信服，他们从规范论的传统出发将自由理解为与任性无关（"liberum arbitrium indifferentiae"），却不（与康德一道）将自身规定理解为自身立法。因此，如何能够具有一个不是教条主义—形而上学的，而是先验的德性法则之有效性的条件，这个法则甚至怀疑论者也能够信服，只要他认真参与"为什么是道德的？"这个问题之对话。

在此，对话伦理学无须给出任何形而上学的阐释以取代奠基；而且它也无须尝试着从人们必定早就预设理性的其他地方演绎出道德理性。它只需促发严肃探问先验的自身反思，亦即对如下状况的反思：他参与这个说理活动，如此就必然已经自由地将一个理想说理共同体的理想程序原则作为从共识—交往上解决所有问题的规范—伦理学原则来加以承认。我不想更详尽地探讨在现代语境中反思的最终奠基的这个效果。[26] 我只是试图通过对比罗尔斯对其公平—伦理学 (Fairness-Ethik) 的论证来说明它。

罗尔斯想要弄清楚的是，（社群秩序的）正义是如何能够作为自由选择的结果在初始契约（Urvertrag）中得到奠基的。[27] 但是，由于他根据英国的传统并且以理性选择的策略性博弈论方式将自由理解为自身利益的任性—自由，所以他看出，必须一开始就确保理性选择的公平，如此他自愿将选择由之形成的"原初状态"或"处境"托付给公平的条件。而且这些公平—条件根据罗尔斯特有的自身理解又通过康德德性法则的精神而得到选择。但是，为何罗尔斯选择了这些公平—条件；为何他担心，策略—理性的选择由于这些公平—条件立刻会受到削弱？

看来我们又要回到"为什么是道德的？"这个问题。为了在先验的最终奠基意义上回答这个问题，罗尔斯本身在某种程度上必定会回溯到"原初状态"或"处境"，在其中公平—条件必然自由地得到选择。那么，恰是这个"原初状态"表明了先验语用学的反思是严肃的说理者的处境；而且这个处境区分于虚构的社群契约的"原初状态"，对这个说理活动，更确切地说，对具有有效性诉求的思想活动来说，显然是不可欺的。

但是，如前所述，借助后康德类型的普遍主义对话伦理学原则的这种最终奠基得到确定的，仅只是实践对话之中有关共识—交往条件或规范的合法化的程序原则，而不是在可具体制度化的或——作为替代——能够以思想实验虚构的对话实践中随时易错但可修正地查清的、能够共识的规范结果。那显而易见的是，所设定的这个对话——其程序原则具有调节性观念的地位——始终是结合现有生活方式的实体德性（伦理与权利）才能得到实现的。因此，对话伦理学的调节性观念

（当然）只是通过个人或通过集体生活方式的制度而实现善的生活的一个普遍有效的约束性标准。这里总是存留着更大的活动空间以实现个人和团体真正的自身发展。

所以显而易见的是——这就是我的报告本身的结论——义务论—普遍主义伦理学本身与古老而又是常新的（在具体生活整体性方面）有关善的生活的伦理学问题之间的互补性，也就没有由于对话伦理学而得到消除——既不在个人方面也不在集体、社会文化的生活统一性方面。前面已多次提到的道德普遍有效性原则之奠基的后果问题，对个人和大众来说仍现存着。 176

但是，个体与（所有人在真正自身发展上都拥有相同权利的）大众的共同生活问题，也就是今天所需的宏观伦理学或全球伦理学的主要问题，就至少不太可能如福柯、利奥塔甚至马库尔德建议的那样来加以解决。在此，我想对他们矛盾的—无政府主义的或者寂静主义（quietistisch）—个体主义的口号作完全相反的断言：

事实上，如果个人或集团不顾及普遍有效的规范原则就想达到自身发展，那在当今世界会导致灾难；而且同样有灾难性后果，如果通过无数的会谈（通过它，现今日常的、所有国内与国际层面实践上重要的协议都力求达成——但更多是通过策略行动，而不是通过说理对话），在这儿却突然奉行这个口号，求异而不存同；抑或如果我们决定，宁可去奖赏不受约束的审美多样性也不鼓励艰难的谅解尝试。甚至于，如果不通过其他的对话方式认真达成利益和效用诉求方面的共识，那么仅仅基于审美或娱乐而进行的语言游戏与生活方式就不再可能自由地展开。而且，这个语用学的无理要求（没有普遍有效的原则和可说理履现的效用诉求，它完全无法应对，这样我们就只在自身生活方式的常识意义上，甚至只在处境联系之中对他人产生影响）——甚至罗蒂的这个建议——不仅在述行上作为理由是矛盾的，而且在其 177 实践后果上也是令人疑虑的：它在罗蒂的例子中甚至必然导致，在冲突的情况下推销"美国的生活方式"，而不是依据有效性标准。

但那样一来，真正的自身发展问题是怎么能够和怎么应当作为普遍道德原则之奠基的补充性后果问题而得到解决的？

1. 这个问题的回答首先只能从一个后康德的视角给出：个体与大

众当会先天地在普遍化道德原则的约束性条件下尝试着实现其真正善的生活方式，这种生活不可能通过任何普遍原则得到奠基，但无疑却定会对他人产生吸引力。这一方面（在现有的伦理层面）意味着，所有个人与所有的社群在他们将"自身关怀"的普遍有效道德原则付诸实践的时候，当会尊重（比如说）在人权中或在"条约必须遵守"（pacta sunt servanda）之中所设定的规范；此外它还意味着——由于道德原则对合法性原则之普遍性的奠基，在个别法治国家，对任何人都总有效的成文法的规范必然通过个体的策略—经济行动界定了"自身关怀"或实现幸福的活动空间。

2. 但是，这个准康德式回答应该从对话伦理学的视角加以补充；因为，除了个人和集体实现幸福的约束性条件，它还指示出个体和团体之间得以达成谅解与合作的理想的程序性条件，主要是在科技文明的全球危机的当代处境下，为工业社会的人类集体活动负起共契责任的合作组织的规范性条件。尽管对话伦理学不能也不会如此地确定具体的生活方式，但它却责成所有个体和团体负责任地行动合作，并且指示出对所有合作问题进行对话－共识上的调节的程序原则。在此意义上，它（比如）区分（公开或隐蔽的）策略性共识构成（比如通过谈判或宣传的）规则和纯粹对话-说理的共识构成之理想规范[28]，并且它提出这个假说，即所有层面上（甚至国际冲突调节层面上）的最终规则都应当长期地被纯粹策略性的（比如暴力威胁过程中的）行动协作所替代。[29] 就此而言，实际上对话伦理学（超越康德）使普遍主义应然伦理学的规范性原则产生作用。但是这个普遍主义—义务论原则（它使得人们成为具有相同权利和相同义务的理想交往共同体的成员），并没有如现有误解所说的那样，对个人生活方式进行压制性的形式一律化。毋宁说，它，作为规范性的谅解原则，是最大限度地展示个人（就此而言不可公度但又同样合法的）生活方式的可能性条件。

第六章
今天的责任

——仅是人性的保护与自制的原则抑或
仍是人性的解放与实现的原则？

I. 问题的提出：质疑汉斯·约纳斯所提的责任伦理学作为主问题

先生们、女士们：

我的报告标题一看就与这个大会主题所设的问题，即"工业社会若没有一门理性自制的伦理学能够持存下去吗？"相关。而就这方面来说，它更是与约纳斯的著作《责任原则》[1]相关，后者已然有目共睹地推动了我们的学术讨论。实际上，在报告中我想对约纳斯著作的一个（在我看来）关键性的，但可能也是有歧义和易误解的论点加以评论，即这个观点：我们在当今工业社会的危机处境下必须告别现代的、欧洲新时代的进步－乌托邦，即告别根据人在科技上控制自然的"人类统治"（regnum hominis）的培根式乌托邦，因此也告别马克思主义解放的乌托邦，通过后者培根式乌托邦已成一体并且仍根据社会工程的乌托邦不断扩展。

关于培根式乌托邦的后果，这在约纳斯那里意味着，"这个最终引出的普罗米修斯，科学没有赋予它任何为人所知的能力，它却使经济具有孜孜不倦的原动力，它就叫作伦理学，这门伦理学通过自愿的缰绳制止其力量对人酿成灾祸……为人类幸福而准备的对自然的征服，在其过分的成功（这种成功现在甚至涵盖了人自身的本性）之中导致这个最大的挑战，即人的存在竟从自身行为中产生。"（同上，第7页）

对于这个挑战，约纳斯认为它完全是全新的而且任何已有的伦理学都不能加以回答，因为已有的伦理学都不是与未来相关的责任伦理学。（这个重要观点仍须得到更清楚的说明！）在此之中他将马克思主义证明为，无疑是"一门具有全球未来视野的现存的伦理学"（第9

页）。这种现代性（人们可以这样理解）依据的是，它从社会哲学上对世界性的技术进步动力"内含的乌托邦"的反思，并且结合该技术将这种新型之人的乌托邦提升为明确的目的。但是，对这个伦理学上重要的乌托邦，约纳斯认为：

"这就需要对乌托邦观念进行一种令人叹服的评判。因为，它本身就是古老的人类梦想，而且运用技术现在似乎具有了将这个梦想转变为行动的方法，所以过去多余的乌托邦主义已经变成了当今人类最危险的（恰由于观念论的）诱惑。"对于这个"生态学上和人类学上都无法实现"的非分企图，约纳斯提出这个"责任原则"，亦即"这个本分的任务……它要求畏惧与敬畏：使人在其自由所余留的模棱两可性（它任何时候都不会抵消事态的变化）中，保护其世界和本质的完好性，以免受其权力之患。"（第9页）。

约纳斯在此对今天不可或缺的责任伦理学的问题处境与任务所作的评价，在我看来，是可以理解，而且在生态危机的背景下实际上是有说服力的，对此危机我们大多数人可能是通过从麦德斯《增长的极限》（1972）以来"罗马俱乐部"的出版物而意识到的。[2] 在这个背景

181 下人们甚至很快看出更加深刻的危机起因：即人与自然关系的革命性变化，它由现代科学及其技术后果所引发——最终甚至成为人借助生物技术或基因技术控制和改变自然的可能性。[3] 自此，至少对工业国家的思想家来说，已变得非常清楚的是：我们时代第一位的世界问题绝不仅仅是去解决国内与国际的人类社会冲突；毋宁说它是需要在解决社会冲突的同时，也去（在某种程度上可以说）解决人类总体与自然之间的新型冲突。[4] 生态危机表明，作为人类生产力的背景假定和人居空间，自然并非可以无限地扩大和负重的；毋宁说，她在其可利用的资源上受到诸多方面的约束，尤其是她作为人类生态圈是一个脆弱的功能性平衡系统，其遭到破坏共同涉及人类的生存条件。就此而

182 言，生态危机的全新挑战就已使责任伦理学产生了同样全新的基本问题，这个问题在下午的第二场报告中会提到，那就是"人、技术与自然——为了持存我们非要不一样地生活吗？"

我本该在报告中一开始就对这个论题表态，甚至用非常普通的方式来说明它。但坦白地说，我害怕对非常具体的、引出前述论题的政

治回答产生期待。(在此我相信埃普勒［Eppler］先生具有更强的能力！)
所以，我宁愿确切一点地集中于约纳斯所提出的哲学问题上，我想大
致将这个问题表述如下："责任原则"(它内含一个对当今的危机处境
的可能回答)不与那个在道德和社会－解放方面已经内涵于近代进步
观念之中的"希望原则"相容吗？当然，约纳斯在解释恩斯特·布洛
赫的马克思主义"希望原则"之时已经首先解答了，更确切地说就是
在不相容性意义上判定了这个问题。但是，他却将这个回答(如果我
对他的理解是恰当的话)理解为是对18世纪以来的近代历史哲学的进
步希望的全然的回绝，他完全将这种进步希望解说为犹太－基督教末
世论的乌托邦主义世俗化。就此而言，(比如)康德在伦理学上强调的
进步观念(它与始终仅可近似实现的调节性观念相关)，对约纳斯来说
却只是一个黑格尔和马克思进步观念的(仍几乎是超越的)预备阶段，
这个观念在当时预先规定了对最高的善、对乌托邦的自由王国的实现
(同上，第227页以下)。

　　为此，约纳斯写道："……当以为认清了方向和目的的时候，马克
思主义仍是对康德调节性观念的继承"，但这却"剥夺了其无限性而完
全置于有限性之中，并且借助黑格尔的内在化从世界因果性的分离之
中解脱出来，亦即使其动因具有逻辑法则"(同上，第229页)。对进
步观念的这种阐明，约纳斯完全不同意："我们后马克思主义者……必
须不一样地看待事物。随着技术取得统治地位(这是任何人都无法预
计、完全匿名和不可抗拒的一场革命)，动力学已经采纳了在其先前的
设想中完全不涵盖而且任何理论，甚至马克思主义理论也不能够预先
规定的视角，亦即一个反倒会导致形成普遍灾难的方向……"(第229
页)。约纳斯尤其不认可对"内在的'历史理性'"的信赖；尽管如此，
但他竟悄悄地将康德的进步－希望构想纳入其拒绝之中，这个构想在
道德义务上将历史(总是重新)思考为在将近似实现的道德假说加以
扬弃的意义上是可能进步的。所以，他得出这样的结论："因此，我们
在没有意识到目的的情况下就必须以全新的方式为这个向前驱动的进
程负责。"为此他作如下说明："这超过了以往的所有认识，并为责任
确立任务，仅依据这些任务范围一个触动人心的重要问题，即对'人'
更好的是一个社会主义社会还是个人主义社会的问题，就转换成了这

个次级的问题，即哪一个更适合于应对将要出现的处境的问题……"
（第 230 页）[5] 在当今世界形势下重要的是何者，这在约纳斯看来是
"一门有关保持、保护和预防，而不是有关进步和完善的伦理学"（第
249 页）。

　　在我看来，通过这种概括来拒绝近代的进步观念，尤其是拒绝
与其相关的人类完善之要求，是成问题的。确言之，对进步观念及其
中蕴含的乌托邦之批判，我认为与进步概念和乌托邦概念一样，都是
有歧义和矛盾的。现在我要将我所提问题的要点加以提示：如果人们
（包括约纳斯）竟认为，在当代处境下重要的是，人的存在（Dasein），
即人的存活（Ueberleben），以及人不受伤害的本质构成，也就是人的
尊严，免遭陷入技术进步的危险，亦即目前工业化进程的简单调整的
危险，——若人们竟这样认为并且我也倾向于此——那么我们就会质
疑，人的存在与尊严究竟是否能通过单纯地保持当前状态而得到拯救。
更确切地说，难道人类的自然及其（早就在技术上和社会文化上受到
改造的）环境不是具有这个特点，即它若没有技术进步和社会进步的
调节性观念就无法得到保护这个特点吗？难道从伦理学上保护人之尊
严的可能性不是同时先天地与这个条件，即它也仍旧必须（尤其在世
界范围内建立合乎人之尊严的社会关系的意义上）第一个实现出来这
个条件相关吗？

　　在此至少要将具体所意指的东西加以提示：从生态危机视角出
发的责任观的确并非偶然变成了高度发展的工业社会的知识分子自身
的观点。比如，在拉丁美洲它迄今都几乎不可能将摆脱神学的解放观
从伦理学现实性的首要位置上排除出去。当然，我并不想由此引出这
个结果：若正义之已不可实现，那毋宁世界毁灭（Fiat iustitia, pereat
mundus）。但是，仍然需要指出人类存活的优先性这个口号的歧义性：

　　纯粹从生物学上看，在令人惶恐的人口膨胀和资源锐减的当代处
境下，人类的存活甚至可以通过饿死世界人口的一部分，比如第三世
界人口，而得到保证。在人类缩减意义上的这样一种社会进化论的解
决方案，据说诺贝尔经济学奖获得者哈耶克（Friedrich von Hayek）竟
认为是可以接受的。[6] 实际上，这个方案是完全可与对人类种群及其
未来的拯救是完全相一致的，或许在生物学上和生态上甚至是最有效

的解决方案。(这个讽刺的观点有时会强加于新闻读者,如果他注意到,在墨西哥、委内瑞拉、尼日利亚或者菲律宾的教皇又重新对节育进行训诫。)但是,在任何情况下,所提到的对生态危机的社会进化论解答都不与康德意义上的普遍主义伦理学相容,亦即不与全球范围内实现正义的调节性观念相容。如此说来,一个相应的社会解放的进步过程难道不是必定与今天所要求的、对人的存在和尊严的保护依旧联系在一起吗?

如此就需要现在逐点地澄清我认为在约纳斯宣称的"责任原则"之中存在的困难或歧义性。接下来,我会对我所提问题的各个方面更明确地加以说明。

II. 在当代哲学对话语境下约纳斯的未来责任伦理学纲要

我首先要说明,我一点儿也没有假定,约纳斯通过"责任原则"对他所提的拯救人类及其可能未来的问题已在传播甚或只想接受一种社会进化论的解决方案。当然,我只涉及约纳斯有关近代进步概念的关键区分之客观困难。而且在这个批判性考察的方向上我一开始也就必须对现代哲学处境进行某些区分:

186

1. 约纳斯对现代的普罗米修斯-乌托邦的批判,完全或者几乎不与那个对现代的批判相关,后者在当代是作为理性-原则来加以运用的——比如在宣传"后-现代"的意义上从法国后结构主义追溯到海德格尔。[7] 至多我们可能会看出一种与海德格尔的技术"构架"(Gestell)-理论的亲缘性,在约纳斯这样强调的时候:即我们需要担心的不仅仅是外在的(比如马克思主义的)乌托邦主义,而且还有"违反本意"、"无意而成的乌托邦主义",今天后者已作为无法预计地作用和反作用于人的累积维度而植入所有的技术性规划和行动之中(参见第54页)。但是,虽然约纳斯认识到,我们在某种程度上受制于由我们所启动的这种发展,不过他却极力避免从中得出宿命论或非理性主义的后果。这将我引向必不可少的第二点精神区分:

2. 尽管约纳斯主张将保护作为责任原则意义上的重要职责,但这显然与时下德国,甚至美国所特有的新保守主义意义上的"趋向转折"完全无关，就如它已大致被费彻尔（Iring Fetscher）、埃普勒（Erhard Eppler）以及哈贝马斯所描述的那样。[8] 因为，约纳斯的目的恰恰不是如通常的新保守主义者那样，是为了反对可能的批判而遮蔽据他来说作为"事实约束"之基础的现状。他的目的毋宁是批判性地意识到，西方工业化进程的控制范围所设置的技术乌托邦主义与存在和尊严所受危害之间的内在关联。就此而言，我们至多只能通过埃普勒的区分将约纳斯看作是"价值的保守主义者"，而不是"结构的保守主义者"。[9]

最后，紧接着前面提到的区分我要论及或者实施的第三种哲学——内部的区分。它对我所欲解释的约纳斯责任伦理学的奠基开端来说，并不是无关紧要的。

3. 尽管约纳斯在其奠基开端中追溯至康德背后而与一种准亚里士多德（亦即本体论和目的论的）形而上学相关 [10]，但是这种开端却很少或完全与我们可能会称之为时下占支配性地位的、怀疑论—语用学的德国新亚里士多德主义的东西相关。[11]

对此我说明如下：德国普遍性哲学的某些辩护人目前认为可以理解的是，在伦理学领域内以在某种程度上不包含形而上学的、语用学的亚里士多德主义之名义更容易奉行克制策略。那么，它对公共事业（Gemeinwesen）的"实体德性"来说就是极大的过剩，更确切地说就是妨碍，如果哲学家操心于后传统的责任伦理学，比如甚至操心于一门延伸到"城邦"（比如说"德国"）的"内向道德"的全球性宏观伦理学。[12] 毋宁说，他们应该要看出的是，"习俗"，亦即与制度相关的角色职责和尽这份职责之中的正常判断力（亚里士多德的"实践智慧"），是完全够用的。那它至少需要为一门与未来相关的责任伦理学重新奠定基础，这门伦理学能够在现行的规范之外为人们之间的行为指示出可意料到的规范性原则，以便个体参与到为人类广泛的集体行动负起共契责任的组织中。

新亚里士多德主义的复归变种与约纳斯极力要求的、关乎未来之存在责任的新伦理学的准–亚里士多德主义之间的区分是显而易见的。尽管如此，我（也是出于政治原因）并不放弃援引在《法兰克福汇报》中评论约纳斯"责任原则"的核心看法，这份报纸至少除了副刊都在不厌其烦地说明联邦德国在其最高原则，即德国经济竞争力方面的道德习俗。也就是说，在 1980 年 10 月 7 日的《法兰克福汇报》上 G. 马施克（Guenther Maschke）劝导读者说，对个体来说，"在认可和控制之外"去承受现代工业社会的政治、技术和经济活动不可预见的后果之责任，是不可能的。针对这种（就像在约纳斯那里可发现的）责任，马施克从阿诺德·盖伦的著作《道德与超道德》（1973 年）出发提出一个核心看法。在那儿是这样写的：

　　"责任这个词有明确的意义，仅在一个人公开算过其行为后果并且清楚这一点的地方，如此，政治家对其政绩负责，工厂主对市场负责，公务员对其上级的批评负责，工人对效率的考查负责，等等。"[13]

　　这段话很清楚，在此我想通过对《责任原则》的哲学讨论来进行分析。在我看来，他们必然同意在这儿更确切地（学究式地）追溯这一点，即一个哲学家能够作为新近的伦理学课题之专业讨论结果来看待的地方。

　　我已援引的、盖伦在职业角色和制度方面对责任的界定，非常确切地符合于对这个道德意识阶段的界定，即科尔伯格将美国发展心理学（皮亚杰学派）和道德哲学作为第四阶段（"法律与秩序"）来标示的道德意识阶段。[14] 这意味着：这里涉及的是传统道德，亦即传统的"习俗"道德的最高阶段。在此阶段上，第三阶段的传统道德（仅基于血缘关联秩序——比如家族或部落——的具体人际关系的忠诚）已经得到克服——以有利于抽象的道德，在这种道德之中，互助义务被理解为与国家相对的分工社会之中职业角色方面的义务，并且本身就转向了内向生活。所以，它是这样一种道德，按照这种道德，任何人，尤其是官员或士兵，都在法律和章程的框架内来履行其职责。在它起作用的地方，法定的刑事裁判权已经取代了血亲复仇，船长最后一个离开他的船，而且不必也不允许个人与官员的家庭建立联系，以索取权利。显然，最后阶段的传统道德，连同其社会应用条件，无论如何都表现出一种文化变革的进步。它肯定没有在一切领域都得到实现，当然也没有在前国家的部落社会得到实现；甚至在国家组织起的社会之中它也并没有充分地转向内心生活，如果（据说）"仅只家庭在起作用"，或者如果官方的秩序功能及其所属的道德权威重新归属于黑手

189

党式的团体。但关于"法律与秩序"的道德也就是耶路撒冷的希尔曼(Eichmann)明确引证（如此他宣称，他始终都在履行其官员的职责）的道德；甚至是朋霍费尔（Dietrich Bonhoeffer）在决定反抗希特勒的时候，如下表述所论及的道德："我们德国人在漫长的历史之中必然已经学会了对必然性和强力的服从……"但"这必定证明，德国缺乏一种关键性的基本认识：自由而又负责任的行为也就必然与职业和使命相对立"。朋霍费尔称之为"公民勇气"的必然性。[15]

那么，我们就可以在更普遍的理论联系中，即在一种道德意识本身的"发展逻辑"的关联之中，提出可能而且必然超越科尔伯格的"法律与秩序"道德的特殊德国视角。于是，理性原则和个人良知从传统道德（国家自持系统的内向道德）向后传统（普遍）道德过渡的问题，作为一个从哲学和世界宗教产生以来就在所有高级文化之中出现的问题，在欧洲大概也从苏格拉底之后得到了证实。[16]但是，即便在今天这个过渡问题也没有得到解决——既没有在伦理学理论层面上，也没有在实践上重要的普遍意识层面上得到解决。相反，我们倒是可以说，一股新近出现的历史主义—相对主义浪潮和建立在尼采之上的权力实在论与非理性主义的浪潮，激化了"青春期危机"，如此这股浪潮在科尔伯格所谓过渡的四又二分之一阶段（通过表面复归地退回到先于传统的道德意识来质疑所有道德约束力）上吸引了年轻人，尤其是学生。

依照科尔伯格，可以区分两种哲学立场鲜明的后传统道德意识阶段：

首先是带有功利主义基调、拘于法规的契约导向的第五阶段。（它在像普罗泰戈拉那样的古代智者那里，尤其是近代的盎格鲁－撒克逊哲学之中就出现了，并且它在科尔伯格看来，在某种程度上可以说是美国宪法和政府的官方学说。）这个阶段的后传统就在于，此时个体在其社会的传统规范和法律之中不再理解其道德导向不可置疑的最终标准。毋宁说，他在原则上能够并且愿意，为证明或评判法律与传统再次回溯到人的职责的相互性上去：亦即回溯到所订立的契约，也就是在明确一致性意义上的"传统"上去，这种一致性的最终合法性应当是源于有用性。

在第五阶段的这种似乎双重划分的态度之中就已表明，它仍不是以明确方式意识到的道德之理性奠基的最终基础。[17] 举例来说明：如果有人问，"为何我应该履行已订的契约？"我们就不能这样回答："因为它对你有用"。因为对个人来说履行一份不再居于利益的契约，可能完全是无用的；当然，一个聪明的罪犯一开始就会在策略性条件下订立契约，即这个条件：在合适时机（他没有任何害处可担心的时候）能够撤销契约，以便享受到正常运转的法治国家所附带的"额外"一好处。

那么，对于"为何我应该履行契约？"这个问题的回答至少可以是这样："因为这对所有人都有用"；严格地说，"所有人"这个词不仅指的是缔结契约的参与人，而且指契约的相关各方，比如契约的受害者，契约的缔结可能一开始就有损于第三方的利益，许多国际条约的缔结就是这样。至少在这里就表明，实际的缔结契约之标准根本不是道德标准，有用性这个附加的标准在"对谁有用？"这个问题的意义上至少是有歧义的。

与此相关的是，科尔伯格仍将后传统的第五阶段区分于道德意识发展逻辑的最终和最高的第六阶段，即*自主良知*阶段，这个良知遵循严格地将对等性一般化的普遍原则。

科尔伯格这里所看出的结果是清楚的，如果我们在他以及皮亚杰的意义上将结构上可能的、全部道德意识的个体发生与总体发生理解为"角色—承担"对等性的可能展开，亦即一般化与反思性的内心转化。[18] 在此意义上，科尔伯格看来，康德的"绝对命令"可能就应该作为第六阶段的原则来理解，要是我们对其作如下理解：一个行动准则对普遍法则的适用必须测算的是，法则所考虑到的内容是否仍然能够被接受，当我们置身于相关各方及其局势评判的处境下的时候。

在此显而易见的是，（皮亚杰已完成的）一门在发展逻辑上已实现的对等–伦理学构想最类似于一门大致如哈贝马斯和我所代表的交往伦理学或对话–伦理学：在这儿康德的绝对命令同样也得到新的解释，也就是说，总是普遍地得到考虑的法则内涵对相关各方都是应该能共识到的。[19]（科尔伯格毕竟已经明确地接受了哈贝马斯在最近的书中对其自己的第六阶段的重新解释。[20]）

但现在我并不是要继续探讨科尔伯格的发展逻辑与对话伦理学的

关系，而是要提出这个问题：迄今已得到勾画的、全部后传统的理性

193　道德构想，现在是如何与约纳斯所要求的未来责任伦理学相关联的？

　　依前所述很明确的是：约纳斯所要求的伦理学绝不是对习俗或传统的道德的简单确证（如果我们将新亚里士多德主义的符咒"实践智慧"或者康德意义上的"判断力"一同考虑在内，也同样不是）。毋宁说，这儿所涉及的是一门普遍主义的理性伦理学和一门着眼于全球的宏观伦理学，通过这门宏观伦理学，即便是今天仍不言而喻的、有关国家以及其他社会自持系统的"内向道德"必定会得到超越。（充其量我们可能会将所要求的这门宏观伦理学作为人类生态自持系统本身的一门伦理学来加以理解，但有关于此，在约纳斯看来，这种自持不再是通过对自然的征服和榨取，反倒更可能是通过与我们仍在危害的自然的休戚与共来实现的。）但是，约纳斯甚至在其书的第一章之中已经阐明：迄今为止的哲学的理性伦理学类型（从亚里士多德到康德）都不具有今天所需的未来责任之功能，因为他们仍不假思索地遵循着始终如一的人类条件这个设定。这意味着：这些伦理学虽然假定了一个普遍化的原则，该原则在彼此相关的人类行动的当下对所有人有效；但它们仍没有预计到不可逆的、历史性的人类行动的未来方面，尤其是没有预计到使人类条件本身改变的技术性的集体行动的未来方面，在生态危机时代我们首先要对这些集体行动负责。约纳斯通过比较康德的绝对命令与他所设定的命令，阐明了先前的"共存伦理学"与未来责任原则之间的区别（第35页以下）。

　　康德的绝对命令"这样行动，以便你也可以意愿，你的准则成为普遍的法则"——这个命令可以说是抽象而且没有具体时间关联地被

194　思考到的：它在一个未经证明地设定的、共同生活的理性存在者范围内唤起意志将其自身与理性相符。也就是说，康德要求意志能够将行动准则一般化为普遍法则，这只是一个可随时实施的思想实验；但这"不是理性思考的任何部分，不存在任何可能性使得我的私人选择实际地成为普遍法则或者竟然有助于这样一种普遍性的形成。实际上，真正的后果［就此而言！］是完全看不到的，而且这个原则不是客观责任的原则，而是有关我自主的主观本性的原则"（第37页）。要是康德所要求的、理性与自身的抽象一致本身在逻辑上完全能够与如下这点

相协调，即我们接受，未来将不可能再有人类存在是所有现代人行动的结果，那么，世系在时间中"必当延续"，它从根本上应当延续，"而不管幸福与不幸的分配，即便不幸多于幸福，甚至不道德超过了道德，这就无法从世系（他们的持续或长或短）之内的自身协调规则中推导出来：这必须建立一种完全不同的、外在并先行于世系的戒律并且最终只能形而上学地得到奠基"（第 35 页）。

如果我们现在想拟订一个表达前述形而上学责任的（绝对）命令，那它在约纳斯看来可能大概就是这样：

"这样行动，以便你行动的结果与真实生活的持续性相一致"；或者否定性的表述："这样行动，以便你行动的后果不对这种生活的未来可能性造成破坏"；或简言之："不危及人类不定地持存于世的条件"；或者再转而确言之："人类的未来完整性以你意愿的共同－对象的方式，包含在你当下的选择之中"。（第 36 页）

我认为，在此所表达的责任原则中其实显露出一个新的道德意识阶段，它超出了科尔伯格那里所说明的阶段，更确切地说，不是在对普遍化的相互性抽象原则作发展－逻辑的展开的意义上 [21]，而是在将未来人类具体－普遍的对等方面作为无尽的责任维度来外推的意义上。[22]

在此同样明显的是，为何约纳斯在其著作（确立责任原则之后）中必须讨论所谓乌托邦的马克思主义哲学。因为这里首先实行的是对未来人类的具体普遍性方面的外推。但是，伦理学因此就在一种僵化的历史哲学之中被"消除"。在这种"伦理学的历史主义"（卡尔·波普）中尽管不像在新保守主义的习俗伦理学那里一样，当下（更恰当地说是享受的当下）的未来被牺牲，相反却是，牺牲了未来之当下，这个未来本身不再有任何伦理责任问题，因为人们认为，可以预言它必然实现幸福的乌托邦。因此，在约纳斯看来，这个独特的"带有全球的未来视野的实存伦理学"就完全不是责任伦理学，在技术主义乌托邦的危机时代更是如此。

如果情况如此，并且我想与约纳斯一道作这样的设定，那么在我看来，关于一门具体历史的未来方面的伦理学能够变成一门适当的责任伦理学之标准，就产生一系列问题。

我在前面已经强调过，关于人类的存活与持续的问题，社会进化

196　论的解决方案完全不是伦理学上负责的方案。尽管，这样一种解决方案显然并不被约纳斯所接受，但是它却没有被他提出的绝对命令公式（参见前面第 194 页）所排除——除非是，我们将需要保护的现存人类的完满观念包含在"人的完满"观念之中，如此通过饿死第三世界的部分人口来缩减全球人口，至少就不可能作为责任伦理学意义上正当的解决方案。

　　因此，如果我们将"实际的真实生活的持久性"或者"全世界人的持存"宣告为责任伦理学的（准本体论的）目标，这就是不充分的。我们也必须使现在和将来的存在者都胜任能够实际和潜在地预期的权利 – 诉求。在对话 – 伦理学的意义上（在今天所有要求敬畏生活的情况下），这就不与植物和动物，而只是与像我们一样作为理性存在者具有相同权利的人类相关。我认为，这需指明，即便在责任伦理学层面上我们也是非不得已不会放弃作为理性存在者的全人类的普遍对等的准康德式原则的。毋宁说，对我来说关键的是首先要对康德原则重新进行奠基[23]，更确切地说是，将具体历史的时间关联共同反思为人类具体—普遍的对等关联。

　　在此我还要补充说，约纳斯在未来责任伦理学中取消对等（"相互性"）义务的论点（第 84 页以下以及第 177 页）并没有使我信服。约纳斯的范例，即父母对其子女负责，政治家对公民所托付的甘苦负197　责，在我看来并不表明，责任完全与相互性无关。倒不如说它表明了，人们从原则上为彼此负责是一种潜在的关系，它只依照实际的权力优势而成为现实的。所以，就如登山运动员在登山小组中彼此所负责任也是这样。

　　但是，这里存在的现象，即按照权力优势，也就是按照责任主体方面的能力来实现责任的现象，在我看来却指出了一个更深刻问题的可能解决方案，这个问题就是，伦理学的应然事实上难道必须像约纳斯所假设的（第 230 页以下）那样，最终从一种存在出发，亦即从作为我们能然（Koennen）的一种约束力出发形而上学地（在前康德意义上）推导出来吗？对我们来说，这个能然首先只能通过目力所及的世界存在，比如听凭于我们的无防卫的婴儿之存在，来形成——如此以至于，我们必须将康德的定理"你能，因为你应当"反过来说，"你应当，因为你能"。

在我看来，前面的这两个彼此竞立的定理都是正确的，但要求应然的最终奠基从存在，至少也是从偶然事实的存在之中产生，却是不合理也是不必要的。我觉得约纳斯的如下认识是正确而且重要的：具体的命令，尤其是今天所需的、有关生态学导向的未来责任伦理学的新命令，实际上是作为处境关联上依照我们全新的技术能力的应然－规范而出现的。（就此而言，有效的是约纳斯的原则"你应当是因为你能"）但是，在此形成个体和社会的约束性规范的具体义务，在我看来一开始依据的却是相关方或其代表对于遵从所倡导的规范之后果与副作用而进行的真实或虚构的对话。不过，具体规范的推导，为了变成有约束力的，亦即可合法化的，就已预设了一个更深刻的原则，因此我们才有义务去承担责任，也就是说，才有义务依照普遍对等的形式对话原则使团体以共契责任的方式分担责任。如果现在能够将这个更深刻的原则之意义内涵证实为是我们早在自由之中已然承认的一种应然，那么这里起作用也就是康德的定理，"你能，因为你应当"。这个证明在我看来是可能的，如果我们在先验哲学上将康德所设定的"理性事实"以一种比康德本人所做更加彻底的方式来解释的话。

198

III. 责任伦理学的奠基作为保护实际人类交往共同体之存在并与不断实现的理想交往共同体相协调的伦理学

先生们、女士们！从前面所作的论述可以看出，我并没有回避不太受欢迎的伦理学之最终奠基问题。我并非另外开辟一条道路理性地回答我的报告题目所已提出的具体问题，而是认为可以（或许有益地）指明对话伦理学（我认为）必然可能的最终奠基特征。我必须再次提到马施克在《法兰克福汇报》中对约纳斯的形而上学责任要求的异议。这个异议，即个体对今天的集体行动不可预见的后果无力进行说理这个异议，的确不是虚构的。它在迄今仍未真正超越的传统伦理学的一个默默的预设之下，甚至是可信的：也就是在这个预设下，即个体就如仅仅为自己做打算一样，也仅须为他参与的行动承担责任。但是，任何人都为自己做打算，任何人都仅仅为其参与的行动负责，这两个

（方法论上的唯我论的）预设在本质上却是错的。交往伦理学或者更确切地说对话伦理学的先验反思奠基恰好表明了这一点。[24]

经验地看，当然有人——在"孤独与自由"（W. 洪堡）中——仅仅为自己打算。但是，即便他这样做，他也是根据主体间的有效性诉求来做打算，更确切地说就是，不仅考虑其思想的真理，而且也考虑到这些思想的意义。[25] 他必定能够在原则上把这作为语言所表达的意义与他人共享。就此而言，没有人可以在原则上仅仅为自己打算。（我们甚至可以表明，今天科技文明的复杂社会分工，作为所谓"语义学分工"［普特南］，在孤独思考之中已经对语言使用层面产生影响。[26] 依照这种分工，个体，尽管如今其在第一手经验的基础上支配的概念外延不到其所用词语的 10%，却仍可以谈论"我们今天所知"之物。我认为，就如仍需指出的，这对集体责任的伦理学要求的"实践对话"来说有更大的意义。但首先涉及的是集体责任伦理学的最终奠基。）如果我们认为，自笛卡儿以来的近代思想都习惯于假设：我在孤独思考中可以从世界出发来做这样的反思，即所有人，不仅是作为"外部世界"（Aussenwelt）的自然而且也是"同时代人"（Mitwelt），仅只是我的意识对象。那么，伦理学的理性最终奠基其实就是不可能的。因为在这种情况下，对我这个与所有人疏远的孤独思考者来说，最终只有价值中立的事实；而从这些事实的存在出发不能推导出任何应然。

为此我们就处在现代哲学对最终奠基问题绝望的时刻。不过，我相信可以与约纳斯一致地看出，这个处境的矛盾就在于以下状况：这个科学理性的思考，它使技术得以可能并如此成为责任伦理学的外在挑战，显然就不可能将伦理规范的理性奠基作为价值无涉的世界对象化来加以证实。（为此，我已通过匠人的合理性论及了智人的外在和内在挑战的表面对立。[27]）

但是，笛卡儿以来通常假设的一种完全孤独地与世界疏离的可能性是站不住脚的。没有人反对笛卡儿式"方法论怀疑的"思想实验！[28] 不过，最孤独、最彻底的反思也必定作为具有主体间有效诉求的思考预设了语言和交往共同体。如此一来，价值无涉的现代自然科学疏离世界的边界就得到表明。价值无涉的自然科学本身必定也预设了一门伦理学来实行主体间性维度内的真理探求。[29] 不过这确实只会是一门科学操作的伦理学，一门根本不能回答科学到底是否应当这个问题的伦理学。但情况却另当别论，如果我们将主体和主体间以说理方式思考的可能性条件加以反思；因为任何严肃地提出问题并对之进行讨论的人都无法回返到这些条件的背后。

那么，什么是伦理学上重要的、以说理方式思考的可能性条件？我认为，现在可以对康德假设为伦理学基础的"理性事实"进行破译。这种破译表明，我们在严肃的思考之中已经在无限可能的说理共同体的普遍对等意义上承认了对话伦理学和责任伦理学。这意味着，我们不仅已经必然承认了康德抽象的普遍化原则（它在历史的时间关联之外而得到思考），而且在约纳斯所要求的意义上彻底肯定了一种具体－普遍的人类联系。这怎么说？

通过严肃地提出问题，我们在原则上已经承担了关乎实在世界的问题之解决的责任[30]——但不是"单独的"责任，而是作为实在的交往共同体（原则上必定通过它形成谅解）成员与无限理想的共同体成员（它是核查和承认我们真理诉求的条件）的责任。后者当然不是实在存在的，但是任何严肃说理之人通过其听众必定已经不可思议地形成了理想的说理共同体；在某种程度上可以说，他不得不反事实地推定它的存在，不管他是否愿意。[31]——但是，对伦理学奠基来说，如此实现的是什么？

首先，在严肃的（已带有提问姿态的）说理之中我们原则上已经承认了实在的交往共同体的所有成员（恰好是现存的人类）处理问题的共契责任和相同权利。但第二点，通过必然反事实地推定一个无限的理想交往共同体，我们甚至已经从原则上承认，所有有效的（同时也是伦理学上重要的）问题之处理必定是无限的理想交往共同体的所有成员都能共识到的，如果他们能够同时参与对话。

我认为，这意味着，实在的交往共同体现有可对话的成员，其处理问题的责任以某种方式涉及现在无法对话、也就是预存的无限交往共同体成员之可能的问题；更确切地说就在这两个方面：一方面，基于所有有效的问题解决方法的相干性我们原则上不排除共识构成之下无限交往共同体的任何潜在成员[32]；另一方面，由于承认了所有潜在对话伙伴原则上的相同权利，我们在此已负责任地考虑到了可能关注

202

203

的问题，亦即可能现存的成员之需求。当然，在我看来，严肃说理对所有有效的问题处理方法的相干性和共识—能力的依赖之中早已蕴含了这一点：现存的人类交往共同体在其不断延续的平等条件下应当达及未来。因此，我认为，对话伦理学的最终奠基也就涵盖了约纳斯这个基本假定的理性奠基：即便在未来人类也会存在（同上，第90页以下以及第156页以下）——这就排除了单纯从社会进化论上处理物种持存的问题。

此外我认为，在洞察到说理伙伴反事实地推定平等的理想说理共同体之实存必然性的时候，仍旧承认了一个更宽泛的重要的伦理学假设：实在的交往共同体总会首先（不断地）在理想交往共同体之中得到实现。而在我看来，后一个假设之中存在着对最初所提的以下问题的回答：是否可能主张一门保护存在和人类尊严的伦理学，同时却无须为一门实现人类尊严的进步伦理学辩护。当然，对此问题之回答我必须更确切地说明，以契合我报告的题目。不过，我必须使这种说明与对这个普遍质疑的回答相结合：前面所勾画的、将责任伦理学作为一门需保护的实在交往共同体和总能实现的理想交往共同体的伦理学来加以奠基，难道不是再次成为乌托邦并因此在今天是冒险的吗？

我认为，这个质疑建立在一种误解之上，这个误解本身重又基于对"调节性观念"这个康德概念的不充分理解。实践理性的"调节性观念"是规范性原则，这些原则通过责成和引导理念长期近似的实现来约束行动，但却同时表达了这样的认识，在时间之中的任何可经验之物在任何时候都不与理念完全相符。借助这个概念康德实际上在其历史哲学的短篇作品中甚至还试图对其最初抽象使用的伦理原则的具体时间关联加以思考；特别是，他在此意义上勾画了一个伦理学上放弃进步的原则，它没有涵括任何对实际可期的未来历史进程切实的预知。

就此而言，康德在调节性观念之下放弃进步的（但只是勾画的）构想，在我看来绝不是黑格尔和马克思构想世界史的必然进程以及伦理学在这个乌托邦历史哲学中"扬弃"的（最终也无法思考、却几乎超验的）预备阶段。我反倒认为，康德在伦理学论证的调节性观念之下的进步构想，表达了一种可能的"乌托邦理性批判"的基本原则[33]：

当然这种批判远离现有（Status quo）"习俗"伦理学的悲观主义，恰如其远离那个能预言理念在时间中实现的坏的（"过分热情的"）乌托邦主义。我觉得，约纳斯所批判的乌托邦思想实际上只是针对康德意义上"过分热情的"乌托邦，即完全将理念实现于时间之中，在此而言就是通过克服人的"道德歧义性"从准末世论上改变人类条件的乌托 205 邦。但是，属于人的、在伦理学理念的反事实推定中自身预存的乌托邦维度（它在说理共同体的所有严格选址中表现出来），并没有由此涉及，亦即没有论及这个更无辜、所谓的乌托邦一纲要，这个纲要后来被证明为是可实现的。不过，依照这个哲学史评论我们就回转到了今天所要求的未来责任伦理学的奠基问题。

首先我要着重指出，我在前面所勾画的所有重要的伦理学原则（我们在严格的说理之中已经承认了这些原则），具有康德意义上的调节性观念之特性。也就是说，我们由于认可了这些原则而认识到，我们在目前的人类条件下只能将它们在考虑诸多实际限制之下来加以实现。就对话伦理学的基本要求而言首先有效的是：原则上所有重要的伦理学问题在相关方的实践对话中都能够按照可应答相关各方的共识力原则来得到解决。当然，这个认定在实践中通常只能通过断然的利益－持有来实现，甚至如此变得略为充分，也就是考虑到必然的时间限制、人的能力差别、对话主题的专业化等等，尤其是通过与社会系统和制度的功能性系统合理性，与党派（比如议会辩论中）利益持有的策略合理性的必然妥协。

不过，我们可以而且必定会坚持的一点是，在所有这些情况下，对理想对话原则的语用学限定或者与其他合理性原则的妥协本身都根据这个对话原则来证明或批判。所有务实的妥协，其原则上的证明必要性在现代的民主法治社会甚至都得到公众认可，因为国家配置了 206 （用康德的话说）"明辨的公众"，而且这种公众的使命是对政治、立法和行政进行伦理导向的批判。

关于对话原则的功能及其可能的近似实现所做的这些勾画或许已让我们明确，我所构想的、对抗"乌托邦主义"的对话伦理学是如何能够得到捍卫的。但是，我要主张一个更强的论点：只有通过所说的对话一原则，约纳斯要求的、为集体行动负起未来责任的宏观伦理学才能抵御责任乌托邦主义的质疑并证明为是值得期待的。换言之，前面所提的、对个体无力预见我们集体行动之后果的质疑（参见前面第188和198页）就是并且只能是空洞的，如果我们认为问题完全不在于，个体应当使所有人接受一种形而上学的未来责任的话。显然，问题只在于，个体在清早的报刊阅读中就已想到，他如何能够（视其能力与权力）参与集体的责任机制。通过个体参与相应的、重要实践对话而形成的这种集体责任机制其实早已在无数制度性的和非正式的机制层面上进行，从立法到幼儿园设立或者到退休人员撰写读者来信。

　　但是，在这儿我们可能想要在经验关联意义上更确切地质疑并回答责任主体问题：如果当前所涉及的是，必须在实践对话的形态中确立集体行动的共契集体责任，那么问题在于，究竟什么时候我们可以称作责任的承担者。其实，我们本该把所有人都看成是潜在的理想对话共同体的成员，并在某种程度上能够使之承担义务。比如，像当代哲学—政治讨论这样的活动就是这样假设的。其中就意味着，这样一种讨论会毫无意义，如果我们不超越主体利益而将普遍的、超主体的理性—利益归属于并且使之"适用于"所有人的话。虽然每一个理智之人都明白，开启这种公共性的不利一面会形成一种不对其所作发言承担义务的讨论，就像当代在某种实践上，比如政治和经济上的讨论一样。但是，在某种程度上这就是大人物（Sonntagsmensch），他此时（甚至就像在教会会议上）可以被称为实在并且近乎理想的交往共同体的成员。（在此语境中有代表性的是这个事实：理想交往共同体，其成员都是严肃的说理者，原则上却不能制度化为集体的主体，尽管从奥古斯丁以来基督教教会有时提出过相应的要求。）

　　如此，如果我们询问经验上可把握的、有关责任的日常主体（个体主体与集体—主体），那么从观念类型上就可以区分两种清晰显现的情况：即人格和法律上的准–人格，后者可以在实证法意义上作为行动和不作为的责任主体来承担责任。对它们而言，根据所趋向的惩罚威慑而来的"为何"之责任以及"对谁"或者"相对于谁"之责任是如此明确和实际，以至于就会尽可能地放弃主体和集体—主体的责任伦理学的心向。但如此一来，可能将今天所要求的责任—道德合法化的不利方面与范围也已得到勾画。（比如，这就表现在，人格和法律人格在责任伦理学的对话框架内——例如在医学"伦理委员会"的构架内——也常常只是对其与法律可能冲突的模糊之处感兴趣。)但是，从法律上确定可裁决的责任，比如法人和工业企业对环境破坏的肇始—责任，还是表明了集体责任的可能机制本身的主要方面。而且其直接在伦理学上的重要假设构成了责任的立法，后者重又建立在对话原则之上。(我很快就会回到这个问题。)

除了纯粹对话伦理学意义上和法律担保意义上的责任主体之外，还有第三种负起责任的行动主体和集体主体；它对于应该为工业社会承担责任的集体行动来说可能是最重要的。一般而言，它不表现为哲学—政治学的讨论，而只在法律程序的范围内作为背景显示而出现。我指的是策略性的磋商和谈判的主体，我们可以将它看成是经济和政治意义上的利益代表。在宽泛意义上这无疑就是本身能够作为对话伦理学责任主体和法律上确定的责任主体来论及的实在主体。简言之：在策略性的交互作用与交往（比如在谈判或一开始就具有谈判特性的协商）的关联之中，这些主体一开始就彼此作为（比如在功能性的系统论和策略性的博弈论意义上的）自持系统的责任辩护人而出现。[34]

在交往的责任伦理学视角下我认为尤其关键的是，第三种责任伦理学的主体不能（比如）"在心向道德论上"与那种道德上不负责任的、单纯唯我论的利益代理人相提并论。(当然，对哲学—政治的协商所作的这种评估绝不是当场涉及的。)如果交往的责任机制能够为政治—经济的集体行动负起责任（而且做到这一点本身就是责任伦理学的要求），那么从策略－理性上为个别的自持系统（个人、家庭、集团、利益联合体、国家）负起责任也必须从根本上被视为一种能够与单纯利己主义相区分的人类责任形式。(在实证法中，尤其在国际法中，肯定早就在游戏规则范围内承认了策略性自持系统的合理性。)

但是，在今天首次所提的、有关集体未来责任的机制层面上所涉及的却是，需要意识到单纯策略—经济和策略—政治上的个别系统自持合理性与对话伦理学意义上共识—交往的合理性之间的对立——比如作为政治家或经济管理者心灵的对立，他作为大人物（Sonntagsmenschen）（请原谅！）却在哲学—政治的讨论会上进行对话。此外还涉及的是，总是需要重新准备个人的与具体—普遍的职责之间

208

209

的对话协调。

那么，对话伦理学在前面所提的不同责任要求的协调机制之下可以给出什么样的规范引导呢，并且在多大程度上它必须在近似地实现理想交往共同体的社会条件下，更确切地说就是在国内和国家层面上认定一种可能的进步呢？为了暗示性地解答这个问题，我想更加确切地探讨在对话原则意义上可能实现伦理责任的两种示范性形式：一种是民主法治国家立法之中有关权利规范的奠基程序，另一种是在随同发生的批判性对话过程中（比如按照"医学伦理委员会"的模式）为科技后果负责的纯然现实的当前机制。

对于这两种实践上重要的对话，首先需要强调以下一点：对话伦理学的哲学奠基（无疑）只能为实践对话本身提供一种形式（程序性）的说理原则，也就是在我所勾画的、为相关各方（甚至为预知的未来相关方）有效地解决问题所要求的共识能力意义上的一个原则。此外，对话伦理学还将处境关联上的质料规范从根本上奠基于它所要求的实践对话——这源于两个基本原因。

（1）首要的原因是，需要最广泛地确定相关方的具体需求与旨趣并使之在说理对话中发挥作用。康德或科尔伯格所建议的、通过"角色扮演"将潜在的规范普遍化的思想实验，在对话伦理学意义上必须被理解为从对话上确定普遍共识能力的次要替代物。也就是说，在个体思想实验中相关方的利益只按照传统的标准，在某种程度上可以说作为人的自然秉性来设想和考虑。[35] 现在，议会民主的代表制的确只是实现相关方对话的必要替代物——此外还表现为对话原则本身与基于谈判的策略性的利益均衡原则的一种妥协。然而在我看来正确的看法是，议会以及其他的立法辩论，其质量评估根据所提的对话原则的调节性观念必定从根本上得到了共同规定。[36] 这尤其对立法辩论的评估有效，通过这种辩论工业—技术的集体行动之未来方面的责任必定在当代发挥作用。

（2）第二个原因，即为何对话伦理学将道德和法律在处境关联上的质料规范奠基于实践对话，其第二个原因却居于约纳斯也作为未来责任伦理学的本质创新来强调（同上，第24页）的这种情况：对"我们应该怎样做？"这个问题至关紧要的具体回答在今天决不像康德所认为的那样，无须科学知识、"宽阔的洞察力"和"洞明世事的经验"，从"一般的对象"出发就可以知晓。[37] 相反，在"认知"方面，对处境事实以及后果与副作用的评估能力今天在承担集体行动责任的情况下是如此重要，以至于我们常常几乎无法看出，规范－伦理的标准究竟在哪里以及如何产生。当然，与这个论断相结合的首先是，根据"伦理学委员会"（可以说在明辨的公众与立法之间的层面上）在实践对话之中将科技的未来责任制度化的问题。因为这里首要的目的一定是，使专家们的专业知识在重要的伦理学方式上可资利用并且得到运用。

在此我要说明的是，恰是在这个例子上对话伦理学原则可以通过其适用性而得到阐明。但很遗憾，在当前文本中我对此只能作几个一般性的评论：与约纳斯的责任伦理学奠基相比，对话伦理学可以作为一门二阶伦理学（Zwei-Stufen-Ethik）来刻画。[38]

1. 责任伦理学本身与集体责任机制在形式—程序上的对话原则的 212
理性奠基，就如我要试图指出的，完全可以通过一种新的先验哲学而达成。如前所述，对话伦理学意义上的应然实际上甚至可以从所解释的"理性事实"，亦即从实在的交往共同体的成员和推定的理想交往共同体成员始终承认的义务出发推导出来。

2. 在集体责任的基本原则的假设下甚至可以（与约纳斯一样）看出，恒新的、处境相关的质料规范，其奠基的必然性实际上必定是从存在实情（甚至是我们重新塑造的存在实情）与我们的能力、我们的技术力和政治权力的关联之中产生出来。但在第二个层面上集体责任机制的对话原则却真的可能产生作用。因此，在我看来，今天哲学伦理学的任务，很少提出处境相关的质料规范，较之于在各种可能的实践对话层面上对集体责任机制的规范条件进行的分析。因为，几乎不可能从我们所有说理者都必然承认的原则出发演绎出质料规范，比如就像这样的规范：将来任何动物种类都不再允许被灭绝 [39]，抑或核废料的堆放是不负责任的，抑或核报复打击的恐吓是不道德的。不要误以为：我更多的是受这些观点的感动——尤其是当它们都有好的理由之时；在第二个层面上，即在集体责任必须通过实践对话而确定的第二层面上，这恰恰只涉及对话的作用；而且在第二层面上兴趣广泛者 213

（比如哲学家）的可能作用通常不如经验专家那么重要，如果前者是以责任伦理学的精神所获取和带来的话。

但是，对哲学伦理学所激发的责任精神的说明，最后却使我再次回到今天不可回避的、有关保护和进步之间关系的问题上去。我认为，在对话伦理学的基本要求（即人类为其集体行动应从对话上确立共契责任这个要求）之中已经设定了保护人类的存在与尊严的命令与人性之实现中我们不指望进步的社会解放的命令之间的必然关联。在我所注意到的、康德精神的"乌托邦理性批判"意义上我会认为，通过任何说理共同体对理想交往关系必然，但反事实的推定会表明，人作为理性存在者，其有关进步、本质的自身预存与必然自身整合的不可或缺的乌托邦特征之所在。

这里被认为具有约束力的调节性观念并不（像柏拉图的理想国）包含对人类社会机制的幸福、美德和正义之和谐统一的内容构思；它也不（像世俗化的弥赛亚主义的历史哲学那样）预言了新的人类，他最后已经克服了异化（Entfremdung）以及伴随它的、善恶不确定的歧义性。但是，早已得到承认的理想交往共同体的调节性观念却使我们逐步实现这些社会和政治条件，这些条件首先使得为国内和国际层面的集体行动负起集体责任的对话机制成为可能。

214　　　　在此语境下就不得不提及今天应当确定的、有关人类未来责任的最棘手和最困难的问题，即核时代国际层面的冲突调节问题。[40] 我认为，在此尤其要表明一门必须与所有传统（从基督训诫到康德的"绝对命令"）的"心向伦理学"作区分的"责任伦理学"之新颖性。在这点上，它表现在更令人震惊的方式上而不是在技术性的集体行动的责任范围内。之所以如此，是因为在此涉及的是伦理合理性与策略合理性在人类自持系统的交互维度内的协调。我的看法是：

在此所涉及的不仅是（但愿不是一开始就涉及）这个风险，即从交往上解决所有利益冲突的破产并代之以公开的战争这个风险，作为核战的战争必然会导致人类的大屠杀。而且首先并且多半关涉到的是，交往以及交往行动协作的方式在国际政治层面基本上是策略谈判的方式而不是通过说理上确定和协调有效性诉求的对话方式。这意味着，从交往上解决冲突的协作方式在这儿不是伦理学上所要求的、有关共契责任之对话机制的方式，而是有关建议与恐吓（包括核毁灭恐吓）的策略性替换游戏方式；而且这种策略游戏遵循的是规则－机械主义，比如强化"先装备"和"再改进"这样一种机械主义，它尽可能地摆脱参与者的监督。如果人们此外还认为，这种策略性的强化与同样不可控的、持续累积的技术发展相关，那么我们在此也可能面临一个典型的"实际困难"，在许多人看来伦理学上负责的政治学完全是幻想。[41]

　　在这个处境下，尝试着按照程序性的对话原则来确定冲突处理意义上的人类共契责任，其前景如何？在责任伦理学上的问题处境之悖谬就在于如下状况：即便所有负责任的参与者都内在地将对话伦理学原则作为其心向准则来接受，并从原则上准备要从对话和共识上消除冲突，那么他们也肯定彼此都不能认识到这一点。而且由于他们为了肯定自持系统而承担道德责任，那在此就产生了伦理合理性与策略合理性之间的责任伦理学自身的冲突。单是这种责任伦理学的冲突，而不考虑政治家限制行动范围的其他实际困难，实际上就不可能在政治范围外有对话伦理学意义上类似的理性新起源。人们必须以历史境况为出发点，将伦理理性的命令与策略和制度合理性的命令相协调。这是善意的心向伦理学家在争取和平的活动中完全没有正确理解的一个问题。

　　但所有这些在我看来并不意味着，政治家必须或应当满足于危机管理意义上或纯粹策略性的"对立平衡"[42]概念意义上"道德无涉的现实政治"。他作为责任伦理学意义上"道德的政治家"受这个调节性原则的约束，这个原则要求他在策略性地考虑安全风险的情况下始终不渝地合作进行这种长远的局势变革：对话－共识的冲突处理越来越多地取代策略性的冲突处理。（此外值得注意的是，明辨的媒体世界公众目前仍促使政治家们在无数的谈判上论及人类问题，好像他们都遵从前所勾画的目标策略似的。）在我看来，在前面所提的、长远地完善政治冲突调节条件的原则之中存在着一个本质假设，以便能够将一门有关集体未来责任的伦理学运用到当代人类危机的其他方面。就此而言，这里重新显示了这个必要性：即便在当代危机处境下也必须遵从一个与保护人类存在与尊严的命令结合在一起的进步原则。

216

第七章
普遍主义对话伦理学视野中
体育的伦理学意义

I. 问题的提出

先生们，女生们：

在开始我的报告之时我必须承认，我此时此刻是首次接受这个任务，将交往伦理学或对话伦理学的开端与体育的伦理学问题联系起来。就此而言，受邀做这个报告对我来说是一个挑战。不过，如此一来，我本身也会尽量从中获益；这意味着，对这个主题我还要论及其他方面，除了我最初可能意料到的这点：我首先不是就体育来探讨对话伦理学（规范性后果的）意义，而是就对话伦理学的原则与应用的关系来探究体育的意义。请您让我对此作确切一点的说明：我大致希望对如下两个问题加以回答：

1. 在当代伦理学讨论的哲学语境下，普遍主义交往伦理学或对话伦理学的奠基如何能够得到理解？并且：

2. 这种开端如何能够应用到体育的伦理学问题上去——比如，就像在节目单中所预告的，作为"负责任地支持竞技体育的指南"？

在此，我并不是要完全局限于这个任务设置之内；不过在我的思考之中我不想它成为注意的中心；这基于如下理由：

对话伦理学的先验语用学奠基这个论题在近年来我已多次相当详尽地讨论过。[1] 因此我不想在这上面花太多时间。但是，提出竞技体育问题上的对话伦理学之应用的问题，从我的视角出发却不同于通常的看法，如果从哲学原则，尤其是从伦理学原则在实践上的具体应用来谈论的话。在这点上，我一开始就能够意料到可能使听众的预期落空；而这不仅是由于我在体育哲学的专门领域内的能力不足，更多还是基于对话伦理学的开端所产生的理由。我在"实践哲学和伦理学"

广播课程的第 20 个讲稿中已论述过的这个问题 [2]，在这儿我想预先加以强调：

219　　　在我看来，对话伦理学一开始就与其他（比如也与康德的）普遍主义的原则伦理学区分开来，这是由于这一情况：对话伦理学并不要求，从它出发能够推导出可应用于历史处境之上的、普遍有效的道德抑或权利的规范或价值，以作为普遍有效地设定的原则。就如我前面已提到过的，倒不如说它是一门二阶伦理学：

　　　简略地说，它的基本原则大致如下：只有这样一种规范才能最终证成，这种规范的普遍奉行极其可能产生这样的结果，即通过有关规范合法性的说理对话（"实践对话"）相关各方都能不受强制地接受的结果。[3] 我认为，这个一阶的基本原则在反思性上可以得到最终论证；因为在任何严格说理的情况下我们必然已经将它作为在（反事实地推定的）理想交往共同体之中解决问题的规范性程序原则来加以承认，由此，没有述行上的自相矛盾我们就不能否认，它是无欺的、说理对话的可能性条件。[4]

　　　但是，这个先验语用学上奠基的（一阶的）对话伦理学原则却在二阶的原则之上，亦即在基本原则要求通过实践对话对具体规范进行共识—交往上的奠基或证明的时候，仅仅作为形式的程序原则而起作用。（更确切地说，鉴于所要求的实践对话仍须进行制度化——并且鉴于个人在思想实验中作道德抉择时必须进行的实践对话替代性与相关各方一同起作用——这个程序原则也只是作为调节性观念而起作用，与之相比较就能估量对话伦理学在社会和个人意识中累积的实现。）这

220　　意味着，这个先天普遍有效的对话伦理学原则本身同时将具体的规范奠基指派为是可错的因此总是需要借助实践对话来修正。因为，只有通过这个原则相关方或其代表才能在一种谅解程序或共识构成程序中提出其具体利益。而且只有通过他们，今天专家们对于遵从处境方面的规范所能大致预期的后果与副作用的认识，才能被激发和运用。

　　　那么，后果显然很快就从规范奠基的这个二阶–结构中产生出来，鉴于对话伦理学能够预期生活实践的应用或其原则的"实施"：比如考虑到应当为科技活动及其后果确立共契责任的宏观伦理学问题，或者刚刚提到的现代竞技体育的伦理学问题。为了尽可能例示性地表明，

我们不能指望对话伦理学的哲学辩护人会从其原则出发推导出处境相关的（道德或纯粹法律的）规范，比如允许应用基因技术、体外受精、核能（包括"废料"）利用、安乐死的规范，或者动物实验许可，或者（我曾要求的）联邦德国接受或拒绝战略防御倡议（SDI）的评估。今天在所有这些意义重大的责任伦理学方面，对话伦理学唯在说理对话的层面涉及共契责任的交往机制的绝对必要性，亦即通过规范调节来确定相关方利益并获取事实构成与预期后果方面必需的知识。

当然，从竞技体育伦理学的现实问题来看，比如从"服用兴奋剂"或者业余运动员身份或者（更根本的）在竞技体育的比赛环境下"公平竞争"的具体规范这些问题来看，情况也同样是如此。即便对话伦理学在此也可以直接从其原则出发，要求按照前述方式对说理对话层面上（尤其是现实冲突）的问题进行非暴力的、共识—交往上的解决。在第二个层面上哲学家当然也可以通过与专家以及与相关的运动员、教练员和工作人员的跨学科会谈而进行对话发言；但他就像其他对话参与者那样原则上将其具体建议置于共识构成的调节性原则之下来对话，就此而言并不具有任何特殊的奠基能力。其奠基能力作为相关方实践对话的调节性观念，只与对话原则自身的规范含义的强制性相关。

但是，人们可能会指望他（在某种程度上是作为普遍论专家，而不是其他专家）至少对体育人类学和伦理学的重要意义有所论述。在我看来，这尤其涉及以下经常论及的大问题：在体育的意义条件与任何普遍主义的道义论伦理学的基本原则之间，比如在"公平竞争"原则与正义原则（对话原则本身甚至希望就是对其形式—程序的重新表述）之间，存在着一种内在、本质大联系吗？

通过"公平"概念体育活动看起来简直就已为道义论伦理学提供了一个关键的范例。比如，在这儿人们可能会想起，罗尔斯将正义条件完全作为"公平条件"来加以重构。[5] 是否实际情况如此，以至于体育通过其公平条件将这个关键的直觉方式显示为正义的（也在对话伦理学之中所蕴含的）基本直觉？如果是这样的话，那么对话伦理学在体育上的应用或许只取决于，我们测算所有必需的规范是否能胜任公平—条件以作为体育内在的意义条件？

不管怎样，接下来我想这样来论及我的论题。首先我试图从体育的公平—观念出发澄清对话伦理学基本原则的意义，然后在报告的第二部分我想从对话伦理学的视角出发，再次溯及当代体育的伦理条件。尽管通过这种方式不会为体育领域内体制性或个体性的相关规范提供任何具体建议，但或许在文化变革的现阶段会为体育功能在伦理学上所预期的可能发展提供长远的目的图景甚至调节性原则。

II. 体育对于理解伦理学基本原则的意义

II.1 遵守或者应用竞赛体育的游戏规则的道德榜样—作用问题

如果我们试图从"公平竞争"观念出发在体育现象与道义论伦理学的基本原则之间建立一种内在关联，那么就容易以游戏规则的现象为出发点来理解；因为在所有体育种类之中它是由这个约束性的框架条件所都确立，在这个框架条件下参与者以比赛来获取胜利，因此多少会直接以自身为对手。就此而言，对游戏规则的遵从，或者对全部参与者都具约束力的游戏规则之遵从的意义，看来就确立了竞争者之间的相互关系，后者我们称之为"公平竞争"或者（作为信念的）"公平"。

但是，在体育活动之中将游戏规则作为公平的担保人来提及却需要阐明和评定，以避免发生误解。游戏规则或者对它的遵从本身如何可能是道德上重要的？[6] 比如，遵从国际象棋的规则，而不让这个车从对角线上走棋，这在道德上有关系？或者（类似于第一个例子所想到的）在足球赛中不用手来触球，这在道德上相关吗？

对第一个问题人们通常的回答是，没关系；因为车的正确走法通常只表明，人们了解国际象棋的基本规则，但人们会下国际象棋，并不是说人们是公平或不公平的。唯当人们悄悄地从对角线上走车（因此也就没有遵守游戏规则）而获得相对于对手的优势的时候，才有这种相关性。这种情况在国际象棋比赛中很难想象；但至少并非不可想象的是，比如，如果我们承认，年长的比赛者在与初学者（比如连国际象棋规则都还不太熟悉的孩子）的比赛中处于劣势，但碍于面子他无论如何都想赢，因此设法不让对手注意到，他是将车当作象或皇后来用而取得比赛优势的。这在道德上有关系的，也就是说是不公平的；

223

因为这说明并非比赛者不会下国际象棋，而是他为了其自身优先的利益，不遵循这个对他及其对手同样有效的规则。这种解释在前述的、违反足球赛规则的情况之中，比这种看法，即这里涉及比赛构成规则的不可控制性，更令人容易接受。在此，诸如犯规之类的事情还完全未能论及。

　　但是，在这里可能就产生了一种根本的质疑，反对游戏规则作为游戏构成（定义游戏）之规则的道德相关性。我们可能会认为，游戏规则作为构成游戏的规则在道德上是不相关的；在道德上相关的只是这个规则在人的对等关系之中的应用，在这个关系下（完全不依赖于当时定义游戏的规则）所涉及的始终是平等的保证——在游戏中这意味着机会均等。正因为这样（这样也许我们会强调这个理由），公平与不公平之分全然不表现在，个人是否遵从游戏规则，毋宁说在于，他如何遵从游戏规则；比如在足球比赛中就是，后卫如何利用"身体阻挡"的空间来对抗身体上处于劣势的运动员，详尽点的可能表述就是，他多大程度上会犯规——这是惯常的做法。因此，看起来在道德上相关的并不是当时编纂的、构成游戏的规则，而是在每场比赛中都已暗中共同设定的、将公平作为人际关系之规范的调节性规则，它完全不依赖于各种游戏规则而成为构成游戏的规则。

224

　　这似乎是可信的；但在我们在认同之前，还应倾听一下这两种反对之声：

　　首先是这种暗示，即单纯遵守（在某种程度上是事先接受为对所有人都有效的）游戏规则，与不遵守规则不同，其表示的是，我们重视基本的公平—规范，尊重一种对双方均有约束力的约定。但与此相反，人们可能会重又反对说，这恰好说明，重要的不是具体的构成游戏的规范，而是在本身遵守保证机会平等的规则的情况下遵守一种能够先天运用到所有游戏规则之上的约定。为此，人们可能会争辩说，遵守或不遵守游戏规则就完全与具体的、游戏构成的规则无关，毋宁说它涉及的是一种先于所有具体的游戏规则形成的、道德上相关的人的对等关系。

　　但是，这个相当有力的论证却没有考虑到如下恰好刻画竞赛体育之特征的情况：像足球、曲棍球、冰球、摔跤、拳击以及诸如此类的个人体育运动项目，其具体的诸游戏规则不仅是在内容上同样多地对原则的任意应用的场合，即对独立于它们而存在的、机会均等的约定原则的应用场合；而且它们也同样表现为诸种探求这个原则在内容上的实现或具体化的尝试。这意味着，它们在保证公平的视角下（不仅仅，而且还）作为游戏构成的规则而实现，并且若有必要会反复被修订。就此而言，在遵从个人体育运动项目的游戏规则的时候不仅涉及对约束双方的约定的遵守或不遵守，而且同时涉及某种（通常是极易记住的）具体的公平规则的遵守或不遵守，比如在拳击比赛中禁止腰部以下击打。

225

如此一来，我认为，我们关于游戏规则的道德相关性问题的预备性讨论已经实现了对我开头所说的、关于体育的游戏规则与权利规范之比较的证成：至少在其功能的个别方面，体育的游戏规则与权利规范一样可以看作是对对等的普遍规范的具体化，而且与权利规范一样它们也作为约束性的框架条件而对人的竞争行为起作用。即便是对体育游戏规则的道德意义的质疑，与权利规范的比较至少也可以部分予以考虑：也就是说，即使在权利规范那里，这种道德相关的特征在应用（利用这个应用—空间）方式上也比奉从规范的字眼更容易得到表明。所以，法律行家或者聘用好律师的人对合法性空间毫无顾忌的"攫取"简直就像对可能（亦即不受惩罚的）的犯规空间的相应攫取一样，都是不道德的。

因此，按照这个解释尝试，我们再次提出这个问题：体育通过其依照游戏规则而负的公平责任是不是已表现为伦理学上关乎正义的基本直觉之充分典范？按照前述的概念阐释，在我看来现在应该能够在尝试着解答所提的这个问题之时，从一开始就排除有关体育公平概念的传统内涵，它宁可拒绝一种以历史和社会文化为条件的生活方式，也不反对那种与竞赛体育内在关联的立场或信念，就其中涉及的是将游戏规则作为一场公平竞赛的具体化来遵奉、解释并应用而言。

226

比如，这就涉及基廷（James W. Keating）的体育哲学文献所作的"运动员精神"（sportsmanship）与"体育运动"（athletics）之间的区别。[7] 如果实际情况如基廷所假定的，在"运动员精神"这个理想之中共同规定的是高贵的绅士—伦理，即一种生活方式的理想，与这种理想相关的虽有竞争的乐趣，但同时也有"开心"、"愉快的消遣"和"娱乐"，尤其还有面对好斗的竞争者和对手有教养的保持距离与沉静，那么我在公平概念对"运动员精神"观念的导向下更可能会注意到一个干扰因素。但是，为了解答我们就一门具有普遍约束力的正义—伦理学而提的体育公平性的典范—特性问题，我认为，现代的"体育运动"概念（在基廷的意义上首先是职业的竞赛体育，在这方面很难接受非胜即败的骑士风度）的导向可能是更有益的。当然，即便在今天仍以人道主义理想的方式普遍地继承着铸造"运动员精神"的贵族伦理，甚或继承着品达*意义上的奥林匹克竞赛精神，这也许是可能的。不过，对现代体育的这些华丽的美化，在我看来并不利于突出体育公平概念之下的普遍有效性因素。实际上倒不如说，它们经常从意识形态上掩盖了这个因素。尤其是对业余运动员地位没完没了的（不真诚而且常带有社会阶层上的不公平理由来进行的）讨论就已表明了这一点。

　　因此，接下来我要谈到的是，在严肃的（可能是职业的）比赛，亦即为胜利或破纪录而竞赛的参加者其对等关系得到规范性规定的时候，公平的作用所在。当然可能会这样认为，即便在今天，公平的精神也并不是通过遵守各种游戏规则而得到详尽阐明，而是与这种承认相关，即承认对手是一个平等的竞争者，甚至是为同一个目标而竞争的共患难者。但我们仍应该从方法论上这样认为，运动员的相互承认从规范性上肯定是通过游戏规则的主体间约束，而不是通过与某个体育项目历史地相关的外在的伦理—传统来争夺胜利的：只有在这个抽象阐释的前提下，我觉得才能更确切地提出我们的这个问题，即公平，作为竞赛体育与竞技体育的本质性意义条件，也是理解普遍的道义论伦理学基本原则的直观典范。那么，作为对话伦理学家，我在解答这个问题的时候应当在方法论上如何来进行？比如，在具体说明体育公平之普遍规范的体育运动项目的游戏规则与（我一开始就从中推导出对话伦理学的基本规范的）说理对话的规则或规范之间是否可以建立一种关联？

227

---

* 　品达（Pindar）是古希腊抒情诗人。——译注

II.2 体育运动项目的实际游戏规则可以看成是能从中推导出道德规范的、有关"语言游戏"或"生活方式"的无欺的规则吗?

如果我们将对话伦理学理解成关于一种普遍主义—道义论伦理学的语用学导向的做法,那么,首先以维特根斯坦的语言游戏—规则概念作为出发点,也就是说,以这里相关地促发的、在"生活方式"意义上有关世界解释和自身情况的无欺的游戏—规则为出发点,是富有诱惑力的。但是,人们可能会将体育运动项目的游戏规则看成是语言游戏规则,用约翰·塞尔(John Searle)的话说就是,"制度事实"(institutionelle Fakten)的"构成条件",由此(通过从属的、阐释性的语言规则)产生了参与者的规范义务。[8] 通过这种方式(比如)从我们踢球的那些制度的规则—实情(Regel-Tatsache)之中就得出这样的义务,我们持球的时候不借助手,也不推开对手(或者在手球或非法阻挡对手的情况下接受裁判的判罚)。遵守这个规则的义务,在塞尔看来必须像我们应当信守诺言那样来理解,因为这依照确立诺言的语言游戏规则来自于如下事实,我们做出承诺,由此有义务将此允诺付诸实现。

在塞尔看来可想而知,在这种义务看法之中已可看出伦理学规范及其奠基的本质的意义阐释。简而言之,从各个构成性的规则以及由其所构成的制度事实之中就分析性地产生了规范性义务;甚至对于伦理学义务来说事情也完全如此;比如在著名的自然法规范"契约必须遵守"(pacta sunt servanda)那里就是这样。于是,这个规范就可能分析性地从这个"契约"的定义中产生出来,亦即通过以规则(这些规则构成契约的制度事实)为基础的个别情况以及这个事实本身的出现而产生出来。据此,看起来就可能很容易指明关于体育的规则—实情与道德规范之间的内在关系。对此应该怎么看呢?

由于我在前面已经详尽地说明了塞尔以规则实情为根据推导出规范性义务的做法 [9],在此我就能简单地说明:就如刚刚的推导所构拟的,我认为这里所涉及的全然是暗示性的诡计——这就在这两个方面:

(1)首先,这涉及所谓的从事实到规范的推导:尽管属于足球制度的语言游戏含有这个意思,即人们在践踏某个制度事实的情况下会谈到某些义务，但是这些义务并不仅仅由于这些规则以及对规则构成的事实的践踏而产生，而是来自于这个前提和这个默默的设定：运动员承认规则有规范上的约束力，并且除此之外始终有效的是这个道德规范，即契约或者诺言（在承认规则的情况下）应该履行。甚至在这里又需要重新（就如一开始与所有规则的联系上表明的）区分两种不同的解释：上文分析地促发的、从诺言或契约概念到义务的推导仅仅表明，人们理解了这个概念或者该概念中所蕴含的规则，但这在道德上是不相关的。为了将这个自然法原理作为道德义务来奠基，人们就得表明，我们作为理性存在者必然总是已承认，契约概念分析性地包含的规则在道德上是有约束力的。这在我看来能够通过反思严格说理的那些无可置疑的前提而确实地说明。

（2）但是，即便所有这些条件在运动员承认游戏规则的情况下被假定为是实现了的，也决不能由此得出，当时借助单个体育项目的游戏规则来承认的遵从规则的义务必然会作为道德义务来加以承认。要出现这种情况，唯有我们能表明，之所以运动员们遵守游戏规则是一个无条件的义务，是因为他们至少已经暗暗地作出了一个与此相关的、他们不能违背的承诺。但是，这样一种承诺，任何运动员都不会做出，除非它在道德上是不负责的；因为随时都可能发生的情况是，为了履行其他义务（比如为了保护自己或他人免受严重伤害）而违反某些体育的游戏规则，就完全会变成道德的义务。

对于遵守体育的游戏规则，我们在为其道德保留条件的可能性和必然性寻找理由的时候，就会引发这样的推想：由体育的游戏规则所构成的、关于制度事实的世界并不等同于现实的生活世界，因此从属的诸种语言游戏规则就并非不可欺的。毋宁说它们在现实的生活世界之中构成了一个虚拟的游戏世界——一个假象—生活世界，严格简化的和透明的关系弥漫于其中。当然，团队游戏（尤其是以国家队形式的团队游戏）诱人魔力就在于，运动员和观众有意图地用游戏世界暂时取代实际的生活世界，据此在他们将全部生活—问题用胜负类型来大大简化的时候导致了一种负效应（Entlastungseffekt）。在此期间，运动员，尤其是观众之中的狂热现象表明，道德义务全然就在于，游戏世界（亦即既包括游戏规则又包括游戏规则所确立的行动目标，就如

230

比赛之中取胜的目标）不能混同于实际的生活世界。比如在拳击比赛中，后者就由拳击台的医生所代表，他可以禁止任一方队员继续比赛。

体育的游戏规则的欺骗性更清楚地表现在，这些规则甚至本身就是对话的对象，通过对话它们此外的适合性甚至会依据伦理学的目标设定（比如公平教育）而得到衡量。从对话伦理学方面看，这说明，各种体育游戏规则，就其恰恰在道德上相关而言，原则上只具有规则的地位，唯有在对话伦理学的第二阶段（"实践对话"的阶段）它们才能首先作为共识的规则来奠基或被合法化。但在此它们本身并不具有像那些具体的、总是共识地奠基的道德规范或法律规范那样的地位：231 毋宁说，它们的共识能力通常是人们依据总有效的道德规范和法律规范来衡量的。

II.3 公平规则作为所有具体游戏规则在道德上的元规则属于先验语言游戏以及人类生活方式本身不可否认的规则—前提吗？

通过前面的论证，尽管我已经驳斥了将具体的体育游戏规则与绝对的道德规范相提并论的做法；但我同样还提到了公平以作为判断体育游戏规则的伦理学评判标准。因此，（作为所有体育运动项目之意义条件的）公平典型地说明了伦理学的基本原则，这个思想就完全不必反驳。于是，相应的规则或规范（在一定程度上它们作为所有特殊的体育游戏规则的元规则最终只是在这种公平竞争中或多或少地得到体现）就不需要公平或公平竞争吗？（类似地，构成所有言语行为或所有语言游戏之深层结构的那些普遍实用的规则，最终如何在制度化语言游戏的传统规则之中，尤其是在特定语言传统规则之中只是或多或少地得到实现的？）为此，公平—规则作为道德规范就不需要伦理学的语言游戏（它实际上在体育甚至在生活之中对伦理学批判来说都是不可欺的）吗？

在这方面我其实一直在探讨维特根斯坦所暗示的、语言游戏规则的不可欺性及其所属的语用学确定性的更深刻的效果。具体而言，我认为，尽管我们（由于依赖于语言的世界解释）确实必须承认语言规则本身的不可欺性，但是我们必须承认这种不可欺性，是由于其中存232 在着世界解释的可能性本身的先验条件，就此而言就是关于各个有待争执的问题的说理活动。（在这方面所指出的意见其实可以在维特根斯坦那里找到。[10])

不过在我看来这里决不意味着，传统的规则、特定语言游戏的范式确定性以及与此交错在一起的特定生活方式的"习惯"，对哲学的说理活动，在此就是对伦理学批判，必定是不可欺的——如果从维特根斯坦本人明显以之为出发点的范式相对主义路线出发，尤其是通过文化人类学来阐发这一点的话。[11] 的确，至少在后启蒙社会里可能通过哲学的语言游戏对原则上可变的、所有具体化的传统语言游戏和制度的规则—结构进行对话。

（但是，在哲学的元语言游戏之中重又——甚至仍——必须假设一种历史形成的、传统—个体语言的规则结构。不过，令人感兴趣的不是这个偶然的规则结构，而完全是这个能够——对维特根斯坦本人来说也能够——说明全部语言游戏或者语言游戏本身的规则结构，比如说明其必然与某种形式的确实表现力，与世界解释的方式或方法以及与习性传统的"交错性"。）

现在，我们要是成功地辨明了在前面所提的、关于说理的哲学语言游戏的深层结构意义上的规则和范式确定性，那么我们就有权论及其对于说理与批判的"不可欺性"，就此而言就是其绝对有效性。在我看来，这适用于说理对话的必要前提，比如普遍有效性诉求（例如，话语要求语言意义在原则上能够主体间有效并且要求在原则上能够对真理诉求形成共识）在原则上的可履现性这个前提。此外，它也适用于道德规范完全是先天可共识的这个前提，这些道德规范可以被看成是能够对真理诉求进行共识构成之对话的必然的规范性条件——比如适用于这个前提，即所有对话参与者在纯粹从共识—交往上解决所有本身可对话的问题的情况下原则上都有同样的责任，同样的权利和同样的义务。（能力所限定的权利与义务的可能差别并不与这个前提相矛盾，因为它们本身必然是被视为能够形成共识的。）

因此，对义务论伦理学来说这些具有决定性影响的、关于说理对话的先验语言游戏的规则—前提，我已做了勾画。当然，它们对评判力来说是不可欺的。不过，这样一来，它们并不是因为（比如）可以得到准语言学测试的证实，所以就在人类掌握的所有言语的语言游戏之中实际地作为规则—前提来理解和承认，而是因为它们能够基于真

233

正的理解而得到认识，所以它们也必然已在语言游戏之中得到了假设，语言游戏需要"测试"概念，如此（比如）才可能对可错论概念进行理解。最后就可以证明，对所提的规则—前提的任何否认企图都必然导致否认者在述行上的自相矛盾。[12]

那么，在此我们必须重新提出这个问题：公平—规则作为一切游戏规则的道德元规则，是否就是这个不可欺的先验游戏规则无可辩驳的规则—前提，就此而言亦即，是否属于人类生活方式本身？

我的回答既可为"是"，也可为"否"，根据如何去理解"公平"的意义而定，换言之，依据（在"公平"概念之中存在的）正义因素如何深刻地发挥作用而定。

II.4 作为正义典范的体育公平：比喻功能的效果与影响

如果我们在一切体育竞赛的必然条件的具体意义上来理解"公平"并且不超越这个概念，那么我就会（与弗兰茨·瓦锡特[13]一道）反对这一点，即"公平已经表达了正义的本质：以我之见，我们作为交往的理性存者必然已将正义作为义务论伦理学的基本原则来承认。因为，尽管公平的体育运动员希望其对手获得所有符合游戏规则的机会，就此而言亦即他想要正义；但是他却同时假定了，他与其他人的人际关系已被还原到争夺胜利的公平对抗关系之上；而在这样一种争夺之中只为了能够确实获得真正应得的胜利，他才要正义，即这里的公平。此外，如果他（比如在一场拳击比赛中）特意顾惜其对手的健康，或者面对一个弱小的对手放弃其优势的充分利用，那么这些行为就超越了体育的公平。在竞赛及其最高价值的游戏圈范围内它不再适用。

对这种说理活动人们可能会提出反对的意见：尽管体育比赛规则每次都只是在实际的生活世界构造的虚拟游戏世界，确实是这样，但是我们同时必须考虑到，对体育选手及其观众来说，公平竞赛而胜利的这种游戏世界从公平需要在现实生活中借助正义来练就而言，具有一种比喻功能，由此也享有教育的功能。

在我看来，要得体地回答这种看法并非易事；在此，我（在试图通过思想实验构拟一个满足对话伦理学的可共识原则的解决方案之时）既完全不同意弗兰茨·瓦锡特的否定性判断，也绝不支持这个相反的看法，即体育公平原则完全需要普遍化为伦理学原则。

　　为了解答这个问题，先验语用学者首先就要反思这些相互作用的规则，这些规则人们必须遵守，如果他们想通过说理对话解答所提的问题的话。比如，他们可以将说理对话本身作为公平比赛，作为争论来理解吗？"说理策略"的说法，尤其是洛伦岑（Paul Lorenzen）将说理对话重新设计为争斗的交谈游戏[14]的做法，看起来必定解答了这个问题。

　　但这是骗人的假象。因为通过说理对话，人们不是本身去争取胜利，而是（用波普尔的话来说）让这种说理替代他们去争取胜利并且自身观望着，何者更强。[15]这意味着，说理者们原初感兴趣的并非其个人的胜利，而是借助于所实行的说理争辩或说理策略的较量能够发现或者靠近所有人都可共识的真理。（比如，在这里就体育公平的伦理学意义进行对话之时，我们感兴趣的并不是通过说理去确定胜利者，而是尽可能地就所有人都质疑或可能质疑的问题达成共识。）所以，事实至少应当如此，如果在必然承认说理活动的规则—前提的意义上来理解和贯彻对话的话。尽管，在印度的王府和中世纪欧洲，让哲学家们犹如比赛般彼此相对地出现并且让胜者领受奖赏而让败者接受相当不利的后果，已是习以为常。但是，这种（爱争论—好斗的）论辩观点却仍没有理解交谈之中对话式地探求真理的苏格拉底哲学观念，只有这种观念才使得科学成为可能。（值得注意的是，在此先验语用学与波普尔是一致的，但却与尼采和福柯所导向的后现代主义相反，后者与智者高尔吉亚一样将说理完全理解为自持的，甚至是"权力的运行"。）因此，在说理对话之中我们至少必须假设并接受一种人的相互作用，它无须还原为胜利之争。这种竞争在此立即受到超越而成为理由之争，并在某种程度上致力于实现一个目的，这个目的不能先天地理解成个体或团体的胜利，至多只能看成是共契的理性存在者探求真理的胜利。就此而言，至少在先天共契的说理共同体层面已承认了一种伦理学上重要的对等关系，它不仅是胜利之争中公平的对等关系，而且还通过绝对地，亦即不受竞争影响地承认所有人作为可能的交往伙伴，亦即作为理性存在者都具有相同的权利诉求，而超出了这种关系。

　　但是我们在此并想过于慷慨激昂。毋宁说我们只是想探问伦理学对话原则的后果，以便在说理对话之外评价这个竞争原则——这出于

236

237

以下原因：在某种意义上，说理对话规则所构成的、纯然从对话上履现有效性诉求的世界的确只是现实生活世界之中的一个虚拟世界。确言之，说理对话（人的有效性—反思活动通过它而机制化）必定假设或反事实地推定了理想交往共同体的相互关系，在这种共同体之中人们几乎解除了对其生活利益的策略性自持。（比如，这就是我们此时此刻的处境——就如我希望的一样！）但是，这样的相互关系却决不能假设成适用于实际生活世界的；因为那样人们似乎就跌入了总是策略性自持的处境之中。[16] 这里起作用的甚至是，在现实生活中他们在道德上有义务去策略性地维护他们为之承担责任的自持系统的利益——比如政治家在裁军谈判或经济谈判的时候维护其国家的利益，企业家维护其公司的利益，工会领导维护其工人的利益，父母维护其孩子的利益，最终每一个人都维护其应注意到的自身利益。

要求策略性地维护生活利益的是，我们必须在类似于比赛的竞争之中与他人交往：比如在成绩检测这样的竞争（这些竞争是教育的人口和此后职业生涯的开端）中，或者（在市场经济导向的社会制度中）为了获得低廉的商品和服务供应的经济竞争之中。而且这些经济竞争的形式决不能从个体或团体竞争的视角，而只能从社会整体利益的视角出发表明策略上是必需的。因为它们调动这些劳动力，为的是使整体效益最大化，由此它们至少使得通过运用权力来追求工作效率的方式变得多余。

那么，由于这个处境我们必定会再次（而且现在是在不断反思那种对话的相互作用条件的情况下，通过这种对话这个问题应当会得到回答）提出这个问题：人的共处本身被认为是胜利之争或者创纪录的角逐并如此服从于一门公平伦理学，这在何种程度上是我们可以并且必须要求的？我认为，这个问题的答案可以表述如下：

（1）我们在任何时候都不愿意将共处（Zusammenleben）不受约束地理解为比赛或竞争；因为，那样一来我们就会在语用学上陷入与那些早就通过说理对话而承认的、关于共识交往之规则的矛盾之中，也就是说，我们就会否认这个人类关系，它使我们本身就可能通过说理来讨论问题，并且不仅通过可接受的、破纪录的竞争目标而且在此也通过有效的公平规则做出一个理性的，亦即可共识的选择。简而言之，不受限制地肯定公平的体育竞赛对理解人类生活的比喻功能，是不合理和不人道的；而且这种肯定，比如在其由体育的意识形态所代表的地方，表现为一种危险的、关于争斗的生活方式的浪漫—英雄主义变形。[17]

（2）但在其他方面我们就会——在根本上设定了所有人作为可能对话伙伴，亦即作为理性不依赖于竞争地拥有平等权利的情况下——一致地看出，比赛性质的竞争在生活世界之中是必需而且值得向往的。确言之，我认为，我们可以要求这种最初起因于人的自然不平等并且进一步走向功效差别的竞争，因为可以预料到，这些竞争对所有人，尤其是对天生的弱者和社会的底层会有生活条件的改善。（在此，我遵循罗尔斯著名的第二条正义原则，即所谓的差别原则[18]，当然我在这里要说明，罗尔斯的"正义原则"对我来说只是在实践对话层面上的建议，却不属于能够从先验语用学上奠基的对话原则本身。[19]）

现在，我们可以将差别原则的约束性条件本身（与罗尔斯一道）理解成是"公平"之需；并且在这个意义上我们其实就能将公平与正义的对等关系等量齐观。但是，在这种情况下我们绝不是简单地将体育比赛的公平概念一般化为典型，毋宁说我们在"作为公平的正义"意义上一直在思考体育的公平概念之中已经存在的伦理学因素。需要尝试性地说明这个区分：并不是我们一开始就基本上按照这个格言来对待其他任何人："我们必须竞争，这就是生活；但我们至少希望公平地竞争"；反倒是我们认为："想对所有争取胜利的人都进行反对是不公平的，公平的反倒是，即便没有竞争能力的最底层人士在满足基本需要之时仍须作为权利平等的伙伴来尊重。"

240

我认为，体育公平在伦理学上的比喻意义所涉及的这些东西更容易让人看到人类根据正义将公平极端化的这个思想。它在我看来相当接近科尔伯格作为道德意识发展的最高阶段来规定的思想：角色扮演的相互关系的完全可逆性，亦即任何人都应该尽可能设身处地为他人着想。[20] 这在交往伦理学或对话伦理学之中应当通过确定相关各方解决问题的共识能力的这个程序原则而得到保证。

在此意义上，一种可能将体育公平极端化的思想在发生学上也早就已在人类道德意识的发展之中具备了。在我看来，这就解释了英国西汉姆联队球迷组织"城际帮"（Inter City Firm）的一个足球骚乱者既成问题又有代表性的如下态度。据《星期天快报》他所作的说明如下："我们都是来自城际帮的球迷，都想在周末压制对方球迷，征服其主场。你要是陷入不快，你就会肾上腺素升高，感觉自己不得了。我没有用任何武器；我的拳头就伸出去了。我着重想要发现的是，我们的目标对象是具有同样意图的对方球迷。我们决不会攻击老人或小孩。我一开始还扶了斑马线上的老太太一把。但与同道之人的搏斗好极了。"（《法兰克福汇报》，1986 年 10 月 10 日，235 期，第 23 页）

　　可能这种态度不是完全真诚的，可能它已表现为从属的合理化。但就在这种情况下我觉得富有启发意义的是，可以将它作为球迷思想的典型态度来严肃对待。那么它就有机会做如下推断：

　　从这样一种态度出发的积极后果其实必定就是，我们会尝试着根据体育规则将球迷团体本身的区域之争有序化或机制化，以便通过这个方式防止不受引导的布鲁塞尔暴行*的爆发。无论这个想法是否能够实现，至少它指出了伦理学与体育的关系的第二个问题方面，接下来我要简单地加以论述。

Ⅲ. 普遍主义伦理学之应用（或者实现其应用条件）的体育意义

　　迄今，我们尝试着回答了这个问题，即体育公平作为行为原则是否或者在何种程度上同时也是普遍主义的正义伦理学之基本原则的典范。尽管我们已在严格意义上做了否定的回答，但是仍肯定了将体育公平之中具有正义思想极端化的可能性。因此，我最后仍要提出以下问题：体育公平作为人类学上深深确立、因此总是可探讨的人类立场，在革命性地实现普遍主义的对等伦理学和对话伦理学的应用条件的情况下，可能具有积极的作用吗？

　　对于这个提问，我接下来从看起来矛盾的、有关后传统责任伦理

------

* 这里应该是指 1985 年 5 月 29 日比利时布鲁塞尔举行欧洲足球冠军杯决赛，球迷打斗，造成 38 人死亡，300 多人受伤的惨案。——译注

学的应用情况出发，我一般把它理解为伦理学 B 部分的主题：

即便所有人内心相信，所有意见分歧或利益冲突都应按照普遍主义对话伦理学的基本原则，亦即共识—交往地或者非策略性地加以解决，并且所有人在原则上都是乐意这样做的，他们仍可能对之彼此都没有确切的认识；因此他们——在所托付的担保利益的政治和准政治责任方面——就有义务作策略性的保留，比如使军事装备和谈判处于抵御或预防暴力威胁的状态下。这意味着，即便在道德心向演化暗含的最优条件下，也不可能（比如像）在政治—社会层面进行伦理—理性的重新设定。[21]

在我看来，马克斯·韦伯区分心向伦理学和责任伦理学的形式效果最终就在这种认识：心向伦理学家认为可能将其善良意志的直接转换进行理性的重新设定；责任伦理学家却认为，不可能这样做，而且就他而言相应的"预付代价"也不可能承担责任。毋宁说这种重新设定假设的是，它必定与历史给定的可计算行动后果相关。但是，其内容上的具体说明，当然不是在（我通过思想实验所假设的）道德意识演化的最优条件下，而是在那些道德行为常会因之显得完全不切实际的条件下所做的说明，为此却提出了这个问题：我们应当如何通过普遍主义的道德对等原则同样负责任地在生活世界之中行动（其中，不是国内的，更不用说国际关系的，而是像司法保障——首先也就是对暴力的预防以及法则不受败坏地应用——这样的东西始终能够得到保障）？

（对这个疑难或多或少明晰的意识或许是如下事实的原因：今天在司法保障还算不错的德国一些哲学家喜欢宣传"告别原则"并且通过说明"习俗"来减少伦理学对话，借助"实践智慧"来加固其机巧的应用 [22]——这在世界历史的处境之下，就如约纳斯已指出的，最重要的是需要人类在公平合作的规则条件下为其科学技术的集体活动确立集体责任。[23]）

现在对于我在此勾画的、任何后传统普遍主义伦理学的应用都必然作为起点的这个基本处境，如果我们不想屈从，而是认为，长远地实现后传统道德原则（最终是对话伦理学原则）的政治—社会的应用条件是一个要原则上说明的伦理学（伦理学 B 部分）问题，那么我们就要寻找人类学上确定的、亦即个体发生和种系发生上有效的发展趋势（比如行为发展动力学的机制），它对于实现普遍主义对等道德的应用条件可能是有帮助的。

从这个视角来看，我认为在竞技体育中可练就的这种公平（甚至还在其以罗尔斯的方式进行伦理学极端化之前）展现了一条充满希望的发展道路：之所以充满希望，是因为在两种难以理解的文化教育或道德教育策略之间，这里可以看见一条既可在伦理学上又可在人类学上理解的中间道路。难以理解的是如下两种观点：

一种是肯定暴力的观点，它来自于简单的、不加升华地释放好斗天性的理论，比如这个说法：电影的暴力镜头完全只是实现了本能欲望所必需的、这里来说就是有益甚至道德上可接受的功能，即一种释放的功能而已，若没有这个功能，相应的本能潜力就会以不可控的、因此危害公众的形式得到发泄。在我等人看来，对这个说法有力的回击是，若按照这种方式残暴的行为就会被美化成真正的需要。另一种观点则是在我看来错误的策略，依照该策略争斗本身和任何形式的争斗都会因为一种不争斗的教育而被证明是无用的，并且在兴起的时候都会受到抑制。最后我认为，这个目标不仅不可能实现，而且在伦理学上也不应向往。在此，我们觉得歌德对赫尔德在《人类历史哲学的观念》中的人道主义图景的"尖锐"反应令人回味，这本书这样写道："……所有人都在一个大的疗养院，每人都是他人的护士"。

如果人确实不仅是，而且总是"权力意志"意义上的自持系统，如果其最高的创造性成就本身是在某种争斗的首创能力和执行能力上得到指明，那么我们也不能以争斗对抗的方式去完全根除争斗本能及其态度。毋宁说，值得向往的是在公平竞赛来取胜或创纪录的方式中对争斗本能与对抗的一种既审美又道德的升华。这种疏导和升华之所以值得向往，一方面是因为人的生命力通过最大限度地为社会利用而调动起来，另一方面是因为这种争斗本能所展现的是能够充满欢乐同时伦理学上可接受的、甚至渐进—发展的满足。

在此，我想起一段民族学者胡戈·贝尔纳齐克（Hugo Bernatzik）通过英国人报道的、有关婆罗洲禁止猎人头的历史：第一个这样的禁令在惊愕的土著人那里却引发了一种原来只与担心出生率相关的集体

抑郁。此后英国人又在其他地方实行了第二个禁止猎人头的实验，事　　245
实上这次没有留下任何不良后果。成功的原因在于，他们先推广足球
比赛，然后才禁止猎人头。这段历史有何教益呢？首先我不想在此给
人这样的印象，即今天全球不可或缺的责任伦理学的重要问题在西方
能够通过体育需要来解决。我们尤其不要忽略了如下这点：现代竞技
体育运行由制度约束所掌管，广泛商业化并且越来越受科技合理性控
制，这也可能阻碍道德的发展，甚至造成新的人类自身异化形式。(哈
贝马斯就此论及一种"生活世界的殖民化"的可能形式。[24])

尽管如此，我还是想通过对一种公平竞赛和创纪录的体育活动进
行国际性制度化，来寻找机会以广泛地宣传和贯彻普遍主义道德的应
用条件：在某种程度上就是以作为正义的公平方式激发体育公平的一
个跨文化的踏板。而且就人类的行为倾向的个体发生和种系发生尚有
疑问而言，通过对公平竞技体育中的争斗行为进行疏导和升华，我直
接发现了一个将战争作为争斗阐释方式来变革性地克服的必要前提。

当然，实现这种可能性最初依赖的不是体育活动本身，而是根
据实践对话将冲突处理机制化，通过这种对话人们就会用说理来取代
争斗。但因为这样，在体育活动的这种公平意识训练就能在行为倾向
层面确立一个前提。当今社会的体育活动是否能够实现这样一种人类
学—变革的功能，这无疑又重新依赖于目前可行的实践对话。因为，　　246
在这种对话（比如在运动员、体育工作人员和体育决策者的相关协商）
之中，体育活动的制度化框架条件（其中包括比赛规则）就可能通过
一个值得向往的、关于竞技体育的人类学—变革功能得到确定。[25]

第八章
核时代的冲突解决作为
责任伦理学问题

I. 问题的提出

我提出这个学究式哲学话题是依照我的自身感觉来取悦大众的。因此我认为，其理性的重要性一点儿也没有显明；毋宁说它在清醒的同时代人看来必定是可疑的。

看起来与之大相径庭的却是，伦理学在今天被公众频繁并且热情激昂地提及，只要涉及核时代的和平保障问题。但如果我们更仔细地看，那么我们就会获得这样的印象：面对现有的东西方冲突问题，依据西方伦理学的古典立场来具体解答"我们应该怎样做？"这个问题似乎意义不大——如果其结果不是有碍于对形势的理性判断并且促发危险的错误反应的话。以同样方式诉诸基督教伦理学的要求与近代的哲学伦理学，似乎也是这样。

关于基督教伦理学，我们只需想一想德国新教教会的和平实录的矛盾立场以及德国改革联盟对《耶稣基督的自白与教会的和平责任》所作的宣言，或者想想天主教会的美国与法国主教们对使用核武器或核武器恐吓的道德辩护问题针锋相对的态度。我承认，我对于教会这样的态度一直在两种情绪化的反应之间徘徊，（我也知道）这是两种互不相容的反应：

一方面，我对那些精巧的官方报告深深失望，甚至嘲讽蔑视，教会上层人士通过这些报告（比如借助奥古斯丁或路德两个领域的学说）试图表明，登山宝训（Bergpredigt）（的确）并不要求用于世俗的争执。这些要求，如其所言，在神界已规定了基督继承人的精神酝酿，但却不会造成对不同决策职权的干涉。

另一方面，理性的对抗又很快向我显露出来，即便教会方面宣称，动用核武器的恐吓完全不可能达到威慑的目的，因为它之作为可信的恐吓，是以真正动用这些大规模杀伤性武器为先决条件。[1] 在这里产生了两种反驳意见，当然它们之中重又是非常不同的。

其中一种是这么说的：一个政治家如果指望着，在给定的处境下动用核武器的恐吓能够最快地阻止核武器的使用（甚至能同时阻止大国之间常规战争的爆发），那么他的核报复恐吓怎么可能是不道德的？这个回答本身就可以理解为马克斯·韦伯意义上的责任伦理学解答，就此而言它可以把登山宝训直接运用于政治这个要求视为危险，因为单纯的"心向伦理学"看出的是不负责任的要求。[2]

但是，一个直接效果类似但理由非常不同的回答却要求将这个训导加以应用，它是这么说的：这个要求表明，通过政治来干涉道德本身由于其非理性所以是危险的。根据这个回答，在核时代只有从通常处于对立双方的党派利益之中所设立的目的出发来讨论有关冲突处理的问题，才是理性并有主体间约束力的。在今天的处境下这大概就表现为：在避免核武器大屠杀的情况下解决政治纷争。如果我们通过反对党的策略性竞争来设定利益和目标的局部一致，那么就产生了一个完全按照这个方法来开启科技上或策略上价值无涉的合理性的任务，也就是使世界强国间的对抗关系最巩固的任务。[3] 那么这样一来，道德的干涉只会有碍于这个任务的完成；因为它必然导致，我们在稳固对抗关系的意义上已使这个任务失去了理性态度：可是道德朝向的不是将对手理解为敌人，亦即需要根除的邪恶混蛋，就是在忽视实在性的情况下通过对上帝领域的乌托邦推定而将对手作为朋友和兄弟来看待。可以理解，这两种态度都被看作是非理性和危险的。

这样，即使前面所提的对抗稳固化的回答本身容易理解为价值无涉，就此而言就是非道德的（amoralisch），但它在现有的讨论中仍同时被用作责任伦理学的回答，以反对那种友爱的心向伦理学。应当如何说明这种趋同现象？我认为它可以在两个前提之下来理解，它们代表了当代有关道德与合理性关系的主导性评价。

（1）首先从马克斯·韦伯以来（在波普尔和大多数分析哲学家那里是通过新实证主义）道德最终被视为不可理性奠基的私人信仰抉择之事[4]。能够被看作是可理性奠基的，就此而言就是主体间有效的，是可能或大致的行动后果本身就价值无涉的思考（推断）。

如果我们假定，存在着某种通常被潜在的对手视为肯定或否定的后果，那么责任伦理学的剩余问题在这个后果方面就被还原到这个问题上：即价值无涉地，也就是非道德地评估行动，以作为实现或避免某些终极条件的可能中介。那么，在和平保障的情况下这个处境似乎完全能够在核时代被设想到：避免核武器大屠杀通常就必定被对手视为第一位的目的。因此，以前述方式稳固对抗关系可以作为本身就价值无涉地完成的任务，看起来这恰好形成了一门责任伦理学。就这方面而言，确切地说，这里虽没有剔出伦理学的前提，但通过将其还原到所有潜在对手在生活上始终可共识的利益临界点已将这些条件庸常化了。

（2）此外，在当前讨论中却仍普遍地将伦理学与心向伦理学，亦即如下这种态度相提并论：伦理学应当遵循的理想原则不同于（应用该原则必需的）对事实处境和处境相关的大致行为结果的（价值中立的科学的）认定。那么，伦理学的理想原则作为绝对有约束力的规范却以以下方式而起作用：就如韦伯所说，实干家应让其行动的结果听凭于上帝。在这种形式的伦理学前提下其实就可以理解，同时代的清醒者是通过要求道德与政治的分离来进行回答的。但是这个要求本身并非价值中立和道德无涉，而是责任伦理学的要求。我仍会回到这个问题。

但是，如前所述，已经相当明显的应当是，伦理学对于解决核时代的冲突问题的理性重要性在今天事实上仍是有疑问的。就如一开始已经提到的，这不仅对基督教伦理学，而且也对近代哲学伦理学有效。

关于这种状况我想（通过回忆）援引一个报告来说明，它是施密特（Helmut Schmidt）在1981年借助弗里德里希—艾伯特基金会的康德庆典之机所作的。当时的德国总理在表达其对大哲学家的敬意以后，他得出了这个对他本人有决定性作用的论点，显然这个论点与其说来自康德，倒不如说是韦伯所激发。它说明的是，政治家无论什么时候都必定让其反对者觉得，他们可能遵循康德的"绝对命令"。但与此同时，有关他们、他们的处境判断以及如此导出的政治决定却一点儿也没有得到说明。毋宁说，这种决定产生于政治家必须用来评定其选择

251

252

结果的"目测力"。(因此他知道,甚至连这些并非他能决定的结果他也要负责。)

　　对这个至少含蓄地质疑绝对命令对政治决策之意义的论点,我们仍可以通过如下(仅仅表面上相反的)论点加以补充:一方面在政治家完全不否认其政治对手也可能遵循绝对命令的时候,另一方面他也决不能深信不疑地认定,他确实必须认为其对手可能遵循这个原则上接受的绝对命令,因为即便他也不指望,其政治对手遵循绝对命令。

　　为此,根据政治家的这个矛盾处境的特性,我们对于政治家是否必须或者应该设定一种伦理学这个问题,已经作了正面的回答。否则,政治家不指望事情这样或那样,这种谈论方式会有什么意义呢? 光是这种谈论方式就暴露出,这种决策不是简单地作为道德无涉的现实政治问题来理解,毋宁说是作为效果—责任伦理学的问题来把握的。实际上,这就是韦伯的理解(而不同于马基雅维利 [5]),而且这显然也是施密特在上述论证之中所持的观点。

　　但是,要是这样来认为的话,那就重新产生这个问题:政治家所设定的责任伦理学之规范相关性何在? 在核时代,该伦理学对解决冲突问题的调节性功能(它不同于仅仅有关现实政治的纯粹策略合理性和技术合理性的功能)何在? 关于此,如我所愿,我已充分说明了我报告的问题。

253　　不过,为了尝试性地回答我所提的这个问题,我必须引出某些更宽泛的东西:我希望,在这方面我不会太深奥地陷入哲学专业的隐秘丛林之中。

II. 伦理学本身的理性奠基 [6]

　　在当代美国哲学之中对于诸如伦理学在理性上是否能够得到奠基这样的问题,通常是作否定的回答。有关最终奠基的问题(在此语境下一般就这么说)导致的是理性本身是否可能存在的问题。但是,要回答这个问题,显然有点儿逻辑循环,一提到理性那就意味着是合理的(rational);因此它用一种非理性的良心抉择,一种"信念行为"(act of faith)来回答。

我认为，这个（由韦伯、波普尔以及多数的分析哲学家和存在主义哲学家所重新触发的）回答是错误的。在我看来，它忽略了这个事实：说理之人，也就是说，严肃地提出伦理学奠基可能性问题的人，必然已经认识到了理性的约束力。（也许就在此意义上我们也就能理解康德所谓的"理性事实"：这里涉及的不是任何规范都不能从中导出的偶然事实 [7]，而是这个先验—必然的事实，即说理者早已认识到理性是其思维有效性的规范条件。）

我们今天一再假定的这个处境，即一个人会进行说理并且处于赞成或反对理性的原则性抉择之中，是根本不可能存在的。（当然这并不意味着，一个人虽然认识到理性的规范约束力，但仍会选择不遵从理性规范。而是说，反对理性的这个选择就其自身而言完全与最终奠基问题无关；它只表明善良意志的缺乏；而且善良意志肯定不能通过理性的说理而强求。）

不过，必然先验地承认理性对伦理学奠基的规范性约束力，证明这一点得到的是什么呢？没有（我在说理时必定承认对我有约束力的）理性规范，价值中立的策略性思维规范能为自身利益（比如就像霍布斯所设想的那样）服务吗？那样的话，根本就不能得出必然要承认理性规范为伦理学奠基这一点，因为霍布斯的理性规范所表明的是，它与霍布斯的假设相反，并不能为道德奠基。那么，虽然依据策略上精于算计的自身利益，霍布斯所谓的人的狼性愿意订立社会契约，亦即更喜欢对所有人都合适的法治国家，而不是所有人对所有人的战争，但是在原则上他并不会由于这种单纯策略上的考虑而获得一种在签订契约之时也放弃犯罪条件的意向。因为这恰恰向理智的罪犯作了这个纯粹策略理性的建议：选择法治国家，以便在便利之时（在不用担心任何惩罚之时）通过违背法则而获取外加的剩余好处。

如果这种单纯的策略态度应该像康德所想那样，通过一种道德心向来加以禁止，那么这种早就应承认的理性规范一开始就必须作为这样一种非纯粹的策略理性来加以承认：即作为一种进行道德立法的理性规范，它一开始就想将人与人之间非策略性的对等关系普遍化，因此用康德的话说也就是，承认他人不是用来实现自身利益的工具，反而总是"目的王国"意义上的自身目的物。——不过，在理性上如何

254

255

令人信服地证明，我们总是承认这样一种理性的基本规范，而不是单纯策略理性的规范呢？

我认为，这种证明是可能的，只要我们澄清如下一点：主体间有效的思想在说理上的理性根本不可能是单个思维主体的策略合目的性之任务；毋宁说它在原则上必定假设了无限的说理共同体的平等成员之间构成共识的可能性。但要看出这一点却假设了，我们放弃传统的看法，即个人仅仅依靠其意识功能（这就是说，没有假设一个人必定会与他人共享的语言意义）就能思想和认识。但是，如果我们看出了这一点，那么我们也就会看出，任何带着有效性诉求思考的人，亦即说理之人，在此已经内在地承认了一门理想交往共同体伦理学的规范约束力。这意味着，他必然还内在地承认了如下这点：处理人与人之间的冲突不应通过暴力或暴力威胁，当然也完全不根据那些压制合法利益的策略谈判，甚至也不靠与对手达成的、有损第三方的协定。毋宁说，应该通过说理对话来处理这些冲突，这种对话让相关各方的合法要求都发挥作用——如此一来，冲突处理的可预期结果就可让相关各方共识到。

在我看来，从对话上构成共识的这样一种伦理学基本规范本身就会自动被持相反看法的那个人所遵从，只要他在严肃地说理；而且其中表明的是，没有语用学的自相矛盾就不能否认这种基本规范。而且这完全足以让其进行哲学上的最终奠基。那就是说，这种规范无须由他物推导（归纳或还原）而来。

现在要是我们相信，前面所提的、理性上对伦理学本身的最终奠基对任何理解它的人都能令人信服地认识到，那么一门政治的责任伦理学进行奠基会得到什么呢？

Ⅲ. 政治的责任伦理学问题

正是这样一个人，他看到，通过认真的思考必然承认了前述的、对话地构成共识的基本规范，他就在想遵从这种政治规范之时同样具有了非同寻常的理想化作用。这恰好将所谈到的、反事实地推定的理想交往共同体，表达为经验上的有限认识，也就是认识到思维设定的理想交往共同体与实际的交往一交互作用关系之间的区分，我们实际上（尤其在出现冲突的情况下）应当会考虑到这种区分。但是，从这种认识出发会得出什么结论呢？从中得出的是这个结论吗？即这个结论：前面提到的（先验语用学的）伦理学奠基并不是普遍有效的——之所以不是普遍有效，可能只是因为它建立在一门说理对话以避免利益冲突的特殊伦理学之上。

在我看来，这种推测是草率并终究是错误的。不过我还是承认：257迄今我所勾画的理性伦理学之基本规范的奠基确实没有为一门政治上重要的（成效一）责任伦理学提供充分论证。它提供的是与康德的"绝对命令"伦理学一样少的论证。那我们在何种程度上会认可这一点？这种认可在我看来并非因为所提到的对话伦理学的基本规范（以理想交往共同体为前提说理地构成共识的基本规范）是无效的。相反，恰是我们看出其有效性之时，我们才同时注意到，在理想交往共同体的设定之中有一个反事实的推定。在对话之中，也就是说在带着有效性诉求的思想中，必然要先行把握这些理想的前提。但是这种把握却同时包含这样的认识：在实际的人类交往共同体之中不会指望所有人都遵从理性伦理学的基本原则。

因为这种想法似乎就容易理解这个总被推定地进行把握可能性。在一定程度上我们只需随即从头着手进行，在每个人通过对话都成功地认识到这一点之后，即他其实总是已经承认，所有冲突通过（也只有通过）构成共识的对话才能解决。这样一种理性的从头开始似乎特别有说服力，如果似乎只有一种所有人都会遭受的灾祸作为选项的话。而看起来这在今天恰是将要来临：在持续军备竞赛持续的情况下变成核武器大屠杀的可能性，或者在适当的长远对策无法一致的情况下甚至变为毁灭人类生态圈的可能性。这个处境使我们能够理解，那些追述远古以来人类进化的科学家们以及像生态和平这样的群众运动都一再要求，人必须思考自身并在理性的指引下重新开始。[8]

我很愿意承认，这样的要求，尤其是对远古以来人类进化的相关追述，让我作为哲学家相当明白。我甚至相信，若没有彻底的思考和重新开始这样的要求，无论它是宗教上还是哲学上的，都不可能有任何历史的进步。尽管如此，在我看来显而易见的是，一个负责任的政治家不会参与讨论这些要求，就如迄今和一再会对它们所作的说明那样。它们是抽象，此即不充分的，因为它们没有表明，理想的基本规范如何能运用到现实处境之上——不落入空想之中，亦即在根据每一种可能性来预期行动后果的考虑之下。也就是说，政治家之所以考虑这些后果，是因为他不仅受伦理学规范的理想原则所约束，而且同时也使得这些伦理规范能够保持并守护他所托付的实在性，即社会自持系统的实在性。因此，他会遵从理想的基本规范（比如在共识地解决冲突之时不受权力的威胁）之命令，因为如此会有碍于对保持规范和守护规范这个命令的遵从。对这个命令来说，这个至少充满矛盾的处境构成了伦理学基本规范的应用问题。在我看来，是这个应用问题，而不是理想的伦理学基本规范之最终奠基构成了政治责任伦理学真正的困难。我已习惯在此论及伦理学的 B 部分。对于这部分，我们就在我们的主题（核时代的冲突处理）下来说明。

　　但是，人们可能会在此提出这样的异议：如果在将理想的伦理学基本原则应用于现实之时产生这个问题，即这个基本规范的约束力又被第二个规范所制约的问题，那么在理想的基本规范本身的导源之中就仍不存在责任伦理学的充分奠基。毋宁说，这个异议源自于第一步和第二步的辩证关系。我认为这个关系完全正确。责任伦理学的奠基，与单纯的心向伦理学的奠基不同，在我看来产生于如下（在一定程度上辩证的）状况：

　　作为思想者，亦即说理者，我们在任何时候都必定在作双重的假设：承认理想交往共同体的程序规范以及承认实际（历史形成）的交往共同体的附属性。后者更确切地说明的是，承认政治自持系统的附属性，对于这个自持系统，我们最多可以用另一个来替换，但作为生活的基础本身却不可或缺。由于双重假设的这种辩证一体性（Miteinander）（对于它观念论总是只注意到其中一面，实在论或唯物论也仅只注意到另一面），就产生了相互制约的诸规范的前述张力，负责任的政治家总是受到这种张力的约束。

　　但我认为，由于理想的基本规范与政治现实之间的这种辩证张力，随即就产生了第三种规范；而且第三种规范在告别道德以利于纯粹的策略思维的意义上构成了政治责任伦理学与单纯的现实政治之间的区分：负责任的政治家受规范（需要保持和守护的现实性被他托付给了规范）的约束就在于，在说理地构成共识的过程中他绝不会脱离理想的解决冲突的基本规范之约束；毋宁说，双方都需遵从的规范之间的张力形成了（策略上适用的）第三种规范，以期尽可能产生状况的（长远）改变，其目的在于缓解解决冲突的理想规范与政治现实之间的张力，并如此切近共识地解决冲突的理想条件。

虽然第三种规范与第二种保持与守护的规范一样，在策略上适用，但是它同时包含着一种与纯粹说理地构成共识的非策略性基本规范的协调。因为在不可能完全共识地解决冲突的范围内（并只有在此范围内），它应当被负责任的政治家所遵从。也就是说，对于这种情况，严格地说只有这种情况下，他在国内政策方面，更宽泛地说是在对外政策上，才需要一个道德上规范化的长远策略，这个策略使得他有可能在他人的关系上目的合理地行动，一种完全共识的"行动协调"恰是不可能为这种策略所有的。至此明确的是，此处所设计的责任伦理学一方面与康德的心向—伦理学不同，另一方面也与韦伯的政治伦理学的设想（以及威尔纳·贝克［Werner Becker］的"对抗理论"）有别。这种区别之可能就在于对说理观念的如下三种道德相关的蕴意的反思：1. 反事实地推定的理想交往共同体；2. 事实上假定的实在交往共同体；3. 实践上所放弃的、需要逐渐克服1和2之区分的必然性。

我认为，在这种（哲学上仍相当隐秘的）先行考察之后就有可能更贴近核时代冲突处理的具体问题，比如东西方冲突之中的和平保障问题。 261

IV. 核时代冲突处理方面责任伦理学的规范—调节功能

首先我们现在就能更确切地规定解决冲突问题方面政治责任伦理学的规范调节功能，比如在"现实政治"的衬托下，现实政治只支持技术和策略的合理性，并且还想将道德作为完全非理性（最多是宗教—世界观）的私人事务来加以排除。

这样一种无害甚至有点作用的、道德无涉的政治—技艺之变种就表现为前述的、维持策略均衡的超级大国之间的对抗关系稳固化设想。

这个设想有点作用的原因在于：它能用于批判性地分析双方的军备努力或增加军备的努力，或许双方会在可能出现一种公然敌视关系的意义上动摇这个平衡关系——比如采取无风险地开展局部战争的核武器第一击。但如果稳固对抗关系的设想如此被用在批判性的处境分析上，那么它将不再是道德无涉的，而是服务于和平—责任伦理学。

这随即就变得清楚，如果我们现在对有点无辜的、道德无涉的政治—技艺之变种加以考察，也就是以如下方式将策略合理性绝对化：我们只是更努力地为实现自身的大国利益而赢得所谓的额外选择权，这个选择权使（比如在策略对抗体系之外进行局部战争的）所谓"策略行动自由"成为可能。显然，这些设想是专门由总参谋部策划而来，它们以使命的名义来规定单纯策略理性的抽象规范。但是，这些自身价值无涉的设想，其危险却随即就显而易见，如果我们见到过，它们是如何（在政治层面）与一种必然并且可能作善恶之决战的伪—道德的（即摩尼教—意识形态的）想法相关的话。

那么，这些能取胜于决战（它使所有进一步的解释都成为多余）的想法为何是伪—道德的呢？难道它们不就是处在我先前所介绍的、为实现完全共识地行动合作而改变局势的道德—策略的规范路线上吗？或者换言之，在先前提到的、道德无涉的政治—技艺变种之中难道不是存在着摩尼教的决战—幻想之外唯一可想到的选择（即对现有的对抗关系理智的稳固）吗？

我认为，这个区分说明了当今对话的棘手之处：在这点上，对观念论—道德所激发的革命和反革命恐怖的正常担忧将会阻碍在现有社会关系改革之中可能和必然的政治—道德进步。如此，在我看来，甚至就阻碍了一种必须预防的（比如在军备竞赛的升级形态中的）自行恶化。

对此，我想通过最终的说理来进行奠基。我要反对前述的两个假定，即道德进步策略与意识形态上的摩尼教相一致的看法，以及道德无涉的对抗关系稳固化的可能性和必要性互补的论点。我会尝试着阐明，在摩尼教的道德—恐怖和道德无涉的政治—技艺之外的第三条道路的必要性。

让我们从后一种设想开始，在这个论点看来，稳固现有的大国关系是可能而且必要的：对于友好关系的反事实推定冒险乌托邦主义，同时也对于摩尼教的决战—幻想意义上对对手的危险诋毁来说，这是唯一能想到的有效的替代性选择。我在前面已经承认，对抗关系稳固化的设想可能有点作用，即在去稳固化趋势的批判性分析之中，亦即在政治责任伦理学的框架内。但是，为何它的作用是有限的？在策略均衡意义上主要作为对抗稳固化来要求的任何设想，难道不是有害和多余吗？

我认为，以这种"冷静—清醒的"设想为基础，其根本错误是，抽象的模式化思维的错误，更确切地说就是这个错误的推论：这样的想法能够毫无准备地运用于历史之上。（就此而言，策略上抽象的对抗关系稳固化的设想相当于伦理学上抽象的责任伦理学纲要：亦即策略性地直接将非暴力地构成共识的理想的基本规范运用于政治之上。）那么，策略均衡过程中对抗关系的稳固化在历史的语境中究竟意味着什么呢？它可能有双重意思：

1. 通过不断地推动军备竞赛升级（"增加军备"、"过度杀伤武器"的生产等）来保持策略均衡。这就会是对抗关系稳固化的军备扩充之变种。

2. 在保持有效的威慑潜力之下可控地裁减军备，以使得战争不变成风险。这就会是对抗关系稳固化的裁减军备之变种。

显然，这两种可能性之区分不是源自道德无涉的政治—技艺的抽象模式，而是产生于对可能的历史发展关联下各种后果的责任伦理学评判，这种发展不仅是军事的发展，而且也是军事、经济、科技甚至文化的发展趋向可能或者大致地在人类历史的总体关联中相互交错的发展。但根据这个总体视角，这两种发展可能性之间却出现了巨大的差别：

总体来看，在第一种可能性方面，大国的策略均衡体系在二战以来就在发展。这样就很可能是，迄今所进行的均衡稳固化的扩军—变种已具有阻止战争的效果——至少在预防超级大国与其盟友之间发生核战的意义上。但其表明的绝不是未来必定能保持这样。毋宁说，有许多理由来担心，自行发生的军备竞赛在其后果与副作用的总体关联上会由于其发展不可控而导致质变。

264

首先，这种担心就在策略与技术发展的相互作用方面：这里的发展可能脱离控制，不仅是因为可能出现意外，从而激发过度杀伤武器的生产能力，而且还因为技术进步随时都可能开辟新的策略性选择，它会不可预见地动摇这种策略均衡，比如在此意义上，即攻击战的风险不再升高反而可能增加了没有实施第一击的战争风险；或者在这一意义上，即局部的第一击——比如苏联对西欧的这样一种打击——可能让人觉得在策略上是有用的。

但是，此外在人类文明的总体发展的可能联系之中，军备竞赛的自行持续甚至不受随时可能动摇超级大国的策略均衡的影响，而产生极其有害的后果：比如它就会妨碍了东盟范围内可能的自由化，同样地，现有的发展援助政策以及与此相关的南—北差距的消除，最终甚至拯救人类生态圈所必不可少的工业化进程的转变，都会受到妨碍。

所有这些表明的是，政治责任伦理学有十足的根据，在历史语境中对迄今所提的对抗关系稳固化的第一种发展可能性作否定的评价并予以抵制。从其观点出发，唯有在我们所提到的第二种发展可能性意义上的、技术—策略的稳固化设想才是有用的。不过，这意味着：它一开始所涉及的不是抽象模式意义上的技术—策略的稳固化，而是保持超级大国的策略均衡（它对威慑可能的侵略者是必要的）下提升国际关系（就如国内关系一样）积极的整体发展。恰恰在此存在着理想的、共识构成的伦理学基本规范之命令与策略合理性的命令之间的责任伦理学的协调，这种策略合理性是用作伦理学上的保持和守护的规范。但这就是说，这种协调的规范本身就在重要标准的意义上区分于所有从道德上改良世界的乌托邦式策略：

在伪—道德、摩尼教的取胜决战策略方面，显而易见的是，它在均衡稳固化的意义上既与纯粹道德的标准也与策略性的标准相对立：在说理地构成共识的过程中解决冲突和行动合作所需的伦理学的目标状态，是如何可能随着一个超级大国对另一个超级大国的最终胜利而得到实现呢？

在其他的乌托邦式策略方面，不仅通过说理对话，也通过政治实践来反事实地推定一种理想交往共同体，在这个有时是由一门友好的心向伦理学所建议的策略方面，显而易见的是，它与我们所标明的、关于道德策略的策略性标准相对立：

对政治家来说，跳出现实性而转入理想状态是不允许的，尽管可以在逼近理想状态的"调节性观念"（康德）之下努力争取长远地改善关系。这种努力对他而言甚至是作为道德义务来承担的：比如在解决冲突方面，努力实现受监控的裁军，或者可能更好的是，（在最可能的意义上）实现防御系统受监控的重新装备。无疑，就是在这种关系下，不信任就成了在政治责任伦理学的保持规范和守护规范意义上的一个义务。但是，恰因我们必定承认对手遵从这个义务，所以道德的长远策略具有决定性意义的义务就是，必须不断努力实现使双方"建立信任的措施"。要是人类只遵循策略合理性，那么关于一个彼此可预期的行为的最简单的惯例都不可能达成——就不要去谈契约了；因为原则上总是存在着承诺与履行之间的时间裂缝，在此而言就是契约的履行风险。但要是没有彼此可预期的行为惯例，就不可能有语言意义的交往部分，在这里来说就没有任何有效的个体思想，甚至连有效的策略性思想也没有。就此而言，人类绝不可能在霍布斯的一切人反对一切人的自然状态下生活。因此，我们今天在对话之中，甚至在策略性的谈判—对话之中，有可能总是假设了，反事实地推定的理想交往共同体在某种范围内一定会实现。（也许在此意义上我们就可以理解黑格尔的说法，"合理的就是现实的"并且"现实的就是合理的"。）

政治责任伦理学在策略上所促成的理性可以并且应当与所现实化的理性相结合，比如结合这些被制度化的、政治上与科学上的合作方式以及其中具有的"建立信任措施"的机会，甚至与世界公众现今迫使所有大国而提的这些要求相关，即要求他们在原则上不断地就相关各方的政治利益进行理性的对话——负责任的政治家甚至就可以并且应当与当今政治的人道主义虚构相结合，而不管策略性的保留条件，也不用了解其他各方策略性的保留条件。（在这里有时候甚至存在着心向反转并重新开始的道德决断。就此而言，在责任伦理学立场与乌托邦式心向伦理学的严峻主义之间可能就存在着必然的联系。因为，责任伦理学仍然还受思维中必需反事实地推定的理想的约束，这就与对人类有决定作用的理性乌托邦相关。[9]）

最后，鉴于核时代冲突处理的问题，我们对责任伦理学可能具有的规范—调节功能的质疑试图做概括性的回答：

我们通过辩证的顺序进行三种规范"体系"的奠基：

1. 通过先验语用学上对必然承认的说理（在此而言就是思维本身）的规范条件进行反思，我们已将完全说理地构成共识的冲突处理要求推导为伦理学本身的基本规范。

2. 随后通过对这种理想的基本规范在冲突的自持系统的政治现实性上的应用问题进行反思，我们已推出了对负责任的政治家来说在其所代表的自持系统方面有约束力的守护或保持原则。从第二个规范出发，对政治家来说就在责任伦理学的意义上产生了策略性思维的义务以及心向伦理学要求在基本规范意义上乌托邦式地跳入新开始的不可能性。现在它表明的是，一种有效的报复威胁策略必须以理性无法否认的方式来降低安全风险。

3. 针对这里出现的趋势，亦即需要用道德无涉、完全策略导向的政治—技艺（比如"对抗关系稳固化"）来取代政治责任伦理学的趋势，随后我们通过第三个步骤对第一和第二个规范的辩证张力进行反思。其结果是，使一种长期有效的策略负有（参与）变革现实关系的义务，就成了政治责任伦理学的第三个具有决定性意义的规范，以便接近从对话—共识上解决矛盾的理想条件。

我不相信，我们（在对政治责任伦理学进行理性的最终奠基层面）能够超越第三个规范。但是通过形式指引，一些规范性结果却能从第三个规范推导出来，它们可能还不依赖于处境地起作用。

所以就能够推断，策略合理性与伦理学合理性之间的协调在单纯"危机管理"的意义上并不足于实现（参与）长远地改善第三个规范意义上的政治关系之义务。如果政治家（依照处境，但又超越单纯的危机管理）在第三个规范所要求的道德策略意义上对理想的基本规范与第二个规范意义上的策略思想进行调解，那么显然，重要的就是，尽可能地实现（第一个规范意义上的）对话的共识构成，尽需要地实现（第二个规范意义上的）自持策略。因为，如果政治家由于第二个规范意义上的选择而造成实现第一个规范的额外障碍，那就在第二个规范意义上违反了应当长期有效的策略。这些情况就会发生，如果他在国内政策上为了其政党（甚至其个人）的暂时成效而使正在运转的机构遭到威胁，或者甚至危及近乎从对话上构成共识的机制（比如议会章程或者"明辨的公众"的交往自由）。但是，我们在这里大概会注意到康德的这个洞识，共和主义的自由在单个国家的实现不能脱离一个世界公民的法治社会在国际层面的实现来加以思考。[10] 如此表明的是，即便在今天，原则上仍有可能通过外交政策必然受制于国家利益至上原则来证明，对民主自由和基本权利的限制是正当的。更重要的是，前述的均衡原则在协调伦理合理性和策略合理性之时，就可以在外交政策方面发挥作用：比如，在此通过扩展特定自持系统的"策略行动自由"（通过建立"额外的策略性选择"）来遵从第二个规范就应不会出于自身目的；毋宁说这种遵从总会有其界限，在那里现存的、从共识—交往上处理冲突的可能性由于纯粹的强权政治而减退。

我认为，这个形式—抽象的准则已足以在当代处境下（我在此假设了某种事实评判的正当性）使一种责任伦理学的看法，亦即一种对现今"增加军备的政治"策略的批判性表态成为可能。[11]

第九章
对话伦理学作为责任伦理学的与经济合理性问题

I. 说明：对话伦理学的二阶概念与
哲学伦理学和经济学的合作问题

我在接受今天这场演讲的邀请时就有了这样一种打算：以一种在
先验—语用学实上得到奠基的对话伦理学视角为出发点，首先着手处
理一个由于将实践理性的概念应用于经济领域而产生的困难。我想到
的是这样一些困难：它们是从不同合理性类型（Rationalitätstypen）间
的对峙——以及自身仍是理性的中介的必要性——那里产生的；更确
切地说：是从不同类型的行为合理性（Handlungsrationalität）间的对
峙，以及所有类型的行为合理性和不可被还原为行为合理性的、作为
社会的一个复杂子系统的经济的系统合理性（Systemrationalität）间的
对峙那里产生的。我需要马上承认的是，在我看来，通过将这一提问
应用到经济领域当中，我闯入了一片新大陆。在这片新大陆当中，随
着问题变得越来越具体，我就越来越难以为自己确定方向。所以，我
只能希望经济学界的朋友们，作为这次圆桌会议的重要参与方，会在
途中与我相遇。这实际上已经成为现实了。我刚好收到了比尔费尔特
（Bernd Biervert）和黑尔德（Martin Held）主编的《经济理论与伦理学》
（Ökonomische Theorie und Ethik）[1]。令我吃惊的是，经济学的代言人们
在这本书中展现给我的是他们已经走在了通往伦理学——而且从某种
程度上说已经是对话伦理学——的道路上。

我当然愿意借此机会参与到一场已经开始的对话当中，特别是这
种参与恰恰是和对话伦理学的基础性方法论公设呼应的，我打算借此
机会对这一点做简单的介绍。我们将对话伦理学理解为一种二阶伦理
学（Zwei-Stufen-Ethik）[2]：在我看来，只有说理上共识构成（在理论

对话与实践对话中）的形式—程序原则能够在哲学的层面上得到（最终）奠基。所有其他的东西——也就是说，所有在内容上与规范奠基或规范合法性相关的论点以及所有在此被设定的理论看法——所有这一切在原则上都应当被委托给第二个对话阶段：即处于实践对话阶段的伦理学下，在这个阶段相关各方的利益与所有专家的知识（其中自然也包括了哲学家们的知识）通过处境关联的对话至少都能够被断然地（advokatorisch）带入对话当中。

　　在我看来，对于对话伦理学的这一基本要求而言存在着两种主要动机：第一种动机就在于从先验—反思上确定伦理学的形式性基本原则，即康德所谓的"理性事实"：所有理性存在物（具体而言就是所有潜在的对话参与者）——对于解决所有问题的——的平等权利和共契责任，在每一个严肃的说理之中早就被我们所承认：若没有述行上的自相矛盾就不可能对这个事实加以否认，甚至质疑 [3]。不过，这个先验语用学上被译解的"理性的事实"不应当（像在康德那里）只是对个人具有权威性的准则选择之普遍化原则——对于个人来说已完全不是所有他人的准保护者；毋宁说，对等性的普遍化应尽可能通过对话的共识构成在交往上加以实现 [4]——在此，对话参与者的共识永远不能且不应与相关各方的共识等量齐观；因为，至少儿童和下一辈人的利益必须始终断然地捍卫。如果我们将前述的共识构成之公设理解成实践对话之政治制度化的调节性理念，那么在我看来，人们也就同样可以将其视为一种民主伦理的形式的基本原则 [5]。

　　对话伦理学的二阶构想的第二个动机在于，对话伦理学作为责任伦理学（在科学的时代）[6] 不再可能仍以康德那样的方式使（与道德规范相结合的）道义论的应然确定性（Sollensgewißheit）脱离于人类的理论知识——尤其不能脱离开对行为以及有序地遵从行动规范之后果与副作用的认识。对话伦理学在此的任务至少要考虑古典功利主义和规则功利主义的动机；但是，这并不是要放弃正义和团契的道义论原则的优先性，也就是说，没有利益最大化原则（即便是总体利益最大化原则），也应当承认相对于无限交往共同体所有成员的平等权利的优先权。

　　为了满足这一动机，对话伦理学必须以如下方式存在：在实践对

272

273

话的层面上相关各方的利益不但能够得到确定，而且通过相关各方或其代表能够尽可能与一种需不断修正的、对所要奠基之规范的预期后果与副作用的认识联系起来。而由此产生的结果则是：哲学上完全可先天奠基的对话伦理学的形式原则必然同时要求，内容上处境相关的规范奠基（它必定本来就与预先给予的伦理方式和制度结合在一起）就会尽可能广泛地被视为可错和可修正的。因为，唯有如此才能确定：科学的专家们可能的知识进步在处境评估之中才受到重视，并且相关各方的利益在处境评估范围内，比如对可支配资源的评估，才能有效地看作是合理或不合理的要求。　　274

（需要顺便说明的是，从伦理学和科学理论的双重视角看来，通过先验—语用学上得到奠基的对话原则是适于消解先验哲学和批判理性主义围绕着"可谬论"原则 [Fallibilismus-Prinzip] 展开的这场在我看来是具有误导性 [因为是被先天地错误地认识的] 的争论的 [7]：可谬论原则为了使自身能够得到理解而预设了一种对话原则，换言之，它预设了一个理想的对话条件下的——在原则上不受限制的——说理共同体是能够带来关于有效性要求的渐进的、但又永远不会彻底终结的共识构成活动的。就此而言，可谬论原则和对话原则一道预设了一这样条伦理学原则：它是不能通过任何可以设想的假说证伪活动被反驳的，因为它已经通过说理而在假设反驳的概念中被一同预设了。在我看来，对话原则的预设是：通过确立和贯彻理论与实践问题之解决的对话来最大限度地考量人类理性的可错性就表现出为一种伦理学义务。）

现在，通过对二阶对话伦理学概念的简单说明，我希望已经如我所愿地在一定程度上澄清了这样一种视角：我能够以它为出发点进入到与经济学家关于经济学和伦理学之关系的对话当中。

这里，我仍需要先谈谈哲学和具体科学在对话方面之关系的如下评论：作为对话原则的应有之义，具体科学的代言人与哲学的代言人拥有同等权利这一点是非常清楚的；这就是说，双方都有权利将在自己看来具有重要性的论据带到对话当中，都有权利提出问题、进行批判，等等。"对话的一方不应当对话另一方的专业问题"之类的权利束缚和等级是不存在的。不过，从这样一种伙伴关系（这种关系是通过对话规则被限定的）出发，我们并不会像许多　　275

人提到的那样得到下面这种结果：通过各种提问而限定的、关于各门科学的可能的知识之间完全不可能存在能够先天规定的预设关系（Voraussetzungsverhältnisse）。与此相反，人们可以轻易设想一些既具有相互性又是以各种不同的方式被确定的预设关系：例如，在涉及道德规范的可能实现时，哲学伦理学应当预设经验科学的可能知识——例如，在对有关"成本和资源的权衡的实现可能性"的问题做出回答的时候，经济学的知识就是必不可少的。但在涉及伦理学的形式上的基本原则，也就是"道德视角"的时候，哲学伦理学并不会因此就失去自身的奠基功能。如此导致的并不是，比如，必然能够将伦理学的这个基本原则简化为完全不受普遍化原则先天限定的、关于收益最大化和成本最小化的个人利益，如此哲学伦理学的奠基也不要依赖于经济学的知识。在我看来，这绝不会成为哲学与经济学对话的可能结果，因为它就会与对话本身的伦理学条件相冲突。这里，哲学伦理学不可让渡的事实方面的奠基功能是不能与等级性的家长式要求混为一谈的。我还要回到这个问题上来。

　　无论如何，我接下来基本上打算以我本人对问题的（通过选择性方式形成、并且带有试探性意向的）先入之见和我从《经济理论与伦理学》中提取出来的先入之见的对峙为出发点。在第一部分中，我打算通过对流行的功利主义的、以自身利益的策略理性为导向的经济伦理学观念进行批判性的阐释来澄清我自身的立场。在第二部分中，我打算对我个人立场的应用疑难进行阐发，它涉及对每一种经济伦理学的构思都具有补充作用的经济行为领域（Handlungsbereich der Wirtschaft）。这一以经济为出发点的问题已经走上了一条通往对话伦理学的道路。在我看来，通过这两种方式就要明确哲学奠基的经济伦理学与经济学导向的经济伦理学对峙下的困难。

II. 由哲学奠基的对话伦理学和
经济取向的经济伦理学间的对峙所产生的困难

　　在我看来，第一个和最有解说价值的，同时也是《经济理论与伦理学》这部文集的哲学读者们能够得出的，就是关于经济史之潮流转变的现有实情的所有文章的趋同现象。虽然每篇文章都代表了不同的立场——而且也颇有意味地代表了不同的时代视角——但它们还是在下面这一点上达成了一致：人们对经济行为的科学理解是不能满足于一种纯粹的、亦即科学上价值中立的经济学，这种经济学完全不考虑伦理学上的规范性视角。而且，在涉及经济史重构的问题上，似乎还存在着一种广泛的共识，即通过说明一种抽象地区分的科学范式或范畴的共识，这些科学范式或范畴在一定程度上要被理解为人类精神对经济亚系统从人类社会行为的整体领域那里切实分化出来的应答。我们可以对这一分化过程做如下简单描述：

从亚里士多德开始直至 18 世纪，经济学始终和政治学、伦理学一道被视为实践哲学的组成部分，而且，即便是在由亚当·斯密奠基的古典经济学那里，伦理学预设（至少在康德也会要求的、交换主体的契约自由的意义上）仍具有本质性的作用。一种以经济学从伦理学那里的彻底解放为指向的转变最初是在 19 世纪下半叶随着所谓新古典主义经济学的形成而出现的。它对 homo œconomicus［拉：经济人］的抽象剖析和它的利益最大化的计算在一定程度上可以被理解为对资本主义世界经济的扩张、繁荣的应答，就此而言，也可被理解为与一个社会亚系统的看似成功的分化相对应的现象。不过，即便是在纯粹经济学（它试图使自身被理解为数学自然科学的典范那样的科学）的范畴系统的抽象分化中 [8]，一种道德哲学的背景理论仍然扮演着重要的角色：亦即在英国功利主义中将善等同于利益的伦理学绝对化，以及如此而来的涉及利益最大化的手段—目的—合理性和行动合理性本身的等量齐观。[9]

在我看来，只有当人们将经济理性完全还原为以策略博弈论意义上的形式—利己主义为取向的计算理性时 [10]，以及，当人们真正看穿了 278
这样一种还原在伦理学上的重要蕴意并且加以接受的时候，也就是说，当人们不是非反思地混入一种道义论的公平—伦理学假设并将其预设为自明事实的时候（就像在功利主义和博弈论福利经济学那里反复出现的那样），经济学才能真正从伦理学中解放出来。反之人们就仍然停留在对伦理学前提的抽象当中，而这会导致下面的结果：从人和社会的视角看来，某种只以 homo oeconomicus［拉：经纪人］理性为根据的行为是不可忍受的。

例如，与他人合作的理性奠基只能遵循偶然的现实利益一致的标准，不能遵循原则性义务的形式—道义论标准。这样一来，对合作义务的奠基也不能通过协议或契约来实现。因为，一旦人们在博弈论中确实无视义务论原则伦理的预设，那么传统上与契约自由联系在一起的遵守契约（"pacta sunt servanda"［拉：有约必守］）的道德义务不得不回到订立契约的个体偶然的策略性利益那里。而这就意味着个体一旦只是把策略理性当作依据，那么他们就可能订立包含犯罪余地的契约。这就是说：他们可以为了分享所有社会成员的长时期策略性利益而完全参与到合作以及就此而言的遵守契约活动当中，但是，如果不必担心在破坏社会契约——或某一特定交换契约——后会受到惩罚，一旦有机可乘，借他人遵守契约之便为自己谋得寄生的额外利益（Surplus-Vorteil）的想法也会产生（这种情况用策略博弈论的术语来说就是"搭便车"［free riders］）。

2.1 在此，我第一次有机会将我本人关于伦理学与经济学关系的先入之见与《经济理论与伦理学》中的一篇文章的另一种先入之见进行对照。在我看来，霍曼（Karl Homann）和祖哈内克（Andreas Suchanek）的文章 [11] 虽然对先前被给予了理解性重构的关于康德、哈贝马斯和罗尔斯的义务论原则伦理学立场进行了批判，但还是成为了我所提到的、纯粹策略上奠基的合作或契约理论之幻象的牺牲品——这样一种混淆在我看来甚至在整个功利主义传统中都存在着，但首先存在于当代具有极大影响力的福利经济学立场之中，它相信，通过策略性的博弈论的理性算计完全能够将社会伦理学的准哲学奠基建立在个体（也许是作为群体成员的个体）充分理解的自身利益之上。

在我进入一场争辩以前，我无论如何打算将注意力再次转向我所主张的二阶对话伦理学概念。根据这种概念，在进行具体的、处境相关的规范奠基的情况下人们完全能够接受霍曼和祖哈内克提出的、哲学和经济学的伙伴关系，但是（当然）只是作为对话伦理学第二阶段上的奠基合作来接受的，也就是说是在这一阶段上：即通过形式程序的对话原则本身已从伦理学上将内容方面可修正的规范奠基于处境相关的实践对话之中的共识构成活动。不过，在我看来，这里所涉及的合作是不应以下述方式实现的：将康德的普遍化原则包含在内的伦理对话原则必须或者应当通过诉诸偶然的个体利益或某一群体的总体利益而得到奠基。毋宁说，在实践对话中能够实现的道义论的普遍主义原则（因此也就是对话原则）本身早就必须被预设为先天可共识的，如果它所涉及的是，要把专家的知识——在这种意义上也就是关于资源、成本和个人利益之关系的经济知识——引入到共识构成的程序当中。

不过，在对话伦理学的框架中，这种在方法论层面上对义务论原则伦理学之首要地位的坚持是与霍曼、祖哈内克意欲进行的、以康德的二元论和心向伦理学的严肃主义为目标的批判并行不悖的。事实上，在对处境相关的规范进行奠基时不考虑相关者可预期的后果，这在责任伦理学的立场看是先天禁止的——而康德在他的著作中却多处这样要求，哪怕这会带来非常可怕的后果（我首先想到的是康德在关于"永久和平"的文章中对"Fiat justitia, pereat munduns"［拉：即使世界毁灭，正义也要实现］这一原则的肯定[12]，以及他和贡斯当关于在必要时撒谎的权利或义务的争论[13]）。

在对康德的伦理学进行改造时，关键之处在我看来并不是以个体或群体利益为由使普遍化原则的不受限制的有效性相对化。德国哲学家应当比很多制度主义伦理或社群主义伦理的英美代表人物更加清楚地知道自身利益或群体利益在某些情况下是能够具有犯罪的特征的（正如它们高呼着"群体利益高于个人利益"的口号为民族和国家的"内部道德"奠定基础那样）。从伦理学的视角看来，人们只有通过下述方式才能排除掉这种情况：对个体——以及作为制度化了的利益共同体的群体——的完全必要的考虑通过一种义务论普遍化原则而得到了先天的限制。这一原则能够并且应当已经与人类的利益以及就此而言的必要的共识构成关联在一起，但不是与作为偶然的道德有效性标准的个体或群体利益关联在一起，而是与相关各方的利益关联在一起。在理想的交往共同体的对话中，相关各方都要被考虑为规范之可接受性的具有同等权利的实例（gleichberechtigte Instanzen）。

所以，在此具有关键性的不是通过诉诸个体的可以利用策略计算的自身利益进行的功利主义道德奠基活动，而是通过诉诸形式—程序

281　普遍化原则的奠基活动，这个原则作为正义原则和责任原则从一开始
就考虑到了相关各方的利益，因此（当然）就使得我们（规范奠基的
共—主体 [Ko-Subjekte]）负有义务，以便我们为相关各方在策略上精
打细算的利益形成一副尽可能完美的图景，而这显然是需要经济学的
帮助的。在我看来，后面这种表述同样也将罗尔斯意欲以"原初状态"
下"理性选择"的主体的原初契约为手段进行的正义原则奠基活动的
本真意义表现了出来。这是因为，这一虚构的意义不应当像我们第一
次阅读《正义论》时可能会认为的那样，在于立刻将正义原则重又引
回到以自身利益为导向的原初选择者的策略理性那里。如果我们是以
这样的方式来阅读罗尔斯的文本，那么，罗尔斯理论真正的奠基问题
就被转移了：而这样一来，人们就必须对公平原则的奠基进行追问。
罗尔斯本人正是以公平原则为出发点将这样一些条件（"无知之幕"意
义上的"限制"）加诸原初契约的处境之上；这些条件从一开始就必须
将相关各方利益——尤其是社会最弱势成员的利益——考虑在内。

众所周知的是，罗尔斯是通过常识直观的提示和反思平衡的方法
论原则（因而也包括哲学家的常识直观和所有其他社会成员的常识直
观间的需要确立的平等）来回答这个问题的 [14]。如果人们将罗尔斯奠基
论证的补足考虑在内，那么，当人们从下述预设出发时，一个新的疑
难就产生了：在罗尔斯所安排的处境条件下，原初契约的主体实际上
只跟从以策略的方式得到了彻底计算的自我利益之理性。在这种情况
282　下，霍布斯式社会契约疑难马上会再次出现：单纯从以策略的方式得
到彻底计算的自我利益的预设出发，我们是无法推导出从原则上遵守
契约、从原则上放弃通过犯罪手段打破契约来获得寄生的剩余利益的
义务 [15]。正如我已经指出的那样，这一疑难在将伦理理性和策略理性等
量齐观（这一点通常是被掩盖的）的霍布斯主义代言人那里仍然存在
着，这主要有三种表现方式：要么 pacta sunt servanda [拉：有约必守]
的义务功能被假定为自明的东西；要么——就像在希季威克以来的现
代功利主义者那里——正义或公平意义上的道义论普遍化原则早已在
说理中被预设为准自明的前提 [16]；要么在通过诉诸得到充分理解的个人
利益来对伦理进行规范性奠基的常识中将"道德情感"、同情或类似的
东西当作附加的前提引入。但我们是不能这样来指责罗尔斯的；因为

他从一开始就考虑到了霍布斯式疑难，并且预设了虚构的原初契约的主体具有"正义感"，而且他们在这种意义上是尊重契约的。[17]

但是，按照这样一种补足，罗尔斯对奠基论证的建构仍然是不能令人满意的，原因很简单：这一建构并没有从一开始就回到所有人（其中也包括虚构的原初契约的主体）都在其中以和罗尔斯本人相同的正义直观出发的"原初状况"或"处境"。我在这里所说的自然是任何哲学根本奠基的"原初处境"——对说理活动普遍必然的前提的先验语用学反思能够在这样一种处境中出现。

283

人们可以在进行这样一种反思时回到一种合理性，亦即完全不可回避的对话合理性，它与工具合理性和策略和理性的不同早已被所有说理活动隐含地理解和承认了。通过说理活动，人们早已以述行的一隐含的方式表明他们知道：从原则上说，人们是不能通过策略的手段（例如通过谈判或对他人的建议性说服）得出正确的东西的；也就是说，人们无法知道是否任何有效性要求——无论是真理要求还是道德意义上的规范有效性要求——都可以通过合乎理性的方式得到奠基以及——就此而言——得到有效的解决。除此之外，说理者通过其反事实地推定的理想交往关系（在所有对话伙伴的同等权利和同等责任意义上）甚至早已表明，他——正如我们在一开始指出的那样——在对话原则中也已然承认了一种对话伦理学（这当然不是一种人们可参与可不参与的对话的特殊伦理学预设，而是以非暴力的方式解决生活世界中的利益冲突的预设：这也是唯一可能的非暴力解决手段）的普遍化原则。他早已知道，对话是在生活世界中找出正确的东西的唯一可能性[18]。

尽管如此，在罗尔斯看来，对在康德那里只是被单纯地肯定的"理性的事实"[19]的先验—反思的破解的可能性是不可设想的，在这一点上，他和英语世界"制度伦理学"或"社群主义伦理学"的代表人物并没有什么区别——他们最终回到了某一社会文化生活形式的"偶然的共识基础"（例如罗蒂）那里，并且就此认为普遍有效的、具有无限约束力的伦理学原则是不可能存在的。

284

在这一语境中，霍曼和祖哈内克做出了奇怪的论证：一种不受限制的普遍有效的伦理学只是在今天才成为不可奠基的，这是因为，与康德的时代不同，今天"类似一种给予标准的伦理学这样的东西"事实上不再存在（前揭，第 112 页；亦参第 118 页）。在我看来，这种论证是不成立的，理由有二：首先，在道德有效性之奠基的层面上，在经验上和历史上不再存在的承认机会从一开始就表现为一种范畴错误——正如霍曼和祖哈内克将关于道德之合理性奠基的问题和关于道德在现实中的遵守的混淆正确地思考为范畴错误（前揭，第 117 页）。除此以外，霍曼、祖哈内克对道德发展所做的历史性评价在我看来也是完全站不住脚的：因为一种给予了所有人标准的伦理学在康德的时代是不可能被接收的，即使是在最好的情况下，在当时的欧洲被接收的也只能是起源自基督教—人文主义的同质伦理学；而且，这一欧洲传统伦理绝对不能和康德首次提出的那种由普遍化原则（尽管这一原则只是被单纯视为"自明的东西"）奠定了基础的道义论伦理学相提并论。更确切地说，康德的"绝对命令"的形式普遍化原则首次展现了一种对所有人、因而也是对所有不同类型的社会文化生活形式具有无限约束力的伦理学的可能性——之所以如此的原因是对先前的善好生活意义上的自我实现的给予标准的问题（maßgebenden Problem）在此第一次拥有了一种多元主义解决的可能性。就此而言，在我看来，康德已经开启了当今人类过渡的现实阶段，亦即各种不同的传统伦理形式和生活形式向一种后传统道德的过渡阶段，在这一阶段，各种不同的生活形式、伦理形式的共同生活和责任合作通过一种被所有人承认的道德原则而成为可能 [20]。

人们在先验语用学的意义上从对话伦理学原则之反思性奠基的不可回避的"原初状态"出发，就可以赋予合理性选择主体之原初契约的罗尔斯式建构以不同的意义，而这种意义或许也是罗尔斯本人的真正想法：这样一种建构的宗旨不是将正义原则重又引回到原初选择者动用的策略计算合理性那里，而是通过以下方式为正义原则规定一种更为确切的意义：原初选择者们全都已经承认了正义（它在对话原则的框架内就意味着公平），他们要制造出所有与其立法相关的人士的经过策略计算的利益的图像。因此，选择者的策略合理性和自身利益的运用在这里所表现的不是正义原则之有效性的可能起源，而是一种完全必要的正义意志之中介，这种中介是通过认识到相关方利益来完成的。

在我看来，这一可能立法的相关方利益是以策略的形式得到了反复计算的。在对话伦理学的要求和指导下，立法者们要对立法相关方利益进行确定（Ermittlung）。在执行这种确定活动的过程中，与处境相关的规范奠基问题产生了，而这一问题的解决事实上必然要求着霍曼和祖哈内克所提出的哲学与经济学进行合作的要求。这里，我指的是最宽泛意义上成本确定之类的问题，面对着所有资源原则上的稀缺状况，这类问题决定了道德法则和与处境相关的规范的可实现性。当然，康德式"绝对命令"和策略性抉择理论这样的明智规则（Klugheitsregeln）也是在此开始发挥作用的。

286

但是，这里需要被执行的确定以及这种确定的可能的结果（而且，从这种意义上说，罗尔斯所提出的"正义原则"也包括在内）全都已经属于实践对话对处境相关的道德重构所做出的可错的和可修正的贡献；而且，就此而言，它们向来已经预设了对不被限定和普遍有限的道德原则的承认甚至（在对话当中的）服从。

在我看来，这一论点在霍曼和祖哈内克的文章中得到了很好的证实。这是因为，"作为伦理学基础之贡献的经济论文"（前揭，第112页以下）这一章中的所有提案恰恰都是与对话伦理学在被提供的对话中、在"实践对话"的阶段上设定的期待相对应的。这里关涉的实际上是下面这一点："专业的经济科学"能够在认识的层面上同时为"不同个体对资源的竞争性要求的划界"这一道德问题和"经济问题、稀缺问题的解决"做出贡献（前揭，第113页）；这样一来，它对具体规范的、处境相关的奠基活动所做的特殊贡献（例如"对结果与机会成本的经济学分析"）是依赖于"其他提问的补充"的，这些提问可以是技术的、司法的，也可以是心理学的和神学的（同上）。

但是，正如两位作者所写的那样，如果道德规范之奠基"在一种作为经济道德理论的经济伦理学中"是依赖于"那些应当对他们有利的东西是否真的对他们有利"（前揭，第113页以下；着重标记为应用者所加）这一问题的，那么，这一假设早已预设了一条道义论普遍化原则——例如，这种原则是禁止这样一些相关方支出的（没有被追问或不能被追问）利益最大化的。正如我所说的那样，这条原则恰

287　恰被包含在了对话原则当中，而且，我们可以说，它是作为有待进行
的对话的程序原则发挥作用的。当两位作者和布坎南[21]一道为反对
启蒙运动之个人主义自然权利学说而给出如下论证时，我甚至可以在
对话伦理学之二阶概念的意义上表示赞同：具体的道德规范并非"向
来已经存在着的个体自由权利的限制"，而是"被理解为行为可能性
空间的"具体的"个人自由……确切地说，它要被把握为某种只能
通过法律和道德形式下的集体性自我结合产生出来的东西"（前揭，
第 114 页）。而且，我也必须使人们对"宪政契约论"（constitutional
contractarianism）的接受以下述事实为基础：所有可能的交往伙伴的同
等权利在先验的层面上必须早已在原则上被承认了；否则，"宪法契约
论"就会退化为一种启蒙运动之前的群体"内部道德"。

　　布坎南以及文章作者们的一个明显的反思缺失（Reflexionsdefizit）
立刻在有关道德的集体善性质（Kollektivguteigenschaft der Moral）的
论证中显现出来（宪政契约论的经济可行性明显依赖于它）：在确定
的，甚至已经是道德的前提下，一个在此时此地以反对个人利益的方
式被引导，而且就此而言是道德的个体行为方式可以通过"长期的审
慎考察而得到"补充性"奠基"，因为"道德行为的优越之处是间接产
生的"。但是，正如我已经说明的那样，即便是霍布斯那以令人印象深
刻的方式表述的关于集体合作相对于 bellum omnium contra omnes [拉：
一切人反对一切人的战争] 而言有着巨大的优越之处的洞见本身也不
288　足以为放弃寄生性保留（parasitären Vorbehalt）进行合理性奠基，而且，
它事实上也是在一个向来只是和以神话—宗教形式奠基的古代群体内
部道德组合在一起的前启蒙社会中扮演着动机的角色。但是，在一个
后启蒙社会中（也就是在一个在世界范围内成为趋势的社会中！），道
德的集体善性质（它无疑也可以在策略和经济的层面上得到奠基）应
当给出做符合道德之事的充分的理性动机，这样一来，它必须能够预
设对普遍义务论正义原则和所有人的连带性共同责任的无条件承认。

　　就此而言，与那些意欲将道德建立在假言命令基础上的人相比，
康德的看法无疑是更加深刻的；而且，罗尔斯也正确地认识到，当需
要使社会契约的策略—合理性主体的利益计算服务于道德奠基活动时，
人们必须已经预设了作为"公平"的"正义感"。但是，这必须或者应

当在对康德的义务论普遍化原则的表述进行补充和具体化的意义上被寻求并通过集体的手段实现：正如我们在上文中所指出的，其所构成的乃是对话伦理学意义上的道德规范奠基之二阶概念的结果。

以上便是我与经济伦理学方法展开的辩论，后者从一开始就以批判性的态度面对后康德（以及普遍主义和基本道义论的）对话伦理学。

事实上，我还可以而且应当通过与最宽泛意义上的新亚里士多德主义立场（这一立场能够从价值中立的经济学的疑难［或者：从通过策略理性的经济伦理学对经济伦理学进行奠基的疑难］那里得出应当将经济学重新嵌入作为"善好生活"哲学的实践哲学当中的结论）进行批判性论辩来补充我在演讲的第一部分中所进行的这种争辩。不过，在当下的语境中，我只能局限于给出一些宏观的说明：在我看来，将经济学重新整合到实践哲学之中的新亚里士多德主义提案是无法回应下面的要求的： 289

1. 一方面是（道义论普遍主义原则的）所有道德的普遍有效标准，另一方面是个体与社会文化生活形式之"善好生活"意义上的自我实现问题（人们需要通过多元主义的方式来解决这个问题）。正如我们在上文中所指出的（参第280页以下），作为前康德的伦理学，新亚里士多德主义无法从原则上尊重上述两方面间的互补性分歧（komplementäre Auseinandertreten）。正是由于这个原因，它总是面对着沦为下述困境的牺牲品的危险：

要么，它必须在现代世界（不同生活形式的共生与合作在这样一个社会中扮演着关键性的角色）中跟从潮流，也就是至少希望提出一种对所有人都具有约束力的善好生活的形式[22]。

要么，它必须无视或者淡化对所有人都有约束力的正义标准（例如人权标准）和（例如一种生态伦理意义上的）工业技术之集体活动的同等的共同责任的普遍主义要求的重要性，因为，根据新保守主义者的建议，每次都有"习俗"（更确切地说：一直存在于现实生活中的习俗之伦理）这种"实践智慧"或"判断力"的帮助就足够了。在这种情况下，新亚里士多德主义在当前的条件下与相对主义形式的新实用主义（这种新实用主义即使不是犬儒主义，至少也是对普遍主义责任伦理学要求的顺从主义式安抚企图）实现了联合[23]。 290

2. 但是，在我看来，出于方法论或科学理论的理由，将经济学重新整合到实践哲学之中的新亚里士多德主义提案既不是现实可行的又不是令人满意的。也就是说，作为整体性的、非普遍主义的观念（Konzeption）它既不能充分考虑以抽象的方式在现代实现分化的合理性形式，也不能充分考虑它们与具体的生活形式和社会功能系统和亚系统的充满张力的互补关系。简而言之：它的具体的美德概念是无法应对从现代合理性化过程以及与之对应的功能系统分化过程中产生的分析拆解问题（analytischen Trennungsproblemen）和辩证中介问题（dialektischen Vermittlungsproblemen）的 [24]。

（但是，这些对新亚里士多德主义的批判性评论自然不是说：在当前的时间点——在此，实践哲学之统一性的现代解体就经济学的情况而言也导致了抽象理性主义的危机——将经济合理性的抽象分化过程上溯至亚里士多德并对这一过程进行批判性重构是不能令人满意的，因为这是有其必要性的 [25]。）

2.2 那么，能够将现代合理化过程和系统分化过程考虑在内，但又不向工具理性或策略理性寻求拯救，而是恰恰诉诸交往伦理或对话伦理意义上的行为合理性概念之扩展的（最宽泛意义上的）那些经济伦理学方法又是什么样子的呢？这样一种方法所引发的问题在《经济理论与伦理学》中比尔费尔（Bernd Biervert）和维兰德（Josef Wieland）所撰写的文章中被简短地指出 [26]，而在乌尔里希（Peter Ulrich）的文章中则被设想为可以解决的，也就是将经济合理性整合到对话伦理学的合理性当中 [27]。

我必须承认：我在阅读这些文章的时候产生了一种很难用理性解释清楚的冲突的情感状态。接下来，我打算尝试对这一点做出说明：

一方面，我对乌尔里希的方法深表同情，这是不难理解的。由于我是认为对话伦理学的基本原则是可以得到最终奠基的，而且，就此而言，是对所有人有约束力的，所以我自然认为对话伦理在今天对于企业家——或者政治家之类的人物——来说同样代表着具有终极权威性的后传统伦理学。除此以外，我也可以在如下意义上完全赞同乌尔里希的建议：对话原则不应当只是对于一个作为人类个体的企业家有约束力；它还应当在一种理想的社会经济的预设下提供一种经济行为

291

合理性之新规定的调节性原则。这就是说，一个企业家不应当只是着眼于公司利益而在策略性利益最大化命令和伦理学对话原则命令之间谋求持续的妥协。身为企业家的他应当——仍然是在一种理想的社会经济的预设下——从对话合理性原则那里推导出行为合理性的调节性原则。正如我所说的那样，我也是能够赞同乌尔里希的这个核心论点的。但是，正如我在上文括号部分中说明的那样，这种赞同必须依赖于一种对乌尔里希假定的理想的社会经济的问题的先行反思：由于这一预设的事实性满足从原则上说是无法被假定的，所以，在我看来，与之相连的、在今天具有重要意义的责任伦理学问题便产生了。在我看来，虽然乌尔里希并没有完全忽视这一问题，但他并没有对它做出彻底的反思（在我看来，这里所涉及的是一个没有在任何普遍主义伦理学概念那里——无论是在康德和罗尔斯那里还是在由哈贝马斯和我所代表的对话伦理学那里——得到足够彻底的反思的问题）。接下来，我打算尝试对这一点做出更为明确的说明：

乌尔里希通过如下方式对其"交往的企业伦理学"（Kommunikativen Unternehmensethik）进行了解释："关键之处在于……企业政治对话的调节性理念既不代表一种与'现实的'经济思想完全脱钩的'纯粹'唯心主义，也不代表对企业社会责任的经济以外的公共要求的机会主义让步，而是涉及完全与之相反的企业管理之社会经济合理性的伦理—实践的基本预设。在社会经济层面上'有效的'经营活动预设了这种经营活动的与被说明的生活实践价值标准和需求有关的功能性。出于经济理性（ökonomischen Vernünftigkeit）自身的逻辑理由，企业作为准公共机构需要对与其活动相关的人士的要求加以考虑——只要这些要求是与社会契约相关的，也就是说，是能够在一场以理性为导向的企业政治对话中由于充分的原因而可以被接收的"（前揭，第139页）。

事实上：理想社会经济学的社会框架条件能够被假定为既与的，这既是可能的、更是必需的。人们可以在这一理想的预设下和乌尔里希一道声称："具有关键性地位的不是管理的经济以外的'社会责任'（Social Responsibility），而是企业的'社会敏感性'（Social Responsiveness），也就是企业善于把握企业行为相关方的社会经济偏好并'做出与其相符的活动'的能力"（前揭，第 139 页）。这样一来，人们事实上就能够在"以共识为导向的管理的核心理念"的乌尔里希式概念的意义上要求：一种"社会责任式企业管理的对话式观念"应当取代一种结果责任的"独白"观念（前揭，第 141 页）。而且，人们能够在乌尔里希的"公开式企业管理制度的核心理念"的意义上将上述情况理解为"政治—经济社会契约范型的对应物"（前揭，第 142 页）。

人们在这一预设下必须要求企业政治抉择对企业外相关方的"外在影响"不应当只是在事后被内在化并且在国家的介入下被加以考虑，它们应当从一开始就通过"公开的企业宪法"被内在化——通过这样一种方式，企业抉择的相关各方从一开始就被赋予了"切实有效的听证权、知情权、发表意见权、控告权和获得补偿权"（前揭，第 143 页）。事实上，我们是有可能"把握住以非官僚主义的、交往的方式'现场'解决直接相关者的冲突的机会，并由此赋予团结协作的沟通式解决以相对于国家的强制命令型介入的优先地位的"（前揭，第 143 页）。简而言之："经济合理性（ökonomischer Rationalität）和伦理理性（ethischer Vernunft）达成了和解"——这样一来，交往性经济伦理学和企业伦理学以及它们的伦理要求不再是无力地反驳具有现实效力的、被当作无条件的限制（unhinterfragter Sachzwang）接受下来的操作型经济合理性（betriebswirtschaftliche Rationalität），而是能够为得到充分理解的经济理性（ökonomische Vernunft）提供论证（前揭，第 143 页）。

294   尽管如此，乌尔里希通过他那显然是基础性的"社会经济合理性三阶段概念"表明他必须将下面这种"合理性类型"、"社会经济基本功能"和"制度层面"的无紧张关系的预设顺序模式（Schema einer spannungsfreien Voraussetzungs- ordnung）假定为其"交往企业伦理学"的社会框架：

第一层预设是：企业家的"个人行为"（在"有效资源利用"之"计算合理性"的意义上）已经预设了"功能系统控制与行为控制"之"社会技术合理性"意义上的"经济系统"（市场控制与国家控制）。就今天的状况而言，这一断言在我看来不仅作为规范性假设是正确的，而且作为经验—社会学断言同样是正确的。

但是，按照乌尔里希的看法，下面这种第二层预设也应当发挥作用：企业家的个人行为和我们所指出的意义上的经济系统还预设了一种理想社会经济学上的社会契约，亦即"规范性社会整合"（冲突应对）之"交往—伦理合理性"意义上的沟通秩序（Verständigungsordnung）：但在我看来，这一被选择的预设的状态的特征必须在双重形式下得到刻画。作为规范性假设，这一预设与二阶交往伦理学或对话伦理学的调节性基本原则是极为相符的；与此相对，作为社会学断言，这一预设自然并不与当今既与的现实相符，而且，在我看来，如果它表现了一种康德意义上的"没有任何经验之物能够与之完全对应"的"调节性理念"，它就永远无法与现实完全相符。

　　这里，乌尔里希可以做出令人惊讶的评论：就像我本人在相关的作品中所做的那样，他已经注意到自己所概述的想法涉及"调节性原则"，只有当服从这一原则会得到"实用性限制"（pragmatischen Einschränkungen）的支撑时，人们才会做出服从的行为。我们还可以通过以下方式来对这一提示进行补充：根据康德，道德准则的处境性应用也是与判断力联系在一起的，而且，从这种意义上说，它恰恰是必须对意外状况加以估计的。

　　这在我看来仍然是正确的，但是，如果涉及的是将后传统对话伦 295理学应用于现存环境上，站在今天的立场上看，这显然是不够充分的。在我看来，人们在这种情况下必须对两个问题加以区分：一个是在传统的、前普遍主义道德的条件下也已经存在着的如何将规范明智地应用于复杂处境的问题，另一个是刻画着后传统道德之历史性实现的特征的应用条件之建立的问题。遗憾的是，后一个问题是不能单纯通过对团结性合作之条件的反事实地先行认识解决的。

　　实际上，规范应用问题在传统道德（它们也已经是社会自持系统的内部道德了）中只是一个"规定判断力"（康德）意义上的明智的处境评估问题，因为在某种社会文化生活形式的框架中，道德之应用条件在某种程度上是与它一同产生的。但在对话伦理学之普遍原则的政治应用或经济应用的情况下却完全是另一种样子了。因为这在当前必须与环境关联在一起——尽管我们的现代司法系统已经具有了普遍主义的因素，但上述应用的社会条件在这种环境中仍是完全无法被满足的。

在我看来，这一困难恰恰通过乌尔里希的"三层次概念"（Drei-Ebenen-Konzeption）得到了说明，也就是说，如果人们对当今现存的环境和（理想的社会契约意义上的）沟通秩序所预设的环境间的对比做一反思，下面的情况便会显现出来：当今的社会哲学必须预设的不同行为合理性类型间的张力和除此以外的一般行为合理性和系统合理性之间的典型性张力都在乌尔里希所预设的秩序中被扬弃了。这首先会产生两个结果：

1. 经济行为的策略计算合理性在今天几乎只有通过私权的框架条件才能得到限制并且逐渐变得与生活世界的道德要求相兼容——在乌尔里希的范型当中，这种与互动相关的手段—目的—合理性的形式被连续（bruchlos）整合到无所不包的伦理—交往合理性的概念当中。这已经是这样一种假定：根据它，一个从事经济活动的人在面对今天仍然存在着的环境时不应当只是作为 homo oeconomicus［拉：经纪人］行动，而且还应当作为负有责任的行为者行动。韦伯在政治行为的语境中所分析的责任伦理学与单纯的心向伦理学的差异问题（【译按】关于这一点，参见韦伯，《学术与政治》，冯克利译，北京：生活·读书·新知三联书店，1998，第 107 页："指导行为的准则，可以是'信念伦理'［Gesinnungsethik］，也可以是'责任伦理'［Verantwortungsethik］。……恪守信念伦理的行为，即宗教意义上的'基督行公正，让上帝管结果'，同遵循责任伦理的行为，即必须顾及自己行为的可能后果，这两者之间却有着极其深刻的对立。"）在这里又被重新提出了。

2. 但是，与现存合理性的对比在乌尔里希的"三层次概念"的第二个结果的情况下就变得更加突出了：这里需要假定的是，从曼德维尔和亚当·斯密开始就不断被认识到的人类行为合理性整体和经济系统的系统合理性间的张力从原则上说是要为了交往行为合理性而被扬弃的。通过经济社会亚系统在现代的分化而产生的"实在的抽象"问题、行为的"异化"问题，以及在一个特定领域中的人类关系之"物化"问题（在这个领域中，社会整合不是通过"交往行为"，而是作为交换行为结果的整合通过市场发生）——所有这些最终被哈贝马斯在一般的形式下呈现为"生活世界的殖民化"危险[28]的疑难事实上已经被解决了；而且，在被假定的沟通秩序中，人们已经通过对话合理性确立了系统合理性之"坚固性"控制（Kontrolle des »Eigensinns«）这一结构性预设（为了更清楚地理解这一点，我们还需要做以下补充：一方面是这样一种通过乌尔里希所说的交往沟通秩序实现的、对经济系统合理性之坚固性的控制，另一方面是市场系统及其通过"货币代码"以不依赖语言的方式发挥效用的社会行为协作的补充 [这种补充是通过命令经济和计划经济意义上的交往行为协作实现的]，这两方面现实是不具有同等的地位的。我还要回到这个令人头痛的问题）。 297

这一简短的提示在此能够满足将内含在乌尔里希的"三层次概念"当中的宏大的理想化（ungeheuerlichen Idealisierungen）置于眼前的要求。但我这样说并不是要把这些理想化评判为错误的或无意义的。事实上，它们是存在于交往伦理学原则的后果当中的，更确切地说，也就是存在于对一种理想的交往共同体的反事实推定（在说理对话的处境中，我们向来必然已经进行了这种预期）的后果当中。正是由于这个原因，理想的交往共同体的渐进式历史实现呈现出了（darstellt）一种具有道德约束力的调节性理念也同样是正确的。人们只是需要明白一点：在做出满足交往伦理学的应用条件的尝试时（这种尝试彻底是道德的、并且时时在更新），人们既不能够也不应当以交往伦理学的应用条件已经被满足这一假设为出发点。正是由于这个原因，人们也不应当以已经被普遍主义原初契约理论（至少是罗尔斯的理论）当作预设的历史性原点处境（Nullpunktsituation）为出发点。

正如我想要表达的那样，我已经在我的第一篇伦理学论文中以如下方式对此进行了思考：我的出发点是一种辩证先天（dialektischen Apriori），也就是总是同时存在着的被反事实地推定的理想的交往共同体（1）、在历史中形成的现实的交往共同体（2）和为伦理分派了一项历史性任务的理想性与现实性的对比的预设 [29]。就此，向伦理学提出的 298 历史性任务是完全不能在交往伦理学或对话伦理学的形式—程序理想原则的概念中得到说明的，因为这些原则必须预设对我们现实处境的历史性的抽象——这一点对我来说已经越来越清楚了。

在我看来，人们在此不要成为一种可能的历史理性新开端之幻象的牺牲品。这样一种幻象只有纯粹心向伦理学的信徒才消受得起，因为他是不为自身行为的具体后果承担责任的。与此相反，在责任伦理学的意义上，人们必须考虑到历史的处境；也就是说，一方面要考虑到已经存在的"现实的合理性"（黑格尔），但另一方面也要考虑到存在着的"现实的不合理性"。但这意味着，我们并不回避，在所有这样的（实践对话在其中［尚］不可能的）现实处境联系中需要"协调"对话伦理学理想原则的伦理——交往合理性和将他人作为工具来追求成功的策略合理性。而且，人们必须明白这里所说的现实的互动处境并不只是韦伯提到的政治处境，而且还在结构上包括了所有说理对话在其中必须或多或少单义地（eindeutig）被谈判（包括提议和威胁）所取代的处境——以及所有以沟通为导向的交往之讲理意愿（Überzeugenwollen）在其中被隐藏的策略交往的说服意愿（Überredenwollen）所取代的处境[30]。人们无须粉饰，这在实践中对于一个（例如完全负有社会责任的企业家的）行为意味着什么：就他必须预设现存的环境而言，他恰恰（还）不能够用对话合理性意义上的对话性共同责任来取代独白的、准功利主义取向的责任性。

299　　　　不过，在我看来，这并不必然导向这样一种结论：二阶对话伦理学的形式—程序原则（乌尔里希已经从中得出理想的社会经济结果）失去了它的普遍有效性（这也同样不会导致人们必须或者应当跟亚当·斯密的"无形之手"或黑格尔的"世界精神的狡计"一道，放弃对行为合理性和经济或政治经济的系统合理性进行有理性保障的协调）。在我看来，更为准确的说法应当是：人们必须用一条本身尚不具有形式程序特征的交往伦理合理性与策略合理性的辩证协调（补足）原则来补充对话伦理学的形式—程序理想原则。这样一条原则将道义论理想原则思考为所有长时期行为的最高价值和目的，并就此使时下不可避免的对他人的种种策略工具化从属于它们的逐渐消失的调节性原则[31]。而这恰恰是以对话伦理学之应用条件的长时期创造为鹄的的合作活动所要实行的。

　　　　尽管如此，在这种服务于协调交往—伦理行为和策略行为的补足原则的要求中仍然存在着——关于这一点，我打算从我的立场出发不留下任何疑虑——一种对于各种类型的道义论—普遍主义伦理学的偏移（Abweichung）。在伦理学的基础层面上，这种单纯忽略掉历史的偏移是从一条形式的理想原则——可能是一条将对相关方的行为后果的一般考虑包括在自身当中的原则^[32]——出发的，而且，它打算把其他的一切都托付给理想原则的明智应用，而这种应用是以判断力或——在对话伦理的情况下——其可能性已经被预设的实践对话之践行（Praktizierung der praktischen Diskurse）为辅助的。

在我看来，道义论伦理学的习惯方法只代表了伦理学的基础部分 A。在这一部分中，服从于伦理学之理想原则（就我们的情况而言就是践行对话伦理学）的可行性还没有被当作问题来反思，而且，满足可行性条件也还没有被理解为人们应当努力达到的道德目标。在我看来，这种反思缺陷导致了纯粹道义论伦理学的由抽象所限定的（abstraktionsbedingte）不足，这一不足必须在奠基部分 B 中通过我试图指出的目的论导向的补足原则来弥补。尽管如此，正如我们早先指出的那样，在 A 部分中得到奠基的道义论—普遍主义对话伦理学的这一目的论补足原则是不应当与一种不可与道义论正义伦理学的普遍主义兼容的亚里士多德主义或功利主义伦理学的与个体或群体的善好生活相关联的目的论混为一谈的（参见上文第 289 页）。在我看来，甚至伦理学之历史—目的论功能的必然革新也不应当等同于黑格尔或马克思通过一门"历史的必然进程"的超科学而构思的、对道德应然的"扬弃"，卡尔·波普尔正确批评将这种"扬弃"为"伦理学的历史决定论"（ethischen Historizismus）^[33]。与此相对，我认为今天来自不同阵营的观点（例如，利奥塔的"后现代主义"^[34]、约纳斯的"责任原则"^[35]，以及哈耶克对"理性自负"^[36]的拒绝）都显得有些草率，而且它们从根本上说是错误的，甚至康德在伦理学上所确立的义务也必须被视为幻象并加以拒绝，这个义务试图将道德进步（特别是在建立道德进步的制度化条件意义上的进步）看成是可能的，并且需要对抗挫折来达到。

我在这里无法进一步探讨对话伦理学之补足原则对于经济行为而言的结果。不过，我打算在我演讲的结论部分对批判的—重构的社会科学（就此而言也包括经济学理论在内）的方法论问题进行简短的讨论。在我看来，这个问题恰恰是与交往—伦理行为和策略行为之中介的伦理学补足原则对应的，因此，它的恰当解决能够确立服务于责任伦理学的批判性社会科学。为了澄清这里所说的问题，我准备再一次将目光转向乌尔里希的方法。

　　假如我们深入思考了乌尔里希的三层次观念，特别是经济系统（用乌尔里希的话说就是"市场调控和国家调控系统"）在三阶段预设内部的地位和功能，那么，下面这一点在科学—理论的层面上就是一个特殊的疑难：一方面，乌尔里希显然打算说明经济系统在"功能系统调控和行为调控（克服复杂性—不确定性）"意义上的演化区分（evolutionären Ausdifferenzierung），他在任何情况下都不打算使它成为从属性的东西（因此，他也不打算像我在上文中强调的那样用一种直接的交往行为协作来取代以市场为媒介的社会行为协作）。但另一方面，在乌尔里希那里尚不存在一种以行为合理性和系统合理性的差异以及二者间的张力（这种张力从曼德维尔开始就已经被注意到）为出发点的独立系统理论。更加确切地说：尽管乌尔里希将一种特殊的合理性、亦即"社会技术合理性"类型赋予了"经济系统"，但他似乎没有意识到，我们应当在当代经济秩序的条件下来指明，经济系统合理性及其社会整合的"牢固性"（Eigensinn）需要从一个在方法论上不能被归为行为理论的——就此而言，也就是伦理学的——视角出发来主题化，这种社会整合不是建立在人类行为意向的基础上，而是建立在通过市场产生相互联系的人类行为的行为结果的基础上。在乌尔里希那里，这样一个无法在行为理论的层面上被整合的方法论视角似乎无法预先规定，恰如一门负责任的经济行为的伦理学在（至少是目前的）实际存在的境况下无法预先规定。其原因显然存在于下述事实当中：乌尔里希在他的模式中恰恰将预设秩序（交往伦理学的调节性理念是要求这种预设秩序的存在的）虚构地假定为既与的现实，因此他不再系统地反思这一假定的反事实环节。

　　不过，从方法论的视角看来，这还意味着一种批判经济学的问题被剥夺了它的构成性维度（zugehörige Dimension）："功能系统调控与行为调控的问题"（以及与此相关的"克服复杂性—不确定性"的问题）（前揭，第132页）从一开始就被表现为这样一种状况：它仿佛已经被置于人类交往—伦理合理性的控制之下了（这是与一切马克思主义乌托邦对应的，这种乌托邦认定，迄今现存的、对人类实际可达到的行为目的的他律在"自由王国"中是如此被扬弃的：人类第一次不再遭遇历史，而是在共契行动中创造历史）。

在我看来，这种空想主义假设的对立面正是绝对化的、社会学系统理论（例如卢曼的系统理论[37]）的新保守主义假定：这里被假定的是，人类的行为合理性——自然也包括伦理—交往合理性——至少在今天是完全依赖于功能的系统合理性——特别是在质的层面上越来越纷繁不同的社会亚系统的系统合理性！而且，正因为如此，一般说来它是不能从内部出发站在行为合理性的角度上被分析的，它只能从外部出发，站在系统理论的角度上被分析——正如它只有在以未来为导向的伦理学要求的所有规范性视角全部被包含在内的条件下才可以被理解（无论如何，不同于哈耶克的经济—还原主义经济学理论，卢曼的系统理论认为，通过货币代码协调的经济交往行为协作虽然对"自我创制的经济系统"来说已经足够，但对于社会来说却还是不够的，因为"在经济所关心的价格信息中，关于经济的社会、自然环境中的经济行动的后果的信息是很少被系统地加以考虑的"，而且，"经济上的成功……使社会和自然落入险境"。因此，他"既不打算把经济解释为原罪，也不打算把它解释为效率和自由的榜样"[38]。与此相对，哈耶克所要尝试的正是后面这一点。这样一来，他依赖的就是对市场经济和西方文明成功的社会达尔文主义说明，这样一种说明一方面力求达到科学和价值中立，但另一方面又将适应市场体系的"秩序"[通过分配正义——甚至环境责任？——放弃所有社会政策]提升为道德与政治的规范标准[39]）。

在我看来，批判性社会科学（就此而言也包括批判性经济学）的方法论导向点必须存在于乌尔里希和卢曼之间；这就是说，存在于一种纯粹内在的、规范—诠释学和行为理论的视角和一种纯粹外在的、功能主义—系统论的视角之间，前一种视角与道德公设和调节性理念（最多与其可应用性的"语用学约束"）相关，后一种视角根本不能严肃地看待相互关涉的人类负责任的自身理解：在我看来，应当坚持交往伦理学的"调节性理念"，甚至乌尔里希的三阶段观念（因为这在康德的意义上就是"义务"），但这个规范性的基本态度必然包含了对理想之虚构的反事实特征进行彻底反思的决心——就此而言，也包含了当今社会对经济的功能系统合理性的"坚固性"进行外在的、价值中

303

304

立的主题化的决心。而且，在我看来，从第二种视角出发，现代经济学价值中立的解释——以策略—博弈论为导向的，更确切地说是以功能主义—社会学为导向的解释——的结果能够而必须被归入批判经济学的总体概念（Gesamtkonzept）之中。

　　但是，这些价值中立的经济学解释在此却不能理解为自足的——既不在 homo oeconomicus［拉：经纪人］的策略行为合理性的规范—分析性隔离意义上，也不在对经济体系的功能系统合理性认识进行单纯的社会技术—工具化转换的意义上。毋宁说，对经济行为所做的外在的和价值中立的分析的诸形式从一开始就被置于批判性社会科学的规范导向的总体语境之中，这种社会科学的视角最终是由伦理—交往合理性的调节性理念规定的。这些形式表达了原则上与意识形态批判的社会科学解释相类似的协调阶段（Vermittlungsstationen），在这一阶段上，人类交往共同体的这个规范导向的内在行为理解在准法理学地解释人类行为方式的历史沉淀并逐渐纯化的类本性（Quasi-Natur）过程中必然自身协调。[40]

第十章
交往伦理学的先验语用学奠基
与道德意识之发展逻辑的
最高阶段问题

内容提要

I. 解题

我演讲的主题来自奥利维蒂（Marco Olivetti）教授的建议。我是 306
乐意接受他的这个建议的，因为我这些年来一直关注皮亚杰／科尔伯
格式道德判断力之发展逻辑和对道德的先验——语用学奠基这二者间的 307
关系（我 1983 年春天在罗马大学时就已然如此）。我的主要兴趣是尝
试对科尔伯格重构道德判断能力之个体发生做出评价，而这样一种评
价是以一种对应的（entsprechenden）系统发生之重构，因此也就是一

种道德意识的社会—文化演进之重构为目标的 [1]。

　　对我来说，在一次演讲的有限框架内处理上述主题并非易事，因为这假定了人们首先要对一个极为复杂的问题处境进行重构，而这样一项重构任务又是与一场持续多年的极为细致的讨论分不开的；之后，人们需要在先验语用学方法和各种恰恰在与道德判断之最高阶段问题的关联中得到阐发的争议性立场之间建立起联系。

　　概括地说，我们需要重构的问题的特征是通过以下两个方面被刻画的：

　　第一，最为一般的全局性问题架构是：伦理学规范性原则的哲学奠基或辩护一方和对皮亚杰认知心理学意义上的道德判断能力的个体发生的经验的、发展心理学的描述和重构性—理解性说明一方的关系（和哈贝马斯一样 [2]，我在这一语境中还面对着一个特殊的问题，也就是对道德意识的系统发生的社会历史取向的重构及其与个体发生和伦理学之规范性—哲学奠基的关系问题）。

　　第二，在上述全局性问题架构的框架内，我这次演讲所涉及的特殊问题已然在过去几年的讨论中形成了：形形色色的道德判断力之最高（第六或第七）阶段的观念以及它与阶段等级、道德原则之哲学奠基的关系的问题。这里，我打算在对一种关涉对话的责任伦理学进行先验—语用学奠基的意义上提出一个新的建议来讨论。因此，我们首先来看一下科尔伯格的道德判断力的发展理论的方法论地位这个一般性问题。

II. 道德意识诸阶段的哲学奠基和
发展心理学说明之间关系的方法论框架问题

　　首先，让我们通过科尔伯格 1971 年的著名文章《从"是"到"应"——怎样陷入自然主义谬误以及如何在道德发展研究中摆脱它》（*From* Is *to* Ought: *How to Commit the Naturalistic Fallacy and Get Away within the Study of Moral Development*）来考察一下他在一般方法论问题上的立场 [3]。由于这篇文章——特别是这篇文章那挑衅性的标题——科尔伯格最初给人们留下的印象是他实际上打算用以发展心理学为手段的对事实的说明（Erklärung）取代对道德判断能力的哲学奠基（Begründung），这样一来，他也就在"自然主义谬误"的意义上将道德规范当作从事实中推导出来的东西。事实上，假如人们——在新实证主义学习心理学的元理论或精神分析的正统—自然主义元理论的意义上——从"发展心理学应当是一门价值中立的自然科学，作为这样一门自然科学，它既不可预设道德规范，又不可从事对道德规范之有效性的奠基活动"这样一种观念出发的话，那么，对科尔伯格所从事的工作的理解就必然会像上面那样。但《从"是"到"应"》这篇文章的出发点恰恰不是这些认识论预设，而是哲学和发展心理学要"携手工作"这种观念。与提出"发生认识论"概念的皮亚杰颇为相似，但又更加强调哲学预设的科尔伯格是从一种同时具备规范性哲学基础和发展心理学基础的统一性理论出发的。对这种统一性理论的有效性的证明自然要通过经验的—心理学的检测来进行，而且，也正是基于这种经验的有效性证明的结果，理论整体应当使涉及其哲学预设在规范层面上的有效性的推导（对哲学假设的可能证伪或间接支持意义上的推导）成为正当的。在科尔伯格看来，"从'是'到'应'"这一表述以及所谓好的"自然主义谬误"的积极意义正是建立在这样一种推导的可能性的基础上。

科尔伯格对于发展心理学来说具有重要意义的学习过程的价值中立，或自然主义理解加以反对的关键性论据是：根据价值中立或自然主义的预设，对"真"的学习和对谎言和假象的学习必须是一样的（前揭，第 102 页）。在这种情况下，学习和发展的所谓动机事实上需要被理解为如自然法则般发挥作用的原因（近似于在刺激—反应机制的意义上），而不是被重构为——亦即被理解和评价为——"好的"或"坏的"根据。

人们很快就会发现，出于完全类似的理由，发展心理学与（同时代的）科学史一样在此必须渡过认识论的卢比孔河。对科学史而言这甚至就导致，多年来与韦伯一道捍卫社会科学的价值中立性的哲学家们（例如波普尔和拉卡托斯），在反对科学社会学的相对主义—历史主义的斗争中突然发现科学史是一门以解释学的方式被重构的非价值中立的精神科学。与发生认识论的任务类似，科学史的任务就是要进行一种经验性、规范性的重构（首要的是重构内在的进步史，次要的是重构单纯在外部就可以得到说明的事件史，但后者仍是重构活动的起点）[4]。

尽管如此，不能忽视的一点是，与科学理论的情况不同，在科尔伯格的道德判断能力发展理论的计划中，具有关键意义的不仅仅是对真理要求的理解性—评价性重构。在后者之上还存在着一种具有重要道德意义的正当性要求（Richtigkeitsansprüchen）的重构。不过，一旦人们获得了下面两种认识论洞见，上述差异就显得次要了：

首先，站在皮亚杰与科尔伯格的认知心理学的立场上看，关键的一点是：不同于逻辑实证主义的假设，作为一种正当性要求的承负者，道德判断不只是主观感受或意志选择的表现，而且还是一种与认识类似的判断能力的表现。就此而言，我们可以在科尔伯格的、以假设的困境为辅助的"人员测试"提问法那里看到对苏格拉底助产术的确认与重演。另外的一个关键点是要认识到被韦伯所忽视的、对存在于价值中立的自然科学当中的真理要求的价值评估和在理解性—重构性的精神科学或社会科学的层面上对道德判断之规范正当性要求的价值评估之间存在的平行关系。而这就蕴含了这样一种洞见：重要的认识论差异不是存在于真理要求的价值评估和规范正当性要求的价值评估之间，而是存在于一种自然事实的价值中立的真理性确证（wertneutrale ware Feststellung）和与人类的判断活动联系在一起的一种合乎理性的真理抑或正当性要求的价值评估之间。

无论如何，从以下角度看来，在规范性—重构性的科学史和科尔伯格的计划之间还存在着另一种差异：到此为止，事实上只有科尔伯格的计划是从一种等级性阶段理论出发来领会价值需要被评估的判断能力之结构—发生的，而科学史显然不是这样。实际上，科尔伯格的阶段理论尽管做出了必要的修正，但还是与皮亚杰关于数学—逻辑判断能力的发展阶段理论相符的，而且，就此而言，人们或许也应当在重构性科学理论中推出一种发生结构主义意义上的等级性阶段观念的可能性和必要性[5]。

道德意识之个体发生的评价—可理解性和等级性—分化性重构的意义明显在于：它展现出了经验主义文化社会学的伦理相对主义的反

论证和不同于它的另外一种选择；因为科尔伯格所假设的诸阶段之不可逆顺序（次序）和价值基础差异（等级）——根据其个体发生的确定性——从一开始就被思考为在诸文化间保持不变的。

但是，当人们对一种理解性—评价性重构方法的正当性和一种等级性、因而在价值评估方面呈现出分化状态的阶段理论的必要性同时做出假定的话，那么，一开始提出的问题就带着更强的迫切性重新出现了：一方面要对道德判断能力之个体发生中的阶段次序做经验主义—心理学说明，另一方面要在向道德意识之最高阶段的规范性目的的逐渐接近意义上将阶段次序在规范性—哲学层面上奠基为一种价值等级的阶段次序，这两方面之间的关系是需要被追问的。科尔伯格在前面提到的那篇文章中以如下方式回到了这个问题：

312

> 宽泛地说，探讨"为什么人们事实上的确（do）一个阶段又一个阶段地不断向前"和"为什么人们事实上的确偏向更高的阶段而非较低阶段"的问题的科学理论与探讨"人们为什么应当（should）偏向更高阶段而非较低阶段"的问题的道德理论是一样的。（第 179 页）

正如科尔伯格本人明言的那样，他就此确立了与发生学—心理学上说明的理论和规范—哲学上奠基的理论之关系相关的"同一性"-论点或"同形性"-论点；他对这一同形性–论点做出了如下阐释：

> ……虽然心理学理论和规范性伦理学理论是无法相互还原的，但它们二者却是同形或平行的……在我们工作的语境中，对道德阶段的心理学描述是与规范性伦理系统的"深层结构"对应的。对于一种探讨"为什么一个道德判断系统优于另一个道德判断系统"这一问题的准确理论来说，道德阶段间的逻辑关系无差异地表象了它的结构。（第 180 页）

科尔伯格如何为"在可以通过发生学的方式得到说明的道德意识阶段的系列（Reihenfolge）和可以通过哲学—规范性的方式得到辩护

的道德意识阶段的价值等级（Werthierarchie）之间存在着同一的深层结构"这一强假设提供根据呢？他给出了这样的回答：

> ……我本人主张一种心理发展理论和形式主义道德理论的平行论，其根据是，关于分化与整合，关于结构性平衡的形式心理发展标准可以映入（mapinto）指令性和普遍性的形式道德标准之中。如果这样一种平行论在细节上是正确的，那么形式主义哲学家们就能够将平衡概念整合到他们的规范性伦理学理论当中，反之亦然。（第 180 页）

313　　我将上面这种回答理解为对一种可能的（并且是需要在启发学的层面上被假设的）汇合——亦即在认知发展心理学（以及与对人类能力[6]的合理重构相关的其他理解性社会科学）的发生学结构主义意义上的理论建构与必须具备这些能力的普遍有效性要求之合理性的哲学奠基的汇合——的反事实推定（kontrafaktische Antizipation）。在这种反事实推定的意义上，我可以接受科尔伯格的统一性假设（Einheitspostulat）；我甚至已经打算通过先验语用学论证捍卫下面这种理念：统一性假设的必要性即是启发式汇合假设的必要性——任何一门与人类合理性的个体发生或系统发生的理解性重构有关的科学都应当将自身的合理性要求（这些要求是必然被重构活动预设的）把握为人类合理性的个体发生、甚至系统发生的可能结果。如果现在可以证明对一种说理伦理学的必要承认的预设也属于真理要求之外的重构科学的合理性要求，那么，从方法上说，理解性的社会科学从一开始就必须被理解为对道德意识发展的——在逼近一种说理伦理学之规范的意义上——经验性、规范性重构。我将这样一种情况称为理解—重构的科学之自我整合原则，并且将其奠基为先验地、语用学地避免自相矛盾的原则的直接结果，此外，它还要与纷繁的人类学—社会科学还原论做斗争（人类对有效性的要求不能被还原为冲动、利益、权力意志，等等）。[7]

314　　但是，将科尔伯格的统一性论点表示为一种反事实推定已经意味着，具有方法论意义的、有关哲学与发展心理学关系的问题在此之中并没有得到确切的回答。只要科尔伯格理论的正当性（正确性）——
或者更确切地说：皮亚杰、科尔伯格意义上的理论建构的正确性——
没有在其所有全体那里得到哲学的和经验—心理学的证明，那么这两
种方法的实际统一性就无法得到真正的说明。这就是说：为"人类在
其判断能力的发展过程中为什么在事实上经过了一个阶段序列？"这一
问题给出可以得到经验检验的说明性回答的心理学方法和为"人们为
什么应当努力达到一个最高的、最好的能力阶段？"这一问题给出回
答的哲学方法是不能同一的；它们本来就不应该同一，因为——为了
汇合假设的近似实现——规范—哲学上的奠基的标准和心理学的经验
测试—标准明显是应当相互支撑、相互修正的。

在我看来，根据这样一种考察，可以说哈贝马斯在试图做出比科
尔伯格本人更好的理解的时候已经建议，用互补性或分工的论点来取
代科尔伯格的同构性或统一性论点。用科尔伯格的相应表达哈贝马斯
指出：

> "我们的道德观念经验地'运作着'这一事实对于其
> 哲学来说是至关重要的"。从这种意义上说，理性的再建构
> （Nachkonstruktionen）是需要被考察和"检验"的。"检验"在这
> 里指的是验证各种不同的理论单元是否以互补的方式被整合到相
> 同的范式当中。在科尔伯格那里，下述表达是最为清楚的："科学
> 因此可以检测一个哲学家的道德观念是否在现象的层面上与心理
> 事实一致。但科学不能超越于此之上并且将每一种道德观念都辩
> 护为界定了'道德应当是什么样子'的思想。"[8]

科尔伯格在他最近出版的著作中既接受了这种修改建议又承认了
哈贝马斯在判断能力之"理性再建构"的意义上对其方法所做的认识
论阐释。

我在当下的语境中是很乐意涉及哈贝马斯的互补性论点的。实际
上，在我看来，下面这一点已经得到了默认：至少在和经验—心理学
测试标准和哲学奠基—标准有关时，同样由哈贝马斯所假设的哲学与
重构的社会科学在方法论上的统一性是不应该被设定为前提的。为了

两种方法的可能的相互支撑或相互修正，应当被设定为前提的不如说是下述情况：一方面，心理学家在对理论进行检测时可以诉诸能够用统计的方式进行评估的可重复性经验测试的结果；另一方面，理论的规范性—哲学奠基可以以一种自律的非经验性奠基方法为基础。确切地说：与通常所谓科学的"强经验理论"（例如乔姆斯基语言理论中的"天赋性"假设）不同，把思辨的—哲学的预设当作假设（它们的奠基恰恰必须借助以它们为基础的理论的经验证实）来思考是不够的。因此，一种其结果可以通过经验证据被证实或证伪的假设性—演绎性思维也是不够的；在我看来，在为科尔伯格那以价值为基础的（道德判断能力之）阶段等级进行规范性奠基的情况下，而且，尤其是在为最高阶段的目的—功能进行奠基的时候，人们可以诉诸一种非假设性、不可被经验地检测的、亦即先验的—先天的最终奠基——只有在这种情况下，道德应然之理性奠基之类的活动一般说来才能够成为可能。假如上述情况是不可能的，那么科尔伯格的理论就自动失去了它的伦理学意义（例如在教育领域的可应用性 [9]）。这样一来，它在最好的情况下也就是一种对成长中的青年人的行为做出合理的可靠预测的理论——从原则上说，这样一种理论和那些关于消费行为的理论并没有什么不同（后者最终不是把可被理解的动机评估为好的或坏的理由，而是单纯从启发性的角度出发，在一个"说明"图式中将其考虑为相关的行为原因 [10]。

　　从上面这些有关方法的思考出发，我们必须在我们所探讨的主题的语境当中尝试对科尔伯格的阶段理论——同时在其心理学—描述性、说明性维度和哲学奠基的维度上——做出更为准确的分析。我们尤其应当提出标准和证据的问题——一方面是心理学—经验的，另一方面是哲学—规范性的——，这涉及道德判断能力六阶段的假设和界定。为了达到这一目的，接下来我首先还是要对科尔伯格的文章《从"是"到"应"》进行讨论，之后是对1978年的补充性文章《作为可逆性的正义》进行讨论。这两篇文章一同构成了他1981年出版的著作《道德发展的哲学》的核心内容。

Ⅲ.　对劳伦斯·科尔伯格《道德发展的哲学》
　　中的道德判断能力六阶段的阐述

　　Ⅲ.1　在《从"是"到"应"》中，科尔伯格试图以阶段图式为　　317
根据，表明"认识发展理论"所假设的道德判断之个体发生的渐进平
衡化过程为何且如何被把握为增长的正义（wachsendenGerechtigkeit）
意义上的"道德整合诸形式的等级（HierarchievonFormen der
moralischenIntegraton）"。

　　　　（1）道德判断是以某种（类似于米德意义上的）"角色担当
（role-taking）"过程为根据的；
　　　　（2）每一个阶段都显示出一种新的逻辑结构，这种逻辑结构
对应于皮亚杰的思维操作（Denkoperationen）的逻辑阶段；
　　　　（3）结构可以被理解为正义性结构（Gerechtigkeits-Struktur）；
　　　　（4）这样一种结构与之后的阶段相比更具一般性，与之前的
阶段相比则更具差异性和平衡性（第147页）。

　　科尔伯格通过其图式的六个阶段对上面四个论点进行了解释和论
证，他的具体做法如下：
　　处在前传统的第一阶段的儿童还无法完成（皮亚杰意义上的）逻
辑相互性、亦即可逆性意义上的具体的思维操作。就后者乃是道德判
断之相互性的必要的、但仍不充分的前提而言，处在第一阶段的儿童
尚不具有将"正义"设想为不同个体之间的（对象或服务的）交换的
具体的相互性。他们当然预料到坏的行为会带来坏的后果，也就是惩
罚；但是，从某种程度上说，他们不是将这种"正义"界定为平等性
与相互性意义上的交换，而是界定为下面这种社会秩序意义上的交换：
其中，弱者必须服从强者，不服从的行为会招来被强者惩罚这样的后
果（第147页以下）。
　　按照科尔伯格的说法，处在前传统的第二阶段的儿童可以在逻辑　　318
相互性、亦即可逆性的意义上完成具体的思维操作。例如，一个处在
第二阶段的儿童知道他是他哥哥的弟弟，或者他对面的人有一只右手，

与他相对的自己则有一只左手。因此，与这一（事实上仍不是充分条件的）思维条件相对应，第二阶段的儿童从某种程度上说是处在将正义界定为公平（Fairneß）的立场上的，后者包含着礼物交换或成果交换的具体的相互性，也就是说，人们是根据"你不应给我添麻烦，我也不应给你添麻烦"的格言来构想帮助或惩罚的交换的。与此相应，面对被科尔伯格用作与阶段相关的问题解决的标准任务的所谓"海因茨困境"——亦即"如果海因茨只有偷他无力支付的药物才能拯救他的妻子或朋友的生命，他是否应当这么做"这个难题——时，处在第二阶段的儿童的回答是：他应当这么做，因为有一天他需要他的妻子或这个朋友为他做同样的事情。人们在这里看到的是一种对正义或公平之本质的纯朴的工具性的，或者更确切地说策略性的看法。与此相应，《圣经》的"金规则"也是在彼此善待和有仇必报的现实相互性的意义上被理解的。

处在前传统的第三阶段的儿童或少年第一次能够进行反思性的"角色担当"；也就是说，他们现在可以同时设身处地为两个彼此相关的人着想。与此相应，他们在这一阶段能够恰当地理解《圣经》的"金规则"，也就是在"欲于人者，施于人也"这一表述的理念相互性（idealenGegenseitigkeit）的意义上理解《圣经》的"金规则"（第149页）。这一点可以在如下测试中表现出来：对于"根据金规则，当别的孩子打你的时候，你应当怎么做"的问题，处在第二阶段的儿童一般会回答："应当也打他，因为别人对我怎么样，我就对别人怎么样"。与此相对，处在第三阶段的儿童或少年能够从他的"角色担当"出发做出这样的预测：如果我也打他，他肯定还会打我，然后就这样循环，我们是无法得到合乎我们愿望的相互关系的。在科尔伯格看来，处在第三阶段的儿童第一次将宽恕设定于仇恨之上（第149页）。不过，第三阶段上所担当的角色仍然刻板地局限在家庭、朋友、熟人之类的具体的关系群体当中。因此，"做一个好人"或"正确地行动"就意味着满足处在一种单纯传统美德系统之中的相关角色承担者的期望（这些期望与"做个好孩子"的要求不乏类似之处）。在传统的第三阶段中，"角色担当"或"金规则"的普遍化征兆仍然是不可能的，同样，一种社会功能系统（一种通过与各种角色相关的正确行为的规则或规范来对它们进行规定的社会秩序）意义上的角色义务与权利的明晰化也仍然是不可能的。

上述普遍化与明晰化只有在传统的第四阶段、"法律与秩序（Law and Order）"的阶段才成为可能的和决定性的。该阶段典型地是与国家的社会秩序（Gesellschafts- ordnung）和法治秩序（Rechtsordnung）关联在一起（根据科尔伯格最近的评估，在以美国为例的西方文明的现代工业国家中，绝大多数成年人都处于这一阶段）。从某种程度上说，权利与义务的相互性关联现在通过社会系统被中介和限定了。与此相应，正义的积极交互性不再存在于物资与服务之间，而是存在于个人与系统之间的服务与酬劳的交换（第 151 页）。与此相应，正义的消极交互性的表现不再是个人（或家庭）之间的仇恨和报复，而是人们根据法律面前人人平等的原则向社会赎罪。在科尔伯格看来，第四阶段的"关键定义（Schlüssel-Definition）"是以"维持法律（或规则）与秩序的视角"为依据的。

与此相应，后传统的第五阶段的关键定义则在于该阶段第一次采纳了"立法者的视角"。从这一后传统视角出发，人们诉诸个体的自然权利来为他们乐意生活于其中的社会秩序奠基或者在必要时对其做出更改，而这是通过以有利性（Nützlichkeit）观点为依据的契约实现的。由此，其特征得到科尔伯格刻画的第五阶段便是"以守法契约为取向的"阶段或"优先权与社会契约或效用的阶段"（第 411 页）。在科尔伯格看来，从某种程度上说同时代表了权利与基础性契约的有利性的观点由此不能在类似于古典功利主义或行为的归结主义（Konsequentialismus）的意义上被理解，而必须在规则—功利主义（Regel-Utilitarismus）的意义上被理解。而且，规则—功利主义视角的性质必须通过以下方式被评定：有效的规则或法律是在与其他规则的比较中被奠基为对个人有利的规则或法律的，它本身并不像第四阶段预设的那样是神圣不可侵犯的（第 153 页）。

在我看来，科尔伯格的下述观点是尤其重要的：后传统的第五阶段为"前社会的"视角奠定了基础。不过，在类似于"为了一种不受义务约束的个人主义而彻底舍弃所有的社会性义务"的意义上理解这一观点无疑是错误的。科尔伯格真正想要表达的是：经由所有人的自由权利的思想和通过自由契约实现的权利之奠基的要求，与群体或国家联系在一起的内向道德（Binnenmoral）视角被超越了。第四阶段（"法律和秩序"）的正义对于个人来说就意味着保卫其社会秩序（"法律、国家、上帝"）不受其敌人（罪犯、持异见者，以及其他敌人）的侵害（第 153 页）。与此相对，在第五阶段，"投在对法律和秩序的捍卫之上的注意力转移到了立法问题那里，而对于后者来说，个体福利的最大化才至关重要的"。因此，在相互冲突的不同群体的财产权和（其他）利益之间进行调停在这里便被视为法律的功能（第 154 页）。

321

　　宪政民主制的程序性安排便是这样一种观点的体现，例如：作为共识构成之手段的所有个人利益的平等代表，还有保护个人自由与自然权利（这二者是先于法律和社会秩序的）的"权利法案"（第 154 页）（科尔伯格早先对他的阶段图式进行阐释时曾评论道：第五阶段是与美国政府和宪法的"官方"道德对应的[11]。在他后来对其有关历史的评论做进一步展开的时候，科尔伯格声称后传统的批判主义道德哲学和宪政民主制"在西方世界是一同出现的……首先是在雅典，之后是在欧洲的宗教改革时期"）（第 153 页）。

　　不过，第五阶段为什么仍没有被视为道德判断能力之可能发展的最高或最终阶段呢？第五阶段在"角色担当"之正义操作的完满的平衡化或完满的可逆性方面还有什么问题没能解决吗？科尔伯格所持的看法实际上是这样的：处在第五阶段（"优先权与社会契约或功利主义"）的道德视角与道德原则（个体可以依据它们通过对法律和权利进行追问来引导自身的行为）仍然不是现成可用的。他对这一论点的阐释一方面是根据他的经验测试结果，一方面是根据一种（在一种康德式，或者更确切地说，罗尔斯式取向的哲学视角的背景下的）对规则—功利主义的批判的、哲学的讨论。

　　被科尔伯格当作经验测试结果的是一个处于第五阶段的学生对下述问题的回答："在南北战争时期，破坏法律、帮助黑奴逃跑是不是正确的？"（第 158 页）。在科尔伯格看来，这个学生体现了处在第五阶段者的典型情况：他看到了存在于合法性和"道德视角"之间的冲突；但他是没有能力将后者奠定于主体间有效的原则之上的，因为他所能看到的只是主观良知的权利[12]。虽然他会说：奴隶制代表着一种不公，

322

因为它把人当成动物来对待；而且，他也会毫不含糊地捍卫个体接受这样一种"意见"或做出相应的公民不服从的良知"抉择"的道德权利。但如此一来，这里涉及的完全是主观的"意见"或选择。根据学生的陈述，个人所反对的国家法律是具有效力的法律，因此，当他决定做出公民不服从的选择时，他必须知道自己因此会脱离社会（第158页）。

通过对相应的分析伦理学或元伦理学哲学立场的解释，科尔伯格对这种第五阶段的立场做出了说明。在他看来，对后者来说具有决定性的是下面这种预设：道德哲学可以存在于一种"日常道德语言"的分析当中。科尔伯格认为，哲学自身在此是取决于某一确定的道德意识社会阶段的；例如，从第五阶段的典型观点出发，"道德视角能够，或者必须通过超越于法律范围之外的立法性视角的扩展来被获得。人们因而假定：道德和权利一样包含着一个出自特殊规则或规范的系统，这些规则或规范会随着社会条件的变化而变化，因为它们包含着这样一个任意的时刻——它会返回到每个特殊社会的福利需要那里"（第158页以下）。

在这种意义上，例如，对于拜尔（Kurt Baier）来说，很多在内容上有差异的道德系统（moralities），只要满足了普遍性、公平性之类的对于法权规则而言具有权威性的确定的形式的元伦理学标准，都是可以存在的 [13]。按照科尔伯格的说法，哈尔（R.M.Hare）已经在他的《自由与理性》（*Freedom and Reason*）中清楚地阐发了那些"道德原则"必须与之相符合的形式标准 [14]；而且，甚至连规则功利主义的原则（勃兰特 [R.M.Brandt] 在 1968 年将这一原则与他的"适当的态度" [qualified attitude] 的形式标准联系在了一起）[15]，科尔伯格都可以不把它的实践性功能看作真正的实体性道德原则，而只是把它看作与处境或文化相关的"准合法律性"（quasi-legale）规范之奠基的形式性、程序性论证规则（第 159 页）。

科尔伯格仍是举"海因茨困境"的例子来说明与第五阶段对应的各种哲学立场和第六阶段的真正的、自律的道德原则间的差异的。但这一次，他不再以经验的方式，亦即观察参加实验者的反应，来进行标准测试，而是以思想实验的方式考察三位虚构的哲学家。和科尔伯格以往（与道德判断能力相关的）测试一样，这一次所依赖的不是对"海因茨困境"的三种回答的行为规定性内容（handlungsbestimmenden Inhalt）——因为三位虚构哲学家在这一方面得出了相同的结论——而是各种回答的结构性形式（strukturelle Form）。根据科尔伯格，这在前两位哲学家那里对应的是道德判断能力的第五阶段，只有在第三位哲学家那里才对应着道德判断能力的第六阶段。

哲学家甲给出了下述回答：海因茨的所作所为（为他病危的妻子偷药）虽然不是不正当的，但也并非他的义务；他做的是超越了义务的好事（"a deed of supererogation"）。这样一种对偷窃行为的道德辩护是以下述事实为基础的：考虑到立法的视角，稀缺医疗手段的分配应当服从于公平原则。但是，按照现存的法律关系，药剂师本身是有权利坚持高药价的，所以他是处在道德权利的框架以内的；除非不提供药物的行为在他所处的社会中会受到强烈的反对。但即便如此，他是没有道德权利来抱怨偷窃行为的。

向审判海因茨行为的法官提出的问题是：根据哲学家甲的看法，除非说出不动用法律的强有力的理由，否则还是要动用法律的。但是，这样一种理由——它使得法官可以通过不动用法律而创造一个意味着不对偷窃做出惩罚的判例——的存在是没有得到哲学家甲的充分说明的（第160页）。

哲学家乙对这一情况做出了不同的判断。在他看来，海因茨有权利这么做，他应当偷药。他给出的理由如下：一般来说，遵纪守法是一种义务，不遵纪守法是有害的；但还是存在着这样一种例外——人们因拯救他人而触犯法律所造成的损失要小于人们不拯救他人所造成的损失。在哲学家乙看来，我们现在面对的就是这样一种状况：海因茨有义务为了他的妻子或一个亲密的朋友偷药，因为，一般来说，这样一种行为所带来的益处是大于它所带来的害处的。当然，海因茨是不需要为一个陌生人去偷药的。

根据相同的标准，哲学家乙也对药剂师的行为做出了评判：他在道德上是有问题的，因为他没有根据原则来行事，也就是说，当人们可以通过小小的个人牺牲来使他人免于受到严重的伤害时，他却没有选择这么做。

根据甲、乙两位哲学家的看法，对于被告人海因茨，法官要么宣告他无罪，要么用一种单纯名义上的判决来惩罚它（如果他偏向如此判决的话）。因为对于海因茨这样一个出于道德动机触犯法律的人来说，他所带来的益处要比他所带来的害处更大；尽管如此，出于触犯法律的刑罚原则，名义上的宣判在形式上还是要维持的（第 160 页以下）。

在科尔伯格看来，甲、乙两位哲学家对"海因茨困境"之哲学评判特征的刻画还没有能够用一个一贯性的、自律的原则来为"道德视角"奠基。虽然他们清楚地区分了触犯法律的合法律性视角和触犯法律者之评判的道德视角，但他们的奠基仍旧在某种程度上依赖于合法律性和社会契约的观念，而这也正是非哲学的第五阶段判断主体的特征。

就哲学家甲而言，虽然已经存在着用来评判立法（"law-making"）问题的有利性和正义性的清晰标准，但在财产权与生命权发生冲突的时候能够给所有当事人（丈夫、药剂师和法官）确定清楚的道德义务的道德原则仍然是缺失的。

就哲学家乙而言，虽然一组一般说来执行它们的利大于执行它们的弊的规则已经以规则功利主义的方式被确定了，但它们并非对于所有可能的当事人都是具有普遍性的（"它们规定：一个丈夫有义务［为他的妻子］偷窃，但没有义务为随便哪个朋友或陌生人偷窃"）。这些原则在科尔伯格看来不如说是一些类似于社会学家所说的"角色期待"的行为规则。只有"它们被表达的方式是与法律被表达的方式（具有误导性地）对应的"（第 161 页）。

科尔伯格从上述讨论中得出了以下结论：以道德判断能力之第五阶段的一个扩展为依据的哲学立场是不能为一种普遍的道德性（universale Moralität）奠基的——这种普遍道德性原则的义务效力能够被所有人接受（第 161 页）。对于这样一种道德性，科尔伯格是以哲学家丙为例来对其做出说明的，后者对"海因茨困境"的评判是与道德判断能力的第六阶段，亦即最高阶段对应的。

哲学家丙对"海因茨困境"做出了如下回答（第 162 页）：海因茨的所作所为在合法律性的意义上是不正当的，但在道德性的意义上却又是正当的。每个（处在相关处境中的）人至少都拥有拯救他人生命的当然权利，而且，当这一义务与合法律性规范（例如"不许偷窃"）产生冲突的时候，它是拥有明显的优先权的。正是这一类道德规范需要对法律系统的有效性进行奠基。

当人们进一步追问"在事关拯救人命的时候为什么应当打破禁止偷窃的法律？"时，哲学家丙会诉诸下述合理性根据：因为海因茨所做出的选择是可逆的，因而是可普遍化的。换言之，其依据在于人们既要担当生命处于危险当中的人的角色，又要担当有能力拯救病危者生命的人的角色。不光是海因茨，药剂师也必须认识到：当他面对着由他本人所带来的困境，并且设身处地为海因茨及其妻子着想的时候，他也会把偷药当作一种道德义务。由此，以下事实也同时变得清楚了：拯救妻子生命的义务对于每个人来说都是首要的，在必要的情况下，偷药也就成为了一种义务。通过可逆性要求意义上的"角色担当"，下面这一点也变得清楚了：财产的价值，以及与之相应的法律保护财产的道德权威是从属于生命的价值和保护生命的义务的。

海因茨为妻子偷药的义务的最后一条根据既不存在于对行为方式之利弊的功利主义权衡当中，也不存在于一种隐含的社会契约（按照这种契约，所有人都被要求以一种规定好的方式相互对待）当中；它实际上是从"角色担当"的思想实验那里推导出来的：在每一种契约、每一种法律制度的根基处都存在着每个人在每一种处境中（而不仅仅是在那些偶然编入实证法的处境中）的要求的同等被考虑权（das Recht auf gleichberechtigte Berücksichtigung）。这一"人的正义性"（personale Gerechtigkeit）原则本身不再能够被功利主义所奠基，科尔伯格，或他的哲学家丙，是在康德的"自律公式""把人当作目的而不是手段来对待"那里看到它的表达的（第163页）。

从这一普遍有效的道德原则出发，哲学家丙最后对法官的义务做出了评判："他身处于下述处境之中：他既要使国家法律发挥效力，又要表现国家法律是一种更高法律的不完满的表现。在这种情况下（其他一些也许更为重要的因素在其中被忽视了），法官应当以海因茨的偷窃为由对其做出宣判，但他还须出于明显的公开原因立即搁置这一判决"（第163页）。

科尔伯格以如下方式概括了他关于道德判断能力之最高阶段的典型论证：

哲学家丙代表了第六阶段的立场，他站在该立场上接受了以规则—功利主义原则和社会契约原则为取向的第五阶段思维，而且，他还超越于后者之上、动用了两条对一种"更高的道德法则"做出了界定的或多或少等价的道德原则。这里所涉及的乃是自身作为目的的人具有一种无条件的道德价值的康德式原则和恰恰与之相应的人们在所有情况中的所有要求的形式性平权原则。既不同于任何多多少少以功利为依据的行为方式，又不同于那些派生自隐含的社会契约的角色期待，这里被援用的两条在逻辑上等价的道德原则对于任何作为"理想的道德行动者"的"理性存在"来说都是具有约束力的，它们因而也是具有普遍性的。它们处在比任何实证法规则都要高的地位上，"因为法律规则和契约的有效性要求都可以从它们那里推导出来"（第164页）。

就这一方面而言，第六阶段的诸道德原则在科尔伯格看来还在一种不同的、更为根本的意义上是公平的、普遍有效的，因为它们对于所有从第五阶段的立法视角出发的权利规范来说都是被要求的东西。它们不只构建了一种（处境相关，因此可以在质料上有所不同的，与拜尔或哈尔的要求相符的）规范或法则之发生（Generieren）的形式的或程序的规定，而且还同时将"实体性道德原则"设定为形式的义务论原则，因为它们，作为"完全可以普遍化的原则，奠定了那些任何时候都对所有人有效的义务（例如'保护人的生命'、'永远不把人单纯当作手段来利用'）的基础"（参见第166页）。

科尔伯格用两个例子来说明第六阶段原则的普遍有效性和可相对化的较低阶段原则的普遍有效性之间的区别。在这两种情况下，人们通过"角色担当"的完全可逆性要求而具有了动用第六阶段原则的能力；由此产生的结果是：普遍有效的义务必须始终与相应的权利要求关联在一起。如果这一点未被考虑便会产生退回到较低道德意识阶段的意义上错误解释普遍化原则的结果。

而下面这个例子便是如此：尽管已经强调了权利与义务之对应的根本必要性的贡斯当做出了呼吁，但老康德还是将"即使面对杀人者也不许撒谎"之类的规范提升为无条件的有效义务，并且，就此而言，

即使为了救人而说谎也是不被允许的。[16] 在我看来，科尔伯格对此是
有正确的认识的：康德在此对其普遍化原则的使用有使其下降到一种
第四阶段的法则保留（Gesetzeskonservierung）的常识原则的倾向——
下述范型便是依据：服务于善好目的的谎言的普遍化会取消不许说谎
的法则（第 165 页）（在我看来，科尔伯格对康德这一论证的解释为我
们理解下面这个著名事实做出了重要贡献：康德式义务伦理学在 19 世
纪与路德的要理问答［Katechismus］一道塑造了普鲁士官员的"法律
与秩序"道德的第四阶段根基。这在法治国的强制执行［例如反贪腐］
方面乃是莫大的帮助；但是，这种道德性在希特勒所统治的德国便显
现出了自身的局限性——希特勒为在［朋霍费尔所说的］"公民勇气"
的意义上超越一种深深内化了的第四阶段义务道德性这一任务设置了
种种障碍）。[17]

　　在我看来，这里还应当补充的是，在康德在"目的王国"中预设
的理性存在的理想交往共同体的条件下，权利要求与义务的严格对应
自然可以被设定为前提。就此而言，在这一康德哲学的至高视角下，
产生了作为第六阶段原则的"不得撒谎"原则的严格的可普遍化性
（Universalisierbarkeit）和"无限有效性"[18]，这被包含在了科尔伯格第
六阶段的两条原则当中。

　　有趣的是，科尔伯格希望知道"永远不要把人（更确切地说：人
中之人性）单纯当作手段"的原则与在康德的例子中被援用的即便面
对杀人者也"不得撒谎"这种与处境相关的原则的差异是什么，并且，
他还想要认识到前者的可普遍化的优先性（参见第 166 页）。在我看来，
这一没有在科尔伯格那里得到进一步完善的论点是具有深刻意义的。
也就是说，它似乎触及了下述难题：如果人们假定面对杀人者时——
或是面对像盖世太保这种性质的组织时——的恰当行为方式也许必须
是有意识的计策性欺骗，那么，就此而言，人们仍然不得试图为了实
现自己的目标而首先将他人——亦即其行动与行动的目标意向——当
作手段吗？——或者，人们必须明言：即使处在策略行为的极端情况
下，虽然存在着对敌人行为步骤（Spielzüge）的工具化，但人们是否
还应当将其不是视为一样东西，而是视为一个同伴、一个共一主体
（Ko-Subjekt），并且，就此而言，不将其身上的人性当作可供利用的手

段？我还要回到这个问题上来！

科尔伯格用来说明第六阶段原则可普遍化性之优先地位的第二个例子涉及"金规则"的应用。正如我们已经指出的那样，后者最初是在第三阶段成为可能的；但是，按照科尔伯格的看法，它还没有在第三阶段上产生人类权利要求间的各种可能冲突完全制衡的方案。其理由在于：这里（一如在第四阶段的神圣不可侵犯的封闭社会秩序那里），"角色担当"在很大程度上仍旧是通过相关群体的具体相互性关系或角色义务的先在秩序而被预先判定的。它还没能在所有人类角色原则上平等的意义上彻底发挥可逆性要求的作用。为了说明这一点，科尔伯格援用了《新约》中"青年的富人"的故事。耶稣劝告他："去变卖你所有的，分给穷人"。假如我们对耶稣的这种劝告还有另外一种意义这一事实不予考虑，我们可以和科尔伯格一道宣称：最早在亚里士多德那里得以明确的富人和穷人间的二元相互性关系的分配正义问题事实上是无法通过耶稣的劝告得到解决的。对青年的富人的劝告所欠缺的是正义意义上的"角色担当"之完全可逆性（参见第 167 页）。

III. 2　但事实上，在处理《从"是"到"应"》中得到阐发的这一问题时，人们有了这样一种印象：科尔伯格还没有以足够清楚的方式确定"角色担当"之完全可逆性原则在何种程度上不仅构成了一种皮亚杰式道德判断能力之发展理论的可能终点，而且，从哲学角度加以思考的话，还为正义理论提供了规范性基础。科尔伯格本人是通过《作为可逆性的正义》(Justice as Reversibility: The Claim to Moral Adequacy of a Highest Stage of Moral Judgement) 这篇文章确定了这种印象的。他在文章一开始就肯定了自己在先前的文章中已经确立了心理学发展理论和哲学形式元伦理学理论的联系，目的是为了对下面这种要求做出辩护：一个发展理论意义上的更高阶段同时也可以被视为更为善好的阶段。但即便如此，他也只是提到了与当代哲学的规范性—伦理学理论的关联，而并没有对其进行阐发。为了弥补这一缺憾，科尔伯格这一次打算将自己的发展心理学与罗尔斯的《正义论》联系起来（参见第 191 页以下）[19]。

这样一来，科尔伯格就需要对两个方面做出区分：第一个方面所对应的是罗尔斯建构一个可以作为"被加以思考的"人类道德判断的

331

发生根基的系统结构模型（systematische Strukturmodell）——这类似于乔姆斯基理论中的语言能力的语法规则——的尝试。与这一方面相关联，科尔伯格支持的"罗尔斯的理论事实上应当被视为道德判断之发生的普遍有效的模型"的论点需要被限定或定性：这个模型有效地生成了——并且只能生成——所有那些已经成功经历了（科尔伯格式）次序的六个阶段并且已经处在最高阶段的人的道德判断。但根据科尔伯格的估计，达到这种水平的大概只占美国成人人数的百分之五。

332 　　在罗尔斯的模型和他本人的发展理论最高阶段之间存在着交汇点这一事实使科尔伯格回到了他与罗尔斯的理论是从同一根基那里发展出来的这一事实，而这一共同根基就是"康德的形式性道德哲学理论和皮亚杰的形式心理学理论（formaler Theorie der Psychologie）"（第192页）。至少在这一时期，科尔伯格由此将他有关第六阶段的实验结果视为对罗尔斯以直观或内省所获结果的强化。之后，他通过下述断言取消了这一论点：发展理论的第六阶段只是作为完全无法得到实验测试结果支持的假设而出现的[20]。

　　假如发展次序中最高的第六阶段对于科尔伯格来说也只是作为一种理论假设出现的话，那么科尔伯格理论与罗尔斯理论间的可能联系的第二个方面就更为重要了；按照科尔伯格的说法，它是从下述事实那里产生出来的：罗尔斯的理论具备科尔伯格的理论所不具备的规范性功能，也就是一个拥有理性的人确立自身的道德判断原则并对此进行辩护的功能。就此而言，在科尔伯格看来，罗尔斯的哲学在这种情况下可以表明道德发展次序中的每一个阶段相对之前的阶段而言都是在道德上更善的，因为它更加接近第六阶段——罗尔斯的理论能够从一条原则出发对后者的可能判断进行辩护。

　　在这一背景下需要考察的是：科尔伯格在形式上的"更有道德"意义上的判断之结构分析式评价（strukturanalytischen Bewertung）和"在道德上更善"意义上的实体性判断评价（substantiellen Bewertung der Urteil）之间做出了区分。前一种纯结构分析的评价实现了其自身的理论，从某种程度上说，它遵循道德判断理性之发展逻辑将自己与技术理性、策略理性，以及审美理性区分开来。更加确切地说：他的理论表明，越是趋近最高的发展次序阶段，道德判断的特殊理性形式

就越是清楚地显现出与其他理性形式的差异，例如，它越来越把明智、　333
符合一致性的意愿、遵从权威的立场抛在身后。

　　但是，发展理论的这种重构活动只是说明了我们时时会碰到的判断的与阶段相关的形式。它是与下面这一事实并行不悖的：在形式上与某一阶段对应的判断在内容上——例如，有关困境测试的选择或具体行为的选择——是可以得出不同的结果的。不过，可以通过结构分析得到说明的判断形式的这种内容上的两义性非常清楚地表明：对更高阶段判断的更有道德的追问还没有得到准确的回答。这一结果至少对被假设的道德判断形式之分化的最高阶段来说是不够充分的。对于这样一个最高阶段，人们必须能够表明，判断的确定形式在内容上也要给出一个一义性的结果，也就是说，对于所有具有理性的人而言，这样的判断本身是可以被当作具有普遍性的东西接受的。

　　对第六阶段判断的辩护正是科尔伯格希望从罗尔斯的"正义理论"那里找到的东西（在等待期间［至少在 1978 年］，科尔伯格通过诉诸下述经验证明来强化自己的观点："我们研究的那些推理层次处在第六阶段的人对于我们呈现给他们的所有困境问题都给出了一致的回答。与此相对，推理层次处在第五阶段的人在某些困境问题上会给出一致的回答，但在另一些问题上就会给出相异的回答"［第 193 页］。在这样一种经验证明不再成立的情况下，下述假设至少还是存在的：形式上最高的道德判断能力阶段也会在内容上生成可以被普遍接受的或者能够带来共识的判断）。

　　科尔伯格在"反思平衡"的思想中找到了皮亚杰的发展理论和罗尔斯的规范性理论的汇合点，因为这种思想在这两种理论那里都占据着核心地位。由此，这种思想的认识—方法论意义便与另外一种意义复合体（它是与正义的规范性标准直接相关的）区分开来了（参见第195 页以下）。

　　在罗尔斯那里，反思平衡思想的方法论含义存在于这样的尝试之　334
中，即（似乎通过两极间的来往）在普遍设定的道德原则和处境相关的特殊道德判断之间找到一种相互肯定意义上的平衡（大陆哲学家这里会想起"解释学循环"）。而在皮亚杰那里，这样一种思想则意味着：道德和知识都应当在一个分阶段的发展过程中找到原则一极和具体经验一极之间确定的平衡点。由此，一种"发生认识论"意义上的认识理论疑难的分化出现了。这是因为，诸发展阶段似乎呈现出了一些理论或原则，根据它们，事实或具体经验一旦要被解释，它们就可以被"同化"。而这不再是可能的，也就是说，两极间的矛盾张力过于强大，以至于一种向更高阶段的跳跃出现了：个体在其对具体经验的适应当中生发出了一种新的解释或同化原则。因此，单个发展阶段在皮亚杰那里代表着有待被重构的总体意识构成过程中的相对（暂时性）平衡点，也就是"反思平衡"意义上的原则和经验之相互修正的总体过程中的相对平衡点。

正如我打算强调的那样，人们在此看到，皮亚杰的"发生认识论"概念使从一种单纯的语境主义和历史主义—相对主义的"向来只是不一样的理解"——或同时既是理解又是不理解——的解释学重新转向一种准黑格尔式进步概念[21]、亦即转向一种没有给出任何事实性成功保障的进步概念成为可能。当涉及的对象是对道德意识史的解释时——这是随个体发生和系统发生的类比产生的——人们需要将不可逆的学习过程考虑在内，这种学习过程，至少是在判断能力的发展中，导致了对时代性进步——或是进步的阻碍——的评价的一分化的重构（wertend-differenzierende Rekonstruktion）。由此看来，历史性理解的工作便是再次给出——不是在价值中立，而是在规范性的理解有效性的意义上的——"客观性"尺度[22]，而这只有在对最高阶段原则的哲学辩护成功实现的条件下才可以完成。

应当包含在罗尔斯"反思平衡"思想中的规范上重要的直接性正义标准又当如何呢？

科尔伯格在此对罗尔斯的"反思平衡"思想的两种含义（它们能够对正义之标准做出说明）进行了区分。第一种含义存在于数理经济学的博弈论中的所谓"最大最小（Maximin）"概念之中。这里涉及的是：在一个竞争社会的收入分配达成的契约的情况下，两个抱着自利和算计心态的竞争者的对立利益间的平衡点，亦即：(1)当一个人处于收入分配顶端的时候，他对于利益的看法就是尽可能获得最多的利润；(2)当一个人处于分配级别底端的时候，他对于利益的看法就是尽可能承受最小的损失。以每个竞争者的利益为出发点，我们可以从最大最小平衡那里推导出这样一条规则，它保证了所有竞争者的最大最小利益之间的平衡以及，就此而言，一个公平的或正义的契约解决（Vertrags-Lösung），而这种情况得以实现的前提就是没有一个竞争者预先知道自己在收入分配次序中处在什么样的位置上。

在这种情况下，正义解决的规则似乎首先与收入的平均分配是一回事。但情况显然不是这样；因为，假如不平均的分配可以使有待被分配的社会总收入得以增加，那么就存在着最大最小问题的一个对每个竞争者来说都更好的解决的可能性：由此产生了一种惠及所有人（其中当然也包括最低收入者）的"不平均的剩余"（"inequality-surplus"）。这可以通过下面这样的方式实现：不平均的分配能够激励更为杰出的表现。这样一来，所有以个人利益为出发点的竞争者的策略理性选择原则并不只是存在于平均分配原则当中，它还存在于罗尔斯所说的"差异原则"当中，根据这样一种原则，"只要不平均没有对'它们会对每个个人的利益产生影响'这一期待做出辩护，它们就是不可接受的或不为人所愿的"（第 196 页）。

在此得以明了的是，罗尔斯的"反思平衡"思想不仅仅与每个个人的策略—理性选择的最大最小原则对应，而且还能够被赋予"所有社会成员的竞争性最大最小要求间的正义协调（gerechten Vermittlung）"的意义。这种观念的前提实际上已经存在于我们提到过的事实当中：在协商订立契约的时候，所有竞争者都不应知道自己在要被选择的社会秩序中处在什么样的地位——这不仅关系到收入的社会分配，而且还关系到与生俱来的天赋和能力的分配。众所周知，关于这种正义国家之理性选择的基本条件，罗尔斯确实是通过所谓"原初状态"的设想，尤其是通过与这个处境相关的、关于这个需选择的社会秩序中的选择者之地位的"无知之幕"的条件来确立的。

我打算通过下面这种与科尔伯格有所不同的方式来说明这种方法的意义：通过设立"原初状态"下的约束性理性选择条件，罗尔斯在某种程度上迫使每一个进行利己主义—策略性思考的选择者不得不在一种完全可逆的"角色担当"——亦即设身处地为所有可能的社会成员着想——的意义上做出选择；因为所有可能的社会成员的立场都有可能成为选择者本人的立场。策略性—利己主义选择者必须以这样一

336

种方式进行选择，仿佛他是受到了正义意志的激发。尽管如此，在我
337 看来，需要注意的是，罗尔斯由此绝不是提供一种由于策略—理性选
择原则——在某种程度上就是在新—霍布斯主义路线上——实现的伦
理学奠基。因为，被迫通过罗尔斯强加的"原初状态"条件在完全可
逆的"角色担当"的意义上做出选择的策略—理性选择者这样一来就
自然不会成为一个以正义的道德意志为动机的选择者（这一点可以通
过下面这个例子得到证明：作为单纯进行策略性思考的人，他可能会
在有待构建的法律秩序中为犯罪留下余地）[23]。

对正义伦理学之真正奠基的追问因而就从对策略性竞争者的理性
选择理由的追问转移到对这样一些理由的追问：罗尔斯本人（正如他
所做的那样）正是出于这些理由来安排"原初状态"的选择条件的。
我还会回到这一点上。

但是，这些思考丝毫没有改变，罗尔斯通过他的"原初状态"的
假设成功地以可想到的最清楚形式突出了正义的标准：超越于所有可
能的利己主义—策略理性视角之上寻求这一标准的启发式中介在罗尔
斯那里（当他要对正义标准进行规定时）恰恰成为了自我中心主义视
角之克服的可能性条件，在康德那里也已经有此倾向[24]。

科尔伯格在这种意义上将罗尔斯的正义标准与他自己的完全可逆
性"角色担当"的基本思想联系了起来，他强调指出："金规则意义
上的'角色担当'的平衡的、完全的遵守从形式上说是等同于罗尔斯
的'原初状态'中的选择的思想的。"无论如何，他还是通过以下方式
338 对这种断言进行了解释：我们可以通过"道德音乐椅"（moral musical
chairs）游戏意义上的"理想的角色担当"的利他主义概念来对作为平
衡的可逆性做出"直观上具有吸引力的"说明的。"道德音乐椅"游戏
涉及两种想象力的活动：

1. 首先，人们要"在心灵中让自己依次坐在其他每一个当事人的
位子上，然后从他们每一个人的立场出发思考他们的要求"。

2. 当各种不同的要求之间存在冲突的时候，人们应当设想让"当
事人交换位子"。这样一来，"当一方的要求是建立在对另一方立场的
无视上的时候，他就要放弃他那引起冲突的要求"（第 199 页）。

以这样一种方式获得的规范性正义标准为科尔伯格提供了这样一

种可能性：他能够确定地、评估性地区分在后传统的道德判断能力的第五阶段和第六阶段上表现出来的各种伦理立场或原则。他通过两个版本的"长官困境（Captain's dilemma）"的例子来说明这种区分（第205页以下）。

"长官困境"的第一个版本关涉的问题是"一个身处下述处境之中的机长应当做出什么样的选择"：一架飞机遭遇了事故，机长和两名幸存的乘客一同上了救生筏。三个幸存者中的两个——懂得航海的机长和身强力壮的年轻乘客——有机会逃到附近的一座小岛上；与此相对，食物的供应已经非常紧张，三个人全都获救的可能性是很小的。这样一来，船长就面对着下面三种伦理可能性：

1. 他决定采取行动让三个幸存者同时获救，但成功的希望渺茫。

2. 他命令受伤的老人离开救生筏。

3. 他听凭命运做出选择。

"长官困境"的第二个版本关涉的问题是"一个身处下述处境之中的连长应当做出什么样的选择"：他正在带领连队撤退，而让他的连队获救的唯一方式就是命令他的一个部下回去炸掉他们和追赶他们的敌人之间的那座桥。不过，一旦如此，那个接到命令回去的士兵自己可能就要丧命。这样一来，连长就面对着下面两种伦理可能性：

1. 他可以向爆破专家下达"升天命令（Himmelfahrtskommando）"；这样一来，任务顺利完成和连队成功获救的机会就增加了。

2. 他听凭命运决定让谁来完成任务。这样一来，连队获救的机会就减少了。

然后，科尔伯格让两个虚构的哲学家登场：一个代表的是规则—功利主义的立场，另一个代表的是罗尔斯或"角色担当"之完全可逆性意义上的正义立场。第一个哲学家是以"累积有利性"原则作为自己的指导方针的，在通常情况下，所有选择都是依照这一原则做出的。这就意味着，在第一种情况下，受伤的老人要离开船，在第二种情况下，爆破专家要接受自杀任务的命令。与此相对，第二个哲学家在这两种情况下都会选择听天由命。他的理由是什么呢？

这并不是为了在类似"因为所有相关者都获救是不可能的，所以所有相关者就都必须接收毁灭"的意义上实现正义（这是常常被功利主义者拿来当作严格的正义伦理学的极端例子的"哪怕世界毁灭，正义也要实现"的版本之一）。就此而言，"给人下达自杀任务的命令"的可能性对于第二个哲学家而言也被排除了。根据第二个哲学家的判断，从正义的角度上说，听天由命是具有优先地位的（虽然这样一来获救的机会和"累积的有利性"都减少了）；他的理由如下：如果任何一个相关者都设身处地为所有其他相关者（其中包括受伤的老人和爆破专家）着想，并且设想自己在每一种情况下会有多少幸存的机会的话，听天由命无疑是所有相关者能够达成一致的唯一选择（这同样是在罗尔斯设置的"原初状态"中的"无知之幕"下的社会秩序中的选择者不得不采用的思考方式）。

因此，科尔伯格随即指出：一开始愿意选择规则实用主义方法解决困境的受验人员最终会动用立场转换方法是可能的。他们必须接受引导，从而贯彻执行完全可逆的"角色担当"的思想实验（参见第 211 页以下）。科尔伯格由此得出了这样的结论：事实上，通过从规则实用主义立场转换到罗尔斯意义上的正义立场，人们完成了道德意识的后传统第五阶段向后传统第六阶段的过渡。

这里，我第一次拥有了这样的机会，能够首先确立起科尔伯格的理论与由哈贝马斯和我本人所表达的交往伦理学或对话伦理学的关联。

IV. 以交往伦理学或对话伦理学为根据的道德意识之最高阶段（第六或第七阶段）的标准问题

在交往伦理学当中，与科尔伯格的"角色担当"之完全可逆性的选择原则相对应的是下面这条公设：所有道德规范——亦即规范性义务的行动准则——都应当在说理对话中达成共识。在说理对话中，相关各方的利益都要在理想的（对称的）对话的条件下被确定和协调。在此进行比较的两条原则可以被理解为正义之本质中的同一观点的两面，这是人们不难设想的。如果人们认为这两种观念都可以通过有效性理论（geltungstheoretisch）被理解为康德式普遍化原则的转化（亦即修正和明确化），那么上面的说法就更为明显了。与此对应的是下面这个事实：人们亦可以在发生学（个体发生与系统发生！）的视角下和皮亚杰、科尔伯格、米德和哈贝马斯一道将人类交往、相互作用的经验维度视为"角色担当"的相互性逐渐发展为完全可逆性的正义标准之终点的维度。

但是,"角色担当"所确定的视角和"语言交流"所确定的视角只要始终彰显着同一事态的不同方面,它们就能够被看作是相互补充的。在我看来,我们应当承认:始终是从作为选择主体的个人那里获得的"角色担当"视角及其对于个体的完全可逆性公设首先要让人们意识到内含于语言交往之中的"道德视角"的交互结构(Reziprozitätsstruktur):例如,个人被置于这样一种立场,后者将包含在人类互动之交互结构之中的两义性——是做利己主义—策略的选择还是做正义的选择——理解为一种后传统良知的基础理性取舍。他由此便可以通过理性的方式超越(当今被正统精神分析和社会学提出的)第四阶段的他律良知概念。这样一来,康德为什么最终有理由用立法性、道德的理性—意志意义上的"自律"良知的公设来反对"良知不过是那些始终被社会所认可的他律的'超我'形式的规范的内在化"这种看似科学的论点,这就是显而易见的了。

(需要提醒大家注意的是:这在当今的对话语境中不再是通过如下事实而成为在理性上靠得住的东西:人们——在某种意义上依赖于德国唯心主义的语言游戏——通过"以自由奠基"[Begründung durch Freiheit]的言论来改写"自律"一词。因为,按照"不偏不倚者"的观点——或者更确切地说:按照霍布斯以来的分析哲学家们的观点——"自由"——如"自律"——指的是以单纯从自身利益出发的策略性—合理性选择为指导的人们的任性[Willkür]。不过,从 342 这种意义上说,一个遵循理性的、自律的选择者——不同于受"超我"指引的人——根本不具有道德意义上的"良知";倒不如说,他体现了成功地从传统道德意识向后传统道德意识过渡的非道德的抉择[amoralistische Alternative])。

与此相对,"角色担当"之完全可逆性的正义原则则使我们看清了以下事实:当人们不再像处于第四阶段的人们那样将社会视角理解为一个特殊的社会系统的规范性权威,而是将其理解为一个开放的理想交往共同体中的"角色担当"之完全可逆的交互结构,那么,在理性自律与"社会视角"的规范性"内化"之间就不会存在任何矛盾。随之而来的是，如果个人的准则从理想交往共同体的每一个可能成员的视角看来都是可以接受的，那么，他就是做出了伦理学之合理性意义上的自律的选择。就此而言，科尔伯格无疑对一种理想交往共同体的后康德主义伦理学做出了贡献。

但是，从关于道德问题的语言沟通的视角——或者更确切地说：从对话的—说理的沟通视角——出发，人们可以针对罗尔斯和科尔伯格的正义标准的抽象性提出反对意见。哈贝马斯在他对科尔伯格的最早接受中就已经这么做了，而且是在已然假定了道德意识第七阶段的存在的情况下。第七阶段所预设的理想是：作为规范而存在的行为准则的可普遍化性（Universalisierbarkeit）的确定不仅要通过个人在良知自律之条件下的思想实验，而且还要通过相关者们在"一个'虚构的世界社会'（fiktiven Weltgesellschaft）中所有成员的'道德自由与政治自由'"这一条件下的具体沟通 [25]。

343　　尽管如此，在哈贝马斯那里，这一论证的批判矛头主要还是对准康德的；它所针对的是不仅没有被"绝对命令"的表述所排除，而且明显还可以在康德那里碰到的倾向 [26]，后者在对人类利益的传统解释的意义上假设了一条对所有人都有效的法则——例如对私人财产的尊重——的可接受性（仿佛利益或权益是人类的天生属性，任何人在任何时候都可以认识到这种天生属性）。针对康德对"和其他人就其利益或权利要求而进行的沟通"的原则上的必要性在方法层面上的唯我论抽象，哈贝马斯提出了道德判断能力之第七阶段的公设。从发生的角度看，该阶段同时将自身呈现为人类的现实交往、现实互动的框架中的"交往能力"的可能发展的最终阶段；可以说，康德意义上的意志自律在其被反事实地推定的理念结构的意义上被理解为交往能力的反思的内在化。那么，这一首先是针对康德而确立的论证是否对于科尔伯格的"角色担当"之可逆性意义上的最高阶段概念也具有针对性呢？

科尔伯格在他的最后一部著作《道德诸阶段》（*Moral Stages: A Current Formulation and a Response to Critics*，1983）中全盘接受了哈贝马斯对其理论的重新解释；不过，他仍然在书中指出：虽然他和哈贝马斯所使用的概念具有重合之处，但作为交往能力之最终阶段的第七阶段的公设无异于画蛇添足 [27]。这初看上去是出乎人们意料之外的，因为在可逆性角色担当的独白原则（monologischen Prinzip）和关于共识性利益或共识性权利要求的说理对话中的具体沟通的对白原则（dialogischen）之间看似始终存在着差异：任何个人都有责任通过"角色担当"尽量考虑其他相关方的可能利益是一回事，在作为交往共同体的社会中通过实践对话来确定和协调相关各方利益是另外一回事。

344

　　尽管如此，对于人类个体之道德意识的最高个体发生阶段的形式结构来说，对话伦理的理想原则和科尔伯格的理想原则间的这种差异并不是确切的；因为个人，在交往能力的反思的内在化（reflektierten Internalisierung）的基础上，是无法认识到比科尔伯格所说的角色担当之完全可逆性所许可的正义原则更高的正义原则的。这样一来，事态无论如何都是在抽象的—个体发生的视角下呈现出来的。在我看来，哈贝马斯的最高阶段概念和科尔伯格的最高阶段概念间的差异所关涉的毋宁说是个人所反思的形式正义原则在作为总需实现的理想交往共同体的社会之中应用的问题。

　　尽管如此，在这一伦理学应用问题当中，与道德判断能力相关的原则问题仍然存在着。我将结合责任伦理学意义上我本人关于最高阶段的构思再次回到这个问题。但在这之前，我打算先讨论一下科尔伯格就宗教—形而上学取向的第七阶段道德意识的必要性所做的思考。

V. 科尔伯格对宗教—形而上学取向的第七阶段道德意识的考察，以及对"道德存在"（Moralischsein）的反思性的、先验语用学的最终奠基

　　科尔伯格最初在 1973 年发表了他对用一种宗教—形而上学的第七阶段完善道德判断能力的第六阶段的可能性的思考。在《道德发展的哲学》的第九章中，他再次探讨了这一问题（第 311 页以下）。他的这种思考是出于以下动机：

　　一方面，对于一位步皮亚杰后尘的发展心理学家来说，以整全的我—发展（integrativen Ich-Entwicklung）本身为出发点，对宗教意识

345

之发展的阶段次序进行追问几乎是不可避免的；另一方面，从某种程度上说，对于哲学家科尔伯格———如对于其他当代哲学家——而言，存在着"一般说来，我们为什么应该有道德（moralish sein）？"这一"元伦理学"之问。在科尔伯格看来，这个问题实际上已经预设了道德意识第六阶段对"有道德"的理解！

　　对于发展心理学的问题架构，我这里只做如下评论：科尔伯格本人与那种只在道德发展中看到了基础性宗教发展（grundlegenderen religiösen Entwicklung）的结果的理论拉开了距离（参见第315、321、336页以下）。与此相反，他在道德意识诸阶段的标志（Ausprägung）中看到了与此相容的宗教—形而上学世界观之标志的（必要而非充分的）前提条件。由此，与前传统的和传统的阶段相应的是从质朴—威信方面、工具—策略上、忠诚地或者最终从规则政治上设想神人关系的阶段；与此相对，按照科尔伯格的看法，后传统阶段是与各种各样的（有神论的、泛神论的，甚至无神论的）世界观兼容的（第339页以下）。从这一断定出发，科尔伯格得出了如下结论：宗教—形而上学世界观的发展依照道德思维的发展将其形式结构预设为必要条件，正如道德思维是由逻辑思维的发展所预设的那样；但反过来，道德思维的发展（包括该发展的最后阶段）并不是一种宗教—形而上学思维的充分条件，正如逻辑思维不是道德思维的充分条件那样。在我看来，很多合理的理由能够支持这一点。

　　那么，对于"究竟为何是道德的？"这个哲学问题重要的就是，需要即刻将科尔伯格的这一"元伦理"问题之可能意义与日常语言意义上的内涵区分开来：对于科尔伯格来说，这个问题所涉及的绝非"道德存在"或"非—道德—存在"对于个人生活而言有利的或不利的结果。他质问的完全不是"道德存在"的外在条件或外在目标。在科尔伯格看来，人们这么做实际上是将"元伦理学"之问与道德意识的前传统发展阶段和传统发展阶段联系在了一起；与此相对，在后传统的层面上，下面这一点早已经非常清楚了：如果不想翻转为自身的反面，"道德存在"就必须是自身目的（Selbstzweck）（第322页，涉及布拉德利）。事实上，下面这一点在科尔伯格的阶段理论的引领下变得非常明确了：相对于有关个体美德、善好生活、灵魂拯救的传统的、哲学的、宗教的问题，康德从原则上所彰显的、普遍有效的应然原则的义务论问题是如何表现出了一种不可逆转的伦理学上的进步[28]。

尽管如此，"究竟为何是道德的？"这个问题对于科尔伯格来说保 347 留着正当且不可辩驳的意义。这种意义就恰恰要被理解为"元伦理学"之问本身的意义，一旦人们已经看到了第六阶段正义原则意义上的道德要求的无条件特征（也就是说，与康德一样，在科尔伯格看来这是在一种义务的意义上：这种义务本身比所有宗教—形而上学信仰假设都更具确定性［参见第 337 页］。在此就与这个发展论观点在哲学上清楚地相对应！即道德思维是宗教—形而上学思维的必要而非充分条件这个观点）。

对于"为何是道德的"这个问题的不容拒绝的"元—伦理学"意义，在科尔伯格那里可以找到许多本身就可信的暗示，但依其所言这些暗示却招致进一步的区分（第 322 页）：一方面，"究竟为何是道德的？"这个问题的意义与"究竟为何是逻辑的？"这一"元逻辑学"之问（这个问题不再能够通过逻辑学得到回答）的意义是大致相同的。而当今大部分哲学家显然就是在这种意义上宣称，对伦理学的理性的最终奠基，与对哲学本身的理性最终奠基一样，是不可能的。另一方面，在一个充满不公、看似毫无意义的世界中还存在着一种对于"道德意义（Sinn des Moralischseins）"的"存在主义"追问（一如对人生 348 意义本身的追问）。在后面这种意义上，前述问题乃是约伯意义上的典型生存绝望问题，而且，对于科尔伯格来说，各种世界宗教或形而上学的主要答案乃是对绝望感（Sinnverzweiflung）的典型回答：比如，回答自我同一或自我辨识与生活总体或宇宙的可能整合的发展危机（参见第 322 与 344 页以下）。

我刚刚以尽可能清晰的形式重构了科尔伯格本人有所触及但并未深究的"为何是道德的？"这个问题的两种含义间的差异。假如这一分析性划分是正确的，那么我们又该如何对它做出辩护呢？简单地说，我对这个问题的回答存在于下述论点当中：与大部分分析哲学家甚至科尔伯格本人相反，我认为存在主义之问呼唤着一种最宽泛意义上的宗教或形而上学回答，而之前说明的、对有逻辑或有道德的（非逻辑和非道德的）根本奠基的"元逻辑学"或"元伦理学"追问则并非如此。我打算对这一点做出更为确切的说明：

我想：人们必须承认用理性的论证是无法"反驳"一个存在主义的怀疑者的。但这只是说人们单纯通过理性的论证是不能防止这个怀疑者拒绝理性的讨论并最终出于绝望感而选择结束自己的生命的（在我看来，出于相同的理由，通过理性的论证来向人证明"善良意志"、亦即以某种程度上具有确定性的方式将道德义务中的认知洞见转移到相应的行为的意志决断当中是不可能的）。在我看来，即便人们承认了上面这种说法，人们也没有像通常所认为的那样同时承认以合乎理性的方式对"有逻辑"或"有道德"进行根本奠基是不可能的。我们的让步不如说包含了下面这种洞见：即使成功的原则之根本奠基、根本奠基之有效性中的洞见已然被假定了，上面提到的*存在主义问题*还会继续存在。换言之：上面指出的*存在主义问题与理性的最终奠基问题是截然不同的*。

尽管如此，按照心理学和思想史教给我们的所有东西的说法，通达一种和谐视野（Harmonie-Vision）意义上的宗教—形而上学的回答是可能的。这种回答一方面在生存的层面上是令人满意的，另一方面又是与逻辑思维、道德思维的形式的—结构的发展并行不悖的。就这一方面而言，在我看来，作为发展心理学家和哲学家的科尔伯格正确地规定了一种宗教—形而上学思维之阶段理论的任务以及可能性视域；而且，就这一方面而言，在我看来，他还已经正确地提出了通过（在埃里克森那里成为主题的整合性自我—发展之完成意义上的 [29]）第七阶段来将道德发展的第六阶段补充完整的问题。尽管如此，科尔伯格本人已经清楚地说明：宗教—形而上学的第七阶段属于不同于道德判断能力发展所假设的六个阶段的另一个形式—结构发展维度：一个毋宁说应当被设想为道德诸阶段之平行补充（parallele Ergänzung）的阶段序列。按照科尔伯格的说法，就此而言，所谓的第七阶段只在"隐喻的意义"上是一个高于第六阶段的道德发展阶段——其中，冲突的正确解决的普遍可接受性或普遍共识性意义上的"角色担当"的可逆性发展到了自身在形式上的不可超越的终点（参见第 344 页）。

但是，如何来理解问题的另一面，即我所主张的、纯哲学地回答这种"道德存在"（Moralischsein）之最终理性基础的"元伦理学"问

349

题这个方面呢？

　　我打算首先突出这一问题的必要性和重要性。关于这个问题，我想起了一个已经提到过的情况：通过他那借助于处在"原初位置"的条件下的合理性选择的虚构，罗尔斯使正义的标准得以明确，但他还没有为下述问题给出一个合理的根据：一般说来，为什么要遵从由他说明的公正契约意义上的正义？同样没有得到说明的还有下面这个问题：秉承康德精神的罗尔斯为什么要如此设置他的"原初位置"的条件呢——一个依照利己主义策略进行选择的人被迫像一个以正义意志为动机的人那样行动？对于出于无私动机的、"无知之幕"下的理性选择的对应物——亦即"道德音乐椅"原则——来说，这一最终奠基也是缺席的。

　　在这一语境中，科尔伯格的"利他主义版本要比罗尔斯所诉诸的策略性博弈理论在'直观上更有吸引力'"的评论在我看来暴露了科尔伯格原则中的一种根本的两义性，这是就它与罗尔斯的原则"在形式上等同"而言的。在我看来，"道德思维之发展的形式结构与角色担当之可逆性的一贯实现是同一的"这一假设的意义是含混的。因为，这一假设已经把正义意志预设为自明的东西。一旦人们搁置了这一默认的预设，并将个体的自身利益设定为合理性行为的唯一原则，那么下面这一点就显现出来了：和道德思维一样，策略性、理性的思维也是和"角色担当"之可逆性的渐进实现联系在一起的。这里显然存在着人类互动与交往的经验维度在伦理学层面上的含混性：自己设身处地为他人着想和他人设身处地为自己着想的发展都是伦理性思维和策略性思维的可能性条件，而且，在我看来，在这一两义性或二者取舍的认识中存在着——正如我们已经指出的那样——一种后传统良知的可能性条件。

　　（不过，人们可以和哈贝马斯一道从趋势上弱化这种对原则性良知选择问题的戏剧化，人们可以在这当中指出下面这个人类交往的基本现象：人们出于自身利益而对语言进行策略性的使用——为了影响、甚至操控他人——无疑是日常交往的一个事实，虽然这个事实往往被掩盖；尽管如此，人们还是能够表明这种对语言的策略性使用从原则上说是寄生于真正的"以相互理解为导向的"语言应用 [echten

350

351

»verständigungsorientierten« Sprachgebrauch] 的，而且，在后者那里，
人们还应当有意无限制地分享行为规范的意义、真理性，以及被承认
的正确性 [30]。就此而言，人们永远不会是一群只进行单纯策略性互动的
霍布斯式的狼。也就是说，他们并不是首先通过罗尔斯安排的"原初
处境"，而是，从某种程度上说，早已通过语言交往的条件——因而也
就是通过主体间有效的策略性思维——而被迫具有道德性。作为理性
存在而非"原则的犬儒"，他们若是完全放弃在语言交往中被嵌入的道
德规范，等待他们的就是自我毁灭的惩罚）。

　　但是，人类生活世界中的所有互动以及交往的深层的道德—策略
两义性并没有因此而被取消。这是因为，在道德意识的传统阶段是不
可能在策略合理性与共识、交往合理性之间进行清楚的、分析的划分
的。这一点首先在下述情形中表现出来：与传统阶段相对应的社会系
统的"内向道德"本身还肩负着与他者（非部落成员、蛮族、城邦敌
人，等等）建立策略性关系的道德义务。因此，面对策略性的和伦理
性的"角色担当"之取舍，后传统良知选择这一原则问题通过交往行
动和道德行动在生活世界或在人类学上的关联不是被消除了，而是被
具体化了。在我看来，这里涉及的是从道德意识的传统阶段向后传统
阶段的形式—结构过渡（formalstrukturellen Übergang）这一具有重要
道德意义的元问题。

　　根据我们对于"角色担当"之相互性的形式结构之两义性的顺带
说明，"究竟为何是道德的？"这个问题的意义可以得到更为确切的理
解。它显然存在于下面这个问题当中：面对第六阶段的可能的"角色
担当"的可逆性，对于后传统性良知来说是否还要为"应当对'角色
担当'能力做道德的应用，而不应当对它做利己主义的、策略的应用"
这种说法提供根据？面对这样一个问题，我们是仍然尝试对它做出合
乎理性的哲学回答，还是必须像通常所说的那样通过一种前理性的或
非理性的（信仰）抉择来回答呢？

　　有人说："为何是道德的？"这个问题和"为何是逻辑的？"或"为
何是理性的？"的问题一样是无法被理性地回答的——这是什么意
思呢？

　　在我看来，"为何是理性的？"这个问题不能在被合乎理性地给出

根据的意义上得到答案，也就是说，人们要借助一些被当作前提的理性原则，但他们又从别处将这些原则推导出来，这从亚里士多德开始（而不是首先从波普尔和阿尔伯特开始）就已经非常清楚了。在这种形式逻辑奠基概念（formallogischen Begründungskonzept）的意义上，人们一旦假设了最终奠基就必然同时陷入一种三重困境（无限回溯、逻辑循环、前提的独断化）[31]。而这样一种奠基根本是没有必要的，它也不配被称为哲学的最终奠基！

　　在我看来，当人们认为"为何是道德的？""为何是逻辑的？""为何是理性的？"之类的问题要么必须在一种逻辑学奠基（亦即从别处推导出来）的意义上被回答，要么必须通过一种非理性的抉择被回答时，他们是把一个错误的前提当成了出发点。这里被当作前提的问题处境是根本不存在的：即我们仍处于选择"理性存在"、"逻辑存在"、"道德存在"，而且还能进行论证——或者至少提出这个为何—问题——的处境！

　　用肯定的方式说就是：只要一个人真正严肃地提出了"为何"的问题，他就已经进入了说理对话的领域之中，这意味着他可以通过反思来获得关于其行为意义的确信：他必然已经对合理的、协作性的说理活动之规则，亦即规范，以及交往共同体的伦理规范了然于胸了。

　　例如：一个人不可能在与他人进行对话的同时还对他的对话伙伴采取一种策略性态度；他向来已经知道，人们是不能通过讨价还价（Verhandlungen）（例如通过建议和威胁）或提议性—支配性的语言运用来解决真理要求或道德正确性要求的主体间有效性问题的[32]。简而言之：通过对作为说理思维之可能性的规范性条件的先验语用学反思——这对于真正的发问者而言是不可回避的——人们可以非常好地完成对"逻辑存在"、"道德存在"，甚至"理性存在本身"的专门的哲学最终奠基工作。最终"奠基"在这里并不存在于一种从别处将"理性存在"推导出来的活动当中，而是存在于反思的证明当中：任何对理性规范之认同的否定都等于一种述行的自相矛盾（performativen Selbstwiderspruch）。[33]

　　人们在这里看到的也许是对康德"理性事实"这一说法的破解（Dechiffrierung）——这种说法在康德本人那里倒不如说表现了自由的

353

354

“先验演绎”以及道德法则的有效性方案的中断 [34]。通过先验语用学的
355　破解，人们必须在一种先天完善（apriorischen Perfekt）的意义上，也
就是在早已以必然的方式认定了理性规范的意义上（而非在一种偶然
事实的意义上）解释理性事实 [35]。

　　从这一伦理学的先验—反思的最终奠基的角度看来，我们也能够
为道德判断能力之个体发生的理性再建构（rationalen Nachkonstruktion）
这一科尔伯格式原则的正确性给出确定的方法论根据。科尔伯格式
汇合公设（Konvergenz-Postulat），有关其发展理论的经验说明和规
范奠基之必要性，我最初打算从理解—重构的科学之自我整合公设
（Selbsteinholungs-Postulat der verstehend-rekonstruktiven Wissenschaften）
那里把它推导出来。在这种情况下，这一科学自身的合理性要求必须
被把握为人类理性的个体发生或系统发生的结果。我们从那时开始就
已经知道，内含于“理性事实”之中的论证之合理性要求——因而也
是科学的合理性要求——不仅包括了对真理性的要求，而且还同时包
括了对理想交往共同体之道德规范的承认。随之而来的便是：与价值
中立的法则学式（nomologischen）行为科学对自身的科学性、理论性
理解相反，科尔伯格正确地预设了以下观念：对道德意识之发展的合
理性的、理解性的说明从一开始就必须被理解为对每一个学习过程的
经验的、规范的再建构，这样一种再建构在一切顺利的情况下会导向
一个理想交往共同体之中的“可逆的角色担当”能力。

　　不过，当先验—反思的最终奠基对“究竟为何是道德的？”这个
问题做出回答的时候，一般而言，又在何种程度上存在着我们已经提
到过的问题呢：它涉及面对着策略性的“角色担当”的相互性还是道
356　德的“角色担当”的相互性的取舍的彻底的后传统良知选择？我们难
道没有表明：人们向来已经必然选择做有道德的人了？——我们已经
表达的就是下面这一点：作为严肃的说理者——他真诚地追寻着主体
间有效的真理（例如，关于伦理原则之有效性的真理）——人们必然
已经选择了做有道德的人；人们已经认定论证规则以及对话伦理学的
形式性—程序性原则是解决生活世界中所有规范冲突的最终责任原则。
但我们没有表明的是：一个人不能选择不做有道德的人，就此而言，
他也不能选择不做求真意志意义上的有理性的人。如果这在原则上实

现了，那就无异于自我毁灭（这可以成为病理学的极端案例了）。人们还可以指出下面这一点：在一个社会性的生活世界当中，知识分子的非道德的、虚无主义的思想实验必须限制在这些实验的可能结果的边界以内，因为社会的互动与交往为了道德规范免于崩溃而预设了对道德规范的尊重 [36]。

但这样一些说明并没有表明：偏好"做有道德的人"这种在哲学的层面上被赋予了根据、因而是真正意义上的后传统良知选择并不是必需的或对于生活而言是没有意义的。以下情况不如说才是事实：在转移行为抉择中的道德判断能力的洞见之前，在所有道德阶段上都还需要有一种洞见的自愿的确定（选择做有道德的人）。这种自愿的确定向来是不能通过判断能力之洞见被保证的，它必须（也）能够在不同的阶段以不同的形式在认知的层面上被激发出来；这是就或存在于具体的相关群体当中，或存在对国家法律秩序权威所负有的义务当中的传统的承认动机（konventionellen Motive des Beifalls）失去了它们的最终义务力量而言的；这也是就"有道德"的自愿的确定必须通过后传统良知选择（面对人类互动合理性的基本的道德—策略含混性，这种选择在哲学的层面上被奠定了基础）才能被做出而言的。在我看来，康德在讨论实践理性之"自然的辩证论"意义上的"玄想"的危险时已经提到了这个问题 [37]。

但是，我并不打算在这里对哲学—心理学和宗教—心理学的道德学（Moralistik）传统的主题详加讨论；与此相对，我打算强调策略合理性与伦理合理性间的良知选择的并合点（Komplikationspunkt）：这迫使我们再次提出关于道德判断能力之最高阶段的问题。我们不再是在单纯的心向伦理学的层面上，而是在一种责任伦理学的层面上提出这个问题。

VI. 第七阶段的道德意识作为责任伦理学阶段的必要性

最后，我们要从下面这一个问题出发：后传统良知面对着"从原则上始终将自身与对'角色担当'能力的可能的利己主义—策略性误用区分开来"的任务。在交往伦理学或对话伦理学的意义上，人们也可以说：良知必须（针对"角色担当"的策略性误用以及）按照"角色担当"之可逆性检验（Reversibilitätsprobe）的共识的—交往的评价而进行抉择；因为，同样是根据科尔伯格的说法，这里恰恰存在着评判正义的标准：当"角色担当"的思想实验被贯彻执行的时候，从该实验那里产生的行为选择——或行为选择的准则——对于所有的相关者来说都必须是共识性的。我们可以尝试从中得出下面这一简单表述（该表述可以被视为交往伦理学的原则）："要这样行动，似乎你是一个理想交往共同体的成员！"

但是，这一简单表述 [38] 马上会激起现实主义责任伦理学家们的反感。他们以意想不到的方式指出：策略合理性和伦理（共识—交往）合理性的关系在生活世界中是不可能被这么轻易地确定的，无行动压力的（handlungsentlastete）说理对话的反思视角向我们展现的乃是不切实际的图景 [39]。

更确切地说，只有当我们在某种程度上可以给这个世界带来对话伦理学意义上的理性新开端的时候——这样一来，按照这一新的开端，所有人都在第六阶段的意义上能够，并且愿意完全以"通过对话达成共识"的调节性原则为准绳来解决所有关涉道德的问题（尤其是权利要求之冲突的问题）——我们所建议的表述在事实的层面上才是无限制地有效的，也就是说，是对行为有约束力的 [40]。但我们并没有活在这样一个世界中。尽管如此，在归属于无行动压力的说理对话的不可避免的反事实推定之外假设它，因而也就是在一个现实的行为处境中假设它，不仅是天真的，而且在道德上是不负责任的。

实际上，上述评论已经对一个新的道德判断能力阶段——一个比我们至今一直在对其特征进行描述的第六阶段更加成熟的阶段——的可能性和必要性做出了提示。但怎样才能设想这样一个阶段呢？按照我们前面所说的全部内容，第六阶段构成了"角色担当"之可逆性一致发展的唯一可思的最终阶段；而且，在论证说理当中，第六阶段所表现的交往伦理学原则早已被认定是必然地有约束力了！

在我看来，现在关键是要反思一种在方法的层面上被规定了的具体性欠缺（Konkretheitsdefizit）。这种缺失乃是科尔伯格的理想类型理论的特征，而在有关最高阶段的问题上，它又和康德、罗尔斯的伦理原则一道共享了这种缺失。这里所涉及的并不只是"规范或者原则不能直接应用于具体处境之上"和"以规则或规范之应用为主旨的规则最终是无法存在的"这样众所周知的难题。因此，单单指出"判断力"（康德）或"实践智慧"（亚里士多德）对于伦理学原则或道德规范的应用来说终归是必要的，这也不能解决问题。更为确切地说：正是由于上面这种"指出"，一种后传统责任伦理学的判断能力的首要问题从一开始就被遮蔽了。因为该问题首先是在科尔伯格发展理论的层面上——也就是作为与道德的社会—文化演进意义上的现实相关联的后传统道德原则的应用问题——被提出的。　360

　　传统的（亚里士多德、康德的）假设，也就是说，一种"实践智慧"或"判断力"意义上的道德规范之规范性应用能力的假设，是出自一些前科尔伯格的预设（vor-Kohlbergschen Voraussetzungen）的。就康德的情况而言，他显然是以下面这个前提为出发点的：道德判断能力在任何人那里都是相同的，而且，道德应用所必要的判断力在任何人那里都能够被同等地预设。在此表现出来的是一种"道德性"之普遍主义哲学的不可接受的抽象，这种产生自"主观精神"与"客观精神"意义上的"德性"之历史发展的抽象已经在黑格尔那里得到了部分正确的批判。换言之，康德的假设乃是出自与最高道德阶段关联在一起的公设和一种关于人类学现实的陈述的混合物。对后者来说，康德的假设只是作为在所有人那里一般地得到发展的道德能力的必要假设而保留其有效性的。

　　另一方面，就亚里士多德的情况而言，后传统的、普遍主义的伦理学原则不如说从一开始就被一种传统的、在历史中偶然产生的"德性"限制了：复归至苏格拉底之前水平的亚里士多德对美德学说的说明和应用是依赖于"人们是被善好城邦中的现实生活伦理培养起来的"这一前提的。按照科尔伯格的阶段理论，这也就意味着：在亚里士多德那里，和与判断能力相对应的应用能力相关联的信任是依赖于传统城邦道德意义上的环境假设的（用黑格尔的话说就是：古希腊人那　361
"质朴的实体性道德"在智者和——尤其是——苏格拉底这些偏好后传统道德性之合理性奠基的思想家那里遭到了质疑）。

　　这样一来，人们就明白了，道德之应用能力问题在上述传统条件下被大大简化了：人们懂得不应杀人、不应撒谎、不应欺诈，但面对敌人的时候则另当别论；人们懂得应当尊重城邦公民——至少是男性城邦公民——在法律面前的平等和自由，但对于奴隶、异邦人、蛮族等则另当别论。换言之，道德规范之应当能力问题的相对简化的代价在于要适应科尔伯格的传统之第四阶段意义上的"法律与秩序"的系统功能性"内向道德"的"习惯（Gepflogenheit）"（在我看来，社会学的系统理论［Systemtheorie］也必然预设了这样一种道德规范之应用能力的概念）。

由此，一种道德规范之应用能力范式的特征便得到了刻画，而且，该范式当今仍然在很大程度上被当作不言而喻的前提。而且，将该范式视为前提的正是社会学家，而他们这么做显然也不是没有道理的。实际上，按照科尔伯格的观点，如果对后启蒙社会（post-Aufklärungsgesellschaft）（例如美国社会）进行考察，人们不可避免地要考虑到以下事实：只有百分之五的成年人达到了道德判断能力的后传统的第六阶段。一旦考虑到了这一点，人们便被引向了与既与处境中后传统道德性应用问题相关的如下洞见：后传统第六阶段道德性应用的规范性（涉及具体阶段的）社会条件是根本不存在的。然而，这类使相关阶段的具体道德应用成为可能的规范性条件事实上早已在道德意识的理想类型阶段的概念中被必然地预设了——即使在不考虑这些预设的认知心理学理论那里，情况也是如此。在我看来，这样一种理论在方法层面上的具体性欠缺就在于此。

362   既然这已经被看透，后传统阶段，尤其是第六阶段的道德之应用能力的特殊问题在形式的层面上便重新产生了：这里所涉及的明显是完全可逆的"角色担当"意义上的正义道德之原则在政治—社会的条件下的应用，而且，不是在一个理想交往共同体的条件下的应用，而是在很大程度上（向来已经）属于社会自持系统——例如，不同法权秩序的国家、法制国家内部的社会利益群体，甚至还有恢复了原始血缘秩序的第三阶段道德的黑帮——的"内部道德"的条件下的应用。

在此，对于在这样一种条件下被要求的责任伦理学应用能力来说，事情已经非常清楚了：不同于与之相关联的理念类原则能力，这样一种能力显然既不是单纯以策略合理性和共识—交往—伦理合理性的分析性区分为基础，也不是以哈贝马斯意义上的交往合理性和系统合理性的相应区分为基础[41]。毋宁说，它必须已经以一种在理念类型的层面上可以被区分的合理性类型的责任协调为基础；这是因为，在一个充满了大大小小各种自持系统间的策略性争辩的世界中，人们总是为这样一个系统承担着道德责任；而且，人们即不能够期待，也不应当期待别人不会策略性地对待自己，因为别人也总是为一个自持系统承担着它的安全风险责任。而且，正如我们已经谈到的那样，人们是根本无法设想一个所有人可以通过它最终一起满足第六阶段道德的社会应用条件的理性新开端的。

我们要简述的处境自然并非仍全然不为人所知的；而且，如今的道德哲学还存在着与实用主义的新亚里士多德主义合流的倾向，我们从中大体可以得出这样的结论：道德发展阶段理论以及被这一理论当作前提的道德判断能力之最高阶段的普遍主义—义务论原则是无用的。人们必须满足于一种常识道德（或者更确切地说，以相关生活形式的"习俗"为导向［亚里士多德的 ὡςδεῖ、"应该如此"]）和在"实践智慧"意义上对这种道德的审慎的运用。道德责任和策略智慧间的协调因而始终内含于"实践智慧"当中。

我认为，这种从根本上说是在回避问题的提案实际上会使我们退回到一个特殊的社会自持系统的传统"内向道德"的水平上。而且，在我看来，当我们今天面对关于一种所谓后科尔伯格式责任伦理学的极为复杂的问题时，上面这种提案是极具诱惑力的（非常遗憾的是，我无法在这里更为确切地表明，根据科尔伯格通过各种跨学科研究所获得的知识，作为提案的常识伦理学的判准能力 [kriteriologische Kapazität] 在道德教育领域内所发挥的作用同样是极为有限的）。但是，对于涉及第六阶段道德原则的责任伦理学的应用能力问题，我们如何才能给出一个恰当的回答呢？此外，为了被要求的应用能力的原则性规定，人们在何种程度上能够，或者必须对道德判断能力的第七阶段提出要求呢？

首先，我必须在这里对后启蒙社会中后传统道德的社会应用条件的特征做出更为确切的刻画。后启蒙社会中的绝大部分人都没有达到科尔伯格意义上的道德判断能力的后传统阶段很可能是事实。但是，

363

因此假定后传统阶段的普遍主义道德对现代民主法制国家的实体性道德——以及，就此而言，它的制度——仍然毫无影响却是完全错误的。在现代国家的构成当中，对于核心价值、人类尊严和人类权利的宣扬恰恰表现了相反的情形。在我看来，人们甚至可以补充以下断言：现代司法系统和民主政府形式之游戏规则中内含着一些道德原则，例如作为立法之合法性基础的基本共识（Grundkonsense）和几乎不断更新着的相关者的共识（Konsense der Betroffenen）的预设，这些制度原则因而始终代表着一个比大多数公民所达到的道德意识层次更高的后传统的道德意识层次。

这样一来，变得非常清楚的事实就是，国家社会主义者在摧毁法治国家的时候在德国就是依据这种"健康的民族感情"的。所以，从本质上说，血缘秩序的忠诚—道德（第三阶段）以及和国家自持系统联系在一起的国家主义道德（第四阶段）是与自由主义法治国家、社会民主法治国家严格的普遍主义—人道主义元素相对立的。始终让我感到惊讶的是，我们这个时代的英美常识派哲学家们显然是无法想到下述情形的：他们由于其国家常识的观念而明显将杜威的层次和与其一道的"独立宣言"的层次当成了不言自明的前提。

无论如何，与新亚里士多德主义者和常识哲学家相反，下面这一点才是应当被确立的：在从"轴心时代"（雅斯贝尔斯）开始、并在现代启蒙运动中重新得到张扬的欧亚伟大文明中，一种道德常识"习俗"和世界性宗教以及哲学的后传统道德意义上的制度（例如自然权利）的转型已经存在了。就此而言，在后启蒙社会中，那些让人们在日常生活中相互期待对方的行为的道德传统已经被那些作为评判传统的标准的后传统原则改变了。自后传统道德扎根以来，各种传统如同制度一样服从于一种长期有效的合法性约束，后者能够带来的结果就是在后传统道德原则得以实现的社会条件之满足的意义上改变它们。

但是，如果我没有弄错的话，当前还存在着两个与道德密切相关的问题领域（Problembereiche），其中，普遍主义道德对制度，以及，就此而言，对第六阶段道德性原则之社会应用条件的满足的影响遇到了各种限制。在这些问题领域当中，具有后传统判断能力的个人——例如：哲学家、知识分子、政治家——面对着这样的任务：为了不断满足第六阶段道德性之社会应用条件，人们应当做出进一步的努力，而且，正是为了完成这一任务，人们需要发展出一种特殊的判断能力。这种判断能力可以被指定为一种源出于责任伦理学之第七阶段的道德意识能力：

第一个问题领域所涉及的是国际关系，因为没有任何一种神圣不可侵犯的权利是为了确定在不同自持系统间进行的策略性互动的游戏规则和界限而存在的。这一残留的前司法"自然状态"领域（这在康德看来还妨碍了在道德上被要求的法治共和国的实现）[42]使"道德政治家"不得不面对一些极为严峻的任务，它们的目标是对共识（伦理）合理性和服务于具体的自持系统的策略合理性进行责任伦理学的协调。考虑到人们所说的"物质限制"，就有必要同时避免陷入（无论是乐观地，还是顺从地）非道德的"政治"—技术（»Polit«-Technik）当中和以单纯策略的方式来解决危机而言，下述问题便被提出了：我们需要有一个长时期的道德策略的"调节性理念"，它旨在（以合作的方式）逐渐实现这样一种状况，不是单纯依靠策略来解决冲突，而是通过交往和共识来解决冲突。简而言之，关键是要安排这样一种政治：它试图在较长的时间内满足第六阶段道德的政治应用条件，而为了实现它，"道德政治家"需要具备一种第七阶段的能力，一种伦理学合理性之责任伦理学协调的能力。很遗憾，我在此不能对这一点做进一步的说明[43]。

第二个问题领域——其中，第六阶段道德性原则的社会应用条件到目前为止始终没能被满足，在我看来，其作为问题领域的广度和特殊性需要得到人们的重视。这里所涉及的是一个我们在当今世代——通过所谓的"生态危机"——最先被人们意识到的任务：人类必须为自身集体行为所导致的直接结果和派生效果——例如科学、技术活动——承担起共同责任[44]。在我看来，这项任务的特殊之处在于：人们关于道德规范、道德原则的传统看法在这里是全然不足的；因为个人当然无法承担起人类在科技时代的集体行为所导致的不可预见的后果的责任。与此相对的是，他完全可以参与到承担集体责任的合作当中。这是可行的，正如长久以来立法活动的制度性对话和"明辨的公众"（康德）的非正式对话所展现的那样：个人通过提供信息和进行评估活

366

367

动来为关于可能的可被接受的行为准则和有效性得到了公众认可的规
范的共识的形成做出自己的贡献（现在，在责任的法治化领域和关于
责任的单纯的意见形成领域之间，形成了一个新的集体责任之承担的
领域，该领域的范型就是在批判的视角下伴随着科学与技术的"伦理
委员会"）。

　　在我看来，前所勾画的问题域就显现为一个核心和示范性的对话
伦理学之任务领域。而且同样清晰显现出来的是，（哈贝马斯意义上的）
"交往能力"概念包含着道德能力的维度，后者指明了超越科尔伯格第
六阶段意义上的可逆的"角色担当"的抽象原则的必要性：因为在实
践对话（为集体行动所承担的集体责任必须在这种对话中被确立和实
现）中所涉及的是，个人在不同能力阶段的对话伙伴与（必须表现出
来的）不同意愿准备的对话伙伴之间进行交往协调以便从共识交往上
解决冲突的能力。实际上，个人——作为对话伦理学意义上的需要被
假设的理想的交往能力的主体——必然早已把第六阶段意义上的形式
的—抽象的原则能力当作前提——正如"道德政治家"在协调共识交
往的合理性与策略合理性时所做的那样。这是因为，只有通过科尔伯
格的第六阶段——或至少是第五阶段——的结构从认知上预设这些道
德判断能力，这才能保护个体不至于可能退化成在"健康的民族感情"
抑或社会自持系统之"内向道德"的类似（甚至宗教—狂热的）暗示
意义上的共识构成。而且，也只有它才能保护政治家或从事政治活动
的人免受一种将策略理性从道德理性那里释放出来的单纯的"现实政
治"（Realpolitik）的准马基雅维利式诱惑。但是，在我看来，个体——
作为道德—政治的人，在某种程度上可以说他对道德在个体发生上所
规定的维度和在系统发生上所规定的维度进行协调——必须在这一科
尔伯格的道德判断能力的发展逻辑意义上的预设之上发展出另一种判
断能力：一种特殊的责任伦理学能力，它必须作为既是与语境相关的
又是非相对主义的（因为受普遍有效的目标理念的指引）第六阶段道
德的应用能力而存在。

　　归属于第七阶段能力的构成条件的，一方面是在现实交往和互动
的各个社会文化条件下不断实现（在对话中早已得到反事实推定的）
理想的交往共同体的合作能力；另一方面，鉴于那些以不可逆的方式

368

改变着人类条件的现代技术的集体行为，则是为了人类后世之延续而保护生活条件的责任视角。汉斯·约纳斯已经在他的《责任原则》中说明：这种（以人性的具体的一般为导向的）责任视角还必须要与康德意义上准则选择之抽象可普遍的、随时可能的思想实验的能力区分开来 [45]。而在我看来，从对话—交往上保护这种"角色担当"的可逆性尝试（Reversibilitaetsprobe），可能也就是约纳斯的要求（例如，对后世利益的适当支持）之预设 [46]。

　　如下便是我们思考的结果：由普遍主义的原则伦理学在现实和历史方面的应用问题而产生的责任伦理学，其视角看起来一方面需要一种成熟的、与现实相关的第七阶段的道德判断能力；但另一方面，它又完全没有使皮亚杰和科尔伯格意义上的道德意识之发展逻辑的结果无效化。在宗教—形而上学的补充阶段上和最高阶的道德判断能力之交往伦理学构想下我们都得到了相似的结果。所有这三种将目标锁定于科尔伯格的第六阶段之上的道德意识之最高阶段的构想关涉的显然不是局限于个体发生之平衡化的道德判断能力发展逻辑这一形式性、结构性的问题，而是超越于此的、具体道德判断能力与（被历史地限定了的）人类条件（conditio huamana）协调的问题。

369

第十一章
回归性？

——或：我们是否能从国家灾难当中学到什么特别的东西？
特定的德国视角之下向后传统道德之（世界）历史过渡的问题

内容纲要

---

* 本章的标题编号用的是阿拉伯数字，与之前的章节（用罗马数字）有所不同，其中可能体现了作者的某种构想，因此依照原著保留原样。 ——编者注

的对话伦理学的先验语用学奠基的角度出发

2.2.2 后传统对话伦理的与历史相关的应用条件问题和向后传统道
　　　德的过渡的道德策略之增补原则

2.2.3 道德过渡策略中的危机处境的发展逻辑式重构及其对特殊的
　　　德国经验的可能应用

0. 说明

　　作为经历过希特勒时代的国家灾难的那代人中的一员，我也同样归属于这样一个人群：他们通过这一时机——也就是通过灾难之后的觉醒——亲身体验到了"道德自我意识的毁灭（Zerstörung des moralischen Selbstbewußtseins）"，而且他们也许就是以此为基础而成为了哲学家。作为这样一个人，也就是作为一个首先试图从他的个人体验中引出伦理学基础之反思意义上的结果的人，我打算对本次会议的主题所显明的（exponierten）问题做出回答。我这么做也是想利用在对会议主题的阐释中得到承认的许可，通过尝试对问题做出重构和回答来对我的"生活史的—生存性的视角"做一考虑。我往往会将一种非惯常的、主观性的自白维度带入论证性的话语当中，希望大家对此能够理解。这一视角自然会是个体的和偶然的，它并不具有主体间普遍的有效性。在最为理想的情况下，我们可以认为它表达了我们这代人对于"纳粹之后德国的实践哲学"的问题处境的一种具有代表性的看法。不过，在我看来，恰恰是我们这次会议的特定目标为我们在下面所要阐述的特定视角的正当性做出了说明。我想以一个主观的、准自传式的观察为出发点，这一点已经在阐释演讲题目的时候被表明了：讲题的第一部分所表述的问题在一种特定的意义上萦绕在我的心头，这可以上溯到 1945 年的秋天——当时，结束了在美国战俘营的五年兵役的我首先（在波恩）学习历史，之后开始专攻哲学。这两个问题的确切意义在这几十年间已经发生了变化，而且我也希望它有所深化。稍后我还要回到这一点上。讲题的第二部分则试图点明对问题的回答——或至少是对问题的回答的一个本质方面。今天的我可以断言：这样一种回答对我本人来说算得上是一种交代了。有一点是不言而喻的：这种应答得益于各种各样的建议——当然还有来自于时代精神的激发性挑战。

与讲题的一分为二对应，我试图分两部分讨论我的主题：

1. 第一部分的中心内容是概括性地重构我个人的生活史经验，这对于我们的主题来说是至关重要的。首先，我尝试通过以下方式对我在讲题中提出的两个问题做出更为确切的说明：我试图从我个人的视角出发对这两个问题的前提做出叙述性阐释。这里我尤其要利用上面提到的许可来进行一种准传记式的处理。之后，我尝试在我个人的主观发问和时代精神的重要激发、挑战之间建立起内在的联系。更为确切地说：我希望自己至少可以点出哪一种提供给我们的解释（Deutungsangebote）——亦即回归正常性意义上的"重振实践理性"的建议——对我们来说是不再能够被接受的。我希望，我在假设我们德国人能够或者应当通过我们所经历的国家灾难学到某种从伦理学的观点看来具有特别之处的东西时，我便确切地阐明了我所意指的东西。

2. 我想在第二部分中导入一个客观的问题视域。在这样一个视域当中，我们能够学到的独特之物，其哲学和历史的意义便可以被理解了。正如我们在讲题中指出的那样，这里涉及的是一种道德意识的发展逻辑的视域。从个体发生的视角看来，它是通过皮亚杰以及皮亚杰之后的科尔伯格和其他一些发展心理学家而变得为人所知的。我尝试对发展逻辑的哲学前提及其内含的系统发生和世界史的视角做出至少概括性的描述，这正是为了对实实在在地发生在德国的事情进行一种批判性的重构。另一方面，我还希望通过这种重构表明：得到深入理解的德国国家灾难之经验在何种程度上可以为后启蒙社会中道德进步的核心性结构问题——也就是我们在讲题中指出的"向后传统道德的历史过渡"的问题——带来些许启示。

那么在第一部分中，我们首先要回到对讲题中的两个问题的解释和暂时性回答：

1. 1945年到1987年间的时代精神之体验：
对主论题的一种临时的、生活史的解说和回答

我在从战场返回并准备投入历史的学习时就已经具有了这样一种

主观意识：我亲身经历了一场灾难、一场世界历史上绝无先例的灾难。在通常会高估这种自身经历的独一无二性的意义上，我的这种主观意识当然是相当天真的。尽管如此，我的这种主观意识从一开始就是有其根据和标准的。而且，这些标准在后来还得到了进一步的强化和更为明确的表达。

这里，我认为首要的并不是这点：这种主观意识所涉及的毕竟是"第二次世界大战"，是这场统治世界的战争，战争的结果造成了世界列强的全新局势，在此局势下德国要根据在诸势力范围间自我呈现出来的分界线——因而也就是通过它的划分——来发挥作用。我认为首要的也不是这种情感，它在 19 世纪 20 世纪初的欧洲曾作为国家情感或爱国主义而产生，但由于我们的经历却被彻底地质疑（当 1940 年 18 岁的我和我高中毕业班的所有同学都是志愿参战者的时候，这种情感深深地触动了我。但它并没有突出对这种经历史无前例之意识的真正标准，而只是指向了至关重要的方向）。当时占优势地位的是那时候仍旧阴郁的情感：即"一切都是错的"，我们在维护这种情感——想象得到，任何一个优秀的爱国者都这样做并且应当这样做。由此，我无疑已经触及了我们这次会议主题所表述的关键词"道德自我意识的毁灭"；不过，从一开始，至少就我个人而言，下面这种准思辨的思想就出现了：我们或许由此获得了一种经验，这种经验是其他参战的时代几乎不曾有过的，而且，我们还能够从中获得一种洞见，这种洞见能够防止我们通过以战争胜利者为代表的其他人所建议的方式回归正常性。

从心理学的观点看来，这很可能是一种对战争失败进行补偿的隐秘愿望。我并不打算给人们留下这样一种印象：我在毫无内在抵触——也就是说，毫无（康德意义上的）"运用理性"或挑战行为——的情况下接受了"一切都错了"这种意识。可是，我所指出的史无前例性的猜想的潜在的合理性环节并不是很容易就可以被说明的。更确切地说，这一点将在后面得到阐明，而且还要就其有效性要求加以检查。我打算表达的想法还有：在我对相应的战后经验的处理中，我们这代人的经验的史无前例性的猜想以及由此发展出来的洞见中的合乎理性的有效性要求也扮演了至关重要的角色。在某种程度上现在就涉及对时代精神体验的概括性重构，就如同一个 1945 年到 1987 年间生活在西德的"终生哲学学生"（Philosophie-student auf Lebenszeit）所能够作的重构一样（正如我们一开始就已经指出的那样，这里只能进行一种强调选择性、视角性的重构）。

在这一背景下，我打算从我的视角出发区分出三个重要的争辩阶段：首先是在当时被称为"再教育"的阶段，对于我们这些从战场返乡的学生来说，这一阶段恰逢我们进入真正恢复了的学术研究的世界以及接受存在主义哲学；然后是与一些和伦理—政治、历史哲学相关的理论选项的争辩的阶段；最后是与"再教育"阶段对位地（kontrapunktisch）相应的实用主义式平息问题企图（pragmatischer Abwiegelung）——及其来自国内外的各种回归正常性的建议——阶段。

那么我们首先从第一个阶段开始，它几乎是与我的学生时代同一的：

1.1 战后恢复、"再教育"和"存在主义哲学"的阶段

在我看来，我可以通过尝试对我们所经验的时代精神的复杂性进行如下还原来对一个 1945 年以后在西德修习历史与哲学的德国学生的特殊境遇做回溯性的描述：从某种意义上说，我们这些年龄不是很小，但还有几年（一直到 1948 年 6 月的货币改革）是穿着靴子和制服裤度过的学生可以同时直面三种截然不同的，但对于应对过去（Vergangenheitsbewältigung）来说在建议的层面上又具有重要意义的时代精神要素：

首先是与大学教师权威的相遇，他们受多或少都在明显着手恢复战前的科学——它们的水平，而且还有其研究和教学的特殊的德国传统。就我个人的情况而言，这就是起源于兰克的、对外政策导向的叙述式政治历史学和（对我来说越来越重要的）起源于狄尔泰或者新康德主义的精神史与哲学史。尽管如此，我是无法从这类教育建议那里得出对自身历史处境之重构的一种带有某种约束性的规范性导向的；但是，取而代之的是一种使自己站在所有的立场上和在狄尔泰的解释学—历史主义（我的哲学老师罗特哈克 [Erich Rothacker] 是通过心理学和哲学人类学来对其进行补充的）的意义上"理解一切"的热情。

第二个要素是由我提到的"再教育"—文学充当准官方代表的，

376

这种文学将德国发育不良的精神起源回溯至俾斯麦、黑格尔或路德。可是，这一要素的恒常存在是无法在其构成成分中被单独认定的；从本质上说，它也是完全通过与之接近的学生对于自身传统与身份的不信任而得到限定的。这是因为对于自身传统的信任在我们这里以史无前例的方式被撼动了。尽管如此，我要马上在这里说明的是：对我们自身经验的史无前例性的主观意识从一开始就包含着对"再教育"文学的不信任。从哲学的视角看来，"只要通过与西方民主制的所谓'正常'发展的比较就能获得对自身传统的可能的和必要的批判的规范性尺度"的过分要求从开始就显得无法令人满意。就此而言，后来关于德国"特色道路"的历史理论最终也是同样无法令人满意的。

从某种程度上说，与一般人类历史的规范性—约束性重构方式相关的问题意识在这里开始产生了。尽管如此，很长时间以来，这种问题意识都维持着既缺乏确定结构又没有丰富答案的状态。

取代上述要素的是当时处于中心地位的所谓存在主义哲学，它是我们学生时代之时代精神的第三种呼吁性—建议性因素。按照当时的理解，除克尔凯郭尔和雅斯贝尔斯之外，存在主义哲学首先是受海德格尔的《存在与时间》影响的；之后，萨特、加缪和阿努伊、吉罗杜、谷克多等法国剧作家的思想也融入了存在主义哲学当中。不过，在我们感兴趣的问题语境当中，这一要素发挥的毋宁说是对历史与哲学思想进行阻碍和去政治化的功能。在我看来，无论是对我本人而言还是对我的同代人而言，存在主义哲学带来的就是对最为晚近的历史的政治—历史内容的顽固的漠不关心：人们既不需要知道自己为何参与到这段历史当中去，也不需要知道自己是如何参与其中的，人们只需要搞清楚自己的生存是"本真的"还是"非本真的"。整个存在主义哲学的学说似乎就是在告诉我们这些东西。用海德格尔的话说：先于能在最本己的可能性而倾听"存在之无声的调音"（lautlose Stimme des Seins）意义上的"愿有良知"（Gewissen-habenwollen）是与普遍有效的规范性原则意义上的客观可比性（objektiven Vergleichbarkeit）毫无关系的。存在主义处境伦理学的这种讯息似乎通过萨特而变得更为持久了；而且，它最终还与解释学—历史主义的伦理后果汇合了（我最近读到的一篇德里达在维也纳接受采访的采访稿又让我清晰地回忆起

了这一态势；德里达在采访中以海德格尔式的口气宣称责任之类的东
西只有在彻底的规范不确定性的条件 [Bedingungen völliger normativer
Ungewißheit] 下才可以存在 [1]。我还会再回到这一点）。

以上就是我和 1945 年之后的时代精神进行争辩的第一个阶段。从
今天的视角看来，我对所谓重要元素的选择和评价无疑都显得非常单
一，如果考虑到德意志联邦共和国成立时代发生的那些重大政治事件，
这种单一性无疑更加突出了。但就我个人而言，我是对一切和政治有
关的东西都抱有怀疑态度并与之保持一定距离的，我在当时相信自己
可以——在我的（或我们的）军事—政治介入的失败或滥用之后——
证明这种行动乃是正确的"深入反省"（汤因比）。

1.2 与 60 年代的伦理—政治和历史哲学的理论提案的争辩的阶段
我在上文中已经将我与一些在伦理—政治和历史哲学的层面上具
有重要意义的理论提案的争辩标识为第二个阶段。就我个人的情况而
言，这一阶段最早是在 20 世纪 60 年代开始的，也就是说，是在关于
青年马克思和西方马克思主义的讨论、学生运动和所谓"批判理论"
的背景下开始的（因为在 1950 年和 60 年代期间对我来说就是方法论
定向和论证学习的时代，我试图使解释学的原初视角和基本视角在与
语言分析哲学和波普尔、皮尔士的科学理论的争辩中以尽可能纯粹的
形式发挥作用）。

就我个人而言，发现哲学的政治维度这种觉醒无疑是由哈贝马斯，
或者更确切地说：是由哈贝马斯解释的新马克思主义（站在我的立场
上看，这种解释从一开始就以解释学来拒斥科学主义—还原论，而且，
它还 [至少是倾向于] 用康德意义上的调节性理念和实践理性的公设
取代了末世论—乌托邦主义历史形而上学）所激发的 [2]。

（此外，还应当将《认识与兴趣》[Erkenntnis und Interesse] 的观
点补充在内，因为这部著作在政治—伦理的层面上激活了我们俩在波
恩学习期间就已经熟悉了的认识人类学洞见。）

从今天的视角来看，20 世纪 60 年代后期的政治—解放觉醒时期
可以按照不同的视角来重构。这一时期肯定存在着某种会使人丧失现
实感的过度的乌托邦主义；肯定也存在着对西方文明的自由民主和法
治国遗产的令人担忧的误判。当然，这样一种由青年运动激发的觉醒

378

379

时代还没有能力说明与现代工业社会中的种种系统和亚系统的分化联系在一起的成就和局限。就此而言，它对建制的彻底的意识形态批判引发了一系列在机智程度上有高有低的反揭露（Gegen-Entlarvungen）：例如关于对工业时代的复杂性和局限性的千禧主义—乌托邦主义逃避的猜想，或者是下面这种又一次与我们的会议主题接近的谴责：人们在某种程度上希望在错误的地点以折半的代价补上没有在第三帝国时期付诸实践的抵抗，等等 [3]。

这一切并非都是错的。但在我看来更为重要的是：一种关于政治形式的公开对话成为人们必须面对的东西，这种对话并不是从单纯的实用主义—机会主义的视角出发的；长期以来，战后一代人一直期待着一种能够带来这样一种讨论的突破性契机。从那以后，联邦德国公民就有了一种"明辨的公众"（康德）意义上的政治—哲学意识。而且，对于今天肩负着责任的一代人来说至关重要的学习过程正是由这个时代的争议性讨论开启的。在这些学习过程当中，一方面存在着乌托邦主义的能量和直觉不可避免地要在其中与现实的复杂性和局限性相互磨合、纯化的学习过程，另一方面也存在着所谓的病理学习过程，例如启蒙主义者和革命者在其中变成"犬儒主义者"的学习过程。

380

这一不确定的事实将我重又引向我那主观的—自传式重构视角。对我来说，参与到这一时代的争议性辩论当中——特别是与哈贝马斯式"批判理论"的争辩——事实上给我提供了一种至少是否定性和批判性的澄清，也就是对与能够被我们接受的政治—道德意识的重构所必需的限定性条件相关的问题的澄清。通过这样一些辩论，我至少能够看出那些在当下具有重要意义的理论提案间的精神差异。

我由此进入了 1945—1987 年间的时代精神体验的第三个阶段。从一开始，我就把这一阶段对位地刻画为与"再教育"阶段对应的阶段，也就是将其刻画为迎来国内外"回归正常性"提案的实用主义式平息问题阶段。这正需要在当下得到更为确切的规定，而且，下面这一点也应当得到初次说明：一旦对规范化理论或提案做出批判性考察与评估，"我们可以从我们的国家灾难中学到某些特别的东西"这种我们这代人不得不面对的想法在何种程度上能够发挥一种可接受性标准（Akzeptabilitätskriterium）的功能呢？

1.3 实用主义式平息问题企图以及国内外回归正常性提案的阶段

以我的观点来看，时代精神体验的最晚近阶段是以下面几种趋势或转向为标志的：

1. 先前一直处于分离状态的哲学运动——现象学的解释学转向与语言分析哲学的实用主义转向——开始汇合，也就是说，大陆哲学和英美哲学实现了"语言学—解释学—实用主义转向"，这甚至还包括了一种相应的"新科学哲学"的汇合。在我看来，这样一种汇合在我们的问题语境中由于下面这个事实而变得十分重要了：认为理性本身是依赖于时间性的存在发生或存在历史这种由海德格尔提出的超历史主义（伽达默尔也以更为节制的方式提出了这种超历史主义）：这种古老德国历史主义的跃升在今天看来已经有了被全世界接受的机会。由此，我们遇到了第二种趋势： 381

2. 诞生于法国和意大利，但在最近几年已经开始在美国和德国产生影响的所谓哲学后现代主义运动。如果我的观察是正确的，就其本质而言，这种哲学后现代主义产生于审美主义的尼采解读和海德格尔解读、法国结构主义或后结构主义以及无政府主义—个人主义的马克思主义消解的悖反性综合 [4]。

3. 在一定程度上与解释学—实用主义转向同时发生、许诺了一种新亚里士多德主义意义上的"实践理性复兴"的新保守主义平息问题企图，其座右铭是："习俗加上实践智慧或判断力就等于常识道德（common-sense-Moral）：这就足够了；如果再往前走就是危险的道德主义—乌托邦主义"。

那么，一旦我们将这些"趋势"或"转向"视为政治—道德意识之重构或全新塑形意义上的理论提案的话，它们想要表达的又是什么呢？

1.3.1 最近阶段的时代精神体验之初始进程：与海德格尔和尼采相结合的"语言学—解释学—语用学转向"和哲学的"后现代主义"

对我来说，从德国哲学和英美哲学的"语言学—解释学—实用主义"开始是非常简单的，因为我本人在 20 世纪 60 年代就为这样一种转向做好了准备（例如出版海德格尔、伽达默尔和维特根斯坦、皮尔士的比较研究）。因此，我有充分理由对这样一种汇合的结果感到高兴——这种汇合已经在罗蒂和其他一些较少挑衅性的作者（例如库恩之后的"新科学哲学"理论家们）那里出现了。但是，很长时间以来，我已经不再对此感到高兴；确切地说：当我第一次面对伽达默尔的"哲学解释学"观念（这样一种观念从本质上说是以海德格尔哲学为取向的，我本人的相关尝试也是如此）时 [5]，我就已经不再对此感到高兴了。对我来说，伽达默尔的《真理与方法》毋宁说是一种"哲学解释学"方案的批判性重新定向的必要性的信号。这样一种同时针对海德格尔、伽达默尔、维特根斯坦重新定向应当重新评价历史性—重构性理解以及赋予这种理解以规则的"实践理性"的先验的—哲学的—普遍主义的—规范性维度 [6]。

　　这些年来，这种评估在我的心中愈加坚定；尤其考虑到伽达默尔的国际影响史——直至罗蒂的新实用主义—历史主义和瓦蒂默的后现代主义版本 [7]。今天，我倾向于把我对《真理与方法》的批评集中于两点：一方面，为了偶然传统的权威，反思性—超越性的、以调节性理念为取向的、并因此潜在地是批判性的理解的所有环节都要被缩减；另一方面，在这一方法的更深的层面上，确定无疑地包含在理解之中的历史之发生或时间性存在的环节被理解为前理解或前见的规定者，并且，就此而言，被领会为理解一般的可能性根据，这样一来，仿佛以普遍有效的标准为依据的前见之反思性批判的可能性至少是不属于理解的范畴了。换言之：这样一来，狄尔泰那尚不具有一贯性的历史主义便被"超越"了，也就是说，要使必要性成为一种美德，并将认识的有效性要求——以及，就此而言，所有可能的批判性理解的有效性要求——还原为一种本身就是历史性的可能性根据 [8]。然而，伽达默尔的这一洞见应当是普遍有效的。从某种意义上说，理性需要学习将自身的他者，也就是时间性存在发生，思考为它的有效性要求的根据。这就是说：考虑到我们的有限性，我们可以肯定的是，任何有效性——亦即真理与伦理学层面的规范有效性——甚至（在海德格尔看来）有效性的思想、真理以及逻各斯都应当被理解为时间性存在及其历史的功能。对于受伽达默尔和海德格尔影响的后现代主义哲学和新实用主义哲学来说，认可上述看法，并且（像海德格尔和伽达默尔那样）无视自身有效性要求的自我取消——它存在于"逻各斯完全依赖于历史"的思想之中——似乎是不言而喻的事实[9]。

　　事实上，伽达默尔本人是以一种倾向于平息问题的态度来应对那些对他的方法所做的激进化解释的；关于他那肯定传统之权威性的保守主义解释学谱系，伽达默尔甚至宣称他的思想是与康德和柏拉图并行不悖的。但他那些将他视为后现代主义先驱的激进弟子们却并不为此感到局促不安[10]。他们始终认为，就最终效果而言，伽达默尔的立场和海德格尔的立场并没有什么不同，也就是说，他们的提案是：就逻各斯或欧洲形而上学的 Ratio 或理性诉诸根据或有效性而言，颠转它们——也就是说：颠转哲学和科学思想整体——是为了另外一种思想（按照海德格尔的说法，这是一种可能存在的最为严格的思想），一种被理解为属于存在之历史性命运或对一种发自时间性存在的要求的"倾听"的思想。这样一来，思想不只在其受指派状态（Angewisesenheit）中依赖于在语言中展开的差异性勾连的意义，而且，在它对普遍的、主体间有效性的要求中还要依赖于存在论差异之历史性—时代性发生。至少在瓦蒂默和德里达那里，向所谓"后现代主义"的过渡所包含的似乎就是这些内容。

　　不过，这些看上去如此深奥的"思辨"到底与实践理性的问题，尤其是政治—道德意识在德国的重构的问题有什么关系呢？

　　在我看来，对上述问题做出回答的关键线索还是由海德格尔提供的。今天，对于海德格尔哲学在《存在与时间》之后的发展和海德格尔本人在1933年的态度之间存在着某种内在联系：对"能在"与"不得不在"的"被抛的筹划"的时间性—时机性（temporal-kairologischen）解释与他投身于政治的—世界历史的时机（因为这是他本人对国家社会主义掌握大权的解释）之间的关系，我已经不再怀疑。换言之：在我看来，我们在海德格尔的哲学中是根本找不到对普遍有效的规范性原则的理性奠基的关键存在的，而后者恰恰可以防止他完全服从于时机，也就是说，服从1933年的"元首"（这一特殊的缺陷已经出现在他的《康德书》当中。他在这部著作中坚决捍卫《纯粹理性批判》第一版中时间性的、创生性的想象力的首要地位，反对康德后来通过知性综合的首要地位为知识之普遍有效性要求辩护[11]。这就是海德格尔为何会在1943年得出如下荒谬结论的原因：他在尼采的"强力意志"那

384

385

里看到的是康德先验主体概念的进一步发展 [12]——虽然后者在形式的层面上预期了普遍的、主体间的有效性要求之共识性）。

386　　　　与实践理性的疑难直接相关，我们在海德格尔无所顾忌地用元首或人民的具体要求替代了在他看来无力推动介入活动的理念、规范或价值的要求这一事实中发现了他的思想的一个类似的执着（就在最近，他原来的秘书穆勒再一次确认了这一事实 [13]）。在海德格尔那里，以具体榜样、具体任务为根据的道德取向（这属于典型的前启蒙德性）直接与此在之本真责任的"愿有良知"这一极端形式化、亦即"生存论"的概念联合了起来。对于"愿有良知"而言，"常人"的传统规范不再起决定性作用。这就是为什么对于海德格尔来说，在"规范之不确定性"中，只有发自"存在之无声的调音"的"召唤"才具有决定性的意义（对于德里达来说同样如此）。这就是说：除了对传统提出彻底的质疑以外，既具有普遍有效性又可以应用于生活之上的实践理性原则是没有存身之所的。这是因为，就其本源而言，我们所说的逻各斯、Ratio、理性、根据、有效性、原则之类的东西在海德格尔看来全都被证明为是与时间性存在关联在一起的。道德意识恰恰应当通过一种与处境相关的直接的、亦即时机性的关系来与这一时间性存在（它乃是"所有存在者的无"，就此而言，它也是所有理性原则的无）相合，哪怕因存在之命运而完全误入歧途也在所不惜。

　　　　我在自己对时代精神体验的第三阶段的重构中第一次能够这样说：这是不可接受的，也就是说，作为全局性的哲学解释，这与我们这些亲历了德国国家灾难的当代人应当学到的具有特别之处的东西是不相容的。我当然不是说要从整体上拒绝海德格尔的哲学或解释学转向，我想说的是：海德格尔和伽达默尔向我们提出的对 19 世纪历史主义—相对主义的克服实际上并不是真正的克服，而是通过暴力侵袭（Gewaltstreich）——亦即通过拒绝反思自身的普遍有效性要求——来

387　　使自己免除所有原则—顾虑（Prinzipien-Skrupeln）的推进与跃升。而这所指的正是逻各斯之遗忘的"林中路"。我这里所说的"逻各斯"不是海德格尔和德里达部分正确地质疑的"集置"或"工具理性"的逻各斯，而是在语言中得到应用的对话性理解的逻各斯，是必须始终被所有的理性之自我批判（进行说理的怀疑论亦是如此）预设为自身有

效性要求的可能条件并加以利用的逻各斯 [14]。

　　但是，为什么这种能够以海德格尔为依据的历史主义之跃升恰恰不能成为德国的实践理性重构的哲学前提呢? 对于这个问题，我打算给出一个简短的回答：因为这种首先在德国得到发展的历史主义—相对主义在 20 世纪之初就已经成为麻痹教养阶层可能的后传统道德原则意识（postkonventionellen moralischen Prinzipien-Bewußtseins）的形成的主要因素之一。按照我现在的理解，这也是 1945 年之后我们这些从战场归来的人在我们的大学教师那里得到认定的事实。我们可以尝试对这一点做出更具理论性的表述：根据皮亚杰—科尔伯格式道德意识的发展逻辑，在狄尔泰的时代与实证的"历史感"一道得到发展 [15] 并在海德格尔和后现代主义那里以整体理性批判（totale Vernunftkritik）的扩展形式得到延续的历史主义—相对主义这一时代精神的哲学基本立场在我看来可以被理解为从传统道德（konventionellen Moral）向后传统原则道德性（postkonventionellen Prinzipien-Moralität）的过渡的四又二分之一临界阶段上的自我迷失的版本之一 [16]。

　　在我看来，这样一种四又二分之一阶段上的自我迷失的另一版本便是与历史主义处于同一时期的竞争性意识形态，这种意识形态被波普尔称为"历史决定论"（Historizismus），例如黑格尔和正统马克思主义那种通过对世界历史的必然过程的理论把握来"扬弃"道德义务及其形式—义务论原则的尝试 [17]。最后，各种不同版本的自然主义还原论（naturalistischen Reduktionismus）也可以被视为四又二分之一阶段的经典立场。对于道德的有效性要求以及极端情况下的理论理性的真理要求，自然主义还原论不是以批判的、合理性的方式对其进行重构，而是试图以谱系学的方式将其说明——亦即揭露——为以异质于理性之物为来源的东西。我在这里只提一下最具影响力的、在我看来对德国的发展而言最具灾难性的版本，也就是尼采的版本：尼采试图将道德良知说明为疾病或"强力意志"的病态倒错 [18]。

　　讽刺的是，正是这种完全被理解为近代启蒙辩证法的产物的还原论和海德格尔的存在—历史主义一道成为了法国和意大利的后现代主义的主要内容，它们在某种程度上被当成了逻各斯之把握以外的另类理论选项：要么把逻各斯的起源归因于时间性存在自行遮蔽的解蔽

388

389

（或"延异"之发生）；要么把逻各斯还原为强力意志的一种社会历史性分化，这样一来，说理之类的活动实际上就是施行暴力。从我个人的视角看来，也就是说，从我对第三帝国以及之后的"再教育"时代的回顾性视角看来，我只能说：在经历了一段全盘揭露德国精神史（亦即尼采、黑格尔、路德）的时期之后，今天，当有人要把一种——至少是经过审美化处理的——尼采复兴强加给我们的时候，这无疑是一种怪异的无理要求。仿佛希特勒从来没有——明白无误且完全正当地以尼采为依据——在"安乐死法案"（Euthanasiegesetz）的前言中宣布："我已下定决心要消灭弱者"；仿佛《善恶的彼岸》和《论道德的谱系》全都出自尼采的妹妹伊丽莎白（Elisabeth Förster-Nietzsche）之手[19]。

390　　　　在此，我打算再次坚决声明：这样一种恢复建议在我看来是与我们应当学到的东西相冲突的，所以，它是我们无法接受的；在我看来，即使那些向我们建议这种恢复的人在尼采的指引下做出了珍贵的、就其本身而言是可以接受的发现，我的看法也依然不会改变（参见第 435 页以下）。

　　　　这里所假设的积极的可能性使我有机会从一开始就反对一种误解（这种误解在今天几乎是可以被预言的），它是与我对历史主义、历史决定论和自然主义还原论——以及在这一背景下被设想的海德格尔和尼采——的拒绝有关的。我并不是要反对下面这种观点：这些思想方法或思想家在彻底的、并且是有教益的形式下对启蒙运动的自我批判式推进（selbstkritischen Forsetzung der Aufklärung）的确定的、不可避免的质疑进行了彻底的思考。就此而言，不光是黑格尔和马克思，就连尼采和海德格尔都同样是不可忽视的"思想大师"（maîtres-penseurs）。但这绝不是像人们时常建议的那样断定我们不可能对他们做出彻底的质疑。这种建议本身不如说表现了某种形式的隐性历史主义或历史决定论，例如，按照它的观点，在任何时候都有其"存在历史中的位置"的"本质性思考的领域"中是不存在什么需要被改正的严重错误的，因此也就谈不上对这样一种思想进行反驳。

391　　　　与此相反，关于我们提到的这些思想家或思想立场，我确信既应当承认其宝贵观点，也应当承认其错误或误入歧途，而且这种谬误特

征是可以被清楚地证明的。例如，我们至少可以清楚地看到一个共通
的基本错误（Grundirrtum），它的每一种特殊形式都构成了一种典型
的误入歧途的出发点。实际上，所有这些思想家、所有这些立场都忘
记了对其自身有效性要求所具有的意义的可能性条件进行反思，忘记
了通过这样一种和其意义相关的先验的、批判的反思来先验地为那些
对理论理性和实践理性的有效性要求进行外在说明的企图设置界限。
从根本上说，这种看法对于后海德格尔的超历史主义和不同版本的
自然主义还原论也是有效的：它们全都醉心于起源主题（Ursprungs-
Motiv）。在面对这一主题时，它们已经看不到它们自身的意义，因而也
就不再看得到那对于任何方法来说都是不可或缺的说理的逻各斯。就
此而言，确切地说，它们乃是独断论意义上的、因而也就是前康德意
义上的形而上学起源哲学（metaphysischer Ursprungsphilosophie）的实
例。与此相反，一种以对自身意义或有效性条件的严格反思为基础、
并且应当对康德式方法本身进行批判性改造的先验哲学在我看来就不
是独断论的形而上学起源哲学[20]。这是因为，从原则上说，它能够在考
虑到各种经验科学以及哲学本身的可错的经验知识以及通过外在动机
（例如通过兴趣和强力意志）的理性中介化的同时而又不陷入还原论
当中[21]。在这种意义上，正如我们要表明的那样，它考虑到了语言性世
界——意义敞开对时间性存在以及历史的依赖性，但又并不因此就将逻
各斯的普遍有效性要求相对化[22]。

392

　　和一般所说的还原论一样，这样一种相对化对于实践理性，因
而也就是对于伦理学和在伦理学意义上被理解的政治学而言同样是一
种误入歧途、一种无可避免地要将道德意识的进化阻断在四又二分之
一过渡阶段的谬误——事实上，人们只有在承认了下述说法的前提下
才能理解这一点：逻各斯之意义—条件——亦即论证及其可能的有效
性条件——必然向来已经假定了人们在先认定了一种普遍有效的后传
统道德原理，亦即包含在说理共同体的相互性（Reziprozität）和共契
（Solidarität）之中的普遍化之超主体原则（更为确切地说：必然在现
实说理共同体中被反事实地推定的理想说理共同体的相互性和共契）。
一旦获得了这样一种反思性洞见，后传统良知的概念就不必再依附于
一种规范层面上的完全不确定性（totalen normativen Ungewißheit）的

观念；一条通往后传统洞见的道路反而被开辟了出来：在历史处境的挑战（也许是唯一的、无与伦比的挑战）之外总是至少存在着一种强加于有待完成的决断之上的原则性限制条件，一种被普遍化原理强加的条件 [23]（除此以外，还有一条责任原则向来已经被承认了：我们必须通力合作，为的是完成一种后传统原则伦理学之应用条件的历史性确立；但我在现在的语境中无法对这一点再做更多的说明 [24]）。

我们对时代精神经验的最为晚近阶段所做的第一种考察还没有充分把握那刻画着当今时代的特征的建议，亦即回归正常性意义上的道德—政治意识重构的建议；因此，它也没能把握对这一建议的必要拒绝，而这种拒绝在政治和道德的层面上具有重要的意义。的确，在一种确定的（隐秘的）意义上可以肯定的是：对于我们德国人来说，以后现代主义指南的名义接受尼采和海德格尔的尝试就意味着回归正常性。但是，回归正常性的显白和具体的建议在今天毋宁说是表现在了其他一些时代精神的态势当中。让我们首先来考察一下以消解所有与道德—政治导向系统（Orientierungssysteme）相关的哲学合法性问题为鹄的的新实用主义提案。

1.3.2 对政治的伦理学—哲学之合法性问题的新实用主义"消解"——与罗蒂的争辩

某些已经出现在我们第一重考察中的要素再一次出现在了我们需要描述的事态当中：例如，以不可回避的方式被建议的与所有伴随着普遍有效性要求出现的原则相关的历史主义—相对主义。有关这一方面的新情况便是：19 世纪末出现在德国的历史主义—相对主义在当代似乎成为一个在世界范围内被哲学和理解性的文化人类学、社会科学所要求的前提。当然，在哲学的层面上，我们今天不难听到这样一种论调：真正需要承认的不再是相对主义，而是一种处于相对主义和基础主义—普遍主义的二者取一的选择之上或之下的新立场。在我看来，这是一种主要受后期维特根斯坦启发的问题回避策略或消解策略；不过，它还与出自新实用主义一系的美国实用主义趋势合流，而且在不久前还和伽达默尔的"克服"古典历史主义的提案实现了合流。这样一来，例如罗蒂就同时对一种受海德格尔、伽达默尔和德里达启发的后现代主义和一种受后期维特根斯坦和杜威启发的对形而上学问题的实用主义消解策略提出了要求 [25]。

在更为深入地考察罗蒂的新实用主义之前，我同样打算针对这一情况强调下面这一点：我完全不打算与来自维特根斯坦和美国实用主义的哲学意义批判主题进行全方位的论战。与此相反，我确信批判性地消解"荒谬的"或"无意义的"提问的能力必然是古典先验哲学或康德式理性批判的先验语用学改造的构成性条件的组成部分。从这种意义上说，在我看来，笛卡儿之后的现代哲学中的一些首要问题事实上是可以被当作伪问题消解掉的，例如：外部世界的存在问题（例如笛卡儿的梦境论证）、"他心"问题、贝克莱的不依赖知觉的事物存在问题，甚至还有康德的两个核心问题，也就是物自身原则上的不可认识性（不同于认识的未完成性）和意志自由与物理因果律的互不兼容问题 [26]。

不过，即使人们在问题的治疗性意义批判当中认识到了一项永恒的哲学任务，假如不诉诸特殊的哲学、亦即普遍有效的标准——也就是原则，这项任务也是无法完成的。例如，我们可以和维特根斯坦一道表明："所有现实发生的事情最终是不是只是我的一场梦呢？"这个笛卡儿式问题必然会摧毁"只是我的一场梦"的意义，因为这句话的意义只有在使梦与现实的区分成为可能的语言游戏的框架中才能被构成。然而，这一简短的提示必然已经对一条超越语境的普遍有效原则（一种有待进一步阐发的关于有意义的语言使用之实用主义预设的理论的原则）提出了要求。

但是，就罗蒂明确追随维特根斯坦（他主张对哲学"疾病"做无关理论的恰当治疗）和杜威（他以类似的方式建议给问题提供实用主义的、内在于语境的解决方案）而言，他恰恰是拒绝我们的上述观点的。在不诉诸任何原则的前提下"消解"虚假的哲学问题便是其策略的主旨。在这种意义上，他试图通过将这种策略应用在政治伦理学的传统核心问题，也就是社会秩序的合法性或正当性问题之上来证明它的有效性。接下来，让我们考察一下罗蒂围绕这一主题与法国后现代主义进行的辩论（法国后现代主义的确宣布了以"为现代性提供伦理的一政治的合法性基础"为职责的哲学的死亡，但它始终是以非常严肃的态度来对待哲学合法性的问题的）。我首先涉及的是罗蒂和法国后现代主义代言人利奥塔（Jean-François Lyotard）在《批判》杂志中的争论[27]。

396　　　　这次争论的出发点和主题是由利奥塔的一个问题规定的，这个问题来自他在《后现代状况》中对现时代所做的诊断[28]。这个问题是："我们今天对发生在我们身上的来自人类世界和非人类世界的众多事件的组织活动是否还能继续通过将它们归入人类之普遍历史的理念来进行？"（前揭，第559页）利奥塔是通过康德意义上的解放理念来说明普遍历史的理念的，因为前者在他看来代表了从基督教的救赎历史开始，中经对无知与奴役进行启蒙的历史、黑格尔的普遍理念之辩证实现的历史和马克思的从剥削与异化当中解放出来的历史，直至通过技术—工业发展来使贫困者得到解放的资本主义历史的西方历史哲学的精华（前揭，第560页）。

　　　　按照利奥塔的说法，所有这些版本的解放之普遍宏大叙事全都失败了。过去的50年已经表明了这一点：黑格尔所肯定的现实与理性之同一性的辩证理念已经在奥斯威辛被彻底推翻了，至于肯定了民众与议会制自由主义的利益之统一的民主主义理念，它已经在1968年五月的巴黎被推翻了，通过供给与需求的自由竞争来实现共同富裕的资本主义理念已经被1911年和1929年的经济危机推翻了，而这一理念的后凯恩斯主义恢复则被1974—1979年的经济危机推翻了（前揭，第563页）。

　　　　利奥塔认为与人类解放之普遍历史的理念一道破产的是现代性的另一个核心理念：作为历史之单一的、有待在未来被实现的主体的人性理念，或者换句话说，"我们"的理念（除了那些始终是说话者和接收者的人以外还包括了另外一些作为康德意义上的普世社会的潜在成员的人）。根据这一事实，甚至就连利奥塔提出的"我们是否还能继续……"的问题都显得悖谬了，因为提出这一问题的知识分子在普遍

397　　历史的理念破产之后已经无法再把自己设想为自由人性的前卫了（前揭，第560页）。

　　　　最后，利奥塔通过结合"我们是否还能"这一表达来说明他的"我们是否还能继续……"的问题。在他看来，这一表述另外还具有"我们是否有责任……"或"我们是否应该……"的义务论意义；换言

之，他所提出的诸如"历史之组织"之类的问题对他来说既是我们作为"我们"的可能的同一性问题，又是康德意义上的我们的事业的合法性问题（前揭，第 562 页）。

利奥塔本人的视角是后现代主义的视角，这样一种视角以一种独特的方式在"现代性之破产的赞许"和"面对抛弃人类团结或可能的一致（unanimité）的理念的必然性时的深切的悲观主义感伤"之间摇摆。对于利奥塔来说，如果解放的普遍历史理念已经破产，这归根到底是由于超越"各种文化的不可克服的差异性"的框架而对团结性或"一致性"进行合法性辩护是不可能的。这种论点一方面可以通过"原始社会"的"一体化文化"及其神化的合法性系统得到说明，另一方面可以通过从法国大革命的民族主义开始，中经斯大林主义，直至今天在资本主义经济的世界系统内部展开的影响力竞争的现代普世主义团结理念的破产得到说明（前揭，第 567 页）。

利奥塔在说明了自己的观点之后把发言权交给了美国人罗蒂，他希望后者能够从越洋视角（transatlantischen Perspektive）出发对他做出回应，而罗蒂也已经准备好以"无解放的普世主义"为题做出回应（前揭，第 569 页）。这个题目已经宣布了罗蒂所采取的策略的重点：正如他在另外的著作（例如他的《实用主义的结果》[29]）中所做的那样，罗蒂认可了后现代主义对现代哲学的宏大叙事的抛弃。但他同时还打算表明：即便是利奥塔提出的问题——特别是以康德视角为出发点提出的社会秩序之义务论正当性或合法性的问题——也可以被当作形而上学的伪问题消解掉（为了更加清楚地描述罗蒂的这种主要倾向，我下面主要考察他最近的文章《民主先于哲学》[The Priority of Democracy to Philosophy] [30]，因为他的回应的政治—道德结果是可以通过这篇文章被把握的）。

简而言之，罗蒂对利奥塔问题的解决就是一种暴力侵袭：他很乐意对"今天如何赋予在政治层面上具有重要意义的道德（例如现代西方民主制的道德）以哲学合法性辩护？"和"如何证明它与人类团结意义上的人类历史之统一性理念并行不悖？"这两个问题进行颠转。他宣称：人们只能从作为历史—事实性共识基础的自身传统出发，尝试以说服的方式将其内含的乌托邦付诸实践，除此之外的东西统统是过时

398

的形而上学。就此而言，关键不是在政治—道德的维度上对自由民主制社会秩序的合法性进行辩护（例如通过诉诸对所有人有效的标准），而是对出自宗教、哲学起源的道德原则进行考察，目的是要说明它们是否，或者在多大程度上是与自由民主制的现实政治秩序兼容的（罗蒂在这里援引的是杰弗逊，后者确立了调节宗教原则之公共有效性标准的自由民主制的自由条件；罗蒂建议把同样的程序应用在哲学之合法性要求上，换言之：哲学也应当像宗教那样在自由民主制的框架中完全转变为私人事务。这样一来，按照罗蒂的看法，合法性问题就可以被当作伪问题取消了 [31]）。

399

我们能够在此认识到：在不忘记应当被探究的问题的前提下为罗蒂进行辩护是相当困难的。下述情况从哲学的观点看（当然也是在康德或罗尔斯的自由民主制之哲学合法性辩护的预设下）是确定无疑的：面对所有享有同等自由权利的公民，国家有义务在形而上学理论或世界观领域保持宽容和中立（正如它在宗教信仰领域所做的那样）。因此，同样确定无疑的是：国家应当像限制宗教信仰的有效性那样限制哲学的公共有效性要求。但是，与人们经常建议的情况相反（罗蒂亦是如此），我们是无法从上述看法那里得出下面两条结论的：

第一，我们不会得到这样的结果：对于在自由民主制条件下被明确解放了的神学和哲学对话来说，对一个政治社会秩序的道德和法律基础进行合法性辩护或批判这个始终如新的问题是不存在的。这样一来，利奥塔所提出的问题就不只是一个单纯的伪问题。我们在此已经能够看到：罗蒂的回答，正如我们要表明的那样，表现了一种以唯我论谬误为基础的虚假解决。在我看来，更重要的是与第一个结论对应的作为 non sequitur［拉：不根据前提的推理］的第二个结论：

第二，与神权政治或集权国家不同，自由民主制是需要对宗教学说和哲学学说的公共有效性进行限制的。但是，这一事实并不会带来这样一种结论：这样一种自信能够带来正当的中立性和限制性的政治秩序本身并不是以需要得到哲学辩护的非历史性、非偶然性的前提为基础的。如果这一点得到了清楚的理解，那么，就罗蒂希望从一个

400

作为现实共识基础的历史性—偶然性传统出发来消解与普遍有效的合法性有关的形而上学伪问题而言，他本人是不能承认这一点的。

人们很快就可以表明，任何一个自由法治国（自由民主制亦是如此）的最低限度条件中都已经隐含着一条本身并不服从于历史偶然性的道德原则：我在这里想到的是在传统自然法中通过 pacta sunt servanda［拉：有约必守］这句话得到表达的各种类型的契约或合约的缔结的可能性条件。这种原则是不可能通过一种历史性—事实性的合约得到奠基的。我自然也是把它当作共识构成一般之可能性条件（它在实践层面上是具有重要意义的，而罗蒂恰恰忽略了它）的一个典型实例来援用它的。"将其他所有公民、甚至其他所有人认定为具有平等权利的人"以及由此而来的"通过非暴力的共识构成来解决所有的冲突"自然也是民主和普世的共识构成的绝对必要的可能性条件的组成部分（罗尔斯在他里程碑式的著作《正义论》中推导出的"正义原则"反而是更成问题的。我会回到关于这一问题的导论）。

面对这些问题，罗蒂又采取了什么行动呢？

在我看来，为罗蒂进行辩护的困难之处在于：以解决问题为主旨的策略（这种策略受到了维特根斯坦和杜威的启发）趋向于变成一种可以反对所有可能批评的"免除策略"（Strategie der Immunisierung）。在我看来，罗蒂和其他许多"无基础的实用主义"的代表人物恰恰采取了这样一种策略。从根本上说，罗蒂的论证策略非常简单：如果一个问题涉及道德—政治秩序的批判性评价或正当性辩护的规范性标准，那么它就是一个形而上学伪问题，人们就应该拒绝它，因为一个哲学奠基疑难在这里出现了，而为了解决这个疑难，人们就必须诉诸一些超越了具体语境的、具有普遍必然性的标准或原则。但是，如果人们站在相对的立场上提出这样的反对意见：缺少自由、正义、宽容的历史的、偶然的政治秩序（这种被思考为现实共识基础的秩序既反对民主的共识构成又反对普世的共识构成，而且也没有朝着这个方向前进）已经存在并且仍然存在着，而对于上述作为西方自由—民主传统的自明性常识预设的原则，罗蒂是明确表示赞同的，也就是说，他是要求这些他和利奥塔一道反对的几乎全都处于康德意义上的"解放史"的中心的意义内容（Sinngehalte）的。而且，他还隐含地假设了所有心灵健康的人都会这么做。此外，罗蒂的另一个常识预设也是以这个被假定为自明的东西之预设为基础的：在产生意见分歧或要对有关实践

问题的不同解决建议进行评价时，我们总是能够找到一条通向共识性
答案的非暴力途径（我应当说：在原则上能够找到；但罗蒂自然是不
应当这么说的，因为这种说法隐含了对哲学原则性或普遍有效性的
依赖）。

我们现在要仔细观察一下罗蒂的策略是如何发挥作用的（我首先
引用的是一些带有犬儒主义色彩的挑衅性例子，正是它们证实了罗蒂
对合法性问题的拒绝；然后是一些罗蒂借以向潜在的批评者表明他实
际上是欢迎进步、自由和正义的例子）。

首先，罗蒂充满挑衅意味地宣称：实用主义者能够欣然接受被
利奥塔以戏剧化的方式拿来与已然失落的人类团结原则对峙的特殊传
统或特殊生活形式的"第二种自恋"（sekundären Narzißmus）的另类
选择 [32]。但是，正如利奥塔指出的那样，这样一来他不是也可以接受一
种法西斯主义体制的特殊共识基础吗？罗蒂通过下述论证对这一点进
行了否定：与纳粹不同，作为自由派改革者的实用主义者会说我们是
好的，因为我们不是通过暴力而是通过说服（persuasion）来让其他人
认为我们是好的 [33]。

我有意没有把罗蒂使用的这个以意义暧昧不明著称的欧洲修辞术
的核心术语"Persuasion"翻译成德文。就这一情况而言，如果将它译
为"überreden"（这个德文词仍然含有"哄骗"、"支配"和"潜在的
暴力"的意义）或"überzeugen"，我们就必须去掉"Persuasion"的两
义性 [34]。假如我们选择了"überzeugen"，这个词明显要诉诸说理以及
合理性标准（最终就是原则），这是为了表明德国传统相对于其他并不
诉诸说理的传统的优越之处。但这样一来，以罗蒂希望的方式来将问
题消解掉明显是不可能的了。

罗蒂通过他对如下问题的回答证实了他的问题回避策略
（Problemvermeidungs- strategie）：一般而言，在哲学标准缺席的情况
下，我们应当如何评价不同的政治—道德秩序呢？他的回答是："作为
杜威的门徒，我是很乐意赞颂民主制和服务型（福利）国家的，但这
只是通过和其他人的建议进行比较之后得出的结果，而不是因为我们
相信这些制度比封建体制或极权主义更符合人性或道德法则" [35]。这种
途径不是必然导向对奠基活动的拒斥吗？

假如所有超越了个别形式的哲学标准（例如伦理学的标准）都被排除了，那么，在与其他不同的国家形式进行比较时，我们又出于什么理由来推荐民主制或福利国家制度呢？如果是这样，严格说来，每次能够选择的就只剩下对私己利益的"说服性"召唤了！这样一来，在美利坚宪法的人权宣言时代的弗吉尼亚共和国为了利益考量反倒应当选择奴隶制了？用另一种方式提问就是：从美利坚宪法被接受开始，中经美国政治—社会现实对这一宪法的不断调整，直至马丁·路德·金的民权运动，说理难道从未发挥过什么作用吗？

罗蒂立场的悖反性在他讨论民主优先于哲学的文章中更加清楚地表现了出来：他在这篇文章中看到自己是无权言说具有普遍必然性的"人权"的；因为，正如他正确地观察到的那样，这就相当于"又想享受形而上学的好处而又不想担当一定责任（进行辩护的责任）"。尽管如此，在罗蒂看来，人们要"区分我们所尊重的那种个人良心与我们谴责为'狂热'的那种个人良心"。因此，参考点就只能是"相对地地域性的，种族中心的，是某个特定共同体的传统、某个特定文化的共识"。"对一种跨文化、非历史的核心自我的康德主义认同，便被对一种作为历史产物的我们自己共同体的准黑格尔主义认同替代了"[36]。

在罗蒂看来，人们无疑能够发展出一套与人们欣赏的制度相符的人类自我理论。但在这种情况下，"这样一位哲学家在此并不是在用某种更基本的前提来为这种制度辩护，而是正好相反：他或她在把政治置于首位而使哲学与之相适合"[37]。我在这里已经忍不住要做如下评论：事实上，某些第三帝国的哲学家几乎就是这么做的。

当然，罗蒂想要表达的想法是不同的；人们恰恰是无法批评他的。下面这种本身已经比较经典的 petitio principii［拉：乞求论题］能够让我们更清楚地理解这一点：针对"我们为什么不再需像前人那样在哲学（＝形而上学）的层面上回答有关'道德主体本质'的问题？"的提问，罗蒂答道："我们是正义首次成为其第一美德的启蒙运动的传人，因此不需要其中的任何一种说明。作为公民和社会理论家，我们对于关于自我本质的哲学分歧，正如杰弗逊对于有关上帝本质的神学分歧那样，将无动于衷"[38]。我们在此可以追问：当罗蒂将正义的本质预设为不言自明之物时，他难道真的没有预设关于"道德主体本质"问题

403

404

的一个充分的哲学解答吗（正义的本质，也就是人类共同生活的支配性规范，对他来说是一个足够清楚的概念）？或者，就罗蒂只是拒绝关于"道德自我本质"这种形而上学风格的论述而言，他难道没有注意到：每当他预设了正义在自由—民主传统中的首要性的时候，他就已经假定哲学正当性的问题已经解决了？

　　在此，我打算插入一段和罗蒂与罗尔斯《正义论》的争辩有关的简短评论。在《正义论》中，罗尔斯在迄今为止仍未被超越的广度上对一个公正的政治秩序的哲学合法性进行了讨论[39]。而罗蒂恰恰要表明：罗尔斯根本没有打算用在"原初状态"中被合乎理性地选择的正义原则来为自由民主制进行哲学的奠基，他只是要以哲学的方式表述在历史中偶然形成的自由民主制传统。在我看来，虽然这种对于罗尔斯主要著作的解释是站不住脚的[40]，但它却可以在罗尔斯近来的文章《作为公平的正义：政治的而非形而上学的》（Justice as Fairness：Political not Metaphysical）中的一些段落那里得到支持[41]；下面这个段落就是一例：

405　　　"关键在于，作为一个实践的政治问题，没有任何普遍性的道德观念可以为一个现代民主国家的正义观提供一个可获得公共认可的基础。这样的国家的社会和历史条件，根源于宗教改革后的宗教战争和其后发展出来的宽容原则，以及在于立宪政府与规模巨大的工业市场经济的发展。这些情况极大地影响了一个能有效运作的正义观念所必须满足的要求：它必须允许各种学说的多样性，允许现存民主社会成员所认可的、那些冲突的和的确是不可通约的善观念的多元性"[42]。

　　这样一种观点初看上去的确和罗蒂的看法无甚出入。但在我看来，上述文本还可以通过下面这种方式得到解释（我现在要以启发性的方式从一种先验语用学规范奠基的二阶概念出发，我在《系列广播讲座实践哲学／伦理学》的第20个学习单元中已经提出了这一点[43]，而且，在我看来，这也是与哈贝马斯的观点对应的[44]）。

　　1. 我只是要顺便提及这样一个再平常不过的事实：所有已知的伦理学原则当然都有其历史的发生（Genesis），但这并不排除它们具有普遍有效性的可能（这种区分对于罗蒂来说自然是毫无意义的，因为他和戴维森、蒯因、杜威一道接受了可上溯至黑格尔的整体主义

立场 [45]。但整体主义立场归根到底不还是一种形而上学立场吗？）。不过，我首先想要强调的应当是下面这一点：

2. 一个像康德那样坚持某一类普遍化原则的先天普遍有效性并且视之为能够进行理性—最终奠基的先验哲学家很乐意承认：无论是具体的生活形式还是某种生活形式的政治秩序都不会因为这样一种原则而得到先天的规定。更准确地说，他可以在某种政治—社会生活形式的制度性奠基当中（一如在每种善好生活的个体实现当中）看到一项伦理学原则之最终奠基的补充任务。人们每一次都必须从一种历史地产生的实体性道德出发才能完成这项任务。不过，根据康德所表述的普遍化伦理学原则，人们只有在这种原则的限制性条件下——例如在将一般人权考虑在内的限制性条件下——人们才有可能完成这项任务 [46]。罗尔斯已经在他的《正义论》中已经通过以下方式考虑了这里所说的增补原则（Komplementaritätsprinzip）：他区分了"正义意义上的权利之义务论优先性"和与之并行不悖的"亚里士多德的每次被选择的善好生活意义上的善好之多元性" [47]。就此而言，上面这段引文完全不像罗蒂所建议的那样含有一种对道德整体之哲学—普遍主义奠基的拒绝。

3. 不过，一种先验语用学上奠基的对话伦理学也就可以指出一种形式的—程序的原则。任何与处境相关的、可以在历史过程中被修正的质料规范（materialen Normen）——例如法律，但也包括可以内在化的道德性规范——都应当根据这条原则被奠基。虽然这条将康德的普遍化原则当作自己的形式—抽象内核包含在自身当中 [48] 的原则也依赖于实体性道德那被历史地规定了的在先条件，但它同时也把一种标准（在产生疑难的情况下，历史性在先条件——例如欧美启蒙运动时代的在先条件——能够根据它来调节自身）当作调节性理念包含在自身当中。这种理想的标准就是通过说理对话（而不是通过某种说服！）建立起来的所有相关者达成的共识。

4. 最后，我准备通过下面的事实来说明罗尔斯在后期对其主要著作的回顾性审视（这一无疑令人气恼的回顾被罗蒂解释为一种历史主义信仰告白）：事实上，在罗尔斯的主要著作中是缺少某种像哈贝马斯和我提出的两种原则上不同的规范奠基阶段的差异的东西的：一个

406

407

规范奠基阶段是实践对话之形式—程序原则的先验奠基，另一个规范奠基阶段是与处境相关的（形式—程序原则所要求的）实践对话中的质料规范的、与历史相关的奠基。一方面，罗尔斯是没有"公平"原则的可能的先验根本奠基概念的，就像他说的那样，他是借助常识直觉得到这条原则的 [49]（这里自然需要澄清的是：这种常识是否像罗蒂所说的那样完全被历史限定的，抑或是否还包含着先验的内核 [它是通过对所有说理活动的不可回避的预设进行反思而被认定的]）。另一方面，罗尔斯在他内容丰富的著作中提出了一种关于制度—规范的理性的先天奠基，它远远超越了能够先天说明的奠基原则并且包括了这样一种建议：它就其可能的有效性而言也是历史地相对的，因而也是可以被修正的 [50]。

408　　　　当罗蒂假定正义在自由民主中的首要性时，为在历史中形成的偶然的自由民主政治秩序进行哲学合法性辩护这一被他明确拒绝的活动实际上已经以隐含的方式被预设了（他对罗尔斯的引证正好表明了这一点）。正是由于这种乞求论题，他才能够毫无顾忌地将他身处于其中的那个在历史中偶然形成的传统确立为评价一切的标准，例如："说我们不能去问尼采或洛约拉会提的问题，并不是说这两个人的看法都是不可理解的，即'在逻辑上不一致的'，或'在概念上混乱的'；也不是说它们以一种错误的自我理论为基础；更不只是说我们的偏好与他们的偏好冲突……相反 [我们应当说]，我们这些启蒙运动的传人把像尼采和洛约拉这样的自由民主的敌人看作疯子…… [他们] 之所以疯狂，并不是因为他们误解了人类的非历史本性，而是因为神志清醒的范围是由我们可以认真对待的东西规定的，而我们可以认真对待的东西又是由我们的教养、我们的历史环境决定的" [51]。

　　　　我们无须对此再做补充。在一场主要在罗蒂、普特南和我之间展
409　开的维也纳公开辩论中（我那时还没有读到我在这里引用的《民主先于哲学》）[52]，罗蒂对有关道德基础的问题的回答基本如下："我是美国人，我们就要说服别人我们所走的道路是正确的，这是常识。"而我对他的回应是："那我是不是也可以说：我是德国人，这是常识"。我要表达的意思是：第三帝国时代的"常识"就是"健康的民族情感"（das gesunde Volksempfinden）。国家社会主义正是通过召唤这样一种情感来

质疑法治国的原则，它所借助的正是"是人民为法律存在还是法律为
人民存在？"之类的对很多人都有说服力的口号。我想说的是：一种
后传统道德的普遍原则应当为实在法（positive Recht）的正当性做出
辩护（譬如通过坚持诸如基本人权之类的理念），这样一来，那些建立
在"我们"的特殊性上的共识就可以被成功取消掉（表明希特勒所召
唤的"健康的民族情感"和罗蒂心目中的英美传统的常识截然不同当
然很简单。但是，如果从罗蒂的前提出发，这种论证自然还是要回到
petitio principii［拉：乞求论题］。这是因为，罗蒂并不认可根据更具一
般性的哲学标准来对两样东西做批判性的比较。但反对所有普遍的哲
学标准的他却想让其自身传统的常识成为有效的东西，亦即成为一种
历史的—事实的共识基础）。

在当今时代，我们是否应该通过我们大学教师的历史主义—相对主
义的新实用主义表现形式（neopragmatische Neuauflage des Historismus-
Relativismus）来接受这样一种观念呢：纳粹所号召的"健康的民族情
感"这种特殊共识的基础就其结构而言是毫无问题的，只是这种共识
基础的内容是成问题的，也就是说，它从说服力的视角看来是有明显
缺陷的？

这里，我很愿意重提下面这个判断：这对于我们来说不再是可以 410
接受的：无论是在尼采、海德格尔启发下（以揭露形而上学为借口）
对理性原则进行揭露和废黜的后现代主义，还是旨在消解问题的罗蒂
式新实用主义温和策略都不应当让我们忽视下面这个事实：恰恰是对
原则性伦理意识的麻痹（以及一种补偿性民族主义和随处可见的机会
主义）导致了第三帝国时代"知识精英"的溃败。

尽管如此，人们还是能够承认：第三帝国时代根本不存在一种普
遍主义伦理学原则的奠基，也就是一种应当同时具备尼采、狄尔泰和
海德格尔的形而上学批判和科学主义自然主义高度的奠基，正如今天
它对大部分人来说仍然是不可想象的那样。以不可逆转的方式渡过道
德青春期危机（其特征可以通过后传统启蒙的四又二分之一阶段得到
刻画）并不是一件容易的事情。但我还是打算做出如下断言：在世界
性宗教的信仰教导和形而上学传统那些备受指责的原理当中，我们至
少可以发现对后传统的、普遍有效的伦理学基础的预期，这恰恰可以

充当批判的一合理性的重构的出发点 [53]。因此，在我看来，人们不难发现利奥塔关于"宏大元叙事"（从"我们"的普世团结和作为有待实现的进步历史的人类历史的统一性直到康德所说的世界公民社会）之死的说法其实是一种过分的夸张。在我看来，真正过时的实际上是黑格尔、孔德和马克思所提出的作为进步的历史之必然发展的知识（伦理学的应然要求和乌托邦传统的希望原则都在这一必然发展中被科学地"扬弃"了）；与此相反，作为始终要被追求的目的，人类历史之普世统一性这一在伦理学层面上得到了康德哲学奠基的进步公设（Postulate）非但没有死亡，而且还特别具有现实意义。人们甚至可以观察到：这种在 18 世纪还只是一种历史哲学观念的人类历史的统一性在今天已经成为政治、经济、技术领域的现实了，以至于只是被利奥塔假定的它们的政治—法律组织的失败就引发了一场令人难以置信的灾难。

411

　　假如人们在面对语言游戏与文化生活形式的纷繁性与异质性的时候放弃了共识的建构，或者是在利奥塔的建议下谋求纷争而非共识 [54]，那么同样的灾难还会再度降临。而且，假如不同道德—政治秩序概念——无论是西方民主概念，还是国家社会主义和神权政治的概念——的代表人物放弃了至少在当今时代的公共媒体中被要求的与普遍有效的标准相关的说理对话，而只是和罗蒂一道承认其自身共识基础的"第二种自恋"并且只是以说服的方式宣传他们的生活形式（难道所有不接受这种生活形式的人都必须被看作"疯子"吗？），这同样是一种危险的倒退。

　　不过，我们到此为止探讨的政治—道德意识之合乎时宜的重组的哲学提案向来不与时代精神态势相合，因为在今天的民主德国，刻画着这一态势的特征的是居于统治地位的回归正常性的哲学提案。我们只能在起源于海德格尔和伽达默尔的历史主义—解释学主义当中触及这样一种提案的特殊的德国背景。尚未得到强调的是今天也成为这一提案的组成部分的实用主义式平息问题企图，它与传统的反道德主义和反乌托邦主义达成了和解。的确，与法国后现代主义相比，维特根斯坦—罗蒂—实用主义同样代表了一种平息问题企图的哲学策略与态度。但另一方面，它还是从杜威和美国宪法那里继承了一种对启蒙运动的

412

单纯的、理想主义的进步信念。正是由于这个原因，就连罗蒂甚至也以肯定的口气谈到了与西方民主制的生活形式联系在一起的乌托邦 [55]。与此全然不同的是作为联邦德国新亚里士多德主义之标志的新保守主义—平息问题气候，我现在就要谈到这一点。

1.3.3 作为新保守主义平息问题企图的联邦德国新亚里士多德主义与重返道德—政治正常性的提案

对于即将要被描述的症候群的理解而言，我们与尼采—海德格尔—后现代主义—态势和新实用主义的维特根斯坦—罗蒂态势的提案的批判性争辩的结果自然不是无关紧要的，但当下更重要的是对可上溯至 19 世纪的、起源于诠释学主义和历史主义的德国传统做一考察。正如我在开始时指出的那样，我在学生时代就已经对这一传统有所了解，随着时间的推移，它又借亚里士多德实践哲学之复兴的契机得到了革新。由此，我特别想到了一些出自伽达默尔和约阿希姆·里特的准学派（Quasi-Schulbildungen），它们虽然互有差别，但在实践结果那里却又汇合于一处 [56]。就其根本而言，来自这一思路的那些在伦理—政治的层面上至关重要的提案只在"怀疑一代"的青年人那里作为"回归正常性"意义上的特殊的德国提案形式表现了出来。

这一代人完全共享了罗蒂的新实用主义对原则性和普遍性的情绪性反对，但联邦德国的实用主义—解释学主义和罗蒂的美国新实用主义的差异已经通过如下事实得到了表现：在我们这里，亚里士多德取代杜威成为了伦理—政治哲学的范式。由此，规范性提案中的显著差异也同时得到了标识。因为对于罗蒂来说，杜威向来已经代表了现代西方民主制的"常识"，而凝结于这种"常识"之中的恰恰是现代启蒙哲学的思想成果，这一点是罗蒂没有想到的 [57]。那么，亚里士多德对我们来说又应当代表什么样的正常性呢？是一位伟大的形而上学家关于人类本质、人类本性的根本性发现么？但这似乎与我们要提及的对原则性和普遍性的情绪性反对是毫不兼容的。事实上，对于我们的新亚里士多德主义者来说，作为比康德早两千年扮演着哲学原则代表之一或代表本身角色的目的论形而上学家和自然权利哲学家亚里士多德已经不再重要；在他们眼中，重要的毋宁说是晚近被发现的作为《尼各马可伦理学》《政治学》和《修辞术》作者的亚里士多德。这样的亚里士多德带来的首先是对在公元前 4 世纪已经趋向解体的古代雅典伦理的代表性重构；而他向现时代发出的讯息似乎是：通过典型的伦理描述，他可以提出一种在某种程度上既在一切时代有效，又和历史主义—相对主义兼容的学说。这种学说认为：为了过上善好的生活，我们需要像以往那样在 φρόνησις [希：实践智慧] 的指导下依照习俗（ώςδεί [希：应该如此]）行动。其他所有行为，要么是坏的道德主义，要么是新亚里士多德主义者不知疲倦地提醒我们的危险的乌托邦主义。

　　这种与应用相关的亚里士多德阐释是有"部分的真理性"的，对此我并不否认。与柏拉图相比，以现实为导向处理伦理—政治问题的亚里士多德看上去的确具有远离规范主义与乌托邦主义唯心论的倾向。而且，与苏格拉底相比而言，他甚至可以被视为传统城邦伦理的后传统主要角色 (postkonventioneller Protagonist der konventionellen Polisethik)[58]。在这一背景下，下面这个典型事实对于新亚里士多德主义趋向来说是具有重要意义的：根据我们掌握的所有材料，在亚里士多德所处的时代已经出现了以超越城邦伦理为鹄的的普世主义倾向，但亚里士多德本人对此却是持反对态度的。他关于希腊人和蛮族的本性差异的看法就足以证明这一点（他的学生亚历山大是不赞同他的这种看法的）。就此而言，我们德国的新亚里士多德主义者似乎继承了一种本真的亚里士多德主义倾向，因为，对于我们这个时代的全球性宏观伦理问题，他们表现出了异乎寻常的冷漠。

　　照此说来，亚里士多德本人显然不是一个新亚里士多德主义者，这一点可以通过如下事实表明：作为目的论形而上学和一种相应的号召人类成为理性存在者的人类学的缔造者，亚里士多德在政治—伦理领域的影响直到今天都是非常强烈的。尽管亚里士多德的影响首先来自于他的理论的、形而上学的著作，但无论是历史上还是今天，他对伦理学之奠基功能始终具有非常大的影响。我打算通过两个现实例子来简短地说明这一点，而且，通过这样一种说明，我希望同时表明，在我对联邦德国新亚里士多德主义之特征的批判性刻画中，哪些特性是不应属于亚里士多德主义的。

　　当代以亚里士多德为导向的目的论—形而上学伦理学概念的第一个例子是由英国哲学家麦金泰尔在他那本产生了广泛影响的著作《追

414

寻美德》中给出的。这里首先涉及的是下面这种思想（在我看来，对
于一种后康德主义伦理学来说，这种思想构成了一种必要的、具有丰
富意义的挑战）：按照麦金泰尔的看法，近代启蒙运动的——特别是 415
康德的——为道德性进行奠基的尝试必须基于下述理由失败：如果人
类的存在或本性同时是在目的论和价值中立的自然科学的意义上被理
解的，那么想用"绝对命令"之类的伦理学应然原则（Sollensprinzip）
来约束人类是不可能的 [59]。事实上：当人们不再能够像亚里士多德那样
假定自己有能力通过自身意志趋近自己的目的，而是在牛顿物理学的
意义上被因果律规定时，绝对命令的应然要求怎样才能指引人类呢？

康德本人已经清楚地意识到了这个困难，而且，他试图通过用
"你能，因此你应"的论题来解决它。康德的这个论题实际上是对亚里
士多德下述方法的颠转：从一个在目的论的形式下被规定的存在为出
发，从中推导出应然。这就是说，从道德应然的确定性出发，康德得
出了这样的结论：在其形而上学自在存在中的人（作为理性的存在和
自由的存在）不能够被等同于可以被经验为"现象"的自然科学对象。
虽然我并不认为这种建立在康德式形而上学二元论基础上的回答是令
人满意的，但我相信在对康德式先验哲学进行改造的方向上是可以对
麦金泰尔的论点做出回应的。

在当下的语境中，我只满足于指出：这种回应在我看来既不应
当也不可能回到亚里士多德那种从人之存在的形而上学概念出发推演
出道德应然的方法（一旦存在本身已经是以目的论的方式从其应然规
定出发被思考的，其中便不存在逻辑错误了；但是，如果关于什么应
当存在的问题被提出的话，这一预设当中就存在着形而上学的 petitio
principii［拉：乞求论题］了）。这种回应也不应当以作为充分导向基
础（hinreichender Orientierungsbasis）的特殊生活形式的存在为出发
点；因为它事实上只表现了一个偶然的事实，出于逻辑上的原因，从 416
这一事实出发是不可能推导出对应然问题的回答的有效性的，虽然个
人能够给出事实性的回答，但这种回答总是带有其社会—文化生活形
式的印记（人们在这里可以看到罗蒂和历史主义—相对主义的共同错
误）。尽管如此，这种回应应当能够表明：应然原则的哲学奠基是与存
在——亦即可以从经验上得到证明的人类之能够（Können），甚至这种

能够在文化演进意义上的发展可能性——相符的。如果这些已经得到了证明，那么，与康德的、以牛顿物理学为导向的经验理论相反，在可以通过因果律得到说明的自然之外至少还可以承认一种文化层面或黑格尔所说的"客观精神"层面上的人类的显现的德性（erscheinende Sittlichkeit），例如亚里士多德所描述的伦理 [60]。

以上就是第一个当代例子。我希望通过这个例子表明这样一个事实：从原则上说，我是承认一般而言的亚里士多德主义在伦理学层面上的重要性的。关于第二个例子，我打算讨论一下约纳斯的重要著作《责任原则》。

在我们的语境中，这部著作可以被看作麦金泰尔的批判亚里士多德主义（kritischen Aristotelismus）的一个积极补充。与康德相反，约纳斯实际上试图表明：只有当人们从一种自然之存在（Sein der Natur）的目的论形而上学出发，并且，在这一背景下，以存在对人之能够的要求为出发点（也就是根据"你应，因为你能"的格言），对人之应然进行奠基之后，一种责任伦理学才能够在人与自然关系的当前危机中得到奠基 [61]。

417　　　　我在其他地方已经对约纳斯的著作进行了批判性的反思 [62]。这里，我只满足于指出：即使是在这种情况下，如果一种单纯的正义伦理学的义务论动机应当在令人信服的形式下通过约纳斯所强调的责任承担动机被增补，我们至少是需要一种康德式先验哲学的彻底改造的。在伦理学的层面上，亚里士多德主义本身就其整体而言可以具有的最为重要的意义也正在于此。在这一背景下，下面这个事实是尤其值得我们注意的：在我们当今的危机处境中，约纳斯的（在价值的层面上）保全自身的迫切愿望——亦即保护人类的生存和尊严不受那些能够通过技术手段完成的事情的无可逆转的后果的威胁——实际上提出了"人类要为自身集体活动所带来的不可预见的后果承担起集体责任"的要求，而这在我们当今的危机处境中是具有革命性的伦理学意义的，因为它所指向的是一种在各个面向上都具备后传统特征的全球宏观伦理学。

人们已经注意到：这种亚里士多德主义与先前概述的新亚里士多德主义是毫不相干的。事实上：约纳斯所阐发的（存在论）责任伦理学精神与满足于"指出习俗向来已经存在，剩下的就只是实践智慧"的保守主义平息问题企图简直是云泥之别。我们可不可以追问：这种已经在问题意识层面上存在的巨大差异是从何而来的呢？

二者以选择性的方式与亚里士多德哲学的不同方面建立联系也是确定无疑的；由此得以表明的是：今天人们所说的亚里士多德哲学的实用主义方面并非在所有面向上都享有相对于所谓形而上学方面而言的现实的优先性（也就是说，形而上学理论至少需要一种"扬弃"了其真理内容的重构。在我看来，即使这样一种扬弃没能成功，它们在今天至少还具有使人们将已然确立的人类问题意识牢记于心的重要功能）。此外，还有另一个原因造成了上述差异的产生：约纳斯是通过一种对历史——特别是现代技术文明及其后果的历史；这段历史已经造成了一种与亚里士多德时代的处境（更确切地说就是某种已经被亚里士多德以某种时代错乱的方式预设为前提的城邦处境）截然不同的人类情景——的批判性重构（这种重构恰恰是有关习俗及其与人类反思、人类责任的关系的）的中介来确立自身与亚里士多德的关系的。如果将约纳斯与我们的新亚里士多德主义做一比较，我们常常会产生这样的印象：后者有意克制自己对这一差异进行反思，目的是为了不危及他们平息事态的活动。

那么，在一种已然经过了多个启蒙时期、并且抛弃了"质朴的实体性道德"（黑格尔）的社会生活形式当中的习俗又是什么呢？可以确定的是：无论是在日常的共同生活当中还是在制度的层面上，作为互动形式，传统的、可以相互期待的行为方式无疑发挥着重要的作用，人们正是通过这种行为方式才从得到了合理性奠基的行为选择那里"解放了出来"[63]。但是，恰恰是这种对习俗的必要的解放功能的后启蒙洞见也已经表明：习俗和传统在当下已经不能充当具有重要的道德性作用的选择——以及那些通过惯例性制度规则得到奠基的选择——的自明的正当性基础。从原则上说，单纯传统的东西现在可以被建立在明确的传统（譬如契约）的基础上，而且，没有遭到质疑的习俗当然只能通过以下事实得到辩护：它们表现了甚至还是对所有单纯的习俗的对话性质疑的制度化的不可或缺的条件。而由此变得明确的是：后启蒙社会中的传统和习俗的存在是与"传统和习俗也遭到了质疑，而且它们也得到了新的奠基"和"这恰恰在制度、甚至日常的层面上变成了习俗性的东西"这两个事实并行不悖的。今天，我们的习俗的一个重要方面是：传统和制度总是要在对谈或对话的元制度（Metainstitution）的基础上被不断地反思、修正或变革。

就此而言，从亚里士多德的时代开始，参考习俗（ὡςδεί〔希：应该如此〕）这一事实是属于反苏格拉底主义者之类的铁杆保守主义者的，前提是这种参考应当对有关行为规范之约束性的基础的问题（这个问题是以启蒙协商的方式被提出的）做出有效的回答。事实上，这种参考在亚里士多德那里（以及，以类似的方式，在之后的黑格尔那里）仍然存在于这样一个哲学语境当中的：它同样包含着关于一个"好的城邦"，或者一个先进的国家的习俗之合理性的后传统论证。正是在我们时代的新亚里士多德主义那里，形而上学和人们于其中返还到习俗或实体性道德那里的语境同时消失了。这要么是以解释学（和伽达默尔学派一样，它至少还提出欧洲传统是得益于理性之权威的）的风格发生的；要么作为确定的生活形式之背景的习俗应当具有不可回避之物的功能（Funktion des Nichthintergehbaren）——我们可以在这里发现后期维特根斯坦的影响；要么习俗——在不考虑特别内容的情况下——和一个确定的社会秩序的传统和制度一道，纯粹通过它们的行为平衡化功能（Funktion der Verhaltensstabilisierung）而得到辩护——这明显是受盖伦（Arnold Gehlen）的人类学或系统论的影响。

在当代新亚里士多德主义那里，人们很难细致地规定哪些部分是纯粹功能主义或系统论的奠基论证始终拥有的。但是，如果亚里士多德的伦理哲学（以及它的后继者，黑格尔的实体性道德哲学）的形而上学背景或多或少被默默地消除了，那么由此产生的合理性空白不可避免地要被纯粹功能主义的奠基论证所填补；一种诉诸超越了特殊的传统和生活形式的语境的原则的奠基是我们唯一可以设想的另类选择。这条道路是由康德和起源于康德的普遍主义伦理学，直至对话伦理学所标志的，但它从一开始就处于新亚里士多德主义的思想视野之外；这是因为，对于一种实体性秩序或生活形式的具体的普遍来说，产生自上述范式的一种具有重要的伦理—政治意义的形式——一般原则的奠基功能或标准功能是根本无法想象的[64]。但是，如果伦理学之普遍有效

原则由于其不可避免的形式性而无法在新亚里士多德主义范式的框架
内发挥标准功能，那么，众所周知的实践智慧，它作为与处境和经验
相关的习俗之应用功能也就不再受普遍有效的"调节性原则"的指引。
而且，由于这一至关重要的事实，它是不同于康德的"规定的判断力"
和"反思的判断力"的，也就是说，人们是没有理由将它们混为一谈
的。更为确切地说：在亚里士多德哲学的语境中，实践智慧实际上表
现出了与康德式判断力的等同性，也就是说，通过与美德一道获得的
实践智慧的心智活动能力，明确被假定为理性存在的"好的城邦"的
习俗规范（Üblichkeitsnormen）被审慎和灵活地应用于典型处境之中。
但如果去掉了亚里士多德的形而上学预设，实践智慧要么是一种神秘
化（这就是说，它在某种程度上应当用它自身的手段取代缺席的规范
性导向），要么就像维特根斯坦所说的本身并不服从任何规则的规则应
用能力那样是始终具有特殊性的"习惯"的功能（在这种条件下，人
们从来都会承认一个人可以比另一个人更有实践智慧——例如：更有
经验、更为明智、更懂人情；但人们是不能把这一点和刻画着新亚里
士多德主义特征的如下主张联系在一起的：实践智慧本身就代表了实
践理性的伦理功能；这是因为，作为可大可小的个人能力，实践智慧
自然可以与任何特殊的生活形式关联在一起——无论这种生活形式是
建立在自由民主制的基础上，还是建立在极权主义秩序或神权僧侣政
治的基础上）。

在回归正常性的条件下（这对于联邦德国而言是完全可以设想
的），作为与习俗相关的道德判断力的实践智慧在最为理想的情况下是
带有以下形式的：

在此，我打算再一次——正如我已经多次做过的那样——引用马
什克（Günther Maschke）1980 年 10 月 7 日发表在《法兰克福汇报》
上的那篇约纳斯《责任原则》的书评的核心内容。这篇书评可以说最
为敏锐地展现了新保守主义对实践智慧意义上的道德责任之处境功能
的理解。为了更好地理解马什克的评论，我首先需要强调的是他误解
约纳斯的如下后传统性首要要求的事实或方式：今天，我们第一次被
要求团结协作、承担起充满风险的技术文明之集体活动的集体责任。
他是以如下方式来理解约纳斯的要求的：私人个体被要求承担起我们

421

422

活动的不可预见的直接后果和派生后果的责任。在他看来，约纳斯的要求其实是一种责任—乌托邦主义，这当然是可以理解的。在新保守主义平息事态企图的引导下，被他拿来反对这一论点的是盖伦在其制度哲学的框架内给出的责任定义："责任一词只有在人们应当公开说明或意识到自身行动后果的情况下才会拥有明确的意义；因此，要根据成功来评判政治人物，根据市场来评判制造商，根据上级的评价来评判公务员，根据产量调控来评判工人，等等"[65]。

在当今联邦德国的时代精神语境中，这样一种回归正常性的提案（从某种程度上说，这就是盖伦在他最后一部著作《道德与超道德》[66]中提出的回归欧洲民族国家的内部道德的提案）表现了新亚里士多德主义放弃原则性和普遍性的具体结果。

针对这一点，我打算在我对最近的时代精神体验的回顾的语境中第四次明确做出如下断言：这对于我们来说不再是可以接受的，因为这是与我们应当从我们的国家灾难那里学到的东西相冲突的。在我看来，这第四次否决可以被更为确切、更为妥当地认定为对要么受尼采和海德格尔影响，要么受罗蒂影响的对理性原则的后现代主义或新实用主义废除的拒绝。

首先需要承认的是：盖伦对责任所下的定义恰恰是与强制和控制的界限内——亦即在一种与劳动分工的社会秩序的职业角色和制度关联在一起的道德的层面上——的责任之本质相符的。从一种受科尔伯格启发的道德之社会文化演化理论的视角看来[67]，我们可以说：这里所涉及的是传统道德的最高阶段，亦即血缘秩序（家庭、宗族、部落）的具体的对等道德和忠诚道德之后的法律与秩序的第四阶段道德（这种道德预设了国家意义上的功能秩序）。与之前的道德相比，第四阶段道德无疑展现了合理化方向上的进步，因为它第四次使下述情况成为可能：每一个国家公民——特别是公务员或士兵——不仅要在具体的对等关系的意义上，而且还要在超越于这种关系之上的法律和诫命的意义上履行自己的义务。在这样一种道德发挥作用的地方，刑事裁判取代了血族复仇，船长是最后一个离船的人，无须为了获得某种权利而和公务人员的家庭建立联系。盖伦指出的政治、经济和工业中的解释规则正确地描述了西方工业社会的"法律与秩序"道德的当下有效

423

的形成，这一点是毋庸置疑的。根据科尔伯格的估计，绝大多数美国成年公民都处在以我们指出的"法律与秩序"的规则为导向的道德判断能力阶段上。最后需要强调的是，无论是国内还是国外，"法律与秩序"意义上的义务道德的运作往往被视为普鲁士—德意志传统的特性。即使在今天，人们仍然应当通过指出以下事实来表明这种道德的积极意义：在很多国家中，就像人们所说的那样，"只有家能起到作用"，或者，法治国的运行和相应的道德权威都落在了黑帮类型的组织手中。这一切都是在法律与秩序道德（以及与之相应的勤奋、服从、热爱秩序、认真、坚强等"次等美德"）之特性的积极评价的意义上被谈论的。

不过，具体到我们的问题语境，做出如下提醒还是必要的：也正 **424** 是由于法律与秩序的道德直至最后（因而也就是直到 1945 年 5 月）的无可非议的运作，希特勒的非道德体制和在这一背景下被称为"犹太人问题的最终解决"的方案才得以同时存在。而在那些法与秩序的道德的内在化并没有如此深入的社会生活形式和传统中，所有这些根本就是不可能的 [68]。艾希曼在耶路撒冷审判中会用法与秩序的道德来为自己辩护，而抵抗者代表的道德怀疑者同样是如此。在这个背景下，我们有必要回忆一下朋霍费尔在狱中写下的这些话："我们德国人在漫长的历史之中必然已经学会了对必然性和强力的服从……"［但是，德国人］"不可能了解，在某些环境下，自由而负责的行动也许必须高于职责和号召" [69]。

在我看来，这些文字涉及由传统道德向后传统道德的过渡的世界 **425** 历史问题以及这一问题对于我们理解刚刚过去的德国历史而言的特殊的重要性。在上文所简述的与当代各种关于政治—道德意识的回归正常性的提案的争辩中，我确信唯有以这一问题架构为根据才能在欧洲历史的背景下以恰切的方式重构（Rekonstruktion）我们的国家灾难，才能说明我们应当能够从这场灾难那里学到什么。接下来，我将进入第二部分的讨论，我打算对这次会议的主题所表述的问题做出建构性的回答。

2. 特定的德国视角之下向后传统道德之
（世界）历史过渡的问题

2.1 对道德意识"发展逻辑"概念的一种以视角为中心的先行说明：

囿于向后传统道德过渡的危机处境本身的特殊德国经验

我首先要做一些不成系统的评论，它们的目的是说明下文会谈到什么、不会谈到什么。在本研究的框架内（这一框架是由我们这次会议所提出的问题有意限定的），我当然无法细致地描述或严肃地阐明第二部分的标题所提出的高度复杂的问题。但我想要提到的是，我这几年来毕竟还是在尝试从事这样一项工作（例如，我为此举行了一系列关于道德意识的个体发生和系统发生的发展逻辑的演讲）[70]。由此，我打算从下面这一预设出发：我们需要将人类的处境理解为一个伦理学问题，这要求我们同时具备两种视角：一方面是生命进化背景下人类形成本身的疏离化视角（Verfremdungsperspektive der Menschwerdung überhaupt），另一方面是其作为我们那有待调节的处境目前正逐渐尖锐化（aktuellen Zuspitzung）的视角。为了实现这一目标，我试图整合行为学、社会学理论、哲学人类学，以及皮亚杰和科尔伯格的（或由哈贝马斯介绍的皮亚杰和科尔伯格的）结构发生理论。

我在下文中只会有选择地涉及上述背景。这样一来，我必须把很多属于皮亚杰—科尔伯格的"道德意识之发展逻辑"这一主题的内容预设为已知的[71]；另外还有许多东西是从我针对这一主题的扩展讨论所进行的争辩那里产生的，我只会对它们做出挑战性的断言，但不能对它们做出证明。首先，我打算从我的"特殊的德国视角"出发，以非常简略的形式使由传统道德向后传统道德的（世界）历史过渡的客观问题视域发挥作用。这里，我们这次会议所关注的国家的思考视角难道不会被必然表明为令人不安的扭曲因素吗？或者说，我们在这种情况下仍然必须接受我已经反驳过的那种具有挑衅性的罗蒂式历史主义—民族中心主义吗（"我只是个德国人"）？在我看来，上述两种选择并不是不可避免的。因为我从一开始就已经承认：当我有关道德意识发展之重构的系列演讲的成果以著作的形式呈现给读者时，人们仍

然能够从中注意到我的"特殊的德国视角"。我在上文中，也就是在与   427
罗蒂或罗尔斯的争辩中已经承认了这一点，但同时，这种"特殊的德
国视角"必须与这样一种历史主义屈服明确区分开来：它放弃任何以
普遍有效标准为根据的论证（参见第405页以下）。事实上，在我看来，
（我在上文中从我个人的视角出发概述的）特殊的德国思考视角所富有
的启发性在于它能够帮助我们以哲学的方式选择和应用这样一些理论
方法：对于德国灾难具有重要道德意义的那个方面的重构和价值评估，
它们可以将其置于一种人类视角（Menschheitsperspektive）的语境之中。

　　更为确切地说，这些让我们感兴趣的理论观念需要具备双重功能：
一方面，它们能够使我们传统的偏见与不足服从于一种批判性的重构
（这种重构的根据是道德意识发展逻辑的普遍有效性标准），从而来对
国家的错误发展做出说明；另一方面，它们开启了将特殊的德国经验
（譬如说，德国对于国家的托词和造神运动［或者更一般地说：种族中
心主义、欧洲中心主义的意识形态构造］是非常敏感的）引入道德人
类视角的哲学—社会科学的历史性重构之中的可能性。比如说，它们
可以修改那些以自身传统的"常识"为出发点而回避道德之普遍有效
性问题（例如人权问题）的理论方法（必要的宽容、甚至对生活形式
之多样性的必要保护完全不同于承认道德范式之多样性，对将它们混
为一谈的时髦的多元主义和相对主义的抵制正是在这里被引入的）。

　　然而，这种在"一方面，另一方面"的意义上关涉理论的启发式
选择首先会带来一系列批判性的结果。在我看来，我们所设想的道德
意识之发展的重构应当反对这样一种新保守主义：它的寂静主义或实
用主义可行性（quietistische oder pragmatische Plausibilität）对于日常视   428
角而言大概是建立在以下提案的基础上的：人们假定了一种前科学的
传统道德的"习俗"概念，这一概念从一开始就已经先行囊括了道德
意识之文化发展的所有成就（就西方世界而言，基督教与哲学人道主
义的成就便是实例），因此它是很容易与后传统道德那看似夸张的要
求对立的。按照这样一种策略，人们会认为国家社会主义对道德的扭
曲完全是由于纳粹——希特勒本人和种族主义者们——违背了传统性
道德而鼓吹一些后传统观念，这些观念属于一种对抗传统道德的新的
"民族"道德（这种道德据说可以得到科学的证明）[72]。以诸如此类的前

提为基础，单纯地要求回到德国或欧洲的习俗的传统道德这种正常性就显得合情合理了。

　　面对新保守主义以平息问题为主旨的策略，一种更具甄别性的重构（这种重构是以哲学和社会科学为中介的）至少能够强调指出，欧洲文明国家的"习俗"确实已经被烙上了学习过程之成就的印记：这样一种有关基督教与启蒙运动的引入和冲突性同化的学习过程是以哲学和人道主义为基础的，因此，从起源上说，它所取得的成就完全是后传统的。正由于这个原因，诉诸亚里士多德意义上的习俗并没有太大意义。正如我们已经指出的那样（参见第 418 页以下），关键毋宁说是要在道德习俗的层面上，或者更确切地说，在不同社会层次的成员所需要的道德判断力的层面上区分出不同的能力阶段。例如：一方面存在着这样一些阶段，在这些阶段上，具有后传统和普遍主义起源的世界性宗教和建立在哲学与人道主义基础上的启蒙的道德原则只是在缩减了的形式下被内化的。例如，这些道德原则要适应前启蒙的、从属于某些民族、国家，或宗教教徒团体的特定"内向道德"的习俗；另一方面，还存在着这样一些阶段，它们以诸原则自身的成功内在化为根据，超越了所有单纯的"内向道德"，并由此保持着与所有既定社会中的单纯道德传统的距离，这是为了将普遍主义转化为一种后传统的道德判断能力。在我看来，只有这样一种范畴区分（Differenzierung der Kategorien）才能为如下关键性洞见（Schlüsseleinsicht）提供更为确切的说明和根据：一个国家恰恰是由于它的那些得到证明了的、蜚声国际的"次等美德"（例如把自己无私地奉献给享有无可置疑地位的国家权）而长期维持着一个非道德的体制并造成了很多可怕的结果，这就是第三帝国时代的现实。这种洞见似乎开始使传统道德的新保守主义变形成为一个问题。

　　面对新保守主义对尚待实现的后传统道德的简单化理解策略，我们还应当假设另外一种范畴区分。首先需要明白的是：今天，普遍主义道德原则，无论是宗教的还是哲学的，事实上已经被整合到了欧洲后启蒙道德的习俗当中。但是，这与民族、国家和宗教教徒团体的单纯传统内部道德向一种最终能够在制度和传统的层面上发挥效力的后传统道德的转化并不是一回事。出于伦理学—哲学和社会—

历史的原因，我认为这里所提及的改造的长时期实现（langfristige Realisierung）是不可或缺的。我在其中看到了一项尚未完成的人类计划（Menschheitsprojekt）：人类集体青春期危机的终结计划。

在我看来，这样一项计划是具有关键意义的：从世界性宗教和哲学在古代伟大文明的"轴心时代"（亦即在中国、印度、波斯、以色列和希腊）产生伊始[73]，它就激发了重要的学习过程。但是，这样一项计划同样面对着各种威胁。这些威胁不仅来自未受教化的大众（"伟大文明"之内之外的"蛮族"）的传统内向道德的惯性抵抗，而且还来自难以计数的宗教幻象和哲学诡辩的歧途，它们是发生在与启蒙运动不可分割的、向一种后传统道德的尚未完成的过渡的临界阶段上的，这些令人恐惧的障碍会导致集体或个体的复归[74]。无时不处在运动变化当中的欧洲社会史与精神史正是这里所涉及的危机辩证法（Dialektik der Krise）的一面独特的镜子：从古代伟大文明的衰落开始，中经神学信仰之争和哲学—科学启蒙的辩证法，直至全球技术文明的核危机与生态危机——这也可以被理解为科学启蒙的不可控后果。

"我们虽然不可改变地发起了道德变革，但却没有成功完成这一变革"，正是这一事实限定了我们在上文中指出的人类危机的概念。我们曾经提到过，新保守主义对后传统道德理念的揭露的确包含着部分真理。在我看来，这种道德重构视角也使得我们能够说明这部分的真理。希特勒和纳粹当然不能被视为德国传统道德的代表，而且，他们确实试图在特定的意义上成为后传统的。但这是一个非常不准确的结论，它会导致各种各样的错误。下面这种评价在我看来才是更加贴切的：一方面，纳粹是非常乐意尊重履行义务、热爱祖国、"牺牲小我"、"集体利益高于个人利益"之类的传统美德的，也就是说，他们要在"国家社会主义"觉醒运动的名义下动员它们。但同时，对于同样存在于德国的普遍主义道德信念（譬如普世主义和人道主义），他们是在不断地嘲笑和压制的。另一方面，在一种伪科学的、就此而言也就是"后传统的"准启蒙（Quasi-Aufklärung）的名义下，纳粹通过其特殊的"世界观"（例如种族主义）呼唤着一种古代血缘秩序的忠诚道德的准本能（Quasi-Instinkte）。这样一种伪科学的准启蒙是建立在很多时代的标志性哲学—"世界观"的外推的基础上的，其出发点是一些特殊的科学

430

431

洞见：例如生物主义或社会达尔文主义的不同变种，以及与"历史意义"的真正成就平行的、试图用历史主义—相对主义，甚至虚无主义来麻痹普遍主义原则意识的行为。

432   我尤其想要强调下面这一点（新保守主义面对后传统道德时所采取的保留态度似乎也是以它为支撑的），因为，在我看来，它能够帮助我们更加深刻地理解从传统道德向后传统道德的过渡这一从"精神史"的角度看来具有重要意义的核心问题：正如黑格尔在他对古希腊启蒙和苏格拉底在这一启蒙运动中所扮演的角色所做的辩证重构中表明的那样，对传统道德———一种"民族精神"（Volksgeiste）的"纯朴的实体性德性"（unbefangenen substantiellen Sittlichkeit）———的理智质疑乃是一桩兼具不可回避性和冒险性的事业的开端。作为试图重构某种"道德意识之发展逻辑"的第一人，黑格尔仍然认为形式—抽象原则的"道德"———亦即主观良心的哲学反思对应当问题（Sollensfrage）所做出的可能回答———必须在一种实体性伦理学的现实生活伦理当中被彻底"扬弃"。在我看来，我们今天已经有具有说服力的哲学的、社会历史的理由认为，对形式—普遍和具体—普遍之间的对立的扬弃在有限的条件下是不可能的，而且，这样一种扬弃的社会政治方案乃是危险的乌托邦主义[75]。在我看来，波普尔对"伦理历史决定论"或马列"未来主义"的分析已经将上述方案的疑难清清楚楚地呈现了出来[76]。

      尽管如此，自从苏格拉底奠定了道德哲学的基础以来，特别是康德突破性地确立了"道德"的形式—抽象普遍化原则以来，两项互为补充的道德任务之间的协调必须始终被重新施行。也就是说，我们必433 须对以下两个方面进行协调：一方面是可以被哲学反思用来当作主观良心借以评判道德准则的标准的最高原则（höchsten Prinzip）；另一方面是在每一特定的历史处境中（也就是要与现实生活中伦理一致，并且以负责的态度将行为的后果考虑在内）完成个体自我实现与集体生活形式这种"善好的生活"。

      正是为了解决上文中指出的后传统道德的主要问题（人们因而能够在这第一次尝试中使皮亚杰或科尔伯格的发生论结构主义洞见发挥作用），解决问题的结构性阶段（strukturelle Stufen der Problembewältigung）出现了———它们可以被理解为后传统道德的结构性阶段。在这里，我们应当看到某些学习过程的结果，也就是说，首先是一种总是可能的个体之个体发生的诸层次；但为了将它们同时理解为产生于社会化过程的可能结果，人们应当同时能够将它们——这些层次或这些层次在制度和公共意识层面上的等价物——感知为不可复制的历史性文化演进意义上的系统发生的元素。根据这样一种颇为模糊的临时性假设，人们或许可以说：现代西方民主制的宪法和公共意识（从人权和公民权的意义上说，公共意识要依赖于宪法，而且，某种程度上根据它们的采用，还要对其贯彻执行）在权利和文化演进的层面上代表了后传统道德。

这一重构尝试至少是与那证实了后传统道德在"客观精神"（黑格尔）层面上的实现的确凿事实联系在一起的。与它相比，*精神史之辨证重构*——它自苏格拉底以来一直在反思向后传统道德的过渡的尝试这一具有冒险性的方案——招致了一些非常复杂的结果：

一方面，很多哲学家（其中包括罗尔斯和科尔伯格这样的英美思想家）认为它会导向这样一种结果：一旦与康德的道德哲学相比，诸如从洛克到密尔的契约论和功利主义道德哲学这些为西方民主制提供了基础的道德哲学就算不上是一种正义道德的最高结构层次（这样一种思想结果其实是仍有争议的，至少在康德那未充分反思的、关于成效责任 [Erfolgsverantwortung] 的视角下是如此，而且，特别是在 19 世纪的德国，它并不能在"客观精神"的层面上通过康德意义上的普遍道德的成功制度化这一相应的事实得到验证。一方面，这一事实要求一种对德国历史的批判性重构 [77]；另一方面，如果我那最终受康德启发的论点认为黑格尔所假设的普遍主义道德在现实生活伦理这一具体普遍中的"扬弃"在有限的条件下完全是不可思议的，这并不是出人意料的。我会回到这一点）。

另一方面，一种对精神史的批判性重构在我看来应当能够带来这样一种结果：一般而言，启蒙运动的大部分为人所知的结论——从古代智者直到尼采通过心理学和社会学的方式实现的、对意识形态批判的那些最为敏锐的考察也包括在其中——是无法带来一种后传统道德能力的可稳定化结构的。它们能够带来的毋宁说是对传统道德本身提出质疑的临界阶段，而这种情况之所以产生的根源往往是在对前传统道德（präkonvenionelle Moral）或反启蒙者所说的传统道德之功能必然性（Funktionsnotwendigkeit der konventionellen Moral）的反思性依赖（reflektierten Rückgriff）。而针对这一背景，我已经在上文中（见第387页以下）提及了由科尔伯格引入的四又二分之一阶段。

435   事实上，在我看来，较之于科尔伯格或哈贝马斯所代表的、对遵循效用根据的道德学习过程之动机的——内在理解的——"理性再建构"计划，尼采所宣扬的对道德动机的外在——因果的或功能的——说明意义上的"道德谱系学"计划会在方法论层面上阻断一切由传统道德向后传统道德的可能过渡。这显然是与如下论点相冲突的：对于任何一个不屈从于全盘揭露的提案而是要找到一条前进的道路的人来说，尼采关于伪道德的动机与机制（例如生活中的妒忌的动机与机制）的洞见（从心理学的角度看来，这些洞见是极具启发性的）能够明确地促进道德学习的过程。事实上，尼采为这种道德学习的机会设置了太多的阻碍：首先，对于那些处于青春期危机过程中的没有被哲学塑造的人（或者更恰切地说：对于那些不具有哲学本能的人）来说，尼采那种出自对所有普遍的有效性要求的全盘揭露的倾向是颇具魅力的。而且，从外在的一功能的视角出发，尼采还试图按照其本人的自毁逻辑"说明"人类的真理要求（这因而也包含了他本人的真理要求）实际上是生命所必需的谬误；许多后结构主义和后现代主义的非批判的后继者在这一点上完全接受了尼采的观点。反讽的是，就欧洲形而上学应当为说明性的科学和工具性的技术的"集置"提供思想基础而言，通过尼采所完成的过程并不是对形而上学的解构；更确切地说，以"后现代主义"为完成形态的这一思想过程标志着一种对解释性还原主义的科学主义形而上学或伪形而上学的更加非批判的接受。

在不断更新的潮流中，尤其是19世纪和20世纪的潮流，将位于哲学和说明性科学自身基底处并且为其不可消除的共属性奠基的理性效应诉求还原为单纯的隐蔽的兴趣、强力意志、无意识冲动机制、条件反射或调节机制、社会系统功能，等等。但是，这种还原论在从事436   "快乐的"揭露活动时和尼采一样没有因自身的述行上的自相矛盾而困扰。在进行这种全盘揭露的朋友们看来，将尼采、马克思、弗洛伊德、巴甫洛夫、斯金纳、达尔文、贝塔郎非、卢曼、福柯等人的解释成果把握为必然地、外在地协调我们的——特别是有限的和受身体限制的——理性之诸多洞见其实完全不困难，这种情况并非令人印象深刻。还原为单纯的……这一范型抽象的吸引力似乎总是要比理性之外在协调环节的研究（事实上，这种对自身有效性要求做出了反思性考虑的研究向来已经预设了内容方面的意义构成之类的东西）这种"更为理性"的方案具有更大的吸引力。

此外，现代启蒙或已经由尼采、帕累托、索莱尔和"新神话"的代表人物们共同代表的"反启蒙"的临界阶段的特征同时也表现在一场与曾经被理解为"先验的"的真、善、美的价值或有效性维度相关的危机那里。在其三大批判中，康德一方面以概念的方式使这一价值维度的主观解放（subjektive Emanzipation）从形而上学—宗教世界图像（Weltbilde）的统一性那里解放出来，另一方面又在先验的层面上重新为其内在关联的平行论奠定了基础。但是，在此之后，在德国浪漫主义和法国象征主义那里，审美领域——尤其是恶的美学与"天才"概念——已经开始从与真和善的理性维度的所有内在（先验的—主观的）联系那里解放出来。同样是通过尼采的中介，这一发展在当下又被引向了伦理善的理念遭到质疑的处境。这种质疑既来自全盘外在说明的科学主义—还原主义，也来自临界阶段上（在这一阶段上，道德意识第一次成为了问题）的恶的理念的全盘审美化。对这一问题进行严肃讨论的意愿完全变成了一种理智上的不当甚至道德主义态度，就此而言，这种意愿也是愚昧无知的表现。

我们刚刚简述的、与向后传统道德的过渡联系在一起的思想的临界阶段的种种危机也许只有在遭遇到一种对应的政治—社会危机状态的条件下才会产生对于集体实践而言的真实的危险结果。而一战之后的德国便处在这样一种危机状态。西方民主制在中产意识的后传统—普遍主义元素和国家主义元素间实现了平衡和得到证明的妥协。德国这个受古代"帝国理念"困扰的"后进"国家没有实现这种平衡和妥协，但它却陷入了国家挫折和社会、经济的全方面危机当中。就在这时，以宗教为代表的古老的前启蒙传统和脆弱的普遍主义启蒙传统全都受到了科学主义—相对主义—虚无主义的第一波冲击；德国在面对这些冲击时是没有任何坚固的、建立在广泛承认的共识基础上的政治

437

制度来与之抗衡。这样一种态势不会在相同（derselben）形式下被复制。但一种类似（analogen）态势的可能性——甚至向后传统道德过渡的危机阶段与社会和政治危机的相并发——是不能被完全排除的，这在现在和未来的世界中不是没有可能的。

人们只需要想到如下事实就够了：正如我们已经提到的那样（参见本书第 394 页），就在第二次世界大战之后，一方面，尤其是德国开创的"启蒙辩证法"阶段（Phase der »Dialektik der Aufklärung«），即历史主义—相对主义或虚无主义—浪漫主义，扩散到了全世界；另一方面，欧洲以外的文化在寻找具有各自特色的通向工业时代的道路时和欧美文明结成了一种批判性的关系。因此，在我看来，我们应当同时，至少是部分地，在伊斯兰世界中的原教旨主义—神权政治趋势和非洲、拉美国家中的某些反民主—极权主义趋势那里看到一种对西方文明中某些方面的反对，这些方面反映了向后传统道德的未完成的过渡。

438　　　面对我们在此指出的问题处境，我打算在下文中以更为系统的方式说明一种尚未完成的发展逻辑式重构概念，它所关涉的是向后传统道德的过渡。正如我到此为止努力表明的那样，从我特定的德国视角看来，我们学习的结果正在于此。

2.2 向后传统道德过渡的当下现实问题处境的发展逻辑重构的种种哲学前提

在我看来，为了使一种尽可能客观有效的，但又不是科学主义—价值中立的，而是规范性—具有约束力的对道德之历史性问题处境的重构成为可能，一种哲学与历史社会科学的合作就是必要的了。更为确切地说，一种以批判性重构的理念为指导的提问明显已经预设了两种不同的取向标准，也就是两种独特的道德主题化活动（Thematisierungen der Moral），它们的结果至少应当可以汇合或者彼此纠正：一方面是一种至高道德视角的哲学根本奠基，它同时能够充当可以达到的道德判断能力的最高阶段的假设；另一方面是一种道德意识的个体发生阶段和系统发生阶段的假设性理论。个体发生和系统发生的诸阶段必须成为一种在结构上具有一贯性的判断之形成（Urteilsbildung），并且构成了一个不可逆的序列，它们应当能够在经验的层面上得到验证。在过去的几十年中，皮亚杰首次提出了这种类型的研究方案，之后，科尔伯格和他的同人们通过结构发生方法对其做出了进一步的发展（他们的研究是建立在发展心理学家、社会学家、教育学家和哲学家的国际合作的基础上的）[78]。

2.2.1 科尔伯格道德发展逻辑概念导论：从一种对作为责任伦理学的对话伦理学的先验语用学奠基的角度出发

通过哲学和经验社会科学之两极合作的初始假设，我已经指出这里所涉及的研究方案从根本上不同于两种传统的哲学观：它们分别是思辨的历史哲学观和建立在原则之上的纯粹普遍主义原则伦理学的哲学观——就像康德那样，这种哲学观是完全无视现实德性及其在文化演进中的发生的经验认识的。

让我们首先来思考一下这种研究方法与思辨历史哲学的差异（针对后者，我们已经在上文中多次拒绝了它对伦理学的历史主义"扬弃"[参见本书第 388 和 410 页]）。显而易见的是，我们指出的两极方案所涉及的不是一种先验地确立的历史之必然演进的超科学，而是一种结构发生假设意义上的经验理论。这就是说，作为一种社会科学理论，它将可能发展的规范性目的假定为能够进行哲学奠基活动的目的，而且，不同于波普尔所说的"伦理历史决定论"，它没有理由将"应当做的"还原为"历史地必然的"；更为确切地说，关于诸阶段的等级，在可以通过发生的方法得到说明的继起（Nacheinander）之外还应当假定一个可以在规范性—义务论的层面上得到奠基的进步原则，也就是说，越是在后面的阶段道德上就越善。另一方面，除了关于诸阶段次序之可能性和最多是关于过渡之危机问题的形式陈述以外，它是不能对历史学习过程之动力做任何具体的预言的，因为这个任务是属于历史学研究的。

就此而言，这里所涉及的研究计划似乎预设了休谟和康德在事实之经验确认和规范之辩护间的差异。尽管如此，正如我们要表明的那样，这一方案不仅有能力对一种纯粹的哲学原则伦理学进行增补，而且还能够对其进行修改，或者，更确切地说：它有能力将原则伦理学引上自我修正的道路（因为经验确证法和哲学确证法之间的差异不应当为了结果的可能汇合而被抹去）[79]。让我们以康德的立场为例来简要说明一下抽象原则伦理学的增补或修改。

　　我已经在前文中针对麦金泰尔指出：如果有人可以在经验—社会科学所确立的数据的基础上表明人们有可能不仅被因果律规定，而且还能够在义务论普遍化原则之渐进内在化的意义上实现可以通过目的论得到理解的意识发展，那么我们就不应当对康德式义务论伦理学采取一种漠不关心的态度。而科尔伯格的阶段理论恰恰是要表明这一点的（至少是针对道德判断能力的个体发生），所以它在根本上是不同于斯金纳式的意识发生之机械论—自然主义调控理论。

　　尽管如此，与皮亚杰首创的概念化活动不同，即使是关于道德意识阶段之个体发生，我已经不再打算谈论一种"自然的"发展或"自然的阶段"。我打算谈论的是在自然的、个体发生的发展趋势和文化的单一的事实演化间的均衡（Ausgleich）的意义上形成的种种"平衡"阶段（Äquilibrations-Stufen）。这样一种提议有两个优点：一方面，它不与（普莱斯纳［Plessner］、盖伦［Gehlen］、罗特哈克［Rothacker］等的）哲学人类学的发现（根据这些发现，人类在其本性上依赖于文化的偶然的和历史的演化）相冲突；另一方面，它由此避开了将科尔伯格的诸阶段的具体分化——特别是超越于前传统、传统和后传统层面的三重区分之上的、内在于传统层面和后传统层面之中的分化——理解为是"被自然地"限定的疑难[80]。

441　　根据我们所简述的皮亚杰／科尔伯格方案的功能，从本质上说，具有关键意义的是一种对康德类型的普遍主义原则伦理学的经验—发生增补，而我们是欢迎这样一种增补的。就科尔伯格区分了第五阶段和第六阶段这一情况而言，关键是要确定康德式自律原则和普遍化原则相对于单纯的法律性契约理论和功利主义的优先地位[81]。与此相对，道德之系统发展的重构这一意义上的科尔伯格式方案的扩展在我看来要直面如下必要性：要在更为确切的意义上同时对康德的原则伦理学和科尔伯格的、以康德为导向的目的论六阶段理论做出修改。最终，这里需要回到一种存在于康德式伦理学和科尔伯格式发展逻辑学基底处的抽象，但这并不意味着要取消那些以抽象的方式获得的洞见。

442　　在我看来，现在需要做出的增补和改正涉及的首先是"道德视角"的哲学的最终奠基。我们要从这一"道德视角"出发将道德判断能力的最高阶段规定为有待被理解的意识发展之目的（Telos der zu verstehenden Bewußtseinsentwicklung）。从这种奠基活动的彻底化那里产生了两种结果，一个结果是关于科尔伯格式理论和康德式伦理学间的内在关联的洞见得到了深化，另一个结果是这两种理论的心向伦理学缺陷得到了改正。后者是立足于一种责任伦理学的立场实现的，而这样一种立场——作为道德判断能力系列的最高阶段——应当有能力容纳对科尔伯格式伦理学和康德式伦理学的纯粹正义立场的著名批评的重要动机（wichtige Motive）。

严格说来，虽然科尔伯格和康德都将准则选择之良心自律或普遍化原则合理地视为道德性的至高视角，但我们在这两位思想家那里是找不到对它们的有效性或约束性的最终奠基的。对于"我为什么要有道德？"这一最为彻底的青春期危机问题，科尔伯格像大部分当代哲学家那样认为我们是无法给出合乎理性的回答的。就此而言，他是承认上面这一点的 [82]。在康德那里，就他在《实践理性批判》中考虑到他无法在其体系的基础上完成先前在《道德形而上学基础》中被宣告的对"绝对命令"之有效性的"先验演绎"这一事实而言，对最终奠基问题的回避就非常明显了。对于康德来说，主要的困难就在于以下事实：这种对于康德来说，作为我们内心中的立法理性之自律的自由之实在性（Realität der Freiheit）乃是道德法则的"存在理由"（ratio essendi），它只有在道德法则之绝对约束性的基础上才能被奠基为它们的"认识理由"（ratio cognoscendi）。正是由于这个原因，康德认为诉诸"绝然无疑"、并且就此而言不需要被奠基的"绝对命令"这一"理性的事实"就够了 [83]。但这样一来，人们会认为康德"纯粹理性的事实"的说法和与此相关的人类的"理智"存在方式的假设所表现的与其说是道德法则的有效性奠基，不如说是一种形而上学说明（亦即"自然主义谬误"的一个变种），因此，"为什么要有理性（亦即在实践理性的意义上有道德）？"这个问题就仍然没有得到回答 [84]。

不过，在这样一个由于"上帝死了"而被尼采称为"虚无主义"的时代，我们需要对其做出说明的青春期危机的根本问题必须得到哲学的回答。换言之：康德的"我们本己的自由不是存在于任意自由的唯名论传统（奥卡姆、霍布斯）的 'liberum arbitrium indifferentiae' [拉：无可无不可的自由选择] 之中，而是存在于通过指向一种可以被所有

443

理性存在者接受的法则的理性意志而实现的自我规定之中"的深刻的
形而上学思想必须通过一种反对分析哲学家——和尼采一样，他们认
为康德只是在宣扬一种潜在的"他律"，也就是对以隐含的方式被预设
的上帝意志的服从——的理性论证（而不只是单纯诉诸"自由原则"）
而得到捍卫[85]。

444　　　　在我看来，这里所假设的理性最终奠基论证能够成为可能的
前提条件是人们看穿了哲学传统的两种偏见并且克服了它们：第一
种偏见是与逻辑传统联系在一起的哲学中的奠基活动必须始终被理
解为从其他东西那里推导出来（例如，作为演绎，或者归纳、外
展）的观念。如果这样一种奠基概念被预设为前提，那么有理性
（Vernünftigsein）——在这种意义上就是有道德（Moralischsein）——
就明显无法以合乎理性的方式得到奠基。这是因为，如果这完成这样
一种奠基活动，人们就必须以逻辑循环（petitio principii [拉：乞求
论题]）的方式将需要被奠基的东西预设为前提[86]。不过，人们在哲学
传统中（例如在奥古斯丁、笛卡儿、康德和胡塞尔那里）发现了另外
一种更为彻底的最终奠基形式，它可以被称为对思维的不可或缺之物
（例如，即使是面对最彻底的怀疑，人们仍然在思考，而且，就此而
言，仍然存在）的先验的—反思的思考[87]。这种最终奠基的形式难道不
应当同时应用于伦理学之上吗？它在康德看来不是必须被面对的吗？

445　　　　在此，哲学传统——特别是近代意识哲学或主体哲学的传统——
在今天被证明为是一个障碍，也就是方法上的唯我论[88]。只要人们像笛
卡儿、康德、胡塞尔那样将在方法层面上不可或缺的我思理解为原则
上的孤独和自足的（亦即不需要语言和交流的）主体，通过对这一我
思的先验反思来证明道德基本规范（"道德法则"）的向来已经在自由
中被承认（Immer-schon-in Freiheit-Anerkannthaben）的特征就是不可
能的。就此而言，康德事实上是无法对绝对命令的有效性进行先验—
反思的最终奠基的；即使康德有这种打算，他也是没办法做到的。这
是因为，按照康德的说法，"我思"——在他看来，"我思"对于认识
条件的反思来说是不可或缺的——并没有包含与其他的我（anderen
447　　Ichen）或与一个交往共同体的内在的（必要的）关联[89]。没有这种
通过先验反思得到证明的主体间关系（亦即作为主—客—关系的

证明^[90]），诉诸我思在伦理学的层面上仍然是不具有重要意义的。实际上，在康德那里，绝对命令与其他所有作为理性存在的人（对于他们来说，一种一般有效的道德法则必须是具有约束力的）的在伦理学层面上具有重要意义的关系要么是被预设为前哲学的自明性，要么是在一种形而上学实质化（metaphysische Hypostasierung）的形式下——例如，作为"目的王国"——被预设为前提。对于康德来说，主体性——亦即现实交往共同体以及在其中被反事实地推定的理想的交往共同体——先验的先天性（transzendentales Apriori）是不存在的。

一旦人们明了从笛卡儿到胡塞尔所假设的、从公共的一语言性的对话语境之中反思出的形式（亦即这样一种假设：人们可以将语言和与他人、与外部世界的交往的存在放入括号之中，为的是使自己被始终理解为思维着的我［denkendes Ich］）是建立在幻象之上的话，一种更为彻底的先验的反思性思考（transzendentalen Reflexionsbesinnung）形式的时机在当下产生了。如果人们考虑到，即便是最为极端形式的反思性世界隔离（Weltdistanzierung）——如果它想要拥有论证的意义和有效性——也向来已经预设了语言和交往共同体之先天性，那么人们就可以认识到：单单是提出一个严肃的问题——就这一问题是面向一个不受限制的交往共同体的所有潜在的接收人提出的而言——就已经承认了一个被反事实地推定的理想的交往共同体的——有待被说明的——规范—伦理条件。简而言之：一种对话伦理学的先验语用学最终奠基的可能性出现了。

虽然我无法在本书中详细解释我将要勾勒的这种奠基可能性，但我必须指出该可能性所导致的结果：对话伦理学的基本原则（在我看来，我们一旦开始进行严肃的说理，我们就必然已经承认了这一伦理学原则）实际上同时包含着康德和科尔伯格所假定的自律原则和普遍化原则这一道德判断的至高视角；它实际上同时包含了康德式原则的两个方面（在尼采和任意自由的唯名论理念的捍卫者那里，这两个方面在毫无和解可能的情况下被割裂开来了），因为无法回避的说理意志（nicht-hintergehbare Wille zur Argumentation）将我的自由（这种自由乃是理性的自我规定）与所有交流伙伴的共同理性（这种共同理性表现在了对话之中）先天地联系在了一起（如果有人想要享有私人的任意

自由并反对先天地合乎理性的自律假设，他是无论如何也不能通过说
理来做到的 [91]）。然而，这在我们的问题框架中意味着哲学家能够向那
些以严肃的态度（这种严肃的态度理所当然地能够，而且应当被假定）
提出"我为什么要有道德？'有道德'本身意味着什么？"之类的问题
（他在必要时也要向自己提出这个问题）的人表明：通过这样一种行动
（该行动使得问题隶属于对话），他必然已经完全自愿地（换言之，完
全非他律地）接受了那些使在说理对话中找到对所有对话的可能参与
者来说乃是共识性回应的东西成为可能的道德规范。这明显包含了康
德意义上的诸准则之选择的普遍化原理和罗尔斯或科尔伯格那里的相
应的角色担当之完全可逆性（vollständigen Reversibilität des role-taking）
意义上的公平原则或正义原则；实际上，假如人们没有假定这些原则
的话，在理想的交往共同体的框架内思考对话程序就是不可能的。通
过确立对话的这个严肃问题，这一程序同时被认定为是对于解决关于
有效性诉求的所有现实矛盾具有规定性作用的 [92]。

　　内涵于对话原则之中的普遍化原理其实已经被那些进行对话的人
们所承认，这不仅仅在于它被假设为一条普遍适用的法则（康德）或
者一种对于所有角色主体来说都是可接受的问题解决方案（科尔伯
格）的代表，而且还在于它应当在可能的情况下参与到与相关方（或
者至少是他们的代表）的真实实践性对话当中，而在对话当中，对话
伦理学的基本原则应当被当作调节性、程序性原则来应用，它关涉的
是往往与处境相关的问题解决（例如规范建议）的交往性理解。从这
种意义上说，向来已经被视为某一说理共同体的潜在成员的每个个体
所承认的对话伦理学的基本原则（规范之基础的第一个层级）都要返
回到普遍化原则的可能的和适当的具体化（Konkretisierung）那里。在
相互理解的理想状况下，这种具体化免除了个体对具体规范进行奠基
这一超越其能力之外的责任。在对话伦理学中，人们所希望的现实
实践对话或者（只是作为替代的）它在思想实验中的模拟——作为具
体规范奠基活动（规范奠基活动的第二阶段）的协调环节——可以说
取代了由康德所设想的从绝对命令那里演绎出具体义务的活动 [93]。由
此，也就是说，尤其是通过相关方需要服从的规范的可期待的直接结
果和派生结果在现实对话中被确定的可接受性（die im realen Diskurs

449

450

451

festzustellende Akzeptabilität），康德式伦理学那令人惋惜的严肃主义
（Rigorismus）的一个主要根据已经成为无效的了。例如，在面对可能
的谋杀者时的必要撒谎这一实例性情况时，我们是不能像康德那样不
考虑由贡斯当正确地提出的有关权利和义务的相互性的问题的 [94]。

此外，在我看来，在对"我为什么要有道德？'有道德'本身意
味着什么？"这个严肃问题的反思中还隐含着下面这一点：发问者
本人向来已经给他自己和所有潜在的对话伙伴假定了对所提出的问
题——此外还包括一切可以在对话中提出的问题——做出可以达成共
识的、纯粹说理性的解答这一共同任务（Mitverantwortung）。简而言
之：如果有人带着严肃的问题进入到对话领域之中，他不仅自动假定
了所有潜在对话伙伴的平等权利，而且还假定了存在于被反事实地推
定的理想交往共同体之中的某种解决问题之责任的共契（Solidarität der
Problemlösungs- verantwortung）。

在我看来，道德性之先验—反思的最终奠基的这一不可忽视的环 452
节先天地就使许多反对成为无效的。这些反对是针对某一版本的正义
伦理而被正当地提出的，后者只是以个体权利的普遍化为出发点，因
而只能把义务思考为个体权利的相互限制。根据这样一种假设，人们
实际上是无法为积极的关怀和关心（例如吉利根意义上的"care" [95]）
或者为弱势者承担责任的义务，以及通过集体责任的组织来对集体行
为的后果（例如在约纳斯所说的科学与技术的后果的意义上）承担起
共同责任的义务奠定基础或进行辩护的 [96]。于是，对道德的统一性和
发展逻辑的阶段等级的单一性的种种不必要的质疑纷纷登场：有的是
反对男性正义道德的女性"关怀"道德；有的是偏好——这种感情上
的亲近是可以理解的——具体关系群体的忠诚道德（第三阶段），反对
它之后的阶段的抽象规范或抽象原则，有的是根据功利主义的标准论
证反对义务论的正义伦理学（前者认为后者是无法将后果责任考虑在
内的）。

与此相反，如果我们承认一般化了的对等原则（科尔伯格的第6
阶段）在某种理想的交往共同体这一预设的意义上同时是共契责任的
原则，那么，发展逻辑的阶段等级确实将自身表现为对一种对等道德
的影响范围的一贯性的、反思性的深化和拓展。对等道德被以一种与

453　由皮亚杰第一个提出假设的面向自然的技术性—操作性活动的（抽象
反思的）发展逻辑类似的方式当作社会认知能力的可能性置入交往活
动的维度当中的。一种"fiat justitia pereat munduns［拉：哪怕世界消
灭，也要让正义实现］"的原则意义上的正义能力的发展就必然显得和
关照或关心的道德（它全然无视不同群体凭借平等的权利要求得到稀
缺资源时发生冲突的可能性）一样是片面的倒错。

　　2.2.2 后传统对话伦理的与历史相关的应用条件问题和向后传统道
德的过渡的道德策略之增补原则

　　在我看来，迄今以对话伦理学之名对普遍主义原则伦理学和道德
发展逻辑（原则伦理学以目的论的方式奠定了道德发展逻辑的基础）
做出的补充和修正还没有考虑到可能对这类伦理学提出的最重要的反
对。最终奠基的深化和彻底化现在终于可以被解释了。这种解释指向
了一种得到深化的说明（vertieften Explikation）和传统原则伦理学之
根本直观（科尔伯格式道德判断能力之可能发展的第六阶段）的强化
（Bekräftigung）。而在我看来，这必须以如下事实为基础：迄今为止得
到发展的对话伦理学之最终奠基分享了所有先前的原则伦理学的一条
抽象的基本预设，也就是对其自身应用的具体结果的预见的预设，它
最终显现为一种单纯的（韦伯意义上的）"心向伦理学"。

　　首先，人们可以认为：一旦从根本上考虑到了对话伦理学的程
序原则中的可以被相关方接受的规范之遵守的后果（die Betroffenen
akzeptierbaren Folgen der Normenbefolgung），这种反对就可以被消解
了。遗憾的是情况并非如此；事实上，迄今为止所做的考察（以及对
对话伦理学之结果的可接受性的考虑）向来是以下述预设为出发点的：
对于"道德观点"之根本奠基来说，具有关键意义的是一种首先需要
被奠基的人类共同生活之道德秩序的原则——从某种程度上说，具有
关键意义的是一条对如下问题做出了回答的原则：当人们同时开始按
照一条被提供出来的原则行动时，他们应当如何相处？就像在先前所
454　有原则伦理学中那样，人们往往忽视了以下事实：人类历史（这同时
也是人类共同生活的道德规则及其失效的历史）早已开始了，而且，
一个不必以既与的历史性处境为出发点的"理性的新开端"从原则上
说是不可能的。

如果用具有挑衅意味的话来说就是，如果人们打算规定：迄今为止被说明的对话伦理学的基本原则要直接被应用于当下的处境之上（在"如此行动，仿佛你就是一个理想的交往共同体的成员，要为在道德层面上具有重要意义的问题解决的后果承担起共契责任！"这种绝对命令的意义上），这不仅是不合理的，而且在道德上是不负责任的。这是因为，作为具体的社会群体或"系统"（可以是本民族的、作为拥护者而代表的利益共同体的，也可以是所属的家庭的，甚至是作为"自持系统"的个人的）的福祉（极限状况即是存活下来）的责任的共同担当者，人们既不应当也无可能假定我们在前文中进行了说明的对话伦理学原则的应用条件（已经）被满足了：例如，所有人都已经准备好依照对话伦理学原则来共同担负起责任，并且单纯按照对话程序的要求，而非采取策略手段（要么通过暴力，要么通过一些或多或少的策略谈判），来解决所有和有效性要求有关的冲突。

假如对话原则的应用条件已经被满足了，那么对话伦理学原则的应用在我看来就是绝对必要的了；这样一来，人们在一般情况下就不应当采取策略手段来对付自己的邻人，除非是在被接受的"游戏规则"（例如合法的商业竞争的"游戏规则"或体育比赛的"游戏规则"）的既定框架内行事（我们在这里可以清楚地看到：康德式"严肃主义"的基础事实上是"绝对命令"之理想性应用条件的抽象假设；在一种理想的交往共同体的条件下，任何一种策略行为实际上都会被看作是要将他人工具化。关于这一方面，"不骗人"、"不撒谎"……事实上是作为"根本性义务"从原则那里推导出来的，而康德对虚假诺言和自杀的禁止正是以这样一种假设为依据的 [97]）。

到此，我们的考察已经能让我们指出下面这个在道德哲学传统中广为人知的事实：规则、规范、准则，甚至原则是从来不能直接应用于具体的处境之上的；而且，正如维特根斯坦特别指出的那样，任何关于规则之应用的规则同样都是不存在的（事实上，这只会导致规则之直接应用问题 [unvermittelten Regelanwendung] 的无限移位）。最后，在此，一种明智的规则应用能力，无论是实践智慧还是判断力、"眼光"（韦伯），必须总是填补空白并使一般和特殊的协调成为可能（参见第413页以下）。人们难道不应当通过实践智慧或判断力将

455

我所简述的责任伦理学问题单纯引回到了早已为人所知的规则应用问题吗？

　　我可以补充的一点是：按照康德的说法，和对话相关的问题已经与重构活动（将历史重构为一种间断的道德进步）的"调节性原则"关联在了一起。就此而言，人们可以将其视为"反思判断力"的问题。正如我们将要指出的那样，这样一种尝试（作为需要被解决的问题）恰恰是不能与康德所假设的绝对命令的规范应用或是与其相容的行为准则相提并论的；它反而预设了一种通过调节性原则对绝对命令本身做出的先行补充。所以，在这里谈论以实践智慧或实践判断力为手段的规则之应用的老问题是具有误导性的。

456　　事实上，在我看来，传统的（亦是被康德所假定的）对道德责任、规范、（在道德的层面上正常化了的）准则……的明智的、处境性的应用的概念向来已经预设了规范性的（属于某一社会生活形式的伦理的）应用条件的存在 [98]。就实践智慧而言，与习俗的这种关联恰恰构成了在前文中被强调的新亚里士多德主义者对《尼各马科伦理学》的重新发现这一点（参见本书第 413 页），而且，它在后期维特根斯坦那里变得更加清楚（按照维特根斯坦的说法，人们一般只能在某一确定的"生活形式"之"习惯"的语境中设想一种有意义的规则应用）[99]。当然，

457 人们不能在上述后传统道德（例如，作为关乎人类责任的宏观伦理学的对话伦理学）之基本原则的应用的情况下预设属于某一生活形式的规范性应用条件的存在。为了对此做出更为细致的说明，我接下来准备对人们能够从发展逻辑的视角那里获得的洞见进行考察。

　　在此，我至少首先要提到一个与处境相关的道德规范的应用问题，这个问题在道德判断能力的每一个阶段上都会被提出，而且，出于这个理由，它或许根本没有在科尔伯格的认知理论那里得到反思 [100]。我所说的是下面这个在责任伦理学的层面上具有极高重要性的事实：从根本上说，人们从来不会确切地知道某个人——例如，人们在冲突处境下会遭遇的敌人——是否会在道德行为之述行（Performanz）的层面上做出与他的道德判断能力相符的行动。例如，下面这种情况在原则上是可能的：角色担当之完全可逆性意义上的判断能力之纯粹认知发展同样可以被拿来服务于对他人的计策性工具化的完善。这里，在判

断能力的每一个阶段上，善良意志或邪恶意志意义上的道德良知抉择这一非认知的问题都会被重新提出；而且，就此而言，在每一个认知阶段上都还自然存在着好人和坏人，因此，互动伙伴间的善良意志的假设始终是包含着一定风险的。但是，这一问题几乎没有受到皮亚杰和科尔伯格意义上的结构发生理论的洞见的影响，所以我们在下文中不准备对其加以考虑。不过，从一种以科尔伯格为导向的、对我们的历史处境的重构的视角看来，下述事实的重要性依然存在着：一种后 458
传统道德的规范性应用条件（还）没有被给出吗？

　　在此首先需要加以思考的是，即使是在先进的后启蒙社会中，也就是在其法律制度体现了后传统道德原则的社会中，绝大部分人仍然只是处在传统道德阶段，也就是道德的第三阶段（具体关联群体意义上的忠诚）或第四阶段（社会［它以国家形式得到了组织］角色义务意义上的"法律与秩序"）。因此，对于个体道德能力之应用处境来说，"在以集体的方式实现了的第四阶段道德的意义上，一般说来，公务员是不会贪腐的，公民是会缴税的"和"他们不认为这样做是正常的"是会造成重大的差异的。就后面这种情况而言，当只有第三阶段道德意义上的家庭关系才能切实地为道德义务奠基时，即使某一家庭的父亲就其个人而言已经达到了道德判断能力的第四、五、六阶段，在具体的环境下，他在按时缴税和拒绝一切形式的贪腐时就是在不负责任地行动。

　　虽然已经对国家内部的习俗进行了考察，但我们还没有对以下事实加以考虑：鉴于当今相关惯例的状态（人们没有必要马上想到公开战争的准自然状态），一种后传统道德——至少是一种第六阶段的普遍主义原则伦理学——在所有的问题处境中（它们既包含了国际冲突又包含了单纯的利益对立）都会身处这样一种困境：面对那些令人担忧的危险，一种国家内部道德之克服意义上的"预先给付"（Verleistung）是否能够担负起责任？对于一个亲身经历了一场向内部道德的彻底的民族主义倒退的灾难的德国人（他同样应当承担起这场灾难的责任）来说，以向后传统道德过渡为鹄的的人类根本任务所代表的这一关键点（Hauptpunkt）应当被置于相关反思的最前列；尽管如此，他同样不应当沉醉于一种普世主义对话伦理学的事实性应用条件的幻象。 459

这些为数不多的提示既是为了说明一种与历史相关的后传统道德应用问题——尤其是一种后传统道德之最高阶段意义上的对话伦理学的应用问题——又是为了强调这一问题相对于人们提出道德哲学之应用问题的惯常方式（亦即以传统道德范式为依据）而言的新颖之处。从道德之发展逻辑的视角看来，这一新颖之处对我而言便是：一方面是发展理论假设的判断能力之个体发生阶段，另一方面是在系统发生的层面上具有重要意义的条件（phylogenetisch relevanten Verhältnissen），人们有义务在这两方面之间建立起一种双重关系。至于第一重关系，个人的社会化过程在科尔伯格已然反思过的"平衡"的方向上被激活了，而且，后者在一般情况下决定了一个个体所能达到的阶段（例如，个体在一个具有国家结构的部落社会中达到了第三阶段；在一个前启蒙社会中达到了第四阶段；在一个后启蒙社会中达到了第四或第五阶段——这取决于社会关系、教育系统的制度和对话的文化传媒是否有利于激发判断能力的成长）；至于同样方向上的第二重关系，严格说来，对于道德判断能力的每一个个体发生阶段，都应当有一个至少是以基础性的方式满足的应用之社会文化条件的对应阶段（entsprechende Stufe）与之相关联。在我看来，假如把上面第二种考察贯彻到底的话，人们就有机会获得一个在当下具有重要意义的视角，以便现实主义地评价由传统道德到后传统道德的历史性过渡这一人类使命。

如果人们一般是以严肃的态度看待这项任务，那么，正如我已经谈到的那样，在哲学传统的意义上谈论"在实践智慧或判断力的帮助下明智地应用道德原则"这一总是被提出的问题就是错误的。这样一种看法在今天更多会导向维特根斯坦后期提出的一个观点：可能的先天道德原则的意义是应用—"习惯"（Anwendungs-"Gepflogenheiten"）的实际性实践规定的，而这种实践向来总是规定了所有可被思维的规则的意义[101]。然而，在这种情况下，这里被提出的、由原则引导的向一种道德应用之实现的崭新的、后传统形式的历史性过渡的问题必然就失去了意义。在我看来，人们在此站在了当今不同精神的分离点上：

无论是从新亚里士多德主义前提出发还是从维特根斯坦主义前提出发，碰到下面这样的结果似乎都是必然的：从一开始，道德规范与道德原则的可能意义向来就已经被既定的习俗（现实生活伦理）生活形式的实践决定了。在实践当中，这样一种假设引向了对一种可能的道德进步的理念（在一种实践理性之必要假设的意义上被康德奠基为义务接受［Pflichtannahme］的理念）的相对主义妥协[102]。

"一种假设的社会之道德进步的理念是的危险的空想主义"，提出这样一种异义是新保守主义的惯常做法（新保守主义者还会使用维特根斯坦的论证）。从这样一种观点看来，这种假设——因而也就是后传统道德原则的社会应用条件之满足的观念——要么是空洞无物的，要么是专横和恐怖主义的，因为它所强加的理想的生活形式对从不同生活形式那里自发产生的多元性构成了威胁。无论是已经存在的生活形式当中，还是在试图取代它的乌托邦主义—理性主义生活形式当中，各种道德规范只有在一种具体生活形式的"习俗"（"伦理"）的背景下才可能被使用（这似乎已经成为新亚里士多德主义和维特根斯坦主义的共同预设）。在前一种情况下，道德进步是无法存在的，在后一种情况下，生活形式的多样性是无法存在的。因此，只能在顺从和理想之恐怖间做出非此即彼的选择吗？

461

然而，如果我们指出的关于原则、规范、规则和生活形式间关系的预设为真，那么上述看待问题的方式（如果我的看法是正确的，这种方式正是今天已经开始居于支配地位的仍然隐蔽着的讨论范式）实际上就构成了一种无结果的二者取一的选择。这又与我们所面对的问题有什么关系呢？

如果首先有待满足的伦理学之对话原则的应用条件对一种具体生活形式的整体做出了预先判断，那么仍然有所欠缺的（或者尚未被充分满足的）应用条件之逐渐满足的要求事实上就必须导向这样一种要求：一切现存的生活形式都要被一种理想的生活形式所取代。这样一来，我们的要求事实上是和理想生活形式之实现的观念（这一观念存在于从柏拉图到国家社会主义对空想社会主义的"科学扬弃"的社会乌托邦或国家乌托邦传统之中）一样激烈和危险的[103]。以形式程序原则为导向的科尔伯格之第六阶段的普遍主义伦理学，更确切地说：它的康德主义、对话伦理学解释，恰恰没有要求一种对生活形式之整体的道德主义规划（这样一种规划类似于柏拉图、甚至列宁所构思的个体与集体的美德和作为幸福的善好生活的制度性保障）。对话伦理学的基

462

本原则并不只是包含着个体权利，而且还包含着以对话的方式解决问题的共契责任，所有个体实现自己善好生活（自我实现）的平等权利都可以通过这种共契责任而得到先天的承认（前提条件是这样一种自我实现是与相互要求和义务的普遍化并行不悖的）。因此，个体自我实现这种"善好生活"不是通过预先规划好的原则，而是通过诸个体的互补任务（从某种意义上说亦是集体生活形式的互补任务）成为可能的。

（对于第六阶段原则的对话伦理学解释是如此，对于第五阶段的功利主义、甚至罗尔斯对正义伦理学的解释更是如此。事实上，与功利主义相比而言，对话伦理学的普遍化原则是被先天地确立的：集体之全体利益最大化原则的实现不能以牺牲个人或少数派的平等权利为代价——除非个人或少数派已经在非暴力的对话中表示同意。若与罗尔斯进行比较的话，可以被先天地奠基的对话原则［就此而言就是第六阶段的道德性］之普遍性和形式性必须通过以下方式得到保证：来自罗尔斯的"正义原则"——其中当然也包括创造性的"差异原则"，这条原则应当对普遍主义正义要求和全体利益最大化的功利主义动机进行协调[104]——只能被视为现实对话层面上的对话提案［规范奠基的第二阶段］，而不应被认为可以从最高道德原则那里先天地推导出来。）

463　　　但是，正如我们在此指出的那样，后传统道德阶段，尤其是第六阶段的应用条件之满足始终是有待完成的任务，它并不包含一种整体的理想生活形式的乌托邦主义规划，那么，与在判断力帮助下始终必然和处境相关的道德规范之应用的传统观念相比，这一任务的特殊之处和困难之处又表现在哪里呢？

　　　这个问题的答案首先要从责任伦理学的角度得到澄清，其实现的条件乃是下述对话原则（一如传统的普遍化原则）明确的自我扬弃：如果人们无法预设对话伦理学之社会应用条件的充分满足，那么一个负责任的行动者就负有这样的责任：他需要持这样一种态度（他应当在原则上如此，而不仅仅是以例外的形式如此）：在与他人的交往中不但要预先考虑到冲突之解决的对话—交往方法，而且还要预先考虑到已经被康德明确禁止的服务于自身利益（这一必然性所指的不是内容上的利己主义，而是一种由我所代表的利益自持的形式上的利己主

义）的对他人（他的行为以及已经被他假定的意向和动机）的策略性
工具化方法。对他人的策略工具化并不总是意味着公开使用暴力或大
肆欺骗（尽管这在极限状态下也会成为义务），但它可以通过建议和威
胁（在公开的策略谈判中便是如此）或是通过提案、操纵，简而言之，
就是通过对语言的隐蔽的策略使用占领先机并对他人施加各种影响。
在大部分这里所设想的情况下（其中需要假定的是：受命执行的活动
从责任伦理学的视角看来至少是可以接受的），行为者不是出于个人的
直接利益行动，而是出于一个由他所代表的功能性社会系统的利益行
动。因此，出于家庭、公司、工会、政府、内阁、教会等的利益，他　　464
对语言隐秘的策略性使用（被视为目标的信息、掩盖、缩减信息、建
议结果、使用规定的语汇，等等）要以他有责任扮演的角色为根据。

　　从这种意义上说，为了在日常生活中以负责任的方式行动，我们
中的每一个人都有义务或多或少地以有些粗暴的方式破坏普遍主义对
话伦理的原则。如果人们承认了这一点，那么以下事实在我看来是不
能被掩盖的：一个首要的道德问题在此显现了出来，这是一个责任伦
理学问题，一个在有待澄清的意义上超越了科尔伯格的道德判断能力
之发展逻辑的最高阶段原则的问题。尽管如此，如果一个人打算在现
实中罔顾被指出的差异而行动，那么人们一般来说会质疑他的道德判
断能力；这个事实告诉我们，有判断力相协助的规范之处境性应用这
一始终存在着的问题才是真正的关键所在。但本质性的一点却有所不
同：在我看来，并不能说那个显然没有将在此简述的困难当作一种后
传统原则伦理学之应用的本质问题来加以澄清的人，就体现了成熟人
类应该发展的道德判断能力的最高阶段。例如，在我看来，人们就不
能对一种严格主义心向伦理学的代表做出这样的断定；因为这样一个
人（他往往是神学家或哲学家）会给人们留下这样的印象：他仿佛在
原则上拒绝为自身行动的后果承担任何责任，就像韦伯所说的那样，
他"听凭上帝决定一切"[105]。

　　结束了上述反思之后，在我看来到了设定道德判断能力第六阶段
之上还存在着的第七阶段的时候了。可以说，人们在这一能力阶段上
已经在原则上承担起了伦理应用的责任。这样一来，它不仅有能力针　　465
对具体情况解决问题，有能力在每个处境中"眼光独到"地应用道德

规范（一般来说是传统性道德的规范），而且它还有义务将作为道德原则中的后传统洞见的伦理学一般与其应用条件和应用后果的历史形成处境联系起来。很长时间以来，我一直试图把在此被给出的问题架构当作伦理学的 B 部分，然后把它和伦理学的 A 部分（在这一部分中，"什么才真正应当存在"的原则在完全不考虑历史的情况下被确立了起来）区分开来 [106]。

尽管如此，我们刚刚指出的、要设定的道德判断能力的第七阶段不能被理解为科尔伯格所构思角色担当之可逆性的顺序展开的发展逻辑意义上的第七阶段。因为按照科尔伯格的这种想法，第六阶段乃是不可超越的。事实上，普遍化原则的有效性，特别是通过对话原则对其做出说明的有效性，绝没有因为我们对伦理学的 B 部分所进行的反思而失效。真正的关键问题在于提出一条增补原则（Ergänzungsprinzip），它要将 conditio humana［拉：人的条件］的如下事实考虑在内：在有限的条件下，作为对伦理学的一种与历史相关的责任应用的原则，道德发展逻辑的最高目的论原则对于道德现实而言永远是不够的，这是因为，全人类的理性新开端无法确立在对话原则之彻底可见的理想有效性（durchaus einsehbaren idealen Gültigkeit）的基础上。

但是，如果我们所假设的增补原则不应当只是关于所有规范性原则的明智的、处境应用的必然性的常识的指引（更不用说人们最好应当通过与背景相关的判断力来取代所有原则的建议），它又应当包含着什么呢？

466　　　　这里，我一方面可以以康德为出发点：也就是以我们提到过的一种义务承受之假设为出发点，它是一种有关历史之可能的道德进步和一种与之相应的反思判断力调节性原则的义务承受，以便（我想解释为）将假设性的目的论历史重构在实践意图下不断地在处境中尝试。另一方面，通过重新反思那向来已经在严肃的说理中被我们承认的理想说理共同体之实现可能性（Möglichkeit der Realisierung einer idealen Argumentationsgemeinschaft）的道德—规范性条件，我们能够对先前引入的先验语用学根本奠基进行补充，而这显然是在下面这种意义上实现的：一方面，康德式进步假设可以被认定为得到了最终奠基的道德义务；另一方面，正因为如此，通过对话原则之应用条件的长时期的、逐渐的满足的道德策略的调节性原则，理想的对话原则的增补成为可能。

在我看来，这里所指出的对话原则之最终奠基的增补是以下述事实为基础的：我们在进行严肃的说理时已经在两种形式下预设了交往共同体的不可回避的先天特征 [107]：一方面是作为一个必然被反事实地推定的理想的交往共同体（其可能性的规范性条件构成了理想的对话原则的含义）的先天特征；另一方面是作为一个现实的交往共同体的必要的事实性预设意义上的先天特征，由于社会化过程我们都属于这种现实的交往共同体，而且当我们想要让自己变得符合理想交往原则的标准时，我们也必须以现实交往共同体的事实性交往条件（诸如语言之运用、规范或准则建议 [Normen- oder Maximenvorschläge] 和规范或准则应用 [Normen- bzw. Maximenanwendung] 的生活世界背景预设）为出发点。面对这种理想性与现实性的双重预设（我们在任何对话中都会体验到其两极对立的张力），由于我们不可避免地要推定同时作为反事实的东西被我们意识到的理想条件，我们也就必然承认了为逐渐缩小预期的理想性和既与的现实性之间的差异而进行合作的道德义务：在实践中憧憬道德进步、在考虑到现实历史条件的前提下将其历史性实现视为可以设想的东西，并且通过一种不断更新的对历史的假设性重构来表明这种可被设想的特征。

从对话伦理学之先验语用学最终奠基的增补那里产生了两条原则，一条是具有道德策略形态的对话伦理学之增补原则，另一条是历史之批判性重构（这同样也是伦理学所要求的任务）的方法原则：

可以直接在道德上应用的增补原则要将伦理学 B 部分的准悖反性挑战（quasi-paradoxen Herausforderung）考虑在内，后者本身是具有一种道德策略的特征的：因此，与理想的对话原则不同，它并没有排除与他人相关的目的合理性—策略行为，而是假定了一种与道德目标，也就是策略性行为（以非对话的方式获得利益）之必要性的长时期自我扬弃（为的是只服从于作为解决冲突的手段的理想的对话原则）的目标，先天地联系在一起的更高的调节性策略的标准。

被如此界定的反思判断力的增补原则敞开了一个困难抉择的回旋

空间（Spielraum）。在严格的义务论者以及严格的义务论的对话伦理学的捍卫者看来，这些抉择必然是值得怀疑的。关于这一点，人们只要想一想"目的证明手段正当"（Der Zweck heiligt die Mittel）这一声名狼藉的表述的意识形态应用可能性就足够了。但是，一方面，人们不能掩盖以下事实：在正常的应用条件（它们以传统性的方式与规范联系在了一起）下，"依照处境来理智地应用规范"这一流行观念始终包含着以目的为依据的合理的策略性结构元素（譬如反对破坏契约或公然使用暴力的决心与能力）；另一方面，我们需要牢记于心的是：道德策略的高级调节性原则同样适合于限制手段选择的回旋空间。

　　一方面，这一点已然被如下事实所保证：道德策略所设定的目的和以实现理想的生活形式为目标的整体主义—乌托邦主义所设定的目的不可同日而语，前者只是理想的交往条件的近似满足，为的是理解从所有个体在实现善好生活这一点上的同等权利那里产生出来的要求。另一方面，长期性道德策略所设定的目标也限制了手段的选择，因为它拒绝任何危及理想的对话条件（例如包含在民主国家形式中的条件）之满足的自然条件和已经实现了的文化条件（例如各种制度性条件）的手段。事实上，对冒险性改革甚或蓄意革命的举证责任就此落在了革新者身上。尽管如此，单纯地维持现状从来不是关键所在。在现时代具有重要意义的事情毋宁是分别评估人类生活条件的长期保障和——同时可被要求的——理想的对话条件（其中包括理想对话所必需的种种社会条件）的满足这二者的重要性。

　　（我们在此可以引用后现代马克思主义者哈利希的例子来进行说明。在哈利希看来，考虑到生态危机，能够为人类的持存提供保障的不是自由民主制，而是巴贝夫式社会主义正义专政［sozialistische Gerechtigkeitsdespotie à la Babeuf］。从这种意义上说，苏联实际上就是人类持存的保障[108]。哈利西想到的是从诸如与环境和资源负担相关的世界人口增长的指数曲线那里得出的趋势外推法［Trendextrapolationen］以及上述情况所需的一种并不流行的世界政府方式。我并不打算轻视哈利希的论证。我只是想指出，在他那里存在着"为了存活条件而抛弃已然实现的自由对话的条件"的典型情况。与此相应，哈利希提供证据的责任也是非常重大的。尽管如此，在一种极端困境的预设下，他的想法并不是不理智的；而且，在未来的几十年中，对于理解西方世界与东方世界的体制竞赛来说，它也许会具有关键性的意义。就此而言，它能够，而且应当被拿来公开讨论，也就是说，我们不应当把它当作与西方传统格格不入的"疯狂的想法"抛弃掉——当然，若是从罗蒂的前提出发，抛弃掉它倒是必需的。）

上述反思已然提示了下述事实：对于今天的我们来说，只有当人们已经着手实践前面所假设的历史的批判性重构时，一种责任伦理学意义上的对话伦理学的增补原则才能获得其内容方面的含义。正如上文已经指出的那样，同样为了完成这一重构性社会科学的恒久任务，我们仍然需要将一条奠基性方法原则从对话伦理学的先验语用学奠基那里推导出来。

2.2.3 道德过渡策略中的危机处境的发展逻辑式重构及其对特殊的德国经验的可能应用

假如任何严肃的说理活动都像我们指出的那样（以简略的方式说就是：预期的理想的交往共同体之先天性和作为历史生成之结果的现实交往共同体之间的辩证张力）属于说理性对话的不可回避的在先结构，那么，它们同样也属于假设的历史之社会科学重构的预设。但是，出于这一事实，这一重构的方法论程序已经获得了一条调节性原则，而且，这条原则已经可以引出几条重要的结论，例如：一方面是对历史性学习过程的批判的—解释学（就此而言亦预设了一种内在合理性）再建构，另一方面是对这些过程或这些过程的病理学的外在的——因果性或功能性的——说明，这两种相互竞争的著名方法在方法论层面上的确切关系就是结论之一[109]。

首先要假设的是：重构的科学应当能够将其自身的必要预设（在说理对话之在先结构的意义上）理解为历史的可能的和事实的结果。关于这一点，我已经谈到了重构的科学的自我整合原则(Selbsteinholungsprinzip)[110]，我打算用这一原则，亦即作为一种科学史的最低程度的目的论的先验语用学假设的原则，来替代传统历史哲学的思辨—形而上学目的论原则。这里，在历史之因果和目的论的必然展开的意义上的未来预言要被在先验的层面上是必然的理想对话条件的反事实推定所取代。后者乃是一种历史的目的 (Telos der Geschichte)，

470

471

我们在道德的层面上假设了我们要逼近它，这在认知的层面上也是可能的，但在因果和／或目的论的层面上并不是必然的。

因为重构的科学之自我整合原则是直接从需要避免述行上的说理自相矛盾的先验语用学原则之中产生出来，那如此一来我们就拥有一种能够得到最终奠基的反向说理（Gegenargument），以反对几乎所有近代社会科学的外在阐释理论的还原主义倾向（参见本书第 435 页以下）。通过自我整合原则，而且是在其自身结果和与之相连的有效性要求的关切之中，这些理论遭到了限制，而这种限制得以实行的条件之一便是所有外在阐释都必须对其自身的内在合理性进行理解性再建构，这乃是一种学习过程。正如人们经常提到的那样，假如人们希望将合理性一般把握为经验对象，譬如一个可以被操作的行为配置，那么，将自身的合理性理解为一种历史性的学习过程的结果就是不可能的 [111]。人们必须假设重构的社会科学中的合理性是主体和客体（作为共—主体）共有的东西（库恩之后的关于科学逻辑和科学社会学的关系的争论——例如拉卡托斯的内在科学史比外在科学史在方法论层面上更具优先性的论点 [112]——便是富有意义的外在说明要求之方法论限制的例子。在关于精神分析的可能地位及其有效性要求的辩论中，一种非—自然主义—还原主义的大陆方法通过对拉康的接受似乎重又下降到了次要的位置上。与此相对的是，人类学习过程的结构发生之重构的皮亚杰—方案在美国成功限制了行为主义研究方案。就我们的问题语境而言，科尔伯格的道德意识阶段理论所展现的道德发展之认知方面的理性再建构的可能性是具有本质性意义的，因为它有能力限制对道德的相对主义—民族学“说明”和尼采式谱系学“说明”）。

借助前文中指出的、重构的科学之自我整合原则的内涵，我已经尝试勾勒出一个客观视域，亦即哲学伦理学和批判性社会科学的可能合作的视域：它使我们对“向后传统道德过渡”这一需要解决的问题的准确理解成为可能。凭借这样一种视域，当人们试图重构从古代伟大文明的“轴心时代”开始的有证据证明的进步与退步（与在文化革命的框架内完成这一过渡的尝试联系在一起）时，这样一个问题至少是能够被提出的。

比如说，这样一些问题可以在下面这种欧洲历史的框架内被提出：首先是公元前 5 世纪的希腊启蒙，之后是从古希腊的城邦伦理学概念到希腊化时期以及之后的罗马世界帝国的普世主义伦理学概念的过渡。斯多亚派哲学家和他们在罗马帝国时代的人文主义继承者（直至马可·奥勒留皇帝 [113]）在这种普世主义概念的框架内首次展现了一种对"内向道德"的普遍主义克服和在此背景下的自然权利与人权的理念。正是在这些哲学观念的影响下，福音的后传统元素才能够被教父们整合到基督教教义之中。而与基督教教会的胜利联系在一起的罗马帝国在政治和文化上的崩溃所提出的问题是：古代世界的世俗文化、世俗道德的倒退是否，或者在多大程度上是与"蛮族"征服者皈依基督教、接受文化洗礼这一事实紧密联系在一起的？至少下面这一事实是清楚的：到达了民族社会的第三阶段的日耳曼人和斯拉夫人第一次在初级程度上上升到了由国家和教会组织的社会的第四阶段，更不用说通过教会——首先是修道会，之后是经院神学和哲学——得以保留并不断被激活的后传统道德元素。尽管如此，这并没有改变下面这个事实：民众和封建贵族的支配性道德——《救世主》《尼伯龙根之歌》以及骑士史诗所宣扬的道德——仍然被烙上了第三阶段典型的忠诚道德的印记。

473

然而，整个中世纪的精神史——例如教会的奠基历史——以及延续着它的宗教改革运动的历史就被呈现为在精神的层面上逐渐超越传统道德的某些限制性特征的恒久尝试，不过，就这一方面而言，前启蒙的界限在通过区分信徒和非信徒或其他不同信仰者意义上的道德来不断取代传统内向道德的过程中仍然得到了标志。这里尤其需要提出的问题是：站在成功的道德学习过程和病态的道德学习过程的差异的立场上，诸如十字军东征、异端迫害（例如阿尔比战争）、猎巫之类的现象应当如何被重构？[114]

在接下来的近代时期，除了韦伯所研究的"新教伦理"的世俗化问题（和作为补充的拉丁国家中反宗教改革的耶稣会道德的世俗化问题）之外，首先值得考察的是绝对主义中的国家理性之形成以及与之相关的第四阶段的公职人员道德的形成（这里，人们应当能够观察到路德宗、加尔文宗、天主教色彩和人文主义—原型启蒙运动色彩间的重大差异）。最后需要重构的是在神学史、哲学史、人文主义史和自然权利史中预先形成的 18、19 世纪启蒙运动中的后传统道德预期；由此，正如我们在上文中已经指出的那样（参见第 432 页以下），除去对理论形成活动的重构之外，在"客观精神"的层面上——亦即在制度（其中包括劳动组织制度）和公共交往形式的层面上——对后传统道德之实现的成功和失败所进行的追问必须处在显著的位置上。之后，除去民族主义和帝国主义，与西方民主制的"前进式"发展和先前"德意志民族的神圣罗马帝国"的后继国家的延迟发展间的差异有关的问题就（再一次）变得重要起来了。

在这样一种重构背景下（虽然我只是针对可能的质疑做出了选择性的勾勒），我们就能够提出一个从德国视角看来相当有趣的问题，它针对的是与国家社会主义统治联系在一起的道德复归的根据或理由。在德国具有典型性的建立在虚无主义、相对主义、科学主义和还原主义基础上的启蒙危机（在道德的四又二分之一阶段的意义上）与第一次世界大战时期的社会、政治、经济危机的一致性也许就可以被理解为今天仍然延续着的人类青春期危机框架内的一个范例。

注 释

前言

[1] 参见卡尔—奥托·阿佩尔:《哲学的转化》(K.-O. Apel: *Transformation der Philosophie*, Frankfurt a. M.: Suhrkamp 1973, 358–436)。

[2] 这里亦可参见 W. 库尔曼的《反思性的最终奠基:先验语用学研究》(W. Kuhlmann: *Reflexive Letztbegruendung, Untersuchungen zur Transzendentalpragmatik*, Freiburg/Muenchen: Alber 1985) 和 D. 伯勒尔的《重构的语用学:从意识哲学到交往反思》(D. Boehler: *Rekonstruktive Pragmatik. Von der Bewusstseinsphilosophie zur Kommunikationsreflexion*, Frankfurt a.M.: Suhrkamp 1985);此外参见 W. 库尔曼和 D. 伯勒尔(编)的文章《交往与反思:先验语用学的对话》(W. Kuhlmann/D. Boehler(Hrsg.): *Kommunikation unde Reflexion. Zur Diskussion der Transzendentalpragmatik*, Frankfurt a.M.: Suhrkamp 1982) 和哈贝马斯的《道德意识与交往行动》(J. Habermas: *Moralbewusstsein und kommunikatives Handeln*, Frankfurt a.M.: Suhrkamp 1983) 以及阿佩尔、伯勒尔和库尔曼载于《广播课程:实践哲学与伦理学,对话》(*Funkkolleg: Praktische Philosophie/Ethik, Dialoge*, hrsg. v. Apel, Boehler und Kadelbach, Frankfurt a.M.:Fischer 1984, 2 Bde.) 的文章以及《研究文本》(*Studientexte*, hrsg. v. Apel, Boehler und Rebel, Weinheim/Basel: Beltz 1984, 3Bde.)。

[3] 参见阿佩尔,同上(注释1),第 429 页以下。

[4] 对此参见本书的倒数第二篇文章(即第十章——译注)。

[5] 参见黑格尔的《哲学史讲演录》(G.F.W.Hegel: *Vorlesungen ueber die Geschichte der Philosophie*, Theorie- Werkausgabe Suhrkamp, Frankfurt a.M. 1971, Bd. I, 486.)。

[6] 在此参见《语用学的转向——语言游戏的语用学还是先验语用学》(D. Boehler/ T. Nordenstam/G. Skirbekk (Hrsg.): *Die pragmatische Wende – Sprachspielpragmatik oder Transzendentalpragmatik*, Frankfurt a.M.: Suhrkamp 1986),尤其是 D. 伯勒尔和 V. Rossvaer 的文章。

[7] 文章出版的题目是,"道德之自身意识的衰败——机会还是危害?国家主义之后的德国实践哲学"(Zerstoerung des moralischen Selbstbewusstseins – Chane oder Gefahrdung? Praktische Philosophie in Deutschland nach dem Nationalsozialismus, hrgs. vom Forum fuer Philosophie Bad Homurg, Frankfurt a. M. 1988)。

第一章   我们时代的冲突与一种伦理—政治的基本导向之需要

[1]   此外参见 D.L. 麦德斯的《增长的极限》(Dennis L. Meadows: *Die Grenzen des Wachstums*, Stuttgart 1972) 以及梅萨罗维克和佩斯特尔:《处于转折点上的人类》(M. Mesarovic und E. Pestel: *Menschheit am Wendepunkt*, Stuttgart 1974)。

[2]   比如,在美国上次总统选举中以这种动机来传达普通民众声音的,不是麦戈文,而是尼克松,前者宣称要对财产进行再分配。

[3]   参见 H. 阿尔伯特:《批判理性论文集》,图宾根,1968 年,1969 年第二版,第 15 页。此外参见卡尔—奥托·阿佩尔:"先验语用学方面的哲学最终奠基问题 (对批判理性主义的一种元批判探究)"("Das Problem der philosophischen Letztbegruendung im Lichte einer transzendentalen Sprachpragmatik"in: B. Kantischeider (Hrsg.): *Sprache und Erkenntnis. Festschr. f. G. Frey*, Innsbruck 1976, 55–82)。

[4]   其实完全无须强调,批判"科学主义"的人必定不是反对科学的人——就如同曾驳斥"心理主义"的那位逻辑学家也不是反对心理学的人一样。

[5]   在此参见 J. 哈贝马斯和 N. 鲁曼 (Luhmann):《社会理论还是社会工艺学》,法兰克福,1971 年,尤其参见 J. 哈贝马斯:《晚期资本主义的合法化问题》,法兰克福,1973 年。

[6]   在此参见阿佩尔:"交往共同体的先天与伦理学的基础",载于阿佩尔:《哲学的转化》,第二卷,法兰克福,1973 年。

[7]   参见 J.R. 塞尔:《言语行为》,法兰克福,1971 年。我对此的评论参见"言语行为理论与伦理学规范的奠基",载于 K. 劳伦茨编的《体系还是立场:保罗·劳伦茨纪念文集》(K. Lorenz (Hrsg.): *Konstruktionen versus Positionen. Festschrift fuer Paul Lorenzen*, Berlin 1979, Bd.II, S. 37–107)。

[8]   为此参见我的单篇论文:"哲学在先验语用学方面的最终奠基问题",同上 (注释 3)。

第二章   作为伦理问题的人类处境

[1]   参见《康德全集》(Werke. Akdemie-Textausg., Bd. VIII , Berlin 1912/13 (photomechan. Abdruck 1968), S.115.)

[2]   自然法则与规范的理性原则之间的区分与类似已被康德,其后尤其被皮尔士所强调指出。在我看来,对人类行为普遍道德法则的 (单纯–科学主义的) 设定依据的是,将在历史积淀的人的类–本性意义上被物化的准–法则 (行为秉性) 混淆为充其量是作为合理化进程之结果反事实地推定的东西。参见阿佩尔:*Die 'Erklaeren: Verstehen'-Kontroverse in transzendentalpragmatischer Sicht*, Frankfurt a.M. 1979, S.233ff. u. 289ff.

[3]   从我的论文"交往共同体的先天与伦理学的基础" (in: *Transformation der Philosophie*, Frankfurt a.M. 1973, Bd. II , S.358–436) 发表以来,我一直尝试着对规范伦理学进行非演绎的最终奠基。在此参见前面阿佩尔、伯勒尔和库尔曼关于《实践哲学 / 伦理学》广播课程 (魏玛–巴塞尔1984) 的研究说明,以及 (尤其是) 库尔曼的"反思的最终奠基:有关说理处境的不可欺诈性之论点"("Reflexive Letztbegruendung. Zur These von der Unhintergehbarkeit der Argumentationssituation". In : *Zeitschr. fuer Philo. Forschung*, 35, S.3-26, und ders.: *Reflexive Letztbegruendung*, Freiburg 1985.)。

[4] 这个假设在我看来必然被任何一种非反思的真理理论所共享，它比真理共识论的假定更加无力，后者的出发点是，在相关标准逻辑意义上的"真理"概念只是通过建立在理想说理共同体之上的共识概念才能得到说明。但笔者与皮尔士和哈贝马斯一道认为，更严格的理论不依赖于伦理学的奠基。在此参见阿佩尔"皮尔士与后—塔斯基的真理"（"C.S. Peirce and Post-Tarskian Truth", in: *The Monist*, 63(1980), pp.386–407）以及（即将出版的）"皮尔士与哈贝马斯"（"C. S. Peirce's and J. Habermas'Consensus-Theory of Truth", in: *Transactions of the Peirce-Society*, XⅧ (1985), pp.3–17.）——甚至前面勾画的真理阐释（它具有先验语用学和调节性观念的特征）也不等于将真理还原到实际共识的可能后果，相反它却与想实行、但却在相关标准逻辑上无法表述的（塔斯基的或形而上学的）真理符合论解释相容。

[5] 参见阿佩尔的"何谓先验语用学？"（"Warum transzendentale Sprachpragmatik?", in H.M. Baumgartner (Hrsg.): *Prinzip Freiheit*, Freiburg/Muechen 1979, S.13–43.）。

[6] 这在我看来就是后期海德格尔精深的历史主义，甚至伽达默尔《真理与方法》的立场在今天的根本意义。

[7] 在此参见 K.-H. Ilting 的"康德的自然主义错误"（"Der naturalistische Fehlschluss bei Kant", in: M. Riedel (Hrsg.): *Rehabilitierung der praktischen Philosophie*, Freiburg 1972, S. 113–132）。

[8] 在我看来，理论理性和实践理性的规范统一性建立在（哈贝马斯作为人类话语条件来强调的）以下诸有效性诉求的不可分性之上：意义（或可理解性）、确实性、真理与（伦理学意义上的）正当性。这种不可分性的证明将思维行为在述行—命题上的双重结构或互补结构引证为交往的语言行为。参见哈贝马斯的"何谓普遍语用学？"（"Was heist Universalpragmatik?", in: K. -O. Apel (Hrsg.): Sprachpragmatik und Philosophie, Frankfurt a.M. 1976, S. 174–272.）以及阿佩尔的"对人类语言的逻辑—标识问题的两个示例性解答"（"Zwei pradigmatische Antworten auf die Frage nache der Logos-Auszeichnung der menschlichen Sprache", in: H. Luetzeler (Hrsg.): *Kulturwissenschaften*, Bonn 1980, S 13–68.）。

[9] 参见注释 8.

[10] 参见阿佩尔："言语行为理论与有关伦理规范问题的先验语用学"，载于：阿佩尔（编）：《语言语用学与哲学》，同上，以及"何谓先验的语用学"（warum transzendentale Sprachpragmatik），同上（参见注释 5）。

[11] 参见库尔曼，同上，注释 3。

[12] 参见阿尔贝特（H.Albert）的《先验的幻想》（*Transzendental Traeumereinen*, Hamburg 1975, S. 122ff.）。阿尔贝特似乎完全不理解，可错论一原则本身必然无限地应用于"批判合理性"之中，这会导致一个等于完全使这种看法本身免受可能批判的悖论。有关这个悖论的处理，参见库尔曼（同上，第八页，注释 7）。亦可参见阿佩尔的"可错论、真理共识论和最终论证"（"Fallibilismus, Konsenstheorie der Wahrheit und Letztbegruendung", in: Forum fuer Philosophie Bad Homburg(Hrsg.): *Philosophie und Begruendung*, Frankfurt a.M.1987.）。

[13] 所以我不回避得出这样的印象，即阿尔贝特坚持用持续批判的原则来替代"奠基思想"，其在心理学上权威的可信性标准就在于一种通过后一原则前者必然过时的隐秘—历史主义信念。这种信念显然强于对一种无限可错论之悖论的可能认识。但关于替代性地重构奠基思想史的可能性，参见阿佩尔的论文"奠基"（"Degruendung", in: H. Seiffert (Hrsg.): *Handlexikon der Wissenschaftstheorie*,

Muenchen 1981.)。

[14]   在此参见哈贝马斯和阿佩尔的文章，in Th. Geraets (Hrsg.): Rationality To-Day, Ottawa: University Press 1979.

[15]   在此参见阿佩尔的"交往共同体的先天"和"我们时代的冲突和一门伦理—政治的基本导向之需要"（"Die Konflikte unserer Zeit und das Erfordernis einer ethisch-politischen Grundorientierung" in: K.-O. Apel et alii (Hrsg.): *Reader zum Funkkolleg Praktische Philosophie/Ethik*, Frankfurt a. M.: Fischer, 1980, 267–291, in diesem Bd., S.15–41）。

[16]   此外，我在此还要提到 H.Luebbe 和 W. Becker 论民主理解的文章，其中合理和不合理的结论都在库尔曼的《实践哲学／伦理学》广播讲座的第 18 个研究文本（第 545–571 页）中得到了讨论。

[17]   盖伦的《道德与超道德》（A. Gehlen: *Moral und Hypermoral*, Frankfurt a. M. 1973, S. 151），引述了马施克在《法兰克福汇报》在 1980 年 10 月 7 日的文章。亦可参见阿佩尔广播讲座第 20 个研究文本（同上，第 623 页以下）。

[18]   在此参见伯勒尔（Boehler）在第 11 个研究文本（同上，第 344 页以下）中对"良心"一概念的讨论。

[19]   参见 H. Luebbe 的《后启蒙哲学》（*Philosophie nach der Aufklaerung*, Duesseldorf 1980, S. 179f., 183, 198f., 200f.）。

[20]   奥古斯丁的《上帝之城》（Der Gottesstaat, Muenchen/Paderborn/Wien 1978, IV , 4.）。

[21]   参见韦伯的"作为职业的政治"（"Politik als Beruf", in: *Gesammelte politische Schriften*, Tuebingen 1958.）。

[22]   我希望我正确地引述了哈耶克（Friedrich August von Hayek）的建议；否则我也很乐意做自我修正。

[23]   参见 John Maynard Smith 的《行为进化》（*The Evolution of Behavior*, in: Scientific American 239, 3(1978), pp.136–145）以及 W.Wickler 和 U. Seibt 的《自私的原则》（*Das Prinzip Eigennutz*, Hamburg 1977）中新近的民俗学成果的概述，同时参见 M.Stoeckler 的"一门新发展的伦理学？——关于道德哲学的社会学论文集"（"Eine neue evolutionaere Ethik? Der Beitrag der Soziobiologie zur Moralphilosophie." In: G. Frey (Hrsg.): *Der Mensch und die Wissenschaften vom Menschen*. Beitraege des XII . Deutschen Kongresses fuer Philosophie, Innsbruck: Solaris 1983 Bd. II , 621–629.)。

[24]   Wickler/Seibt, a.s.O., S.77f.

[25]   参见赫费的《人性策略》（O.Hoeffe: *Strategien der Humanitaet*, Erster Teil, Freiburg/Muenchen 1975）有关伦理学的决定论和策略博弈论文章的批判性讨论。

[26]   参见我对 Paul Grice 的意义理论的批判性讨论，载于 H.Parret/J. Bouveresse: *Meaning and understanding*, Berlin/New York 1981, pp. 91ff.

[27]   这在我看来就是从先验语用学上反思 P. Lorenzen 和 K. Lorenz 的《辩证逻辑学》（*Dialogische Logik*，Darmstadt 1978）萌发的效果。

[28]   参见 Wickler 和 Seibt（同上）以及 R. Dawkins 的《自私的基因》（*Das egoistische Gen*, Berlin/Heidelberg/New York 1978.)

第三章　康德、黑格尔与当前有关道德与权利的规范基础问题

[1]   尤其参见《精神现象学》（*Phaenomenologie des Geistes*, ed. J. Hoffmeistr, Hmberg

[6]1952, 63ff.）、《逻辑学》（*Wissenschaft der Logik*, ed. G. Lasson, Hamburg 1966, Bd. Ⅱ，496）、《哲学史讲演录》（*Vorlesungen ueber die Geschichte der Philosophie*, Bd. Ⅲ，Ausg. Glockner Bd. XⅨ, S.555ff.）以及《哲学全书》（*Enzyklopaedie*, 1830，§10，ed. Nicolin u. Poeggeler, 43ff.）。

[2]　在此，我遵循皮尔士在意义批判上的康德转向。参见我的著作《皮尔士的思想历程：美国实用主义导引》（*Der Denkweg von Charles S. Peirce: Eine Einfuehrung in den aerikanischen Pragmatismus*, Frankfurt 1975, bs. S 41ff.）以及"从康德到皮尔士：先验逻辑的符号学转向"（"Von Kant zu Pierce: Die semiotische Transformation der transzendentalen Logik", in: K.-O. Apel: *Transformation der Philosophie*, Frankfurt 1973 u. oe., Bd. Ⅱ, 157–177.）。

[3]　在我看来，就此而言我们可以承认，奎因（从杜威的经验主义—自然主义的转向溯及黑格尔）的"整体主义"原则是正确的。但是这个原则的表述本身却表明，"整体主义"无法消除源自实践的经验与哲学的原则之间的先验区分。

[4]　皮尔士已经在其精巧的唯名论—批判中阐明了从意义批判上为普遍—实在论（Universalien-Realismus）正名的必要性：要是没有对现今所需的语言概念之内在有效性要求的否定，我们就根本无法怀疑这些概念可能具有的实在性。但这并不意味着，我们——在柏拉图式的本质（Hypostasierung）意义上——就必定假设了这些概念的实存（Existenz）；而且这也不意味着，对于这种不受我们的理性构成之进展所影响的最终的本质—定义，其可能性我们可以进行假设。真正得到理解的普遍实在论能够与可错论（Fallibilismus）—原则协调一致，这对皮尔士来说首先在如下情形中得到表明，即我们根据（比如）在命题"这很困难"之中的一般概念（Allgemeinbegriffe??）的理解所产生的、有关规范导向的行为—倾向（Verhaltens-Disposition）（"习惯"），就无可置疑地是真实而且同时（在一种合理化进程的意义上）也是可修正的。——令人吃惊的是，在对黑格尔的《逻辑学》的阅读中总是会发现，从意义批判的思想方式上黑格尔与皮尔士非常接近。如此，（比如）最终的"实存概念"，除了皮尔士设定了概念在"行为习惯"中的普遍实现之外，别无二致（它所说的绝不是——被皮尔士驳斥的——柏拉图理念的实存）。但在黑格尔那里却缺乏对如下情况的考虑，即经验科学的进步也可能会有助于某些本质之物成为本质认识。

[5]　在我看来，康德不是从对认识（包括自身认识批判及其有效性诉求）的反思行为出发，反而可能是从将自在之物与认识的关系外在地客体化的理论态度（比如"感官刺激"）出发而说明或至少强烈地暗示的所有这些东西，都属于《纯粹理性批判》在二元论上的背景形而上学。与此相对，重要的是要理解这种批判的基本思想，使得认识——包括认识批判的反思——完全不会与实存的、不可认识的自在之物相关，而只与在实践的世界责任联系中能够有意义地加以认识的东西相关。——为此可参阅本人著作：《阐释与理解——先验语用学视野下的论争》（*Die 'Erklaeren: Verstehen' - Kontroverse in transzendental-Progmatischer Sicht*, Frankfurt 1979, insbesondere S.97ff, und S.319ff.）。

[6]　参见 Akademie-Textausgabe, Bd. Ⅷ, 366.

[7]　参见赫费：《伦理学与政治》（Ethik und Politik, Frankfurt 19779, 195–226）和"权利与道德：一种康德式问题剖析"（"Recht und Moral: ein kantischer Problemaufriss", in: *Neue Hefte fuer Philosophie*, 17 (1979, 1–36.）。

[8]　康德，同上，第366页。

[9]　比如参见"世界公民观点下的普遍历史观念"（"Idee zu einer allgemeinen Geschichte

in weltbuergerlicher Absicht" (1784), Akad.-Textausg., Bd. Ⅷ, 15.）

[10] 对此，参见安斯康姆的《意向》（G. E. M. Anscombe: *Intention*, Oxford 1957）以及莱特的《阐释与理解》（G. H. von Wright: *Erklaeren und Verstehen*, Frankfurt 1974.）。

[11] 为此，参见《阐释与理解》（G. H. von Wright: *Erklaeren und Verstehen*, a. a. O., Kap. Ⅱ）以及《因果关系与决定论》（*Causality and Determinism*, New York/London 1974），我的著作参见《阐释与理解——先验语用学视野下的论争》（*Die 'Erklaeren: Verstehen' - Kontroverse in transzendental-Progmatischer Sicht*, Frankfurt 1979, a. a. O., S.97ff）。

[12] 接下来我将涉及 1821 年的《法哲学原理》（*Grundlinien der Philosophie des Rechts*, Ausg. Frankfurt: Suhrkamp 1970.）。

[13] 当黑格尔重新使已存伦理作为亚里士多德意义上的"伦理学"对象而发挥作用的时候，他却不再将生产劳动的工作范围或财富领域与德性—政治的行动领域相区分，相反却首次将它看成自由的客观化，以及私有制中财产、教育和法律认定的基础。对此，参见 M. Riedel: *Studien zu Hegels Rechtsphilosophie*, Frankfurt 1970.

[14] 在这方面尤其参见：R. Doebert/J. Habermas/G. Nunner-Winkler (Hrsg.): *Entwicklung des Ich*, Koeln 1977.

[15] 参见《法哲学原理》的第 260 节："现代国家的原则具有这样一种惊人的力量和深度：它使主体性的原则完全成为独立的个人特殊性的极端，而同时又使它回复到实体性的统一，于是在主观性的原则本身之中保存着这个统一性。……新兴国家的本质在于，普遍物是同特殊性的完全自由和个人的福利相结合的，所以家庭和公民社会的利益必须集中于国家；但是，目的普遍性如果没有特殊性自身的知识和意志——特殊性必定持有其权利——就不能向前推进。"（同时参见第 261 节和 262 节的补充部分）

[16] 参见《法哲学原理》，第 321 节以下，以及第 330–340 节。

[17] 参见康德"论永久和平"（"Zum ewigen Frieden"，Akad._Textaus., S. 343–386, bs. 357, 360, 367.）。

[18] 参见康德的《单纯理性限度内的宗教》（Die Religion innerhalb der Grenzen der Blossen ernunft, Akad. Textausg. Bd. Ⅵ），尤其参见"第三章：善良原则对恶的胜利以及建立人类天国的基础"。康德用"德性观念的现实性"来明确地反对黑格尔的国家认同，其依据的是这句话："此外，由于美德义务与人类的整体种系相关，所以伦理学上所意指的本质概念总是涉及人类整体的观念，就此而言这个观念就不同于政治学上所意指的本质概念"（同上，第 96 页）。

[19] 参见黑格尔的《法哲学原理》，第 324 节，补充。

[20] 同上，第 333 节。

[21] 参见《历史哲学与世界公民之战》（H. Kesting: *Geschichtsphilosophie und Weltbuergerkrieg*, Heidelberg 2959.）。

[22] 参见《批判与危机》（H. Kesting, a.a. O., sowie R. Kosellick: *Kritk und Krise*, Freiburg/ Muenchen 1959 u. oe.）。

[23] 对此，参见哈贝马斯对皮亚杰—科尔伯格的道德意识"发展逻辑"的接受，（*Zur Rekonstruktion des Historischen Materialismus*, Frankfurt ²1976, 63–91），此外我试图将这些范畴用于精神史的重建（K.-O. Apel et alii: *Funkkolleg Praktische Philosophie/Ethik*, Studientexte, Bd 1, 1–5, Weinheim-Basel: Beltz, 1984.）。

[24] 参见黑格尔，同上第 24 页以及 1820 年《哲学全书》第三版第 6 节注释的解说。

[25] 在此得出的是这个著名的（总是被现代历史主义者兴奋地援引的）看法：哲
学（仅仅！）"在思想之中领会到时间"，因此"幻想某个哲学家超越其所在世
界"是愚蠢的（《法哲学原理》，导言，第 26 页）。当然，历史主义者也没有看
到，这种看法严格地说不仅与有规范要求的哲学矛盾，而且也与黑格尔自身的
思辨—理性的体系要求（它通过前述有关哲学本质的话表露出来）相对立。

[26] 参见黑格尔，同上，导言，第 27 页以下。

[27] 参见注释 24。

[28] 有关黑格尔死后 19 世纪思想的"变革性断裂"，参见洛维特的《从黑格尔
到尼采》（K. Loewith: *Von Hegel zu Nietzsche*, Stuttgart 1950.）以及伯勒尔
的《对马克思意识形态批判的元批判》（D. Boehler: *Metakritik der Marxschen
Ideologiekritik*, Frankfurt 1981.）。

[29] 参见我在《皮尔士的思想路径》（Der Denkweg von Charles S. Peircce, Frankfurt
1975, S. 11ff. und S. 354f.）中对美国实用主义所采用的框架性构想，

[30] 对此，参见波普尔对"道德未来主义"的批判，载于《历史主义的贫困》（*Das
Elend des Historizismus* Tuebingen ²1969）以及《开发世界及其敌人》（*Die offene
Gesellschaft und ihre Feinde*, Bd. Ⅱ, Bonn 1958, 12. Kap.）。

[31] 在《存在主义是一种人道主义》之中，萨特却与康德的普遍化原则联系起来，
在他将自身选择与人性的选择相提并论的时候。

[32] 为此，参见阿佩尔的《哲学的转化》（*Transformation der Philosophie*, Bd. Ⅱ,
Frankfurt 1976, 359ff.）以及《实践哲学与伦理学讲座辑本》（*Reader zum
Funkkolleg Praktische Philosophie/Ethik*, Frankfurt a.M.: Fischer, 1980, 267–291, in
diesem Band , S.15–51）

[33] 参见罗蒂的《自然之镜》（*Der Spiegel der Natur*, Frankfurt 1981）和《实用主义
的后果》（*Consequences of Pragmatism,* Brighton 1982.）

[34] 参见《精神科学导论》（E. Rothacker: *Einleitung in die Geisteswissenschaften*,
Tuebingen ²1930）。

[35] 参见《理解：19 世纪诠释学理论史入门》（J. Wach: *Das Verstehen, Grundzuege
einer Geschichte der hermeneutischen Theorie im 19. Jahrhundert*, Tuebingen 1926–
33），亦可参见伽达默尔的《真理与方法》（*Wahrheit und Methode*, Tuebingen
1960 u.oe., S. 162ff.）。

[36] 此外参见阿尔："交往共同体的先天与伦理学的基础"（"Das Apriori der
Kommunikationsgemeinschaft und die Grundlagen der Ethik", in: K.-O. Apel:
Transformation der Philosophie, Frankfurt a. M. 1973, Bd. Ⅱ, S.358–416.）、
"言语行为理论与有关伦理规范问题的先验语用学"（"Sprechakttheorie und
transzendentae Sprachpragmatik zur Frage ethischer Normen", in: Apel (Hrsg.):
Sprachpragmatik und Philosophie, Frankfurt 1976 10–173）、"先验语用学方面的
哲学最终奠基问题（对批判理性主义的一种元批判探究）"（"Das Problem der
philosophischen Letztbegruendung im Lichte einer transzendentalen Sprachpragmatik"
in: B. Kantischeider (Hrsg.): *Sprache und Erkenntnis. Festschr. fuer G. Frey,*
Innsbruck 1976, 55–82）和"何谓先验语用学？"（"Warum transzendentale
Sprachpragmatik?", in H.M. Baumgartner (Hrsg.): *Freiheit als praktisches Prinzip,*
Festschrift f. H. Krings, Freiburg/Muechen 1979, S.13–43.）

[37] 今天，关于最终奠基之不可能性这个命题最有影响的解释可能是依据这个理
由，即不仅是先验的奠基而且经验的奠基都必定总是在理论的方向上实行的，

而理论本身并不可能是最终的奠基。若将这种看法，即（就如费耶阿本德间接指出的）理论主义（Theoretizismus）取消了所有理解"理论"概念以及独立地核查理论的规范性标准这个看法，撇开不谈，那么直接能够论证的是，反思性地理解说理行为的意义及其中的有效性诉求，已经假定了一种理论（比如一种言语行为一理论）。——比较库尔曼的《反思性的最终奠基》（W. Kuhlmann: "Reflexive Letztbegruendung", in: Ztschr. f. Philos. Forschung, 35 (1981), 3–26.）。

[38] 这就是 B. Stroud 在其很有影响力的文章"先验论证"（"Transcendental Arguments", in: *Journal of Philosophy*, 65 (1968) 241–256.）中所要求的。

[39] 如此就可以作为对 Gethmann/R. Hegselmann 的"决定论与原教旨主义之间的奠基问题"（"Das Problem der Begruendung zwischen Dezisionismus und Fundamentalismus", in; Ztschr. f. allgem. Wissenschaftstheorie Ⅷ (1977), 342ff.）的暂时性回答。亦可参见库尔曼的《反思的最终奠基》，1985 年。

[40] 关于言语行为或明确语句的双重结构，参见哈贝马斯的"关于交往能力理论的预备性评论"（"Vorbereitende Bemerkungen zu einer Theorie der kommunikativen Kompetenz", in: J. Habermas/N. Luhmann: *Theorie der Gesellschaft oder Sozialtechnologie*, Frankfurt 1971, 101–41.）和阿佩尔的"人类语言的逻辑标记：言语行为理论的哲学相关性"（"Die Logosauszeichnung der menschlichen Sprache. Die philosophische Relevanz der Sprechakttheorie." In: H. -G. Bosshardt (Hrsg.): *Perspektiven auf Sprache*, Berlin/New York: de Gruyter, 1986, 45–87.）。

[41] 对此，参见哈贝马斯和阿佩尔的论文，载于 K. –O. Apel (Hrsg.): *Sprachpragmatik und Philosophie*, Frankfurt 1976.

[42] 对此，参见伊尔廷的"康德的自然主义谬误"（"Der naturalistische Fehlschluss bei Kant", in: Riedel (Hrsg.): *Rehabilitierung der praktischen Philosophie*, Bd. I, Freiburg: Rombach, 1972, 113–32）。

[43] 参见黑格尔《精神现象学》的第四章 A 部分："自身意识的依赖性和独立性；主人与奴隶。"

[44] 参见 Studieneinheit 20 des Funkkollegs *Praktische Philosophie/Ethik, Studientexte*, Weinheim/Basel 1984, Bd. Ⅱ, S. 606–34.

[45] 尤其参考黑格尔的"关于自然法的科学探讨方式，其在实践哲学中的地位以及其与实证法学的关系"，这里援引了删节的复印本，载于 R. Bittner/K. Cramer (Hrsg.): *Materialien zu Kants <Kritik der praktischen Vernunft>*, Frankfurt 1975, 327ff.

[46] 参见阿佩尔的"理想交往共同体的伦理学是一种乌托邦吗？"（"Ist die Ethik der idealen Kommunikationsgemeinschaft eine Utopie?", in: W. Vosskamp (Hrsg.): *Utopieforschung*, Stuttgart 1983, Bd. I, S. 325–55.）。

[47] 参见注释 28。

[48] 参见马库尔德的"黑格尔与应然"（"Hegel und das Sollen", in: ders.: *Schwierigkeiten mit der Geschichtsphilosophie*, Frankfurt 1973, 37–51.）。

第四章 后康德主义的道德立场能通过实体德性再得到扬弃吗？
——乌托邦与复归之间的对话伦理学在历史联系上的应用问题

[1] 对于这方向上的首次尝试，参见我对"为什么人类需要伦理学？"这个问题的回答，载于 *Funkkolleg Praktische Philosophie/Ethik* (Dialoge, hg. Von K.-O.Apel,

D.Boehler u. G. Kadelbach, Frankfurt a.M. 1984, Bd. Ⅰ, 49–162, 以及 Studientexte, hg. Von K.-O.Apel, D.Boehler u. K. Rebel, Weinheim/Basel 1984, Bd. Ⅰ, 13–156).

[2]　V. Hoesle, *Wahrheit und Geschichte*, Stuttgart-Bad Canstatt 1984.

[3]　关于乌托邦的思想史，目前可以参阅 W. Vosskamp 编的《乌托邦研究》 (*Utopieforschung*, 3 Baende, Stuttgart 1982)。(该书中被弱化的) 观念论及其通过 黑格尔 (而不是通过康德 "范导观念" 的哲学千年至福主义 [Chiliasmus]) 对 历史现实性 (表面上反乌托邦) 的 "扬弃" 却将其他情况下对不可或缺的乌托 邦理性的过分热情凸现出来，对此我希望通过 "乌托邦理性的批判" 的论文来 加以指明。可暂且参阅我在上述论文集中的文章 "理想交往共同体的伦理学是 一种乌托邦吗？论伦理学、乌托邦与乌托邦批判之间的关系" (a.a.O., Bd. Ⅰ, 325–355)。

[4]　参见黑格尔：《法哲学原理》第 185 节和第 260 节。

[5]　参见黑格尔：《法哲学原理》第 257 节以下，第 260 节以下，第 323 节以下；也 可参见论国家与良知关系的第 137 节。

[6]　有关科尔伯格的这个发展逻辑，参见其著作《道德发展的哲学：道德阶段与正 义观念》(*The Philosophy of Moral Development: Moral Stages and the Idea of Justice*, San Francisco: Harper & Row, 1981) 和《道德阶段：对评论家们的最近说明与回 应》(*Moral Stages: a Current Formulation and a Response to Critics*, Basel: Karper, 1983)；亦可参见本章注释 1 提到的文章。

[7]　G. Maschke 的评论参见 1980 年 10 月 7 日的《法兰克福汇报》。

[8]　此外，参见科尔伯格的《道德发展的哲学》，同上，第 37、272、296 页。

[9]　参见约纳斯的《责任原则》(*Das Prinzip Verantwortung*, Frankfurt a. M. 1979.) 以 及阿佩尔的《广播讲座》和《研究文本》(*Funkkolleg, Studientexte*, a.a. O., (s. Anm.1), 627ff.)。我对约纳斯的分析，参见本书第 179 页以下。

[10]　出处同上。

[11]　参见库尔曼的《反思的最终奠基：先验语用学研究》(*Reflexive Letztbegruendung. Untersuchungen zur Transzendentalpragmatik*, Freiburg/Muenchen 1985) 以及伯 勒尔的《重构性的语用学》(D. Boehler, *Rekonstruktive Pragmatik*, Frankfurt a. M. 1985, Ⅵ. Kapitel.)。

[12]　依我所见，甚至哈贝马斯在 "何谓普遍语用学" (载于：K.-O. Apel (Hrsg.): *Sprachpragmatik und Philosophie*, Frankfurt a.M. 1976) 以及在 "对话伦理学—— 一种论证程序的笔记" (载于 :ders., *Moralbewusstsein und kommunikatioves Handeln*, Frankfurt a.M. 1983) 中的立场也属于这里所列举的对一种最终论证之 不可能性的异议。但是，我认为，(比如) 哈贝马斯在 4 个或者 3 个普遍有效 性诉求及其原则上的对话—共识之可履现性意义上发现的说理—前提的经验核 查思想是不合适的；因为每一种可设想的经验核查 (Ueberprufung) 都必然设 想了这个前提。同样，对这个所谓前提之意义—理解的任何可设想的——无疑 总又是必然的——修正也是有效的。因此，这样一种修正 (Korrektur) 只有自 身—修正的特点，由此本质上区别于通过可能的外在曲解 (Falsifikation) 而来 的经验修正，比如区别于根据 "说母语人士" 判断广泛传播的正反例子的方法 而对语言学假定所作的修正。(看起来违反上述前提的) 哲学语句 (Saetze) 的 无效性尽管有语言上的标记，但对它的证明却不是经验上的，而只能通过反 思—先天地认识到这些可疑命题的进行—语用学的自相矛盾而透露出来。

　　现在，如果前提通过这个检查程序被证实是不可反驳的，那它就从先验语用学上最终被论证为这个不可欺的说理——即便是对怀疑论者来说，只要他在说理——的可能性和有效性的必要条件。此结果不会被这个不说理的（"坚定不渝的？"）怀疑论者加以探究，就如同它几乎同样不会在反对一种可能不同的理性过程中得到探究一样；因为两者要不是无法有意义地思考，就是像在经验核查和阐释修正的情况下一样，在设定了这种可能性的地方必定已经预设了我们对说理活动的理解及其必要前提。此外：哲学的最终论证的不可能性这个论点本身令人满意吗？为了令人满意，它不是必须——在阿尔贝特意义上——理解为自身适用的可错论——假定吗？但这样一种假定没有任何可讨论的（以波普尔的方式能够加以批判的）意义，因为它不会（比如）——像任何经验假定那样——让所带的可错地（Fallibilitaetvorbehalt）求助于更高的数学—科学理论的反思层面，而是必然——作为哲学上普遍的、自身反思命题——一同采取了这样的态度：它不是可靠的，所有东西都是不可靠的，前者甚至也是不可靠的，等等以至无穷（dass es nicht sicher ist, dass alles unsicher ist, und das erstere auch nicht usw.ad infinitum）。参见 W. 库尔曼：《反思的最终论证》，载于：*Ztschr. f. Philos. Forschung 35*, 3–6, 以及 K. 阿佩尔："可错论、真理共识论和最终论证"（"Fallibilismus, Konsenstheorie der Wahrheit und Letztbegruendung", in: Forum fuer Philosophie Bad Homburg(Hrsg.): *Philosophie und Begruendung*, Frankfurt a.M.1987, S.116–211.）。

[13]　柯林伍德、海德格尔、维特根斯坦和伽达默尔已取得的这个洞识，在塞尔的著作《意向性》（剑桥大学出版社 1983 年）的第五章（"背景"）中以新的形式作为理解语言意义的前提来使用。

[14]　参见阿佩尔的"在先验语用学方面的哲学最终奠基问题"（"Das Problem der philosophischen Letztbegruendung im Lichte einer transzendentalen Sprachpragmatik" in: B. Kantischeider (Hrsg.): *Sprache und Erkenntnis*, Innsbruck 1976, 55–82, ebd. 71ff.）。

[15]　从中就可以推导出阐释真理概念的一种共识—理论，它满足以下条件：

　　1. 它符合实在主义的真理符合论的基本直觉；

　　2. 它用一种（在皮尔士意义上的）语用学阐释来取代本体论—形而上学上不可能的、标准上不重要的关于真理的逻辑—语义学阐释，它把真理规定为一个自身修正的研究过程的调节性观念；

　　3. 它使"非正统的"真理观（比如现象学的明见性理论与真理融贯论）的统一成为可能。

　　参见阿佩尔的"皮尔士与后塔斯基的真理"（"C.S. Peirce and Post-Tarskian Truth", in E. Freeman (Hrsg.): *The Relevance of Charles Peirce*, The Hegeler Institute: La Salle/ Ⅲ ., 1983, 189–223.）和"可错论……"，同上，注释 12.

[16]　参见阿佩尔："何谓先验语用学？"（"Warum transzendentale Sprachpragmatik?", in H.M. Baumgartner (Hrsg.): *Prinzip Freiheit*, Freiburg/Muechen 1979, S.13–43.）。

[17]　这里参考了哈贝马斯《道德意识》（参见注释12），第 107 页。据我所知，在此哈贝马斯反复谈到一种早先已遵从的论证策略，大概通过如下思考步骤：

　　1. 前设：反驳怀疑论者的最终奠基必定不单单促使说理者信服，也有助于拒绝说理的怀疑论者相信。（如果这个"坚定不渝的怀疑论者"通过拒绝说理摆脱了先验语用学的反驳，那么他这样做本身也许不是策略性的，而是说他摆脱了先验语用学者的伎俩（Ueberlistung））。

　　2. 如果反驳这个不说理的怀疑论者——就此而言就是最终奠基——已不可

能，那么——在论及怀疑论者中——这种理论的证明仍是可能的，即在生活世界的交往行动层面上怀疑论者甚至在实践上会这样做，仿佛他承认了普遍的有效性诉求，由此也就是承认了德性诉求，除非他走向自杀或患上精神病。

3. 如此可知，对道德规范有效性的怀疑只是哲学家自造的伪问题，它不是通过说理对话层面的最终奠基，而是通过对生活世界的德性（黑格尔会说：是智者和苏格拉底面前出现的"无偏见的是制德性"）的（理论的）依赖才能加以"解决"的。

在我看来这个策勒出于如下理由是站不住脚的：

4. 步骤"1"所表达的前设是没有道理的（当然相对于先验哲学来说就是不公平的），此外与此相同的还有这个前设，即最终奠基——在责罚"决定论的残余问题"时——也必须为依据人的行为选择而"刻意强调"认知主义伦理学的原则而负责。

5. 在步骤"2"之中提到的、关于生活世界的交往行动的"重构"理论，我与哈贝马斯一道支持；但它不能替代，而是已预设了伦理学的最终奠基（更确切地说：即在生活世界的德性层面上所提出的言谈的普遍有效性诉求在原则上的可履现性（Einloesbarkeit）。也就是说，在先验语用学最终奠基这个前设之下实际上就产生了我所说的"自我整合原则"（selbstseinholungsprinzip）（参见注释31）意义上的、哈贝马斯"重构"理论的必要性。从避免语用学自相矛盾这个原则直接推导出的重构的科学原则，要求人类学和社会科学理论将（使得重构的科学得以可能的）说理条件的结构阐明为文化演变的可能结果。哈贝马斯的理论恰恰是这样做的。但它导致一个要取代先验语用学最终奠基的预期理由（petitio principii）；因为在马克斯·韦伯和尼采之后，鉴于当代的历史主义－相对主义首要要加以指明的恰恰是：所有生活世界的德性之（昨晚不可怀疑之现象的）普遍有效性－诉求，即便在"西方合理化进程""摆脱了"宗教－形而上学世界观之后，从原则上也是可履现的。在本研究主题的意义上人们可以将前哲学的生活世界之内交往行动对德性的奠基－依赖称为一种实体主义的错误结论。

6. 对"无偏见的实体德性"的这个依赖幻想尤其通过步骤"3"的不可靠性表现出来。我认为，哈贝马斯在这里不由自主地走向了一种前启蒙－德性的变形，它与其自身所采纳的科尔伯格式的传统和后传统道德概念甚至是不相容的：实际上在前启蒙－德性（它总具有传统的内向道德的特征）层面上无论是教条主义－意识形态的思想还是策略性的行动合理性——尽管它总寄生于与交往行动的关联之中——都不与共识－交往的理性割裂开来。正是生活世界德性之内的真正冲突，比如希腊悲剧表现出来的冲突，才走上了比如像人类的——从古代高度文明（雅斯贝尔斯）的"轴心时代"直至现代的启蒙与反启蒙——青春期危机这样的道路。我觉得：Herbert Marcuse 已经说对了，当他把维特根斯坦的想法，即通过参考据说无问题地起作用的日常语言和生活形式来"解决"（后传统的）哲学问题这个想法，描述为是在诱导这个"一维之人"的时候。现代的新亚里士多德主义之区别于形而上学传统的亚里士多德主义，恰恰在于或多或少有意识地采纳了维特根斯坦的想法。

[18]　参见阿佩尔：《道德规范之哲学最终奠基是否可应用于现实实践？》，载于：*Funkkolleg*(s.Anmi.1), *Dialoge*, Bd. Ⅱ , 123–146, *Studientexte*, Bd. Ⅱ , 606–634. 据我所知，这个设想与哈贝马斯相符，《道德意识》，引文同上。

[19]　参见注释13.

[20]　参见康德:《实践理性批判》，A113（in：Werke, Akademie-Textausgabe, Bd. V, 64）。黑格尔的评论，"论自然法的科学探讨方式"，（In：*Werke*, hrsg.von E.Moldenhauer u. K.M.Michel, Frankfurt a.M.1974, Bd. Ⅱ, 434ff.）。阿佩尔的评论见 *Funkkolleg*(s.Anm.16)。

[21]　参见《自由与理性》（R.M. Hare, *Freedom and Reason*, Oxford Univ. Press 1963. Kap. 9）。

[22]　哈贝马斯的"论道德与德性——使生活形式变成'合理的'是什么？"（"Ueber Moralitaet und Sittlichkeit – Was macht eine Lebensform 'rational'?", in: H. Schnaedelbach (Hrsg.), *Rationalitaet*, Frankfurt a.M. 1984, 218–235, deb.219）；亦可参见哈贝马斯的《道德意识》，第 75 页以下以及 103 页以下。

[23]　关于道德的相对适当性问题参见伊尔廷的"道德规范的有效性基础"（"Der Geltungsgrund moralischer Normen", in: W Kuhlmann/D. Boehler (Hrsg.), *Kommunikation und Reflexion*, Frankfurt a. M. 1982, 612–648 bs. 620ff.）。

[24]　参见雅斯贝斯的《论历史的起源与目标》（K. Jaspers, *Vom Ursprung und Ziel der Geschichte*, Frankfurt a. M./Hamburg 1955.）。

[25]　参见阿佩尔:"核时代的冲突处理作为一门责任伦理学问题"（"Konfliktregelung im Atomzeitalter als Problem einer Verantwortungsethik", in: H Werbik (Hrsg.), *Kriegwverhuetung im Atomzeitalter*, erscheint demnaechst）。

[26]　对此参见阿伦特的《行动的生活还是积极生活》（H. Arendt, *Vita active oder vom taetigen Leben*, Muenchen o. J., 214–217.）以及伯勒尔的"宇宙—理性与生活机智"（"Kosmos-Vernunft und Lebensklugheit", in: *Funkkolleg Praktische Philosophie/Ethik, Studientexte*, a.s.O., (. s. Anm. 1), Bd. Ⅱ, 356–395.）。

[27]　参见伯勒尔，同上，以及"批判的道德还是语用学的德性:'世界公民'社会还是'我们的'社会？"（a.a. O., Bd. Ⅱ, 845–888.）。

[28]　对此，参见 K.-O. Apel, *Die Erklaeren-Verstehen-Kontroverse in transzendentalpragmatischer Sicht*, Frankfurt a. M. 1979, 292ff.

[29]　参见我在 W.Oelmueller 所编的《先验哲学的规范奠基》（*Transzendentalphilosophische Normenbegruendungen*, Paderborn 1978, 160ff.）中的说明。

[30]　参见哈贝马斯:《现代的哲学对话》（*Der philosophische Diskurs der Moderne*, Frankfurt a.M. 1985）。

[31]　哈贝马斯:《道德意识》（*Moralbewusstsein*, 199ff.）。

[32]　参见阿佩尔:"康德、黑格尔与道德和权利的规范性基础的现实问题"，载于 D. 亨利希编:《康德抑或黑格尔》（*Kant oder Hegel*, Stuttgart 1983, 597–624, in diesem Band S. 69–102）。

[33]　参见 C.Gilligan/J.M. Murphy："Moral Development in Late Adolescence and Adulthodd; a Critique and Reconstruction of Kohlberg's Theory", in: *Human Development*, 1980, 159ff.

[34]　哈贝马斯:《道德意识》（*Moralbewusstsein*, 191ff.）

[35]　参见 C.Gilligan, *In a Different Voice*, Cambridge 1982.

[36]　在他以对话伦理学的方式用第七阶段对科尔伯格六个阶段的道德判断能力所作的增补之中（参见《论历史唯物主义的重建》，法兰克福，1976 年，第 83 页），哈贝马斯本人事实上已经解释了对话伦理学规范的应用条件。也就是说，他在第七阶段的"善的生活的意义"和"效用范围"这个栏目下的图表"道德意识的作用范围与阶段"中，列入了"道德自由与政治自由"或者"作为虚构的世

界社群成员的全部自由"这个说明。如果我们将这个说明理解为是对这个原则之应用条件的说明，那么就令人吃惊地表明了，它其实早已在第五阶段和第六阶段上得到了设定，简而言之就是，被设定为后传统的普遍主义原则道德的每一种应用。换言之，我们甚至可以在只是设定了第七阶段的应用条件的情况下，把理性的自然权利"对所有权利享有者 (Rechtsgenosse)"的效用和康德形式主义伦理学"对作为私人的所有人类"的效用，假定为是可以实现的（而康德在其短小的历史哲学论文中也已经看出这一点）。相反，在我所提到的政治 - 社会的现实性条件之下，就在所有后传统阶段上产生"心向伦理学"与"责任伦理学"之间区分与对立的（被马克斯·韦伯认识到的）原则问题。

[37]　W.Schluchter 甚至要求（从马克斯·韦伯以来）一种"在原则反思上"最高阶段的道德判断能力，参见 *Die Entwicklung des okzidentalen Rationalismus*, Tuebingen 1979, 68 u.71.

[38]　参见 O.Marquard, Abschied vom Prinzipiellen, Stuttgart 1981.

[39]　参见阿佩尔："交往共同体的先天与伦理学的基础"，载于：阿佩尔，《哲学的转化》(*Transformation der Philosophie*，Bd. Ⅱ, Frankfurt a.M. 1973, 358–436)。

[40]　同上。

[41]　参见 K.-H. Ilting(1982), 620ff.(s.Anm.21)。同时，阿佩尔"能够区分伦理理性与策略的目的合理性吗？"，载于：Archivio di Filosofia LI(1983), 375–343, ebd., 415ff. 在我看来，伊尔廷 (Ilting) 式论证的辩护者还忽略了理论的对话与实践的对话之间的本质区分：在前者那里，参与者事实上只是作为真理诉求的判断者而起作用，他本身不会使任何个人的需求发挥作用。（所以，皮尔士要求"研究共同体"的成员"听任于自身的"[self-surrender]。在他那里，这更多只是意味着正义意义上的一种有成见的态度！）相反，在实践对话之中，参与者决不会仅仅受对话伦理学本身的约束，而且同时还在对话伦理学层面上作为需求和利益——或作为其代表——的主体而起作用。因此，当纯粹理论对话的参与者仅仅假定，所有可想象的问题都只能通过说理来加以解决的时候，他们必定会从原则上取得符合原则 (U) 或 (Uⁿ) 的结果。在哲学最终奠基的对话中，这意味着，具体道德问题（质料规范的奠基）需要参照相关人的实践对话。在经验的自然科学或形式科学的对话之中，这意味着，完全不会考虑参与者的个人利益。

[42]　正统的康德主义者可能会坚持认为，我们的问题在康德意义上肯定是"单纯的""反思判断力"这样一个问题。因为看来它的确涉及，需要在一个（力求达到区分之消除的）调节性原则之下，对政治 - 社会的实在性与对话伦理学理想的应用条件之间相区分的处境进行判断。我会回答道："很好，但这里涉及的却是反思判断力在道德原则的哲学奠基层面上的一个应用问题。"

[43]　参见哈贝马斯：《交往行为理论》(*Theorie des kommunikativen Handelns*, Frankfurt a.M. 1981, Bd. Ⅰ, Kap. Ⅲ.) 以及阿佩尔，同注释41。

[44]　所以只有 O. Marquard 介绍了对话伦理学的应用，参见其文章 "Das Ueber-Wir: Bemerkungen zur Diskursethik", in: K.H.Stierle/R. Warning (Hrsg.), Das Gespraech, Poetik und Hermeneutik XI , Muenchen 1984.

[45]　关于对话类型的反思性区分，参见 D.Boehler 载于：Apel/Boehler/Rebel, Funkkollg (s.Anm.1), 331ff., sowie ders., (1985), Ⅵ . Kap.(s. Anm.11)。

[46]　参见阿佩尔："人类处境作为伦理学问题"，载于 G.Frey (Hrsg.) *Der Mensch und die Wissenschaften vom Menschen. Beitraege des* Ⅻ . *Deutschen Kongresses fuer*

Philosophie, Insbruck1983, 31–49(in diesem Band S.42–68).

[47] 它曾是黑格尔体系很少被理解的思辨前设，它以内在一贯性使得与未来相关的 19 世纪"实践"–哲学，即青年马克思的源马克思主义，克尔凯郭尔的源存在主义以及实用主义，起到反作用。(参见阿佩尔，《查尔斯·皮尔士的思想路径：美国实用主义哲学导论》，法兰克都，第一部分，第一章）我认为，这里所出现的原则区分，即过去所涉的、从理论上重构历史的问题与未来所涉的、伦理学导向的历史延续问题之间的区分，就是赫斯勒（Hoesle）所设定的、思辨地"扬弃"先验语用学立场的一个原则性困难：我们对这个区分不再能够持"绝对的立场"的看法。

第五章　后康德普遍主义在伦理学中对其现有误解的澄清

[1] 参见 Klaus W. Kempfer/Alexander Schwan 编：《西方政治文化的基础》(*Grundlagen der politischen Kultur des Westerns*, Berlin/New York: de Gruyter, 1987, 280–300)。

[2] 参见 K.-O. Apel/D.Boehler/G.Kadelbach 编：*Funkkolleg Praktische Philosophie/Ethik: Dialoge*, 2 Bde. Frankfurt a. M.: Fischer, 1984,　以 及 K.-O.Apel/D.Boehler/K.-H. Rebel 编：*Funkkolleg Praktische Philosophie/Ethik, Studientexte*, 3 Bde., Weinheim/ Basel: Beltz, 1984.

[3] 在此参见哈贝马斯："论道德与德性——使生活形式变成"合理的"是什么？" ("Ueber Moralitaet und Sittlichkeit – Was macht eine Lebensform 'rational'?", in: H. Schnaedelbach (Hrsg.), *Rationalitaet*, Frankfurt a.M. 1984, 218–235, deb.219)。

[4] 参见 Luc Ferry/Alain Renaut: *La Pensée 68*, Paris:Gallimard, 1985.

[5] 参见哈贝马斯：《现代哲学对话》，法兰克都：苏尔坎普 1985，以及阿佩尔：《整体理性批判的挑战与哲学合理性类型的理论纲要》，载于 Concordia 11 (1987), 2–23。

[6] 参见 H.Schnaedelbach："何谓新亚里士多德主义？"，载于 W. Kuhlmann 编：《道德与德性》，法兰克福：苏尔坎普 1986 年，第 38–63 页。

[7] 奥多·马库尔德："超越–我们：对话伦理学评论"，载于 Karlheinz Stierle/Rainer Warning (Hrsg.): *Das Gespraech, Poetik und Hermeneutik* XI , Muenchen: Fink, 1984.

[8] 同上，第 36 页。

[9] 马库尔德：《历史哲学的困境》，法兰克福：苏尔坎普 1982 年，第 13 页。

[10] 参见罗蒂：《实用主义的后果》(*Consequences of Pragmatism*, Brighton, Sussex: The Harvester Press, 1982)。

[11] 同上，第 47 页以下，以及："Le cosmopolitisme sans émancipation (en résponse à Jean-François Lyotard)"，载于《批判》(*Critique*), 456 (1985), 569ff.。在此也可参考我的批判性讨论"回归性? ……"见本书（第 370 页以下）。

[12] 同上。我认为，利奥塔有权在其回复（出处同上，第 582 页）中指出，罗蒂所用修辞的关键词"说客"（persuader）和"劝服"（persuasion）是有歧义的，因为它们与纯粹说理的确信不同，并不排除"狡猾的、精神暴力"(la ruse, la violence mentale)。在此，利奥塔没有认识到，在各种不同、不可通约的语言游戏之中，只有"说理对话"（哲学的语言游戏必须参与其中，尽管存在各种范式差异）才为诸多说法不一的有效性诉求提供非暴力地构成共识的普遍规则和标准。换言之：为了指示出解答合法性问题的程序原则，不需要任何形而上学（比如历史哲学的）"元叙事"。

[13]　参见马库尔德:《超越－我们》,同上(注释9),第30页以下。

[14]　参见 Luc Ferry/Alain Renaut: La Pensée68, a.a.O.(s. Anm.4), 45.

[15]　参见阿佩尔"康德、黑格尔与道德和权利的规范性基础的现实问题",载于 D. 亨利希编:《康德抑或黑格尔》(*Kant oder Hegel*, Stuttgart 1983, 597–624, in diesem Band S. 69–102)

[16]　参见 K.-H. Ilting:"康德的自然主义谬误"("Der naturalistische Fehlschluss bei Kant", in: Riedel (Hrsg.): *Rehabilitierung der praktischen Philosophie*, Bd. I, Freiburg: Rombach, 1972, 113–32)。

[17]　H.und G. Boehme:《理性的他者:以康德为范例论合理性结构的发展》(*Das Andere der Vernunft. Zur Entwicklung von Rationalitaetsstrukturen am Beispiel Kants*, Frankfurt a. M.: Suhrkamp, 1983)。

[18]　关于西方思想的互补性系统,参见阿佩尔:《哲学的转化》(*Transformation der Philosophie*, Frankfurt a.M.: Suhrkamp, 1973, Bd. II, 370ff.) 以及"我们时代的冲突与伦理－政治的基本导向之需要",载于阿佩尔等(编):《实践哲学与伦理学讲座辑本》(*Reader zum Funkkolleg Praktische Philosophie/Ethik*, Frankfurt a.M.: Fischer, 1980, 267–291, in diesem Band , S.15–41)。

[19]　L. 科尔伯格:《道德发展的哲学》(*The Philosophy of Moral Development*, San Francisco: Harper & Row, 1981)。此外参见阿佩尔:《交往伦理学的先验语用学奠基与最高阶段的道德意识发展逻辑的问题》,载于 *Archivio di Filosofia*(1986), 107–157 (in diesem Band, S.306–69).

[20]　约纳斯:《责任原则》(*Das Prinzip Verantwortung*, Frankfurt a.M.: Insel-Verlag, 1979)。此外参见阿佩尔:"今天的责任——只是人性保护与自身界定的原则抑或仍是人性解放和发展的原则?"("Verantwortung heute –nur noch Prinzip der Bewahrung und Selbstbeschraenkung oder immer noch der Befreiung und Verwirklung von Humanitaet?"),载于迈尔和米勒(Thomas Meyer/S. Miller)编:《未来－伦理学与工业社会》(Zukunfts-Ethik und Industriegesellschaft, Muenchen: Schweitzer, 1986, 15–40, in diesem Band, S.179–216)。

[21]　参见阿佩尔:《A. 盖伦的"制度哲学"与语言的元制度》,载于阿佩尔《哲学的转化》(*Transformation der Philsophie*), Bd. I, a.a.O. (s. Anm.18), 197–222, 以及阿佩尔:"为什么人需要伦理学?"("Weshalb benoetigt der Mensch Ethik?"),载于阿佩尔等编:《实践哲学与伦理学广播讲座》(*Funkkolleg Praktische Philosophie/Ethik: Dialoge*, a.a.O.(S.Anm. 2) Bd.I, 19–162; Studientexte, a.a.O.(s. Anm. 2), Bd. I , 13–156.)。

[22]　参见阿佩尔同上 (*Dialoge* Bd. II , 123ff.; *Studientexte*, Bd. II , 606ff.)。

[23]　有关这个对话同上 (*Dialoge* Bd. I , 137ff.) 以及我的评论 (*Studientexte*, Bd. I , 145ff.)。

[24]　比较麦金泰尔:"道德哲学:嗣后呢?"("Moral Philosophy: What Next?"),载于 S. Hauerwas 和 A.MacIntyre 编:《修订稿:道德哲学的演变视角》(*Revision: Changing Perspectives in Moral Philosophy*, University of Notre Dame, Scranton: Harper&Row, 1983)。

[25]　这就如 J.G. 费希特和当代的赫曼·科林斯 (Hermann Krings)。在此参见 M.Baumgartner (hrsg.): Prinzip Freiheit, Freiburg/Muenchen: Alber, 1979。

[26]　在此参见阿佩尔:"交往共同体的先天与伦理学的基础"("Das Apriori der Kommunikationsgemeinschaft und die Grundlagen der Ethik"),载于阿佩尔:《哲

学 的 转 化 》，(*Transformation der Philosophie*, a.a.O.(s.Anm.18), Bd. Ⅱ , 358–436)；此外参见W . Kuhlmann：《反思的最终奠基：先验语用学研究》(*Reflexive Letztbegruendung. Untersuchungen zur Transzendentalpragmatik*, Freiburg/ Muenchen: Alber, 1985, Kap.5) 和 D. Boehler的《重构的语用学》(Rekonstruktive Progmatik, Frankfurt a.M., 1985, Ⅵ , Kap.)

[27]   参见约翰·罗尔斯（J. Rawls）：《正义论》(*Eine Theorie der Gerechtigkeit*, Frankfurt a.M.: Suhrkamp, 1979)。

[28]   我对罗蒂的讨论，参见 "回归性？"，本书第 393 页以下。

[29]   参见哈贝马斯：《交往行动理论》(Theorie des kommunikativen Handelns, ³1985, Bd. Ⅰ .1. Zwischenbetrachtung)，以及阿佩尔："伦理理性能够与策略的目的合理性相区分吗？"("Laesst sich ethische vernunft von strategischer Zweckrationalitaet unterscheiden?", in Archivio di filosofia, LI(1983), 375–343)（重印载于 W. van Reijen 和 K.-O. Apel 编：《合理性行动与社会理论》，Bochum: Germinal-Verlag, 1984, 23–80)。

[30]   阿佩尔："当今之责任"，同上注释 20，参见本书，第 179–216；阿佩尔："核时代的冲突解决作为一门责任伦理学的问题"，参见本书，第 247–269 页。

第六章   今天的责任——仅是人性的保护与自制的原则抑或仍是人性的解放与实现的原则？

[1]   约纳斯：《责任原则：对技术文明的伦理学探究》(*Das Prinzip der Verantwortung. Versuch einer Ethik fuer die technologische Zivilisation*, Frankfurt a. M. 1979)。

[2]   麦德斯等：《增长的极限》(Dennis L. Meadows u. a.: *Die Grenzen des Wachstums*, Stuttgart. 1972) 和《全球的均衡》(Das globale Gleichgewicht, Stuttgart 1974)；与此相关的是 Willem L.Oltmans 的《〈增长的极限〉利与弊、评论》(*»Die Grenzen des Wachstums« Pro und Contra, Interviews*, Hamburg 1974)；梅萨罗维克和佩斯特尔：《处于转折点上的人类》(Mihailo Mesarovic/Eduard Pestel:*Menschheit am Wendepunkt, 2. Bericht an den Club of Rome zur Weltage*, Stuttgart 1974)；《2000 年全球元首报告》(*Global 2000. Der Bericht an den Praesidenten*, Frankfurt a.M. 1980)。

[3]   在 此 参 见 Max-Planck-Gesellschaft Muenchen（编）：《责 任 与 科 学 伦 理 学》 (*Verantwortung und Ethik in der Wissenschaft*, Muenchen 1984)；Elisabeth Stroecker （编）：《科学伦理学？》(*Ethik der Wissenschaft?*, Muenchen/Paderborn/Wien/Zuerich 1984)；R. Floehl（编）：《基因研究——惩罚还是恩赐？》(*Genforschung – Fluch oder Segen?*, Muenchen 1985)；Hans Boechler-Stiftung（编）：《生 物 技 术：关键技术的控制或可控性》(*Biotechnologie. Herrschaft oder Beherrschbarkeit einer Schluesseltechnologie*, Muechen 1985)；约纳斯：《技术、医学与伦理学：责任原则的实践》(*Technik, Medizin und Ethik. Zur Praxis des Prinzip Verantwortung*, Frankfurt a. M. 1985)。

[4]   Wolfgang Harich 其著作《无增长的共产主义》(*Kommunismus ohne Wachstum. Babeuf und der "Club of Rome"*, Hamburg 1975) 中尤其令人吃惊地指出了传统的马克思主义背景下生态危机问题的新型性。亦可参见 W.L. Oltmans (1974)。

[5]   约纳斯在提出问题这个部分彻底地遭遇到 W.Harich（1975）。后者相信马克思主义对技术的匿名权力有更强的计划能力和控制能力，但约纳斯对此却不能区分开（同上第 256 页以下："是马克思主义还是资本主义能够更好地应对风

险?")

[6]　如果这里涉及对哈耶克观点的错误解释,那么它仍可归结为一种逻辑上可能的
　　　立场,今天这个立场可能更会被许多严格限制自身生活标准的富裕工业国家居
　　　民所喜欢。这甚至与对第三国定期的大量粮食馈赠一个道理,因为就如其中所
　　　表明的,这恰是一点也不利于自助。

[7]　在此参见哈贝马斯:《现代哲学对话》(Der philosophistische Diskurs der Moderne
　　　Frankfurt a.M. 1985)。

[8]　参见 I.Fetscher:"新保守主义的矛盾"("Widerspueche im Neokonservatismus",
　　　in: *Merkur*, 2/1980);E.Eppler:《脱险之路》(*Wege aus der Gefahr*, Reinbek 1981,
　　　bs. S.101ff.);哈贝马斯:《新的无际性》(*Die neue Unuebersichtlichkeit*, Frankfurt
　　　a.M. 1985)。

[9]　参见 E.Eppler:《终点抑或转折》(Ende oder Wende, Stuttgart 1975, S 34ff.)。

[10]　参见约纳斯,同上,尤其第三章和第四章。

[11]　在此参见 H.Schnaedelbach 和阿佩尔的文章,载于 W.Kuhlmann 编:《道德与德
　　　性》(*Moralitaet und Sittlichkeit*, Frankfurt a.M. 1985)。

[12]　对一门全球的后传统宏观伦理学之辩护,参见 Dietrich Boehler 和阿佩尔的文
　　　章,载于 Apel/Boehler/Kadelbach (Hrsg.) :Funkkolleg: Praktische Philosophie/Ethik,
　　　Dialoge, 2 Bde., Frankfurt a.M. 1984, 以 及 Apel/Boehler/Rebel(Hrsg.): Funkkolleg:
　　　Praktische Philosophie/Ethik, Studientexte, 3 Bde. Weinheim/Basel 1984.

[13]　阿诺德·盖伦:《道德与超道德》(*Moral und Hypermoral*, Frankfurt a. M. 1973,
　　　S.151)。

[14]　参见科尔伯格:《论儿童认知的发展》(*Zur kognitiven Entwicklung des
　　　Kindes*, Frankfurt a.M. 1974) 以及《道德发展的哲学:道德阶段与正
　　　义观念》(*The Philosophy of Moral Development. Moral Stages and the
　　　Idea of Justice*, San Francisco: Harper& Row, 1981)。同时参见哈贝马
　　　斯:《历史唯物主义的重建》的第二和第三章,以及《道德意识与交往行
　　　动》的第二和第四章 (*Moralbewusstsein und kommunikatives Handeln*,
　　　Frankfurt a.M. 1983)。

[15]　朋霍费尔:《反抗与屈从:监禁下的书信和笔记》(*Widerstand und Ergebung.
　　　Briefe und Aufzeichnungen aus der Haft*, Muenchen [11]1962, S.13ff.)。此外参见伯
　　　勒:"批判的道德还是实用的德性,'世界公民'的社会还是'我们'的社会?"
　　　("Kritische Moral oder pragmatische Sittlichkeit, 'weltbuergerliche' Gesellschaft
　　　oder 'unsere' Gesellschaft?", in: *Funkkolleg..., Studientexte*, a.a.O., Bd. Ⅲ ,
　　　bs.881ff.)

[16]　在此参见阿佩尔文章,载于 *Funkkolleg..., Dialoge*, a.a. O., Bd. Ⅰ , S.70ff.,
　　　Studientexte, a.a.O., Bd. Ⅰ .S.42ff.

[17]　在此更确切地参见阿佩尔文章,载于 *Funkkolleg..., Dialoge*, a.a. O., Bd. Ⅰ ,
　　　S.113ff., *Studientexte*, a.a.O., Bd. Ⅰ , S.84ff. u. S.110ff.

[18]　尤其参见 L. Kohlberg(1981), Part Ⅱ .

[19]　参见注释11、12 和 14 所给的文献。

[20]　参见科尔伯格:《道德阶段:当前规划与对批评家的反应》(*Moral Stages: A
　　　current Formulation and a Response to Critics*, Basel: Karger, 1983, S. 155ff.)。

[21]　我认为,皮亚杰和科尔伯格的"结构主义"开端并没有超过这个原则。

[22]　在此参见我过去一直试图在对话伦理学的意义上表达的责任原则,载于

Funkkolleg..., Dialoge, a.a. O., Bd. Ⅱ, S.123ff.; *Studientexte,* a.a.O., Bd. Ⅱ, S.606ff., sowie in Kuhlmann(Hrsg.)(s.Anm.11).

[23]　但倒不如说，康德通过断言明见的"理性事实"中止了对道德法则的有效性的奠基。在此参见阿佩尔：《哲学的转化》，(*Transformation der Philosophie,* Frankfurt a.M. 1973, Bd. Ⅱ, S. 417ff. und ders. In *Funkkolleg, Studientexte,* a.a. O., Bd. Ⅰ, S.127ff.)

[24]　在此参见阿佩尔：《哲学的转化》(*Transformation der Philosophie,* Frankfurt a.M. 1973, Bd. Ⅱ, 2. Teil: "Das Apriori der Kommunikationsgemeinschaft")、D.Boehler《重建语用学：从意识哲学到交往反思》(*Rekonstruktiver Pragmatik. Von der Bewusstseinsphilosophie zur Kommunikationsreflexion,* Frankfurt a. M. 1985) 以及 W.Kuhlmann《反思的最终奠基：先验语用学研究》(*Reflexive Letztbegruendung. Untersuchungen zur Transzendentalpragmatik,* Freiburg/Muenchen 1985, sowie die Beitraege von Apel, Boehler und Kuhmann zum Funkkolleg…, a.a.O.)。

[25]　有关"人类话语的普遍有效性诉求"亦可参见哈贝马斯的《交往行动理论》(*Theorie des kommunikative Handelns,* Frankfurt a.M. 1981, Bd. Ⅰ, Kap. Ⅲ) 和《关于交往行动理论的试作与增补》(*Vorstudien und Ergaenzungen zur Theorie des kommunikativen Handelns,* Frankfurt a.M., 1984, S.127ff. und S.353ff.)。

[26]　参见普特南："意义的意义"(H.Putnam: "The Meaning of Meaning", in ders.: *Philosophical Papers,* vol. 2, Cambridge University Press, 1975, pp.215–71.)。

[27]　参见 *Funkkolleg..., Dialoge,* a.a. O., S.113ff. *Studientexte,* a.a.O., S.130ff.

[28]　我认为，人们不应由于参考了在实践上总归无法判定的、有关现行生活方式的"习惯"，而试图消除哲学思考的合理性，亦即今天可能反思到的、对"青春期危机"的传统规范进行世界疏离与质疑的合理性。这些习惯如今甚至不再根据反思而被承认为是有约束力的，因为它们在本身所要求的责任伦理学意义上早就被看成是不充分的了。

[29]　据我所知，这首先被皮尔士，后来也被卡尔·波普尔认识到。参见阿佩尔《查尔斯·皮尔士的思想路径：美国实用主义导论》(*Der Denkweg von Charles Perirce. Eine Einfuehrung in den amerikanischen Pragmatismus,* Frankfurt a.M. 1975)。

[30]　这种纯粹游戏地，亦即不严肃地提出问题的情况，从经验上看如果对人类学习和科学是极其重要的话，那么在我看来，它只能作为"不充分的方法"，亦即作为意义逻辑上依赖于（"寄生于"）严肃"负责任地"提问的情况而得到理解。对此，海德格尔已经有所觉察，当他将提问作为"思想的虔敬"来谈论之时。

[31]　这种看法我们应该就怀疑论者和相对论者实际的（等于"现时的"）说理活动来核查！

[32]　这蕴含着一个比传统真理符合－论更强的共识论的观点，前者仅仅意味着，与事实相符的看法因此也完全是主体间有效的。这个传统的想法没有遭到否定，却还做如下断言：为了能够将我们可用的（总被看作是不充分的）真理－标准（一致性、相干性、语用的丰富性等等的现象学明见性）运用到语言的世界－阐释上去，我们需要在无限的理想交往共同体中有关对话的共识构成的（语用学研究上重要的）调节性观念。这样一种真理理论不同于传统的符合论，不仅是方法论－唯我论导向的，而且由此也同时是伦理学上重要的。参见我对皮尔士与哈贝马斯真理符合论的比较，载于"皮尔士与后－塔斯基的真理"("C. S. Peirce and Post-Tarskian Truth", in E. Freeman(ed.): *The Relevance of Charles Peirce,* The Hegeler Institute: La Salle/ Ⅲ., 1983, 189–223.)。

[33]　暂时可参见阿佩尔：“理想交往共同体的伦理学是乌托邦吗？论伦理学、乌托邦和乌托邦批判的关系”（"Ist die Ethik der idealen Kommunikationsgemeinschaft eine Utopie? Zum Verhaeltnis von Ethik, Utopie und Utopiekritik", in W. Vosskmap(Hrsg.): *Utopieforschung*, 3 Bde., Stuttgart 1982 und Frankfurt a.M. 1985, Bd. I , S.325–355）。

[34]　在此参见赫费的《人性的策略》（O. Hoeffe: *Strategien der Humanitaet*, Muenchen 1975）以及阿佩尔的“能够区分策略合理性的伦理理性吗？”（"Laesst sich ethische Vernunft von strategischer Zweckrationalitaet unterscheiden?", in W. Van Reijen/K.-O. Apel(Hrsg.): *Rationales Handeln und Gesellschaftstheorie*, Bochum 1984, 23–80）。

[35]　参见哈贝马斯有关最高道德原则的（康德式）独白型和（对话伦理学的）对话型之区分，载于《历史唯物主义的重建》（*Rekonstruktion des historischen Materialismus*, Frankfurt a.M., S.84f.）。

[36]　这是对贝克尔的《我们所要的自由：自由民主的抉择》（W. Becker: *Die Freiheit, die wir meinen. Entscheidung fuer die liberale Demokratie*, Muenchen 1982）的回答。

[37]　参见康德：《道德形而上学奠基》（*Grundlegung zur Metaphysik der Sitten. Vorrede*）。

[38]　参见阿佩尔文章，载于 *Funkkolleg..., Dialoge*, a.a. O., Bd. II , S.123ff., *Studientexte*, a.a.O., Bd. II , S.613ff.

[39]　参见 R. Spaemann 的“自然的技术干涉作为政治伦理学问题”（"Technische Eingriffe in die Natur als Problem der politischen Ethik", in Scheidewege, Jg. 9(1979), 476–497）。有关 G.Skirbekk, R. Spaemann 和 D. Boehler 的讨论参见 *Funkkolleg..., Dialoge, a.a. O.*, Bd. I , S.403ff. 。Spemann 的讨论参见 *Funkkolleg..., Studientexte*, a.a.O., Bd.2, S.470ff.

[40]　参见阿佩尔的“核时代的冲突处理作为责任伦理学问题”（"Konfliktloesung im Atomzeitalter als Problem einer Verantwortungsethik", in diesem Bd. S. 247–269）。

[41]　关于这个“实际困难”问题，参见《脱险之路》（E.Eppler: *Wege aus der Gefahr*, Reinbek 1981, Kap. II ）。

[42]　W.Becker 的《和平的论争》（Der Streit um den Frieden, Muenchen/Zurich 1984）。

第七章　普遍主义对话伦理学视野中体育的伦理学意义

[1]　比如参见我如下文章：(1)“交往共同体的先天与伦理学的基础”（"Das Apriori der Kommunikationsgemeinschaft und die Grundlagen der Ethik", in: K.-O. Apel: *Transformation der Philosophie*, Frankfurt a.M. 1973, Bd.II）；(2)“语言行为理论与伦理规范问题的先验语用学”（"Sprechakttheorie und transzendentall Sprachpragmatik zur Frage ethischer Normen", in: K.-O. Apel (Hrsg.): *Sprachpragmatik und Philosophie*, Frankfurt a.M. 1976）；(3)“作为伦理问题的人类处境”（"Die Situation des Menschen als ethisches Problem", in: G. Frey (Hrsg.): *Der Mensch und die Wissenschaften vom Menschen. Beitraege des XII . Deutschen Kongresses fuer Philosophie*, Innsbruck 1983(in diesem Bd. S.42–68); auch in: *Zeitschrift f. Paedagogik*, 28(1982), 677–93）；(4)“科学时代的责任伦理学奠基问题”（"Das Problem der Begruendung einer Verantwortungsethik im Zeitalter

der Wissenschaft", in: E. Braun (Hrsg.): *Wissenschaft und Ethik,* Frankfurt a.M. 1986, 11–52); (5)"对话伦理学的界限?"("Grenzen der Diskursethik?", in: *Zeitschr. f. Philos. Forschung,* 40(1986), 3–31); (6)"交往伦理学的先验语用学奠基与最高阶段的道德意识演化逻辑的问题"("Die transzendentalpragmatische Begruendung der Kommunikationsethik und das Problem der hoechsten Stufe einer Entwicklungslogik des moralischen Bewusstseins", in: *Archivio di Filosofia,* LIV (1986), 107–157, in diesem Bd. S.306–368); (7)"后康德的道德立场能再次通过实质德性得到'扬弃'吗?——乌托邦与复归之间的对话伦理学在历史关联上的应用问题"("Kann der postkantische Standpunkt der Moralitaet noch einmal in substantielle Sittlichkeit 'aufgehoben' warden? Das geschichtsbezogene Anwendungsproblem der Diskursethik zwischen Utopie und Regresseion", in: W. Kuhlmann (Hrsg.): *Moralitaet und Sittlichkeit,* Frankfurt a.M. 1986, 217–64, in diesem Bd. S.103–153)。亦可参考阿佩尔和库尔曼的论文集, 载于 *Funkkolleg Praktische Philosophie/Ethik, Dialoge,* 2 Bde., Frankfurt a.M. 1984, 以及 *Studientexte,* 3Bde., Weinheim/Basel 1984.

[2]   同上 (Ebd., *Dialoge* und *Studientexte,* Studieneinheit 20.)。

[3]   参见哈贝马斯的"论道德与德性——什么使生活方式变得'合理'?"("Was macht eine Lebensform 'rational'?", in: H. Schaedelbach (Hrsg.): *Rationalitaet,* Frankfurt a.M. 1984) 和"道德与德性: 黑格尔对康德的质疑适用于对话伦理学吗?"("Moralitaet und Sittlichkeit. Treffen Hegels Einwaende gegen Kant auch auf die Diskursethik zu?", in: W. Kuhlmann (Hrsg.): *Moralitaet und Sittlichkeit,* a.a.O.(s. Anm.1)) 以及阿佩尔的文章(同上注释 1)。

[4]   参见注释 1 所列文章。

[5]   参见约翰·罗尔斯的《正义论》。

[6]   这个问题及其后的解答尤其想对 S.Kannengiesser 的讨论发言做出反应。

[7]   参见基廷 (J. Keating) 的"作为道德范畴的运动员精神"("Sportsmanship as a Moral Category", in: *Ethics,* LXXV(1964/65), 25–35) 以及"竞争的伦理学及其与体育运动的某些道德问题的关系"("The Ethics of Competition and its Relation to some Moral Problems in Athletics", in: R.G.Ousterhoudt(Hrsg.): *The Philosophy of Sport,* Springfield 1973, 157–176.)。

[8]   参见塞尔的《语言行为》(J. Searle: *Sprechakte,* Frankfurt a.M. 1971, 2.5, 2.7 unde 8)。

[9]   参见阿佩尔的"言语行为理论与有关伦理规范问题的先验语用学"("Sprechakttheorie und transzendentae Sprachpragmatik zur Frage ethischer Normen", a.a.O. (s. Anm. 1), bs. 53–115)。

[10]   比如参见维特根斯坦:《论确定性》(B.L. Wittgenstein: *Über Gewisstheit,* Frankfurt a.M. 1970, 36 u. 39)。此外阿佩尔的"在先验语用学方面的哲学最终奠基问题"("Das Problem der philosophischen Letztbegruendung im Lichte einer transzendentalen Sprachpragmatik" in: B. Kantischeider (Hrsg.): *Sprache und Erkenntnis. Festschr. f. G. Frey,* Innsbruck 1976, 55–82)。

[11]   参见 P. Winch 的《社会科学的观念及其与哲学的关系》(*Die Idee der Sozialwissenschaft und ihr Verhaeltnis zur Philosophie,* Fankfurt a. M. 1966) 和"原始社会研究"("Understanding a Primitive Society", in: *American Philosophical Quarterly,* 1(1964), 307–324)。与此相关的评论参见阿佩尔的"交往共同体作为社会科学的

瞎眼假设"（Die Kommunikationsgemeinschaft als transzendentale Voraussetzung der Sozialwissenschaften", in: ders. *Transformation der Philosophie*, a.a.O. (s.Anm.1); Bd. II, 220–63）。亦可参见《语用学的转向：语言游戏的语用学还是先验语用学?》（D. Boehler/T. Nordenstam/G. Skirbekk (Hrsg.): *Die Pragmatische Wende. Sprachspielpragmatik oder Tranzendentalpragmatik?*, Frankfurt a.M. 1986）。

[12] 参见阿佩尔的"哲学的最终奠基问题"（"Das Problem der philosophischen Letztbegruendung…", a.a.O. s. Anm. 10.）和"可错论、真理共识论和最终论证"（"Fallibilismus, Konsenstheorie der Wahrheit und Letztbegruendung", in: W. Kuhlmann (Hrsg.): Philosophie und Begruendung, Frankfurt a. 1987）以及库尔曼的《反思性的最终奠基：先验语用学研究》（W. Kuhlmann: *Reflexive Letztbegruendung, Untersuchungen zur Transzendentalpragmatik*, Freiburg/ Muenchen: Alber 1985）。

[13] Frans de Wachter："游戏规则与伦理学问题"（"Spielregeln und ethische Problematik", in: H Lenk (Hrsg.): *Aktuelle Probleme der Sportphilosophie*, Schorndorf 1983, 278–94）。

[14] 参见 P. Lorenzen 的"逻辑与争论"（"Lo gik und Agon", in: *Atti del XII Congresso Internazionale di Filosofia*, Veneig 1958, IV, Florenz 1960, 187–94; ders. U. K. Lorenz: *Dialogische Logik*, Darmstadt 1978）。

[15] 参见波普尔（K.R. Popper）的"理论与意识形态的毁灭"（"The Death of Theories and of Ideologies", in: MEAETH ΘANATOY. *La réflexion sur la mort*, 2e Symposium International de Philosophie, Athen 1977, 296–329）。

[16] 参见阿佩尔的"能够区分伦理理性与策略的目的合理性吗？"（"Laesst sich ethische Vernunft von strategischer Zweckrationalitaet unterscheiden?", in: *Archivio di filosofia*, LI(1983), 375–343; auch in: W. van Reijen/K. –O. Apel (Hrsg.): *Rationales Handeln und Gesellschaftstheorie*, Bochum 1984, 23–80）。

[17] 比如参见篮球教练比尔·穆塞尔曼（Bill Musselman）的如下名言："失败比死更惨，因为你不得不失败地活"，以及足球教练阿伦和布朗的名言："每次的失败，你都会失去"，引自汉斯·伦克（Hans Lenk）的"伦理学的实用主义化方面——甚至就体育伦理学而言"（"Aspekte einer Pragmatisierung der Ethik-auch fuer die Sportethik", in: K. Cachay et alii (Hrsg.): *Sport und Ethik*, Clausthal-Zellerfeld: DVS 1985, 1–20, ebd. 16）。

[18] 参见罗尔斯的《正义论》（*Eine Theorie der Gerechtigkeit*, Frankfurt a. M. 1979, Kap. 2, 12）。

[19] 同上，第 219 页以下。

[20] 参见科尔伯格的《道德的发展哲学：道德阶段与正义观念》（*The Philosophy of Moral Development. Moral Stages and the Idea of Justice*, San Francisco 1981）以及阿佩尔的"先验语用学的交往伦理学奠基与最高阶段的道德意识发展逻辑问题"（"Die transzendentalpragmatische Begruendung der Kommunikationsethik und das Problem der hoechsten Stufe einer Entwicklungslogik des moralischen Bewusstseins", a. a. O. (s. anm. 1), in diesem Bd. S. 306–369）。

[21] 参见前面的注释 1 中引述的、从"(3)"到"(7)"的文章。

[22] 参见阿佩尔的"后康德的普遍主义在伦理学中对其现有误解的澄清"（"Der postkantische Universalismus in der Ethik im Lichte seiner aktuellen Missverstaendnisse", in: A. Schwan/K. W. Kempfer (Hrsg.): *Grundlagen der*

politischen Kultur des Westens, Berlin 1987, 280–300, in diesem Bd. S. 154ff.)。

[23] 参见约纳斯的《责任原则：技术文明的伦理学探究》(*Das Prinzip der Verantwortung. Versuch einer Ethik fuer die technologische Zivilisation*, Frankfurt a. M. 1979) 以及阿佩尔的 "今天的责任——仅只是人性保护与自制的原则抑或仍是人性的解放与实现的原则？"("Verantwortung heute – nur noch Prinzip der Bewahrung und Selbstbeschraenkung oder immer noch der Befreiung und Verwirklichung der Humanitaet", in: T. Meyer/S. Miller (Hrsg.): *Zunkunftsethik und Industriegesellschaft*, Muenchen 1986, 15–40, in diesem Bd. S. 179ff.)。

[24] 参见哈贝马斯的《交往行动理论》(*Theorie des kommunikativen Handelns*, Frankfurt a. M. 1981, Bd. Ⅱ)。

[25] 在此，我只能表明以下情况：对话伦理学的本质要求恰在于，使任何个体伦理学先验化的制度系统或社会系统的道德问题在对话伦理学的层面听命于人类责任，就此而言也就是听命于个体作为交往共同体成员的共同—责任 (Mit-Verantwortung)。任何个体在责任伦理学的这个构想之中可以说是两次出现：一次是作为近乎无能的个人，他听命于系统的制约，另一次是作为交往共同体成员，他竟还为制度和系统负起共同责任。这在我看来可以说展示了结构主义与（或）系统论上人的终结 ("finis homins") 以外的其他选择。

第八章　核时代的冲突解决作为责任伦理学问题

[1] 与美国的主教和其他同时代人的责难相反，有效的核报复恐吓包含了动用核报复的严肃意图，这在逻辑上就不适用。像恐吓这样的策略性的语言行为与原初就有道德约束力（比如像诺言这样）的语言行为的区别就在于，前者能够被看作是 "实现了"，唯当（一般所认为的）真理条件只做做样子地（亦即在收件人真实的意义上）满足之时。这点显而易见，如果我们明白，在一个理想交往共同体之中是没有任何恐吓的。在这方面参见第 255 页以下。

[2] 参见韦伯的 "作为职业的政治"("Politik als Beruf", in: *Gesammelte politische Schriften*, Tuebingen 1958, 2. Aufl., S. 493ff.; *Gesammelte Aufsaetze zur Religionssoziologie*, Tuebingen 1972, S. 554; W. Schluchter, *Rationalismus der Weltbeherrschung. Studien zu Max Weber*, Frankfurt a.M. 1980, S. 55ff.)。

[3] 在我看来，贝克的论证 (W. Becker: "Der Konflikt der Friedensbegriffe", in: *Neue Rundschau*, 93. Jg. [1982], S. 154–164) 并没有说明，他是想将 "对抗稳固化" 概念替代成一个价值中立、纯粹技术—策略的合理性概念，还是想将它用于责任伦理学。我接下来的论证建立在明确采用这一区分并说明其理由的基础上。

[4] 参见韦伯的 "作为职业的政治"("Politik als Beruf", a. a. O.) 和 "价值中立性的意义"("Der Sinn der Wertfreiheit", in: *Gesammelte Aufsaetze zur Wissenschaftstheorie*, Tuebingen 1968, 3. Auflage)，以及波普尔的《开放世界及其敌人》(*Die offene Gesellschaft und ihre Feinde*, Bern 1957, S. 283ff.)。

[5] 参见 W. Schluchter 的《支配世界的理性主义》(*Rationalismus der Weltbeherrschung*, a. a. O., S. 38ff.)。

[6] 参见阿佩尔的论文 "交往共同体的先天与伦理学的基础"("Das Apriori der Kommunikationsgemeinschaft und die Grundlagen der Ethik", in: K.-O. Apel: *Transformation der Philosophie*, Frankfurt a.M. 1973, Bd. Ⅱ) 和 "能够区分伦理理性与策略的目的合理性吗？"("Laesst sich ethische Vernunft von strategischer

Zweckrationalitaet unterscheiden?", in: W. van Reijen/K. –O. Apel (Hrsg.): *Rationales Handeln und Gesellschaftstheorie*, Bochum 1984, S. 23–80), 此参见阿佩尔、伯勒尔和库尔曼的文章（in: K. –O. Apel, D. Boehler, G. Kadelbach (Hrsg.), *Funkkolleg: Praktische Philosophie/Ethik, Dialoge*, 2 Bde., Frankfurt a.M. 1984, und K.-O. Apel, D. Boehler, K. Rebel (Hrsg.), *Funkkolleg: Praktische Philosophie/ Ethik, Studientexte*, 3 Bde., Weinheim/Basel 1984）。就内容而言，这里所坚持的、在先验语用学上对伦理学进行最终奠基的立场在很大程度上与哈贝马斯的立场（*Moralbewusstsein und kommunikatives Handeln*, Frankfurt a.M. 1983）相符，尽管他想将其伦理学奠基理解为完全是未经证明，在此而言就是将其原则看成是可错的来把握。

[7]　参见 K. –H. Ilting 的"康德的自然主义谬误"（"Der naturalistische Fehlschluss bei Kant", in: M. Riedel (Hrsg.), *Die Rehabilitierung der praktischen Vernunft*, Bd. Ⅰ, Freiburg 1972）。

[8]　在争取和平的运动中很有影响的弗兰茨·奥特（Franz Alt）的著作《和平是可能的：登山宝训的政治》（*Frieden ist moeglich. Die Politik der Bergpredigt*, Muenchen 1983）典型地代表了以"登山宝训"的精神对这种新开始进行的友好、却质朴因此不可靠的论证。在我看来，其论证的低劣质朴性并不是他支持了"心灵的回转"。这样的回转在基督教或（在好的意义上！）康德心向伦理学的精神之中一再受到挑战，并且通过个体对自私的"虚假理性"（康德）来进行。这个不可靠的质朴性源自于，奥特对这个为后果负责的在世行动问题（它恰恰是依照"心灵的回转"来支持这种理性）根本不抱等待的态度。所以，他的书（如同最善意地对待的道德训导）完全遗弃了善良意愿的政治家（亦即共担责任地认识自己的人）。而他的训导（其中之一）是，"反对理性和科学的偶像化"（同上，第47页）——值得注意，在此并没有提出科学合理性、技术合理性、策略合理性与伦理合理性之间的区分与协调问题。但是就责任伦理学而言，对非理性主义的求助可能是对当代危机最危险的短路反应。

[9]　参见阿佩尔的"理想交往共同体的伦理学是乌托邦吗? 论伦理学、乌托邦和乌托邦批判的关系"（"Ist die Ethik der idealen Kommunikationsgemeinschaft eine Utopie?", in W. Vosskmap (Hrsg.): *Utopieforschung*, Bd. Ⅰ, Stuttgart 1983, S.325–355）。

[10]　参见"世界公民观点下的普遍历史观念"（"Idee zu einer allgemeinen Geschichte in weltbuergerlicher Absicht" (1784), 7. Satz, in: I. Kant, *Werke*, Akademie-Textausgabe, Bd. Ⅷ, Berlin 1968, S. 24f.）。

[11]　附言：对1984年形势的这种评判，虽然无损于所阐述的伦理学构想的正确性，却无疑已是错误的。这个问题，即责任伦理学的真正运用对适当的处境评判的依赖性，此时就可以通过评价战略防御倡议（SDI）的困难来说明：这里所涉及的是动摇现有的均衡意义上的危险项目，还是如美国国务秘书艾克尔（Iklé）所建议的，涉及通过对单纯防御能力的进行重新装备从发展趋势上取代几乎不再可信的核威慑策略？

第九章　对话伦理学作为责任伦理学的与经济合理性问题

[1]　Bernd Biervert / Martin Held（Hrsg.）:《经济理论与伦理学》（*Ökonomische Theorie und Ethik*, Frankfurt a.M. / New York: Campus, 1987）。

[2]　参见阿佩尔:《道德规范之哲学最终奠基是否可以应用于现实实践?》("Ist die philosophische Letztbegründung moralischer Normen auf die reale Praxis anwendbar?", in K·—O·Apel / D·Böhler / G·Kadelbach 编, *Funkkolleg : Praktische Philosophie/Ethik*: *Dialoge*, Frankfurt a. M.: Fischer, 1984,　卷 II，第 123—146 页; 和 K.-O. Apel / D. Böhler / K.-H. Rebel 编, *Funkkolleg*: *Praktische Philosophie/Ethik*: *Studientexte*, Weinheim/Basel: Beltz, 1984, 卷 II，第 606—34 页)。

[3]　参见阿佩尔:"对道德规范进行哲学的最终奠基是否可能?"("Ist eine philosophische Letztbegründung moralischer Normen möglich?", in:　前揭，*Dialoge*)，第 82—122 页。亦参见 K. Kuhlmann:"对道德规范进行哲学的最终奠基是否可能?"("Ist eine philosophische Letztbegründung moralischer Normen möglich?", 前揭, *Studientexte*)，第 572—605 页; W. Kuhlmann:《反思的最终奠基: 先验语用学研究》(*Reflexive Letztbegründung. Untersuchungen zur Transzendentalpragmatik*, Freiburg/München, 1985); 阿佩尔:"科学时代的责任伦理学奠基问题"("Das Problem der Begründung einer Verantwortungsethik im Zeitalter der Wissenschaft", in: E. Braun [Hrsg.] : *Wissenschaft und Ethik*, Frankfurt a.M.: Lang, 1986)，第 11—52 页。

[4]　参见哈贝马斯:《道德意识与交往行为》(*Moralbewußtsein und kommunikatives Handeln*, Frankfurt a. M.: Suhrkamp, 1983)。

[5]　对这一论点持批判态度的"自由主义—保守主义"者们一般来说忽视了下述事实:人们在今天能够而且必须在一种"自由民主制"中将理想的共识构成原则的大量实用主义限制(通过政党代理来代表相关者和通过表决来结束议会讨论可以被视为两种最重要的限制)视为足以形成共识的。但是,这造就了民主在今天由以将自身与极权主义体制或神权体制区分开来的"基本共识"。在我看来,当大多数批评者们毫无耐心等待哲学的对话伦理学对具体的实体性规范的奠基时,他们错失了二阶原则的根本部分。

　　关于对话伦理学之政治维度的讨论,参见 H.Scheit:《真理·对话·民主》(*Wahrheit*, *Diskurs*, *Demokratie*, Freiburg / München: Alber, 1987)。

[6]　参见阿佩尔:"对道德规范进行哲学的最终奠基是否可能?",前揭(见注释3);亦参见"今日之责任——仍旧只是保存和自我限制的原则还是人性的持续解放和发展的原则"("Verantwortung heute – nur noch Prinzip der Bewahrung und Selbstbeschränkung oder immer noch der Befreiung und Verwicklichung von Humanität", in: T. Meyer/S. Miller [Hrsg.] : *Zukunftethik und Industriegesellschaft*, München, 1986)，第 15—40 页(见本书第 179—216 页)。英译"技术文明危机中的未来宏观责任伦理学问题——与约纳斯的'责任原则'达成一致的尝试"("The Problem of a Macroethic of Responsibility to the Future in the Crisis of Technological Civilisation: An Attempt to Come to Terms with Hans Jonas' 'Principle of Responsibility' ", in: *Man and World*, 20, 1987)，第 3—40 页。

[7]　参见阿佩尔:"可谬论、真理的共识理论与最终奠基"("Fallibilismus, Konsenstheorie der Wahrheit und Letztbegründung" in: W. Kuhlmann [Hrsg.] : *Philosophie und Begründung*, Frankfurt a.M.: Suhrkamp, 1987, 第 116—212 页。

[8]　这种自我理解方式的可行性是一个时代的事实(尤其是有关逐渐的数学化方面),但它从原则上说仍然是建立在一种范畴错误的基础上。这是因为 homo

oeconomicus［拉：经纪人］理性的准备（Herauspräparierung）已经预设了正确的行为和错误的行为的可以在规范性的层面上被奠基的差异——这是某种能够在自然中——必要时在一种启发式"仿佛"虚构（"als ob"-Fiktion）的意义上［例如，在受经济学启发的策略性基因增殖的"社会生物学"理论当中］——被假定的东西。关于这一点，参见 W. Wickler/U. Seibt：《个人利益原则》（*Das Prinzip Eigennutz*, Hamburg：Hoffmann u. Campe, 1977）。

[9]　关于这一点，参见 B. Bievert/J. Wieland："以利益为例看经济学范畴的伦理学内涵"（"Der ethische Gehalt ökonomischer Kategorien – Beispiel：der Nutzen", in：Bievert/Held［Hrsg.］：*Ökonomische Theorie und Ethik*，前揭［见注释 1］，第 23—50 页）。

[10]　例如，参见 B.R.D. Luce/H. Raiffa：《博弈与决定：导论与批判性综述》（*Games and Decisions：Introduction and Critical Survey*, New York, 1957）；G. Gäfen：《经济选择理论》（*Theorie der wirtschaftlichen Entscheidung*, Tübingen, ²1968）。亦参见 O. Höffe：《人性策略：论公共选择过程的伦理学》（*Strategien der Humanität. Zur Ethik öffentlicher Entscheidungsprozesse*, Freiburg/München Albert, 1975）。

[11]　Karl Homann/Andreas Suchaneck："经济伦理——应用伦理还是对基本讨论的贡献？"（"Wirtschaftethik – Angewandte Ethik oder Beitrag zur Grundlagendiskussion？", in：*Ökonomische Theorie und Ethik*，前揭［见注释 1］，第 101—121 页）。

[12]　参见康德：《著作集》（*Werke*, Akad. Textaus. Bd. VIII, Berlin：de Gruyter, 1968），第 378 以下页。

[13]　同上，第 423—430 页。

[14]　参见罗尔斯：《正义论》（*Eine Theorie der Gerechtigkeit*, Frankfurt a.M.：Suhrkamp, 1979），第 141 页。

[15]　关于这一点，参见阿佩尔："道德规范之哲学最终奠基是否可以应用于现实实践"（im *Funkkolleg* …，前揭［见注释 2］，*Dialoge*，第 113 页以下；*Studientexte*，第 112 页以下）；"规范性伦理学和策略理性"（"Normative Ethics and Strategical Rationality", in：*New School for Social Research Graduate Faculty Philosophy Journal*, vol. 9［1982］，第 81—108 页）。

[16]　参见赫费（O. Höffe）为《功利主义伦理学导论》（*Einführung in die utilitaristische Ethik*, München：Beck, 1975）所撰写的导言。

[17]　罗尔斯，前揭（见注释 14），第 169 页。

[18]　参见阿佩尔："能够区分伦理理性与策略的目的合理性吗？"（"Läßt sich ethische Vernunft von strategischer Zweckrationalität unterscheiden？", in：*Archivio di filosofia*, LI［1983］，第 375—434 页；重印见 W. van Reijen/K.-O. Apel［Hrsg.］：*Rationales Handeln und Gesellschaftstheorie*, Bochum：Germinal-Verlag, 1984, 第 23—80 页）。

[19]　参见 K.-H. Ilting："康德的自然主义谬误"（"Der naturalistische Fehlschluß bei Kant", in：M. Riedel［Hrsg.］：*Rehabilitierung der praktischen Philosophie*, Freiburg, 1972, Bd. I）。

[20]　参见阿佩尔："后康德的普遍主义在伦理学中对其现有误解的澄清"（"Der postkantische Universalismus in der Ethik im Lichte seiner aktuellen Mißverständnisse", in：K.W. Kempfer/A. Schwan［Hrsg.］：*Grundlagen der politischen Kultur des Westens*, Berlin：der Gruyter, 1987, 第 280—300 页［见

本书第 154—178 页])。

[21]　Homann/Suchanek 引用了布坎南的以下著作:《制度契约与自由: 政治经济学家的视角》(*Freedom in Constitutional Contract. Perspectives of a Political Economist*, College Station/London, 1977)。

[22]　这便是通过哲学王(从柏拉图到列宁)实现普遍正义、个体幸福和普遍福利的统一(的理性重构)的整体主义乌托邦一系。关于这一点, 参见 K.-O. Apel: "理想的交往共同体伦理学是乌托邦吗? "("Ist die Ethik der idealen Kommunikationsgemeinschaft eine Utopie? ", in: W. Voßkamp [Hrsg.] : *Utopieforschung*, Stuttgart: Metzler, 1983, 卷 I, 第 325—55 页); 亦参见 "后康德主义的道德立场能通过实体德性再得到'扬弃'吗? 乌托邦与复归之间的对话伦理学在历史联系上的应用问题"("Kann der postkantische Standpunkt der Moralität noch einmal in substantielle Sittlichkeit'aufgehoben'werden? Das geschichtsbezogene Anwendungsproblem der Diskursethik zwischen Utopie und Regression", in: W. Kuhlmann [Hrsg.] : *Moralität und Sittlichkeit*, Frankfurt a.M., 1986, 页 217—64 [见本书第 103—153 页])。

　　明确表明十分危险的整体主义乌托邦倾向与哈贝马斯和笔者所说的理想交往条件之反事实推定间的差异无疑是施埃特(见注释 5)著作的优长之处(虽然他没有接触到上述新近的作品)。

[23]　参见 H·Schnädelbach: "新亚里士多德主义是什么"("Was ist Neoaristotelismus", in: W. Kuhlmann [Hrsg.] : *Moralität und Sittlichkeit*, 前揭 [见注释 22]); 亦参见阿佩尔: "后康德的普遍主义在伦理学中对其现有误解的澄清", 前揭(见注释 20)。

[24]　在我看来, 哈贝马斯在他的两卷本《交往行为理论》(*Theorie des kommunikativen Handelns*, Frankfurt a.M.: Suhrkamp, 1981) 中已经足够清楚地指出了这一点。

[25]　关于这一点, 参见 Luis Baeck: "作为科学的政治经济学"("Political economy as a science", in: *MCMLXXXVIII Alma Mater Studioruia Saecularaia Nona*; Bologna, 第 16—21 页, 1987 年 11 月)。

[26]　B. Biervert/J. Wieland: "经济学范畴的伦理学内涵——以利益为例"("Der ethische Gehalt ökonomischer Kategorien—Beispiel: Der Nutzen"), 前揭(见注释 1)。

[27]　Peter Ulrich: "经济合理性的进一步发展——论企业伦理学的基础"("Die Weiterentwicklung der ökonomischen Rationalität—zur Grundlegung der Ethik der Unternehmung", 同上, 第 122—149 页); 亦参见 P. Ulrich:《经济理性的转化——现代工业社会的进步视角》(*Transformation der ökonomischen Vernunft. Fortschrittsperspectiven der modernen Industriegesellschaft*, Bern/Stuttgart, 1986)。

[28]　参见哈贝马斯:《交往行为理论》, 前揭(见注释 24), 卷 II。

[29]　参见阿佩尔:《哲学的转化》(*Transformation der Philosophie*, Frankfurt a.M.: Suhrkamp, 1973), 卷 II, 第 429 页以下。

[30]　参见阿佩尔: "语言含义、真理与规范有效性——从先验语用学看言说的社会社会凝聚力"("Sprachliche Bedeutung, Wahrheit und normative Gültigkeit. Die soziale Bindekraft der Rede im Lichte einer transzendentalen Sprachpragmatik", in: *Archivio di Filosofia* [1988])。

[31]　阿佩尔: "后康德式道德性视角能够再次被实体性道德"扬弃"吗? 乌托邦与倒

退之间的对话伦理学的与历史相关的应用问题"，前揭（见注释22）。

[32]　参见哈贝马斯："论道德与德性——使生活形式变成'合理的'是什么？"（"Über Moralität und Sittlichkeit– Was macht eine Lebensform rational？"，in：H. Schnädelbach [Hrsg.]：*Rationalität*，Frankfurt a.M.，1983，第75页以下和第103页以下）。

[33]　参见波普尔：《历史决定论的贫困》（*Das Elend des Historizismus*，Tübingen：Mohr，1969）。

[34]　利奥塔：《后现代状况》（*La condition postmoderne*，Paris，1979）；亦参见"普遍历史与文化差异"（"Histoire universelle et differences culturelles"，in：*Critique*，456 [1985]，第559—568页）。

[35]　约纳斯：《责任原则》（*Das Prinzip Verantwortung*，Frankfurt a.M.：Suhrkamp，1984）。

[36]　哈耶克：《理性的自负》（*Die Überheblichkeit der Vernunft*，Ms. Alpach，1985）。

[37]　关于这一点，参见 N. Luhmann：《社会的经济》（*Die Wirtschaft der Gesellschaft*，Frankfurt a.M.：Suhrkamp，1988）；亦参见 D. Baecker：《市场经济中的信息与风险》（*Information und Risiko in der Marktwirtschaft*，Frankufrt a.M.：Suhrkamp，1988）。

[38]　Luhmann，前揭。

[39]　参见哈耶克：《哲学、政治学和经济学的新研究》（*New Studies in Philosophy, Politics and Economics*，London，1978）；《致命的自负》（*The Fatal Conceit, Part One：Ethics：The Taming of the Savage* [Collected Works of F.A. Hayek，London，1987]）。亦参见 G. Radnitzky："文明兴起的经济理论及其政策内涵——哈耶克观点的一般化"（"An Economic Theory of the Rise of Civilization and Its Policy Implications：Hayek's Account Generalized"，in：*Jahrbuch für die Ordnung von Wirtschaft und Gesellschaft*，卷38 [1987]，第47—85页）。文章作者显然试图与哈耶克的还原主义的社会达尔文主义保持距离，为的是捍卫一种本身可以在规范性的层面上被奠基的"诚实伦理学"（事实上，市场经济的契约自由想来已经预设了这样一种伦理学）。但是，他仍然试图在哈耶克的意义上将所有和"分配正义"有关的问题——更不用说那些为他人生活操心或尊重他人利益意义上的责任问题——限定在古代的国家团结领域以内。

[40]　参见阿佩尔："社会科学的各种类型——以人类认知兴趣为根据"（"Types of Social Science in Light of Human Cognitive Interests"，in：*Social Research*，44/3 [1977]，425—70；重印于 St. Brown [ed.]：*Philosophical Disputes in the Social Sciences*，Brighton：Harvester Press，1979）。亦参见拙著《从先验语用学看说明—理解之争》（*Die Erklären-Verstehen-Kontroverse in transzendentalpragmatischer Sicht*，Frankfurt a.M.：Suhrkamp，1979）。

第十章　交往伦理学的先验语用学奠基与道德意识之发展逻辑的最高阶段问题

[1]　关于这一主题，读者暂时可以参考我对"人类对伦理学有何需要？（Wozubenötigt der Mensch Ethik？）"这个问题的回答，载 K.—O.Apel / D.Böhler / G.Kadelbach 编，*Funkkolleg：Praktische Philosophie/Ethik*，*Dialoge*，Fischer，Frankfurt a. M.，1984，第49—162页；和 K.-O. Apel / D. Böhler / K.-H. Rebel 编，*Funkkolleg：Praktische Philosophie/Ethik*，Studientexte，Beltz，Weinheim/Basel，1984，卷I，

第 13—153 页。

[2]　参见哈贝马斯：《重建历史唯物主义》(*Zur Rekonstruktion des Historischen Materialismus*, Suhrkamp, Frankfurt a. M., 1976)，尤参见第 II 章；《道德意识与交往行为》(*Moralbewußtsein und kommunikatives Handeln*, Frankfurt a. M., 1983)，尤参见第 2、4 两章。关于这一工作计划的具体执行，亦参见《国家组织的社会的起源》(K. Eder, *Die Entstehung staatlich organisierter Gesellschaften*, Suhrkamp, Frankfurt a. M., 1976)；《历史之为学习过程》(*Geschichte als Lernprozeß*, Suhrkamp, Frankfurt a. M., 1985)。

[3]　现载 L.Kohlberg，《道德发展的哲学》(*The Philosophy of Moral Development*, Harper &Row, San Francisco, 1981)，第 101—189 页。

[4]　参见波普尔：《客观知识》(*Objective Knowledge*, Oxford, 1972)，第 3 章；I. Lakatos，《科学史及其理性重构》(*History of Science and it Rational Reconstruction*, 载：R. Buck、R.S. Cohen [Hrsg.]，Boston Studies in the Philosophy of Science 8, Reidel, Dordrecht-Holland, 1971, 91—113)。亦参见阿佩尔，《科学史与历史理解和说明问题》(*Wetenschapsgeschiedenis en het probleem van historisch begrijpen en verklaren*, Jg. VI, 1982)，4—37。

[5]　实际上，库恩所强调的一些自然科学历史中的范式转换——例如发生在 17 世纪的从亚里士多德式物理学到伽利略—牛顿式物理学的范式转换——可以被归为操作性思维进化的阶段。

[6]　参见 J. Habermas. *Rekonstruktive vs. verstehende Sozialwissenschaften*, in：*Moralbewußtsein ...*，(前揭，第 29—52 页)。

[7]　参见阿佩尔：《作为伦理学问题的人类处境》(*Die Situation des Menschen als ethisches Problem*, in G. Frey [Hrsg.]，*Der Mensch und die Wissenschaften vom Menschen. Die Beiträge des XII. Deutschen Kongresses für Philosophie*, Solaris, Innsbruck, 1983)，31—49（见本书第 42—68 页），以及《从先验语用学的视角看人类的交往理性》(*La razionalità della comunicazione umana nella prospettiva transcendentalpragmatica*, in：Umberto Curi [Hrsg.]，*La comunicazione umana*, Franco Angeli, Milano, 1985, 158—176)。

[8]　哈贝马斯：《道德意识与交往行为》，前揭，第 48 页。

[9]　参见 L. Kohlberg：《道德发展的哲学》，前揭，第一部分："道德诸阶段与教育的目的"。

[10]　参见阿佩尔：《从人类的知识兴趣看社会科学的类别》(*Types of Social Science in the Light of Human Interests of Knowledge*, in：*Social Research*, 44/3, 1977, 425—70；repr. In：St. Brown [Hrsg.]，*Philosophical Disputes in the Social Sciences*, Harvester, Brighton, 1979, 3—50)；《先验语用学视角下的说明—理解之争》(*Die Erklären-Verstehen-Kontroverse in transzendentalpragmatischer Sicht*, Suhrkamp, Frankfurt a. M., 1979)。

[11]　参见 L. Kohlberg：《从 "是" 到 "应"》(*From Is to Ought*, in：T. Mischel[Hrsg.]，*Cognitive Development and Epistemology*, Academic Press, New York, 1971, 第 165 页)。

[12]　我们可以注意到的是，这种对与国家法律相关的道德意识立场做出评估的方式与黑格尔的视角大体上是一致的，前提是要忽略下面这个事实：对于黑格尔而言存在着的是世界历史人格（譬如苏格拉底），后者——与尚无力"扬弃"道德意识视角的各种国家德性相反——使与世界历史法权一致的主观良知视角发

挥作用。

[13]　参见 K.Baier,《道德视角：伦理学的理性基础》(*The Moral Point of View：A Rational Basis of Ethics*, rev. ed., Macmillan, New York, 1965)。

[14]　R.M.Hare:《自由与理性》(*Freedom and Reason*, Oxford University Press, New York, 1963)。

[15]　R.B.Brandt,《朝向一种可靠的功利主义》(*Toward a Credible Form of Utilitarianism*, in：M.D.Bayles [ed.], *Contemporary Utilitarianism*, Anchor Books, Garden City, 1968)。

[16]　参见康德：《论所谓出于博爱而说谎的权利》(*Über einvermeintesRechtausMensc henliebezulügen*, in：*KantsWerke*, Akademie-Textausgabe, 卷 VIII, 423—430)。

[17]　参见 D. Bonhoeffer:《狱中书简》(*Widerstand und Ergebung. Briefe und Aufzeichnungenaus der Haft*, hrsg. von E. Bethge, München, 1962)。亦参见 D. Böhler,《批判的道德 还是实用的德性》(*Kritische Moral oder pragmatische Sittlichkeit*, in：*Funkkolleg... Studientexte*, 前揭, 卷 II, 第 883 页以下)。

[18]　参见阿佩尔:《人们为什么需要伦理学?》(*Weshalbbenötigt der Mensch Ethik*, 前揭, *Funkkolleg... Studientexte*, 卷 I, 第 126 页以下);《道德规范的哲学最 终奠基能否应用于现实实践之上?》(*Ist die philosophischeLetztgründung der moralischenNormen auf die reale Praxis anwendbar ?*, Funkkolleg… Studientexte, 前揭, 卷 2, 第 613 页以下)。

[19]　罗尔斯:《正义论》(*A Theory of Justice*, Harvard University Press, Cambridge：Mass., 1971)。

[20]　参见 L.Kohlberg:《道德诸阶段》, 前揭, 主题索引："第六阶段"。

[21]　亦参见 Th. Kesselring:《发展与矛盾：皮亚杰发展理论与黑格尔辩证法之比较》(*Entwicklung und Widerspruch. EinVergleichzwischenPiagetsEntwicklungstheorie und HegelsDialektik*, Suhrkamp, Frankfurt a.M., 1981);《二律背反的生产性：从发生认识论和形式逻辑看黑格尔的辩证法》(*Die Produktivität der Antinomie. HegelsDialektikimLicht der genetischenErkenntnistheorie und der formalenLogik*, Suhrkamp, Frankfurt a.M., 1984)。

[22]　参见哈贝马斯:《道德意识与交往行为》, 前揭, 第 2 章。

[23]　参见笔者对霍布斯的道德哲学和国家哲学的批判性重构, 载《系列广播讲座：实践哲学／伦理学·对话》, 前揭, 卷 I, 第 121 页以下;《学习材料》, 卷 I, 第 112 页以下。

[24]　参见康德为在他人有困难时帮助他人的义务给出的理由, 载:《道德形而上学基础》(*Grundlegung zur Metaphysik der Sitten*, Akad. Textausg., 卷 IV, 第 423 页)。

[25]　哈贝马斯:《重建历史唯物主义》, 前揭, 第 83 页。

[26]　参见我对黑格尔在其自然法论中对康德的批判的解释, 载《系列广播讲座实践哲学／伦理学·学习材料》, 卷 II, 前揭, 第 613 页以下 (*Funkkolleg …*, Studientexte, Bd. II, a. a. O., S.613ff.)。

[27]　L.Kohlberg:《道德诸阶段》, 前揭, 第 164 页。

[28]　与古希腊或中世纪的行会系统不同, 一种后康德主义伦理学的规范—义务论普遍主义在现代乃是如下事实的前提和限定性条件：善好生活、幸福, 或灵魂拯救的问题能够在多元主义的自由与可能的本真的生活方式的意义上被不同个体和社会生活形式所解决。而许多"普遍规范"的"激进"反对者显然是不理解

这一点的，对于新尼采主义者福柯而言尤其如此。在对欧洲道德的发展进行了简述之后，他得出了这样的结论："寻找一种可以被所有人接受的——从这种意义上说，也是所有人都应当服从的——道德是'灾难性的'"，因为这会妨碍"寻找在最大程度上彼此不同的生存风格"（参见 M. Foucault, *Entretien du 29 mai 1984* [1984 年 5 月 29 日访谈]，Les Nouvelles littéraires）。

　　麦金泰尔在《追寻美德》（*After Virtue*，Duckworth，London，1983）和《变化中的道德哲学视角》（St. Hauerwas/H. McIntyre, *Revisions :Changing Perspectives in Moral Philosophy*，Univ. of Notre Dame Press，London，1983）的导论（"Moral Philosophy: What Next？"）中也对康德主义和后康德主义的规范性原则的普遍主义做出了否定性的评价，在我看来，这同样是因为他不理解一义务论原则伦理学和一种善好生活或个人美德伦理学的差异以及它们在功能上的可能的互补。

[29]　参见 E. Erikson:《身份与生命周期》（*Identity and the Life Cycle*，International Univ. Press，New York，1959）。

[30]　参见哈贝马斯:《交往行为理论》（*Theorie des kommunikativen Handelns*，Suhrkamp，Frankfurt a. M.，1981），第三部分；以及阿佩尔，《能够区分伦理理性与策略的目的合理性吗？》（*Läßt sich ethische Vernunft von strategischer Zweckrationalität unterscheiden?*，in: "Archivio di Filosofia"，LI [1983]，375—434），第三部分。

[31]　参见 Hans Albert:《批判理性论》（*Traktat über kritische Vernunft*，J.C.B. Mohr，Tübingen，1969），第 11 页以下。

[32]　在欧洲的修辞学传统中尽管从一开始就存在着"说服（überreden）"和"劝服（überzeugen）"之差别的两义性（在使用着拉丁语动词"persuadere"的派生词的欧洲语言中，这一两义性直至今日还通过语言运用保存着）。在拙著《从但丁到维柯的人文主义传统中的语言理念》（*Die Idee der Sprache in der Tradition des Humanismus von Dante bis Vico*，Bonn: Bouvier，1963）中，我虽然已经注意到了这一修辞学传统的两义性，但是还没有对它进行充分的思考和说明。当时吸引我的仍然是下面这个事实：和经院逻辑学传统（或者更确切地说：直至弗雷格和塔斯基的逻辑语义学）相比，修辞学传统一般说来代表了语言逻各斯的语用学维度。在那一时期，同样向我所代表的哲学的"解释学—修辞学—语用学转向"在欧洲和美国获得了在我看来稍嫌过分的成功（我首先想到的是伽达默尔、罗蒂和德里达），这一转向的代表人物为了修辞学或"文学"而宣称要对话语类型做去差异化处理（Entdifferenzierung）。对此，我认为现在有必要重提话语类型（以及人们借以衡量话语类型的理性类型）间的差异。但这并不是反对"修辞的力量"！正如伊索克拉底和西塞罗已然知晓的那样，修辞学对于哲学来说同样是不可或缺的。但是，假如哲学家们不再能够认识或认可苏格拉底和柏拉图所发现的说理话语和讨价还价、宣传，甚至诗意虚构意义上的"话语"间的差异，这便是哲学——同时也是科学和伦理学——的终结了。在我看来，人们是可以在不抛弃"解释学—语用学"转向的同时抵制上面这种倾向的。

[33]　参见阿佩尔:《哲学的最终奠基问题——以一种先验语言的语用学为根据：一种对"批判理性主义"的元批判的尝试》（*Das Problem der philosophischen Letztbegründung im Lichte einer transzendentalen Sprachpragmatik: Versuch einer Metakritik des »Kritischen Rationalismus«*，in: B.Kanitscheider [Hrsg.]，*Sprache und Erkenntnis*，Innsbruck，1976，第 55—82 页）。亦参见 W.Kuhlmann:

《反思性最终奠基：先验语用学研究》(*Reflexive Letztbegründung. Untersuchungen zur Transzendentalpragmatik*, Alber, München, 1985)。

[34]　参见 K.-H. Ilting：《康德的自然主义谬误》(*Der naturalistische Fehlschluß bei Kant*, in：M. Riedel [Hrsg.], *Rehabilitierung der praktischen Vernunft*, Rombach, Freiburg, 1972, 卷 I, 113—132), 以及 D. Henrich,《伦常明查概念与康德的理性事实学说》(*Der Begriff der sittlichen Einsicht und Kants Lehre vom Faktum der Vernunft*, in：*Festschrift H.-G. Gadamer*, Heidelberg, 1960, 70—115);《德性法则的演绎》(*Die Deduktion des Sittengesetzes*, in：*Denken im Schatten des Nihilismus. Festschrift für W. Weischedel*, Darmstadt, 1975, 55—112)。

[35]　参见阿佩尔：《交往共同体的先天与伦理学的基础》(*Das Apriori der Kommunikationsgemeinschaft und die Grundlagen der Ethik* in ders*Transformation der Philosophie* Suhrkamp Frankfurt am Main 1973, 卷 II, 第 418 页以下)。

[36]　参见哈贝马斯：《道德意识与交往行为》, 前揭, 第 108、111 页以下。

[37]　参见康德：《道德形而上学奠基》, 前揭, 第 405 页。

[38]　这是 Annemarie Pieper 提出的建议 (《伦理学与道德——实践哲学导论》[*Ethik und Moral. Eine Einführung in die praktische Philosophie*, Beck, München, 1985], 第 171 页), 目的是为了刻画交往伦理学原则的特征。

[39]　关于这一点, 参见阿佩尔：《伦理学理性可以与策略合理性区分开来吗?》, 前揭, 第五章。

[40]　对话伦理学的一些性急的批评者们惯于将人们的注意力引到这样一个事实上来：人们在实践中是无法在可以普遍化的利益上达成共识的, 因此, 人们需要做的只是寻求"实践智慧"意义上的妥协。在我看来, 这样一种论证忽视了以行为合理性之理念类为取向的分析的两种互补性洞见：

　　(1) 满足于一种妥协的必要性并不与朝向理想目标的行为的趋近导向 (approximativen Orientierung) 的"调节性原则"的功能和实践层面上的约束性相冲突。

　　(2) 由共识——交往行为合理性和策略行为合理性的理念类差异性产生的结果是, 每当人们趋近调节性理念的实现时都会存在两类不同的妥协：在第一类妥协当中, 人们力求对相关者那得到了辩护的有效性要求做出与具体处境相关的最优考虑 (例如, 对于国民经济而言, 正义原则和"集团利益"的妥协); 另一方面, 纯粹策略性妥协则显现为给予和威胁间的反思平衡。

　　只有当 (1) 意义上的妥协是必要的时候, 我们才会有所收获。在 (韦伯意义上的)"责任伦理学"的层面上涉及 (1) 意义上的策略和 (2) 意义上的策略的妥协, 而且, 在我看来, 除此以外还涉及一种——在有利于 (1) 意义上的策略的可能偏好的政治关系变化的意义上——长时期道德策略。

[41]　我在这里借用了哈贝马斯《交往行为理论》第二卷中的"生活世界"(它在哈贝马斯那里是与交往的"谅解"的合理性联系在一起的)和"系统"合理性间的理念类差异。

[42]　参见康德：《世界公民观点之下的普遍历史观念》(*Idee zu einer allgemeinen Geschichte in weltbürgerlicher Absicht*, in：Werke, Akad.Textausg. Bd. VIII, 第 15—32 页)。

[43]　关于这一点, 参见阿佩尔：《作为一种责任伦理学问题的核时代的冲突解决》(*Konfliktlösung im Atomzeitalter als Problem einer Verantwortungsethik*, in：W.P. Pahr/V. Rittberger/H. Werbik [Hrsg.], *Kriegsverhütung im Atomzeitalter*,

Braunmüller, Wien, 1986 [见本书第 247—269 页])。

[44]　关于这一点，参见约纳斯：《责任原则：探求技术时代的伦理学》(*Das Prinzip Verantwortung. Versuch einer Ethik für die technologische Zivilisation*, Insel, Frankfurt a. M., 1979)；《技术、医学与伦理学》(*Technik⊡Medizin und Ethik*, Insel, Frankfurt a. M., 1985)。亦参见阿佩尔，《今日之责任——只是一条保存和自我限制的原则抑或仍是一条理性之解放和实现的原则》(*Verantwortung heute —nur noch ein Prinzip der Bewahrung und Selbstbeschränkung oder immer noch der Befreiung und Verwicklichung von Vernunft*, in: Thomas Meyer [Hrsg.], *Industriegesellschaft und Zukunftsethik*, BUND-Verlag, 1986 [见本书第 179—216 页])。

[45]　同上，第 35 页以下。

[46]　参见笔者与约纳斯的争辩，载《今日之责任——只是一条保存和自我限制的原则抑或仍是一条理性之解放和实现的原则》，前揭（注释 44）。

第十一章　回归性？——或：我们是否能从国家灾难当中学到什么特别的东西？特定的德国视角之下向后传统道德之（世界）历史过渡的问题

[1]　参见 O. Pfersmann："对话德里达"("Podiumsdiskussion mit Jacques Derrida", in: M. Benedikt/R. Burger (Hrsg.)：*Die Krise der Phänomenologie und die Pragmatik des Wissenschaftsfortschritts*, Wien: Verlag der Österreichischen Staatsdruckerei, 1986)，第 169 页以下，第 174 页以下。

[2]　在这一语境中，哈贝马斯的文章"关于马克思以及马克思主义的哲学讨论"("Zur philosophischen Diskussion um Marx und den Marxismus", in: *Philos. Rundschau*, 5, Jg. 1957)，第 162—235 页无疑具有特别的重要性（【译按】中译参见哈贝马斯，〈马克思和马克思主义哲学讨论综述〉，载《理论与实践》，郭官义、李黎译，北京：社会科学文献出版社，2004，第 407—492 页）。

[3]　例如，参见 E.K. Scheuch (Hrsg.)：《富裕社会的再洗礼——对"新左派"及其教条的批判性研究》(*Die Wiedertäufer der Wohlstandsgesellschaft. Eine kritische Untersuchung der Neuen Linken"und ihrer Dogmen*, Köln, 1968)；以及 H. Lübbe："逃往未来"("Flucht in die Zukunft" in: *Hochschulreform und Gegenaufklärung*, Freiburg i.B., 1972)；《进步之为导向问题》(*Fortschritt als Orientierungsproblem*, Freiburg, 1975)；《我们静静的文化革命》(*Unsere stille Kulturrevolution*, Zürich, 1976)。

[4]　关于这一点，参见哈贝马斯：《现代性的哲学话语》(*Der philosophische Diskurs der Moderne*, Frankfurt a.M., 1985)；亦参见阿佩尔："整体理性批判的挑战与哲学合理性类型理论的方案"("Die Herausforderung der totalen Vernunftkritik und das Programm einer philosophischen Theorie der Rationalitätstypen", in: Concordia 11, 1987)，第 2—23 页。

[5]　参见伽达默尔：《真理与方法》(*Wahrheit und Methode*, Tübingen, 1960)；阿佩尔：《从但丁到维柯的人文主义传统中的语言理念》(*Die Idee der Sprache in der Tradition des Humanismus von Dante bis Vico*, Bonn, 1963)。

[6]　参见阿佩尔：《哲学的转化》(*Transformation der Philosophie*, 2Bde., Frankfurt a.M., 1973)，导论。

[7]　参见罗蒂：《哲学与自然之镜》(*Philosophy and the Mirror of Nature*, Princeton Univ. Press, 1979)；《实用主义的种种结果》(*Consequences of Pragmatism*, Brighton:

The Harvester Press，1982）；G. Vattimo：《现代性的终结：后现代文化中的虚无主义与解释学》(*La fine della modernita: nichilismo ed ermeneutica nella cultura postmoderna*，Milano，1985)。

[8]　伽达默尔本人在海德格尔的意义上对这一立场做出了如下规定："这是一种所谓第二等级的历史主义，它不仅把一切认识的历史相对性同绝对的真理要求相对立，而且还思考作为其根据的认识主体的历史性，并因而能够把历史的相对性不再看作真理的局限"。见《真理与方法》(*Wahrheit und Methode*，Tübingen ⁴1975)，第 500 页（【译按】中译参见伽达默尔，《真理与方法 [下卷]》，洪汉鼎译，上海：上海译文出版社，1999，第 699 页）。

[9]　参见注释 4 中所引用的著作。

[10]　参见注释 7 中所引用的著作。

[11]　海德格尔：《康德与形而上学问题》(*Kant und das Problem der Metaphysik*，Frankfurt a.M.，1929)，§ 29 以下。

[12]　海德格尔：《林中路》(*Holzwege*, Frankfurt a. M, 1950)，第 226 页以下（【译按】中译参见海德格尔：《林中路（修订本）》，孙周兴译，上海：上海译文出版社，2008，第 222 页以下）。海德格尔在第 228 页首先引用了尼采 1883 年的第 462 则箴言"法＝意志，一种使当下强力关系永存的意志"和 1884 年的第 181 则箴言"第一性的和最强大的东西正是寻求优势的意志和力量。惟统治者随后来确定'正义'，也就是说，统治者根据尺度来衡量事物"，然后继续写道："可想而知，尼采关于正义的形而上学概念是与通常的观念格格不入的，但是，它依然没有触及正义的本质；这种正义在现代之完成的开端处，在围绕地球统治地位的斗争的范围内，已经是历史性的，并且因此明确或不明确地，隐蔽地或公开地，决定了人在这个时代里的一切行动"（着重标记为引用者所加）。在海德格尔看来，这种对"正义之本质"的存在之历史的规定（seinsgeschichtliche Bestimmung）乃是出自首先在其内在必要性中被重构的现代"主体性"及其"自我辩护"的本质变化：从笛卡儿对于 certitudo [拉：确定性] 的追问开始，中经莱布尼茨将 justitia [拉：正义] 规定为 ordo seu perfectio circa mentes [拉：心灵获得的秩序和完善] 和康德将"先验主体性的终极的自身保证思考为先验演绎的 quaestio juris [拉：合法问题]"，直到尼采宣称"主体性的明白可解的自身确定性便表明自己是强力意志的辩护，这种辩护是按照在存在者之存在中起支配作用的公正来进行的"。

　　海德格尔还认为尼采的形而上学乃是正趋向终结的柏拉图主义的颠倒（Umkehrung），但他同样暗示我们这种颠倒从存在之历史的视角看来是必要的，而且就此而言是"有效的"："绝对的形而上学连同马克思和尼采对它所做的颠倒，都归属于存在之真理的历史。源自这种历史的东西，是不能通过各种反驳来抵制、甚至消除的"（《柏拉图的真理学说，以及一封关于"人道主义"的书信》[*Platons Lehre von der Wahrheit, mit einem Brief über den „Humanismus"*，Bern，1947]，第 82 页（【译按】中译参见海德格尔，《路标》，孙周兴译，北京：商务印书馆，2000，第 396 页]）。

[13]　参见《哲学消息》(*Information Philosophie*)，1987 年 5 月，第 59 页以下。

[14]　参见阿佩尔："整体理性批判的挑战与哲学合理性类型理论的方案"，前揭（见注释 4）。

[15]　参见狄尔泰、特洛尔奇、梅纳克、罗特哈克的著作；研究文献参见 H. Schnädelbach：《黑格尔之后的历史哲学：历史主义问题》(*Geschichtsphilosophie*

nach Hegel: *Die Probleme des Historismus*, Freiburg ／ München, 1974）。

[16]　参见 L. Kohlberg:《道德发展哲学》（*The Philosophy of Moral Development*, San Francisco: Harper & Row, 1984），第 440 页以下。

[17]　参见波普尔:《历史决定论的贫困》（*Das Elend des Historizismus*, Tübingen, 1969）。

[18]　参见尼采:《善恶的彼岸》（*Jenseits von Gut und Böse*），第 199—203 页；亦参见《论道德的谱系》（*Zur Genealogie der Moral*），第 16 页以下。需要提醒读者注意的是，我并不打算反驳在尼采著作中经常出现的那些有关自然—机制——作为道德责任及其可畸变性条件之发生的良知（与一般人类自我意识）的发生必然与之相关——的生物—心理学洞见。在我看来，现在的关键问题是要把关于实践理性与非理性的自然条件的外在说明的动机和尼采与之相关的对道德有效性要求的全面揭露——首先是对人权意义上的所有普遍主义同等要求的全面谴责——的过分要求进行区分分析。为了做到这一点，我们需要对提问，尤其是可能的对话类型及其有效性标准进行极为细致的分区，简而言之：我们需要进行的是一种尼采和他当今那些愈发狂热的追随者所宣扬的那种强调文学效果的、因而可以说是后哲学的哲学从一开始就拒绝了的哲学思考。

[19]　参见注释 4 引用的哈贝马斯和阿佩尔的著作；亦参见 A. Honneth,《权力批判》（*Kritik der Macht*, Frankfurt a. M., 1985）；以及 A. Wellmer,《现代与后现代的辩证法》（*Zur Dialektik von Moderne und Postmoderne*, Frankfurt a. M., 1985）。关于尼采复兴，参见 G. Deleuze,《尼采与哲学》（*Nietzsche und die Philosophie*, München, 1976）；《阅读尼采》（*Nietzsche – ein Lesebuch*, Berlin, 1965）；M. Foucault,《知识的颠覆》（*Von der Subversion des Wissens*, München, 1974）；G. Vattimo,《主体与面具：尼采与自由问题》（*Il sogetto e la maschere. Nietzsche e il problema della liberazione*, Milano, 1974）；《主体的彼岸：尼采、海德格尔与解释学》（*Al di la del sogetto: Nietzsche, Heidegger e l'ermeneutica*, Milano, 1981）；《现代性的终结：后现代文化中的虚无主义与解释学》（*La fine della modernità. Nichilismo ed ermeneutica nella cultura postmoderna*, Milano, 1985）。

[20]　与海德格尔事件一样，我并不打算在这里进行道德谴责（也许——甚至有极大的可能性——尼采本人也成为他那种虽然在逻辑上失控但从心理学上说又有其条理的思想的牺牲品）。真正重要的是要追问某些思想风格和思想局限性是如何成为可能的，例如在 1943 年 10 月 4 日于波兹南召开的党卫队领导会议上，希姆莱是以什么样的风格和激情做出如下发言的（自然是有坚定的内在信念！）:"我想你们中的大多数人都知道看见一百具、五百具，乃至一千具尸体推在一起意味着什么。而经受住这种考验并且——忽略掉人类所固有的缺点——仍然保持高尚恰恰是让我们变得坚强的要素"（载 W. Hofer [hrsg.]:《国家社会主义档案:1933—1945》[*Der Nationalsozialismus. Dokumente 1933—1945*, Frankfurt a.M., 1957]，第 114 页）——在我看来，如果人们先天地把纳粹和尼采思想明显的内在联系说成是误解（他们会诉诸不同理智层面的差异、尼采的反民族主义、他的好欧洲人特征、他本人的敏感与堕落，等等），仿佛讨论尼采思想和国家社会主义的内在关系从一开始就代表着一种恶趣味，这其实是低估，甚至误解了纳粹。

[21]　我打算借助这一提示将一种派生自法兰克福学派之语言使用的意义——这种意义使经过改造的先验哲学的理念和今天可以被人们指为过时的形而上学理念的

区分成为可能——赋予阿多诺关于过时的"起源哲学"的言说。

[22] 关于这一点，参见阿佩尔:《从先验语用学的视角看说明—理解之争》(*Die Erklären-Verstehen-Kontroverse in transzendentalpragmatischer Sicht*, Frankfurt a.M., 1979)。

[23] 参见我与海德格尔的争辩，载"整体理性批判的挑战与哲学合理性类型理论的方案"(见注释4)。

[24] 同上；哈贝马斯:"论道德与德性——使生活形式变成'合理的'是什么?"("Über Moralität und Sittlichkeit– Was macht eine Lebensform rational?", in: H. Schnädelbach [Hrsg.] : *Rationalität*, Frankfurt a.M., 1984), 第 218—35 页；亦参见阿佩尔:"后康德的普遍主义在伦理学中对其现有误解的澄清"("Der postkantische Universalismus in der Ethik im Lichte seiner aktuellen Mißverständnisse", in: K.W. Kempfer/A. Schwan [Hrsg.] : *Grundlagen der politischen Kultur des Westens*, Berlin, 1987), 第 280—300 页。关于伦理学之先验语用学最终奠基的问题，参见 W. Kuhlmann:《反思性最终奠基》(*Reflexive Letztbegründung*, Freiburg/München, 1985), 第 5 章；以及 D. Böhler:《重构的语用学》(*Rekonstruktive Pragmatik*, Frankfurt a.M., 1985), 第 VI 章，以及笔者自《哲学的转化》(*Transformation der Philosophie*, Bd. II, Frankfurt a.M., 1973) 出版以来的相关未集结作品。

[25] 参见本书页 463 以下；亦参见阿佩尔:〈科学时代的责任伦理学之奠基问题〉("Das Problem der Begründung einer Verantwortungsethik im Zeitalter der Wissenschaft", in: E. Braun [Hrsg.] : *Wissenschaft und Ethik*, Frankfurt a.M., 1986), 第 11—52 页；"后康德主义的道德立场能通过实体德性再得到'扬弃'吗? 乌托邦与复归之间的对话伦理学在历史联系上的应用问题"("Kann der postkantische Standpunkt der Moralität noch einmal in substantielle Sittlichkeit 'aufgehoben' werden? Das geschichtsbezogene Anwendungsproblem der Diskursethik zwischen Utopie und Regression", in: W. Kuhlmann [Hrsg.] : *Moralität und Sittlichkeit*, Frankfurt a.M., 1986), 第 217—64 页；〈对话伦理学的界限?〉("Grenzen der Diskursethik?", in: *Ztschr. f. philos. Forschung*, Bd. 40, 1986), 第 3—31 页；〈今天的责任——只是人性保护与自身界定的原则抑或仍是人性解放和发展的原则?〉("Verantwortung heute – nur noch Prinzip der Bewahrung und Selbstbeschränkung oder immer noch der Befreiung und Verwicklichung von Humanität", in: T. Meyer/S. Miller [Hrsg.] : *Zukunftethik und Industriegesellschaft*, München, 1986), 第 15—40 页；〈交往伦理学的先验语用学奠基与最高阶段的道德意识发展逻辑的问题〉("Die transzendentalpragmatische Begründung der Kommunikationsethik und das Problem der höchsten Stufe einer Entwicklungslogik des moralischen Bewußtseins", in: *Archivo di filosofia*, LIV, 1986), 第 107—57 页。

[26] 参见注释 7 中所引用的罗蒂的著作。

[27] 参见阿佩尔:《皮尔士的思想之路: 美国实用主义导论》(*Der Denkweg von Charles Peirce. Eine Einführung in den amerikanischen Pragmatismus*, Frankfurt a.M., 1975);《从先验语用学的视角看说明—理解之争》, 前揭 (见注释21)。

[28] 见《批判》(*Critique*), 456, 1985 年 5 月, 第 559—585 页。

[29] J.-F. Lyotard:《后现代状况》(*La condition postmoderne*, Paris, 1979)。

[30] 见注释7。

[31] 载 M. Peterson u. R. Vaughan (Hrsg.) :《弗吉尼亚宗教自由法》(*The Virginia*

Statute of Religious Freedom，Cambridge，1987 [【译按】中译参见罗蒂，〈民主先于哲学〉，载《后哲学文化》，黄勇编译，上海：上海译文出版社，1992，第 162—193 页]）。

[32] 见 Rorty：〈民主先于哲学〉，第 2 页（【译按】中译参见罗蒂，〈民主先于哲学〉，第 162 页）。

[33] 《批判》，456，第 571 页。

[34] 同上。

[35] 正如利奥塔在其对罗蒂的回应中正确地指出的那样，前揭，第 582 页。

[36] 同上，第 569 页以下。

[37] R. Rorty：〈民主先于哲学〉，第 4 页以下（【译按】中译参见罗蒂，〈民主先于哲学〉，前揭，第 165 页）。

[38] 同上，第 8 页（【译按】中译参见罗蒂，〈民主先于哲学〉，前揭，第 167 页）。

[39] 同上，第 15 页（着重标记为笔者所加）（【译按】中译参见罗蒂，"民主先于哲学"，前揭，第 172 页）。

[40] 罗尔斯：《正义论》（*Eine Theorie der Gerechtigkeit*，Frankfurt a.M.，1975）。

[41] 关于这一点，参见 R. Bernstein："走一步，退两步——罗蒂论自由民主与哲学"（"One step forward, two steps backward. Richard Rorty on liberal democracy and philosophy"，*Political Theory* XV，N° 4，1987 年 11 月），第 538—563 页。

[42] 载《哲学与公共事务》（*Philosophy and Public Affairs*，XIV，1985），第 233—251 页（【译按】中译参见罗尔斯，〈作为公平的正义：政治性的而非形而上学的〉，载《罗尔斯论文全集》，陈肖生等译，长春：吉林出版集团有限责任公司，2013，第 438—468 页）。

[43] 同上，第 225 页（【译按】中译参见罗尔斯，"作为公平的正义：政治性的而非形而上学的"，前揭，第 440 页）。

[44] 参见阿佩尔等编：《系列广播讲座实践哲学／伦理学》（*Funkkolleg Praktische Philosophie/Ethik：Dialoge*，2 Bde.，Frankfurt a.M.，1984，Bd. II），第 123—146页；《学习材料》（*Studientexte*，3 Bde.，Weinheim/Basel，1944，Bd. II），第 606—635 页。亦参见注释 24 中引用的文章。

[45] 参见哈贝马斯：《道德意识与交往行为》（*Moralbewußtsein ...*，Frankfurt a.M.，1983）。

[46] R. Rorty："民主先于哲学"；亦参见罗蒂著：《实用主义的种种结果》，前揭（见注释 7）。

[47] 参见笔者的论文："后康德的普遍主义在伦理学中对其现有误解的澄清"，前揭（见注释 23）。

[48] 参见罗尔斯：《正义论》，前揭（见注释 39），第 486—492 页。

[49] 见后文第 448 页。

[50] 罗尔斯，前揭，第 38 页以下，第 68—71 页。
关于对罗尔斯式奠基策略的批评，参见 O. Höffe：《罗尔斯〈正义论〉批判性导引》（"Kritische Einführung in Rawls' Theorie der Gerechtigkeit"，见氏编：*Über John Rawls'Theorie der Gerechtigkeit*，Frankurt a.M.，1975），页 11—42，以及 Habermas："正义与团契——关于第六阶段的看法"（"Gerechtigkeit und Solidarität. Eine Stellungnahme zu Stufe 6"，in：W. Edelstein/G. Nunner-Winkler [Hrsg.]：*Zur Bestimmung der Moral*，Frankfurt a.M.，1986），第 291—320 页。

[51] 在我看来，在经验的—可错的——或者在实践哲学中：对所有在实践话语的层

面上提出的建议所做的可能的历史限定——和说理对话的先验前提（有关经验的一可错的东西和可以被历史地限定的东西的言说是把这一前提预设为意义条件的）之间做严格的区分在此显露出了自身的优长之处。与流行的看法相反，我们在这里可以发现：可谬论（甚至还有作为生活世界之历史性意义的历史主义）与先验最终奠基不是相互排除，而是相互预设的。——关于这一点，参见阿佩尔："可谬论、真理的共识论与最终奠基"（"Fallibilismus, Konsenstheorie der Wahrheit und Letztbegründung", in：Forum für Philosophie Bad Homburg [Hrsg.]：*Philosophie und Begründung*, Frankfurt a.M., 1987），第116—211页。

[52] 罗蒂，前揭，第26页以下（【译按】中译参见罗蒂，"民主先于哲学"，前揭，第180、181页）。

[53] 1985年5月10日—13日的"维也纳哲学对谈"。

[54] 参见后文第430页以下、第472页以下。

[55] 参见利奥塔：《后现代状况》（*La condition postmoderne*, Paris, 1979）。亦参见阿佩尔："后康德的普遍主义在伦理学中对其现有误解的澄清"，前揭（见注释23）；"整体理性批判的挑战与哲学合理性类型理论的方案"（见注释4和13）。

[56] 参见罗蒂，载：《批判》，456，第570页。

[57] 参见H.Schnädelbach，"新亚里士多德主义是什么"（"Was ist Neoaristotelismus"，in：W. Kuhlmann [Hrsg.]：*Moralität und Sittlichkeit*, Frankfurt a.M., 1986），第38—63页。

[58] 人们可以想象美国独立宣言和宪法的缔造者们所依据的不是自然权利的原则，而是那些不再愿意接受英国统治的人们的特殊的共识基础。即使罗蒂也不得不承认这种观点放在当时的世界公共空间是缺少"说服力"的。

[59] 对于这一点的简略重构，参见K.-O. Apel u. D. Böhler，载：《系列广播讲座实践哲学／伦理学》，前揭（见注释43），《对话》，第1卷，第90—112、301—330页。以及《学习材料》，第1卷，第66—99页，第2卷，第356—395页。

[60] A. McIntyre：《追寻美德——道德理论研究》（*After Virtue. A Study in Moral Theory*, London, 1981），第5章："论证道德合理性的启蒙方案为什么必定失败"。

[61] 参见阿佩尔："康德、黑格尔以及道德与权利的基础问题"（"Kant, Hegel und das Problem der Grundlagen von Moral und Recht", in：D. Henrich [Hrsg.]：*Kant oder Hegel？ Akten des Hegelkongresses Stuttgart 1981*, Stuttgart, 1983），第597—624页。

[62] 约纳斯：《责任原则——论技术文明的伦理学》（*Das Prinzip Verantwortung. Versuch einer Ethik für die technologische Zivilisation*, Frankfurt a.M., 1979），第230页。

[63] 阿佩尔："今天的责任——仅只是人性保护与自制的原则抑或仍是人性的解放与实现的原则？"，前揭（见注释24）。

[64] 参见A. Gehlen：《人的本性和他在世界中的位置》（*Der Mensch. Seine Natur und seine Stellung in der Welt*, Wiesbaden, ¹²1978）；《原始人与晚期文化》（*Urmensch und Spätkultur*, Wiesbaden, ⁴1977）。关于对盖伦的批判，参见阿佩尔："盖伦的制度哲学与语言的元制度"（"A. Gehlens Philosophie der Institutionen und die Metainstitution der Sprache"，见其著 *Transformation der Philosophie*, 前揭 [见注释6],Bd. I），第197—222页；"传统制度道德与道德意识的发展阶段"（"Die konventionelle Moral der Institutionen und die Entwicklungsstufen des moralischen Bewußtseins", in：*Funkkolleg Praktische Philosophie/Ethik*)（见注释43），《对话》，

第 70—89 页,《学习材料》, 第 42—65 页。亦参见 D. Böhler: "阿诺德·盖伦——行 为"("Arnold Gehlen. Die Handlung", in J. Speck [Hrsg.]: *Grundprobleme der großen Philosophen. Philosophie der Gegenwart* II, Göttingen, 1973)。

[65]　布伯纳（Rüdiger Bubner）和哈贝马斯之间的讨论是富有教益的, 见 H. Schnädelbach:《理性》, 前揭（见注释 23）, 第 IV 章。亦参见 W. Kuhlmann (Hrsg.):《道德性与德性》(*Moralität und Sittlichkeit*, Frankfurt a.M., 1986) 中集结的文章。在 1986 年于苏黎世召开的名为"道德性与德性"的黑格尔大会上, 彼安（G. Bien）、布伯纳和我的立场表现出了令人惊讶的近似性——至少就我们的相互理解而言。参见 R.W. Meyer/P. Günter (Hrsg.):《黑格尔年鉴·1986》(*Hegel-Jahrbuch 1986*)。

[66]　A. Gehlen:《道德与超道德》(*Moral und Hypermoral*, Frankfurt a.M., 1973), 第 151 页。

[67]　同上。

[68]　见注释 72。

[69]　在这一语境中, 人们应当考虑一下著名的米尔格拉姆实验（Milgram-Experiments）的结果。在实验过程中, 实验主体为科学实验之故而操纵着对牺牲者进行电击的装置, 他们是能够听到牺牲者的叫声的。人们惊恐地注意到滥用服从这一次等美德是非常容易的——人们为了服务于权威而抛弃自身的道德责任。参见 S. Milgram: "服从行为研究"("Behavioral Study of Obedience", in: *Journal of Abnormal and Social Psychology*, 67, 1963), 第 371—378 页;《权威服从——从实验的观点看》(*Obedience to Authority: Experimental View*, New York: Harper & Row, 1974)。

[70]　D·Bonhoeffer,《狱中书简》(*Widerstand und Ergebung. Briefe und Aufzeichnungen aus der Haft*, München, 1962 [【译按】中译参见朋霍费尔,《狱中书简》, 高师宁译, 何光沪校, 成都: 四川人民出版社, 1997, 第 5 页])。关于法律与秩序的传统内部道德和与对话相关的责任的后传统道德之间的对立张力的当代含义, 尤参见 D. Böhler: "批判的道德还是实用的德性, '世界公民'的社会还是'我们'的社会?"("Kritische Moral oder pragmatische Sittlichkeit, 'weltbürgerliche Gesellschaft' oder 'unsere' Gesellschaft?", in: *Funkkolleg Praktische Philosophie/Ethik*, 前揭 [见注释 43], *Studientexte*, Bd. III), 第 850—886 页。

[71]　这里所说的是笔者于 1983 年至 1985 年间在法兰克福大学举办的一系列演讲。关于这些演讲的大致内容, 读者可以参考我的文章: "人们为何需要伦理学?"("Weshalb benötigt der Mensch Ethink?", in: *Funkkolleg Praktische Philosphie/ Ethik*, 前揭, *Dialoge*, 49—62, *Studientexte*, 13—156)。

[72]　关于这一点, 参见 L. Kohlberg:《道德发展的哲学》(*The Philosophy of Moral Development*, San Francisco: Harper & Row);《道德发展心理学》, 前揭, 1984。J. Habermas: "道德发展与自我—同一性"("Moralentwicklung und Ich-Identität", 见其著: *Zur Rekonstruktion des historischenMaterialismus*, Frankfurt a.M., [2]1976, 63—71); R. Döbert/J. Habermas/G. Nunner-Winkler (Hrsg.):《我的发展》(*Entwicklung des Ich*, Köln, 1977)。W. Edelstein/G. Nunner-Winkler (Hrsg.):《论道德的界定》(*Zur Bestimmung der Moral*, Frankfurt a.M., 1986); F. Oser/ R. Fakte/O. Höffe (Hrsg.):《变革与发展》(*Transformation und Entwicklung*, Frankfurt a.M., 1986); K.-O. Apel:〈交往伦理学的先验语用学奠基与道德意

识发展最高阶段的问题〉，前揭（见注释 25），第 107—158 页。

[73]　我在这里参照了吕伯（Hermann Lübbe）的讨论评注。

[74]　参见雅斯贝尔斯：《论历史的起源和目标》（*Vom Ursprung und Ziel der Geschichte*, Frankfurt a.M./Hamburg, 1955）。

[75]　道德判断能力在个体发生层面上的复归是否可能这一问题是很有争议性的。如果人们是以一种严格的认知取向为出发点，从已然达到的判断层面上复归是难以想象的。与此相对，如果人们和晚年科尔伯格一道以如下假设为出发点，那么，在我看来，一种个体发生层面上的复归就是可以设想的：在学校环境中，被人为建构的困境—提问激发的学生的理智能力的表现绝无法保证一种与现实生活问题相关的可靠的道德判断能力（更不用说道德行为的述行）。

　　　这个问题对于能够在 1933 年到 1945 年间的德国——特别是在教养阶层当中——发生的种种事件的重构来说自然是十分重要的。正如我们将要在下文中表明的那样，科尔伯格从本质上说是在过渡阶段或临界阶段的假设（尤其是临界的四又二分之一阶段，正是在这样一个阶段上，从古希腊的"诡辩术"开始的对传统道德的质疑就不断被提出）中寻找这一问题的答案的。如果人们考虑到（柏拉图意义上的）"智者"——作为自然主义—还原主义的启蒙者和反启蒙者——可以有意识地宣传前传统道德或传统道德（例如种族主义道德或民族主义道德）的取向这一事实，一种集体复归的可能性并不是很难设想的。

[76]　参见阿佩尔："康德、黑格尔以及道德与权利的基础问题"，前揭（见注释 61）；"后康德主义的道德立场能通过实体德性再得到'扬弃'吗？乌托邦与复归之间的对话伦理学在历史联系上的应用问题"，前揭（见注释 25）。

[77]　参见波普尔：《历史决定论的贫困》（*Das Elend des Historizismus*, Tübingen, 1965）；《开放社会及其敌人》（*Die offene Gesellschaft und ihre Feinde*, 2 Bde., Bern/München, 1957）。

[78]　尤参见 K.Eder：《作为学习过程的历史？论德国政治现代性的发病机理》（*Geschichte als Lernprozeß? Zur Pathogenese politischer Modernität in Deutschland*, Frankfurt am Main, Suhrkamp, 1985）。

[79]　参见注释 71 中所引用的文献。

[80]　关于这一点，参见阿佩尔："交往伦理学的先验语用学奠基和道德意识发展之最高阶段的问题"，前揭（见注释 24），§ II。

[81]　关于这一点，参见哈贝马斯："正义性与共契性——关于"第六阶段"讨论的一个看法"（"Gerechtigkeit und Solidarität. Eine Stellungnahme zur Diskussion über 'Srufe 6'", in：W. Edelstein/G. Nummer-Winkler [Hrsg.]：*Zur Bestimmung der Moral*, 前揭 [见注释 71], 第 291—320 页）。尽管如此，哈贝马斯只打算在后传统阶段上否定皮亚杰意义上的"自然"阶段之资质，而我则至少要针对科尔伯格所假定的传统阶段之分化进行同样的工作（在我看来，第三阶段与第四阶段间的差异只有在"从氏族社会向以国家形态得到组织的社会的——在历史的层面上是单一的——社会文化演进"这种种预设下才可以被理解。另外，在哈贝马斯看来具有决定性的"处在后传统阶段的被测试者从原则上说是能够对其自身的直观进行反思的理性的再建构，就此而言，他必须被视为心理学家的对话伙伴"的论证——在我看来——在做出必要的修正之后也可以应用在处于传统阶段的被测试者身上，因为他们就像所有人那样已经具备了启蒙方向上的向后传统道德过渡的能力。另一方面，在我看来，"人们能够假定一种皮亚杰而科尔伯格意义上的亦即直至第六阶段的角色担当之可逆性的规则的、反思

的一抽象的展开意义上的自然倾向"的想法始终是具有说服力的。

[82] 关于这一点，参见 O. Höffe："作为道德原则的自律与一般化——与科尔伯格、功利主义和对话伦理学的争辩"（"Autonomie und Verallgemeinerung als Moralprinzipien. Eine Auseinandersetzung mit Kohlberg, dem Utilitarismus und der Diskursethik", in：*Transformation und Entwicklung*，前揭［见注释71］，第 56—88 页）。

[83] 参见 L. Kohlberg：*Philosophy of Moral Development*，前揭（见注释78），第 138 页以下。

[84] 参见康德：《实践理性批判》（*Kritik der praktischen Vernunft*，Akad.-Textausgabe，Berlin，1968），第 4（注释）、29（注释）、31 页，以及第 46 页以下。

[85] 关于这一点，参见 K.-H. Ilting：《康德的自然主义谬误》（"Der naturalistische Fehlschluß bei Kant", in：M. Riedel［Hrsg.］：*Rehabilitierung der praktischen Philosophie*，Freiburg，1972，Bd. I，第 113—132 页）。尽管如此，人们是可以在道德法则之已经必然被承认（schon notwendigerweise Anerkannthabens des Sittengesetzes）的先天完成式的意义上以反思的方式理解康德所说的"事实"的，而且，这样一种被承认正义被表明为是无可置疑的。这样一来，康德的"纯粹理性的事实"的说法就可以在一种强制的最终奠基的意义上被破解为在实践层面上具有约束力的理性。正是在这一方向上，我首先在《哲学的转化》，前揭（见注释6），卷 II，第 417 页以下中，随后在所有与这一主题相关的著作中将先验语用学的最终奠基呈现为康德式奠基要求的彻底化和在此基础上的实现。

[86] 例如，参见 A. MacIntyre："道德哲学：接下来会是什么？"（"Moral Philosophy：What Next？", in：S. Hauerwas/A. MacIntyre［Hrsg.］：*Revisions：Changing Perspectives in Moral Philosophy*，London：Univ. of Notre Dame Press，1987，第 7 页以下）；作者参考了 G.E.M. Anscombe："现代道德哲学"（"Modern Moral Philosophy"，*Philosophy*，1958，第 1—19 页）。

[87] 除了这种认为所有合乎理性的演绎都是从其他东西那里得出有理性（Rationalsein）这一事实的循环疑难之外，在奠基之推演概念的预设之下其实还存在着另外两种同样表现了这些疑难的可能性：一种可能性是通过对作为前提的公理进行演绎而遇到的无穷倒退，另一种可能性是通过对其明证性的单纯肯定的公理之独断化。我们知道，在波普尔、弗里斯之后，阿尔伯特（Hans Albert）在他的"明希豪森三重困境"（Münchhausen-Trilemma）中概括了古典奠基概念的这一疑难。见其著《批判理性论》（*Traktat über kritische Vernunft*，Tübingen，1968），第 11 页以下。

[88] 关于这一点，参见 W. Kuhlmann：《反思的最终奠基》（*Reflexive Letztbegründung*，Freiburg/München，1985），第 6 章："哲学史中的最终奠基论证"（"Letztbegründungsargumente in der Geschichte der Philosophie"）。关于非演绎式最终奠基的理性结构，参见 K.-O. Apel："科学时代的责任伦理学之奠基问题"，前揭（见注释24）；"整体理性批判的挑战与哲学合理性类型理论的方案"，前揭（见注释4）；"可谬论、真理的共识理论与最终奠基"（"Fallibismus, Konsenstheorie der Wahrheit und Letztbegründung", in：Forum für Philosophie Bad Homburg［Hrsg.］：*Philosophie und Begründung*，Frankfurt a.M.，1987）。

[89] 参见阿佩尔：《哲学的转化》，前揭（见注释6），Bd. II；D. Böhler：《重构的实用主义》，前揭（见注释23），内容索引。

[90]　关于这一点是否在费希特哲学中有所表现的问题，我并不打算在这里进行讨论。按照我个人的理解，费希特相对于康德而言的进步体现在以下事实当中：他已经清楚地承认在实践层面具有重要意义的自由的存在也已经在我思这一无可回避的行动中得到了保证。换做更为现代的语言来表述就是：人们是无法通过说理来对自由的预设进行有意义的反驳的。就此而言，如果仅仅是要假设自由的可能性的话，人们既不需要"现象"与"物自身"的康德式区分，也不需要"汝应"以及绝对命令之有效性的预设。确切地说，这是通过说理活动而被述行地——也就是说：在实践执行活动及其反思确定性的意义上——表明的，是在否定活动的述行性自相矛盾那里得到令人印象深刻的确认的。只是：*德性法则的已被承认*（Anerkannthaben des Sittengesetzes）也由此在费希特那里得到了证实吗？这也无可置疑地适合于下述情况：我思不仅被构想为*主—客—关系意义上的自我—非我—辩证法*的构成，而且还同时在对上述构成具有补充作用的语言交往之主体—共主体—关系的意义上被思考（因而也就是认识到：如果没有已然在语言中被预设的主体间有效的相互理解，我们既不能把自身思为"我"，也不能把自身思为作为与"我""对立"的对象的"非一我"）。[446] 最近，吕特菲尔茨（W. Lütterfelds）在一篇名为"绝对命令的独白结构与费希特对对话伦理学的修改"（"Die monologische Struktur des Kategorischen Imperativs und Fichtes Korrektur der Diskursethik", in: *Ztschr. f. philos. Forschung*, 40, 1986, 第 90—103 页）的颇有意思的论文中提供了在费希特那里存在着一种"对话—伦理学的绝对命令概念"的证据。尽管如此，当费希特要求"任何我们之外的东西本身首先需要通过某种我们内部的东西得到说明"时（*Fichtes Werke*, hrsg. v. J.H. Fichte, Nachdruck, Berlin, 1971, Bd. IV, 第 22 页），他似乎和康德一起捍卫已经可以被预设为前提的——方法论和唯我论的——我之必要构成的范式。同样应当与此联系在一起的是，费希特——正如吕特菲尔茨通过一系列困境表明的那样——没有能够在共识构成的对话理论要求（以及，就此而言，可错的道德判断的可改正的要求）和由此被先天地预设的主体间的（以及先天共识性的）考察标准的有效性之间无矛盾地实现中介。他恰恰是不能以下面这种情况为出发点的：我们并不只是需要在共识构成之调节性理念的指引下对可错的判断进行修改，我们向来已经确切地知道我们已经在真理中达成了一致（不仅是在可错的意见中，而且还必然在现实的交往共同体的真理中——它使对话一般成为可能，并为其延续[Fortsetzung] 的调节性理念奠定了基础 [对话的延续即是在一个理想的交往共同体的被反事实地推定的共识的近似的实现]）。当我们明白关于那些表现了现实对话与可错的、可修改的判断的概念的可能性条件的真理是无法以合理的方式达成一致的时候，我们就能够使有关我们的单纯私人判断的可以想象的最为彻底的可谬论成为可能。在不放弃我们的明证自律任务或良知自律任务的情况下，在对话中修改我们的单纯私人判断是可以被我们接受的，而这是就我们假设自己从原则上是能够理解这样一种修改的必要性而言的。

　　在我看来，正是由于这个原因，吕特菲尔茨通过回到作为角色担当或设身处地为他人着想的可能性条件的自我学基础"（egologischen Basis）而审慎地提议的"对对话伦理学的修改"是多余的。人们只要把下面这一点弄清楚就够了：与他人的交往和内含于这种交往之中的从他人视角出发的"我"之理解（米德）已经以同本源的方式（gleichursprünglich）使自我及其"角色担当"的理解成为可能。我能够与他人达成一致或我向来已经与他人达成一致的事实恰恰不能像康德和费希特那样被认为是仅仅"在我自身的理性当中"被奠基的。我的判断自律或良知自律并不与针对可错的以及不可错的（可以被假设为：能够先天地达成共识）判断的共识构成的可能性和必要性相冲突。这是因为，就我们进行说理活动而言，可以被先天地确定的一点是：只有我们的"私人特异性"（皮尔士）能够被改正，这恰恰是与对话（其中包括那些在伦理学层面上具有重要作用的对话）的预设（它们乃是可错判断之修正概念的必要前提并且可以先天地达成共识）相反的。关于这一点，参见 K.-O. Apel:〈可谬论、真理的共识理论和最终奠基〉，前揭（见注释 51）。

[91]　正如莱茵霍尔德在康德之后表述的那样，"意识律"（Satz des Bewußtseins）的内容是："在意识当中，表象既区别于表象者又区别于被表象者，既与表象者有关又与被表象者有关"（K.L. Reinhold:《人类表象能力新论》[*Versuch einer neuen Theorie des menschlichen Vorstellungsvermögen*, 1978，第 235 页]）。黑格尔则认为："意识一般是我与一个对象的关系"（Propädeutik，§2，转引自 A. Diemer:"意识"条目，in *Histor. Wörterbuch der Philos.*, hrsg. v. J. Ritter, Basel/Stuttgart, 1971, Bd. I，第 892 页以下）。——没有任何一种伦理学能够以这样一种先天为基础。

[92]　在这一语境中，我必须不断提醒人们注意以下事实：拒绝对话是不能被视为对先验语用学最终奠基的反驳的。这是因为，只有不拒绝对话的人才能陈述拒绝对话的可能性。说理对话的先验语用学的不可回避性正是在此得到表现的。另一方面，只有那些不拒绝对话的人才能带来从对话的视角看来具有重要意义的（亦即一般说来值得注意的）关于不愿进行说理者拒绝对话的原因的思想；而且他们是没有这种义务的。但是，如果他们这么做了，他们有充分的理由设想三种拒绝对话者的动机的可能性：要么他的纯粹的策略理性意在回避反驳。在这种情况下，拒绝对话毋宁说是要不明言地肯定最终奠基的论证。要么人们必须假设拒绝对话者不知道什么才是具有关键性的东西，但他又出于偶然的理由不愿对话。这种情况是毫不重要的。要么人们有理由认为拒绝对话者已经准备好（在个人的经验思维中）拒绝对话了。这样一来，我们所面对的就是一个非常严肃的生存性—病理实例，也许治疗（和治疗性对话）还能够治愈这种病症。无论如何，即便是这样一个实例只能以间接的形式确认说理—反思的最终奠基的方法和结果。——这同样是为了反驳哈贝马斯所发展的有利于怀疑论（或有所疑虑者？）的论证。见 J. Habermas, *Moralbewußtsein und kommunikatives Handeln*，前揭（见注释 44），第 109 页以下。

　　此外，就在最近，现在所进行的论证——以及对话伦理学的理性主义代表所声称的"理性的他异者"及其所施加的"共识—恐怖"——被揭露为拒绝对话者的暴力"回避"。某种"后现代主义诱惑"并没有否认这样一种伪论证。

[93]　这里也有必要对来自伊尔廷（K.-H. Ilting）和其他一些相关论者反对程序性对话—规范在存在伦理学层面上的重要性的论证做一回应。就这些规范先天地存在于所有愿意参与到对话当中的人（包括反对者在内）的利益之中而言，它们——同时作为有约束力的程序性规范——对于最终不愿意参与到对话当中的人们的现实利益冲突的解决来说是不具有重要性的。

　　这里需要给出的答案的第一部分已经在前一个注释中被说明确了：一般而言，有资格获得利益冲突之解决规范的问题的哲学答案的人必须已经严肃地参与到对话当中。不过，这样做的人也已经承认——答案的第二部分由此开始——严肃的对话——并且只有严肃的对话—— 可以凭借自身的程序性规范来解决所有这类问题——其中真正的生活冲突可以被当作关于具有道德约束力的形式下的有效性要求的冲突而得到解决。

关于这一点，亦参见 K.-O. Apel："何谓先验语用学？"("Warum transzendentale Sprachpragmatik？", in：H.-M.Baumgartner：Prinzip Freiheit, Freiburg/München, 1979, 第 37 页以下）；亦参见"能够区分伦理理性与策略的目的合理性吗？"("Läßt sich ethische Vernunft von strategischer Zweckrationalität unterscheiden？", in：Archivio di filosofia, LI [1983], 第 375—434 页, 第 416 页以下）；"事实的承认还是显然必要的承认？"("Faktische Anerkennung oder einsehbar notwendige Anerkennung？", in：K.-O. Apel [Hrsg.] ：Zur Rekonstruktion der praktischen Vernunft. Gedenkschrift für Karl-Heinz Ilting [准备出版]）。

[94]　关于我对对话伦理学的二阶模型（Zwei-Stufen-Modell）的解释，参见 K.-O. Apel 等（Hrsg.）：《系列广播讲座实践哲学／伦理学》(Funkkolleg Praktische Philosophie/Ethik, 前揭, Dialoge, Bd. II, 第 126 页以下；Studientexte, Bd. II, 第 613 页以下）。

[95]　同上，Studientexte, Bd. I, 第 124 页以下。

[96]　参见 C. Gilligan：《不同的声音》(In a Different Voice, Cambridge：Harvard Univ. Press, 1982)。关于这一立场，参见 R. Döbert, B. Puka, L. Kohlberg, D.R. Boyd, C. Levine 和 J. Habermas 在 W. Edelstein/G. Nunner-Winkler（Hrsg.）：《规定道德》，前揭（见注释 50）中的文章。

[97]　参见上文页 416 以下，亦参见注释 62、63。

[98]　参见康德：《道德形而上学基础》(Grundlegung zur Metaphysik der Sitten, Akad.-Textaus., Berlin, 1968, IV), 第 421 页以下。

[99]　按照黑格尔的看法，这种规范的正常应用条件构成了"纯朴的实体性伦理学"的"精神"的一部分，而且，人们向来已经通过它了解了哪些有效的规则在（例外）状况下是不能遵从的。正因为如此，"无教养的精神所承认的意识的内容，并不是如这内容在它的意识中所显现的那样，而正相反，在它看来，这内容是精神，同时也是一个被扬弃的内容，——换句话说，它是精神，它把它的　意识中不正确的东西纠正了……例如在意识中，'你不可杀人'这条诫命，是被认作义务的，这是普遍的法律；如果问起来，人们总是说这是诫命。然而这同一个意识，如果它不是为怯懦的精神所占据的话，它会在战争中勇敢地攻击敌人，杀死敌人；如果在这种场合问起杀死敌人是不是诫命，回答将是肯定的。（刽子手也杀人。）然而如果在私人生活中与仇人、敌人发生了纠纷，他就不会想起'要杀死敌人'这条诫命了。因此我们可以这样来称呼精神：它在适当的时候使我们想起一个方面，而在适当的时候又使我们想起相反的一方面；它是精神，却又是一个非精神的意识"（黑格尔，《哲学史讲演录》[Vorlesungen über die Geschichte der Philosophie, Theorie-Werkausgabe Suhrkamp, 1971], 第一卷, 第 486 页 [【译按】中译参见黑格尔，《哲学史讲演录（第二卷）》, 第 80 页]）。

[100]　参见《哲学研究》(Philosophische Untersuchungen), I, 第 199 页："只有一个人只那么一次遵从一条规则是不可能的。不可能只那么一次只作了一个报告，只下达了或只了解了一个命令，等等。——遵从一条规则，做一个报告，下一个命令，下一盘棋，这些都是传统（风俗、建制）"（【译按】中译参见维特根斯坦，《哲学研究》，陈嘉映译，第 122 页）。

[101]　从某种视角看来，科尔伯格最近考虑到了我将在下文中指出的问题，这体现在他给每一个道德判断能力阶段都区分出了两个"亚阶段"：亚阶段 A 涉及的是"对规则和权威的他律式尊重"，亚阶段 B 涉及的则是"自律和公平"。正如米尔格拉姆实验的结果表明的那样，认知阶段对于行为的重要性通过这一新发现而被大大地削弱了。参见 L. Kohlberg：《道德发展的心理学》，前揭（见注释 16），第 534 页以下。

[102]　例如，按照 Viggo Rossvaer 的看法，下面这种假设是可能的：奥斯维辛集中营中的纳粹党员同样服从着绝对命令，当然，这只是在他们所从事的实践活动——亦即他们的"生活形式"的规则应用"习惯"——的意义上（"先验语用学、先验解释学，以及理解奥斯威辛的可能性"［"Transzendentalpragmatik, transzendentale Hermeneutik und die Möglichkeit, Auschwitz zu verstehen", in：D. Böhler/T. Nordenstam/G. Skirbekk Hrsg.：*Die pragmatische Wende. Sprachspielpragmatik oder Transzendentalpragmatik*？，Frankfurt a.M.，1987］，第 187—201 页）。

[103]　参见 I. Kant："自莱布尼茨和沃尔夫时代以来促成德国形而上学之真正进步的是什么？"（"Welches sind die wirklichen Fortschritte, die die Metaphysik seit Leibnitzens und Wolfs'Zeiten in Deutschland gemacht hat？", Hg. D.F.T. Rink, Königsberg，1984 ［= Ausg. A]），第 139 页以下；亦参见"在理论上有道理，在实践上行不通"（"Das mag in der Theorie richtig sei, taugt aber nicht für die Praxis", Akad.-Textausg. VIII），第 308 页以下。

[104]　这里所提出的以康德哲学为导向的"乌托邦理性批判"的问题，我本人已经在彼勒菲尔德交叉学科研究计划乌托邦研究（1980 / 81）的框架内对其进行了考察。读者目前可以参考笔者的论文"理想交往共同体的伦理学是一种乌托邦吗？论伦理学、乌托邦与乌托邦批判的关系"（"Ist die Ethik der idealen Kommunikationsgemeinschaft eine Utopie？ Zum Verhältnis von Ethik, Utopie und Utopiekritik", in：W. Voßkamp hrsg.：*Utopieforschung*，Stuttgart，1982），第 325—355 页。

[105]　见罗尔斯：《正义论》，前揭（见注释 40），第 95—104 页。

[106]　参见 M. Weber："作为职业的政治"（"Politik als Beruf", in：J. Winckelmann [Hrsg.]：*Max Weber：Soziologie, Weltgeschichtliche Analysen, Politik*, Stuttgart，1956），第 175 页。

[107]　参见注释 25 中引用的著作。

[108]　关于这一点，参见阿佩尔："交往共同体的先天与伦理学的基础"（"Das Apriori der Kommunikationsgemeinschaft und die Grundlagen der Ethik"，见其著：《哲学的转化》，前揭 ［见注释 6]，Bd. II，第 429 页以下）。

　　　　这里概述的世界理解之"在先结构"的三重区分预设意义上的辩证先天（dialektische Apriori）某种程度上构成了包括伦理学在内的哲学的先验语用学反思奠基的"原初状态"。人们会注意到：这里，所有被引入到零点（Nullpunkt）或理性的新开端之类的人为建构的观念或虚构意义上的传统先验哲学和原则伦理学（例如罗尔斯的学说）之中的抽象都被消除了。海德格尔（和伽达默尔）意义上的在世界中存在的"事实性"（亦即"被抛的存在"与"历史性"）之先天特征已经得到了充分的考虑，"向来已经"在说理活动之逻各斯中被预设和被反事实地推定的主体间性之理想规范的先天特征也没有因此被轻视或在实践中被忽视。这种方法需要与被今天几乎所有具有定调地位的立场提出的偶然—先天意义上的"生活世界"之单一维度预设进行比较。关于这一点，参见 K. Baynes/J. Bohman/Th. McCarthy（eds.）:《追寻哲学——终结还是变革？》（*After Philosophy – End or Transformation?*，Cambridge：The MIT Press，1987）。

[109]　见 W. Harich:《无发展的共产主义：巴贝夫和"罗马俱乐部"》（*Kommunismusohne Wachstum. Babeuf und der 'Club of Rome'*, Reinbek, 1975）。

[110]　参见哈贝马斯:《论社会科学的逻辑》（*Zur Logik der Sozialwissenschaften*, Frankfurt a.M., 1982）;"重构的社会科学还是理解性的社会科学"（"Rekonstruktive vs. verstehende Sozialwissenschaften"，载于《道德意识与交往行为》，Frankfurt a.M.，1983，第29—52页）;K.-O. Appel:《从先验语用学视角看说明—理解之争》（*Die Erklären-Verstehen-Kontroverse in transzendentalpragmatischer Sicht*, Frankfurt a.M.，1979）。

[111]　参见阿佩尔:〈作为伦理学问题的人类处境〉（"Die Situation des Menschen als ethisches Problem"，in：*Ztschr. f. Pädagogik* 5/82，第678—693页，第681页以下）;"整体理性批判的挑战与哲学合理性类型理论的方案"，前揭（见注释13）。

[112]　关于这一假设的疑难之处，参见阿佩尔:《从先验语用学的视角看说明—理解之争》，前揭（见注释22），第239页以下。

[113]　参见 I. Lakatos:"科学史及其理性再建构"（"Die Geschichte der Wissenschaft und ihre rationalen Nachkonstruktionen"），in：W. Diederich（Hrsg.）:*Theorien der Wissenschaftgeschichte*，Frankfurt a.M.，1974，第55—119页。

[114]　罗马皇帝马可·奥勒留·安东尼（公元前121—189年）曾这样谈到过自己:"作为安东尼，罗马是我的国家和祖国；作为人，宇宙是我的国家和祖国"。参见 M. Plenz：*Die Stoa. Geschichte einer geistigen Bewegung*（《斯多亚：一场精神运动的历史》），Göttingen，³1964，卷 I，第351页。

[115]　关于这一点，请参见以下研究 R. Döbert:"阶段范型在社会演化理论中所扮演的角色，以欧洲的猎巫风潮为例"（"The role of stage models within a theory of social evolution, illustrated by the European witch craze"，in：U.J. Jensen [Hrsg.]：The Philosophy of Evolution, Brighton：Harvester Press：1981，第71—119页）。

索 引

图书在版编目（CIP）数据

对话与责任：向后传统道德过渡的问题 /（德）卡
尔—奥托·阿佩尔著；钟汉川，安靖译 . — 杭州：浙江
大学出版社，2018.3
ISBN 978-7-308-17669-9

I.①对… II.①卡… ②钟… ③安… III.①道德—
研究 IV.① B82

中国版本图书馆 CIP 数据核字（2017）第 283767 号

对话与责任：向后传统道德过渡的问题
［德］卡尔—奥托·阿佩尔 著　钟汉川　安靖 译

责任编辑	王志毅
文字编辑	张兴文
营销编辑	杨　硕
出版发行	浙江大学出版社
	（杭州天目山路 148 号 邮政编码 310007）
	（网址：http://www.zjupress.com）
排　版	北京大有艺彩图文设计有限公司
印　刷	浙江印刷集团有限公司
开　本	635mm×965mm　1/16
印　张	24.5
字　数	365 千
版 印 次	2018 年 3 月第 1 版　2018 年 3 月第 1 次印刷
书　号	ISBN 978-7-308-17669-9
定　价	72.00 元